珠海统计年鉴

ZHUHAI STATISTICAL YEARBOOK 2019

珠 海 市 统 计 局
国家统计局珠海调查队 编

中国统计出版社
China Statistics Press

图书在版编目（CIP）数据

珠海统计年鉴. 2019 / 珠海市统计局，国家统计局珠海调查队编. -- 北京 : 中国统计出版社，2019.11
ISBN 978-7-5037-9064-5

Ⅰ. ①珠… Ⅱ. ①珠… ②国… Ⅲ. ①社会经济统计－统计资料－珠海－2019－年鉴 Ⅳ. ①C832.653-54

中国版本图书馆 CIP 数据核字(2019)第 244755 号

珠海统计年鉴-2019

作　　者/ 珠海市统计局　国家统计局珠海调查队
责任编辑/ 钟钰
装帧设计/ 吴飞兆
出版发行/ 中国统计出版社有限公司
地　　址/ 北京市丰台区西三环南路甲 6 号
邮政编码/ 100073
电　　话/ 邮购（010）63376909　书店（010）68783171
网　　址/ http://www.zgtjcbs.com
印　　刷/ 广东鹏腾宇文化创新有限公司
经　　销/ 新华书店
开　　本/ 890mm×1240mm　1/16
字　　数/ 530 千字
印　　张/ 34 印张
版　　别/ 2019 年 11 月第 1 版
版　　次/ 2019 年 11 月第 1 次印刷
定　　价/ 300 元

如有印装差错，由本社发行部调换。

编 者 说 明

一、《珠海统计年鉴——2019》是一本全面反映珠海经济和社会发展的资料性年度刊物，收集汇编了全市 2018 年各行业和各区的统计数据资料。为方便读者对本市历史资料的查询，在编辑 2018 年统计资料的同时，继续收录珠海建市以来的主要历史资料。

二、2018 年 12 月 31 日为全国第三次经济普查时点。由于经济普查资料尚未公布，年鉴中地区生产总值等相关数据为年快报数。

三、本年鉴分为概述、统计图、统计资料和附录四大部分。其中，统计资料部分共分为 19 个篇章：1. 综合；2. 国民经济核算；3. 人口；4. 从业人员和职工工资；5. 固定资产投资；6. 对外经贸和旅游；7. 能源；8. 财政、银行、保险、证券；9. 物价指数；10. 人民生活；11. 农业；12. 工业；13. 运输邮电；14. 贸易餐饮业；15. 服务业；16. 科技；17. 教育、文化、卫生、体育；18. 城市建设、环境保护；19. 社会保障、社会福利及其他，大部分篇章中整理了主要指标近年来的数据。附录部分有全国、广东省、香港和澳门特别行政区的主要经济指标。

根据最新掌握的统计资料以及新的统计制度的有关规定，本年鉴对过往发表的一些重要统计数据重新予以核实，对部分历史数据进行了调整。读者在使用历史资料时，凡与本年鉴有出入的，均以本年鉴为准。

四、本年鉴总量指标计算所采用的价格除注明外均为当年价格，所列指数和年平均增长速度均按可比口径计算。部分数据采用了“四舍五入”的方法，表内个别项目相加起来可能与总数略有出入。

五、统计表中符号的使用说明：当数值为“0”或可忽略不计时，填“0”；当由于某种原因造成数字空缺或资料不详时，用符号“…”表示；不应有数值或资料中出现不可比情况时，用符号“--”表示；“#”表示其中的主要项。

六、本年鉴的主要统计数据来自各级统计机构的定期统计报表和抽样调查资料，部分数据来自市直各主管部门。在年鉴编辑过程中，我们得到了有关部门和单位的大力支持，在此表示感谢！

《珠海统计年鉴-2019》编委会

目　录

第一部分　概述

第二部分　统计图

第三部分　统计资料

一、综合

二、国民经济核算

三、人口

四、从业人员和职工工资

五、固定资产投资

六、对外经贸和旅游

七、能源

八、财政 银行 保险 证券

九、物价指数

十、人民生活

十三、运输邮电

十四、贸易餐饮业

十五、服务业

十六、科技

十七、教育 文化 卫生 体育

十八、城市建设 环境保护

十九、社会保障　社会福利及其他

第四部分　附录

第一部分　概　述

2018年珠海市国民经济和社会发展统计公报

珠海市统计局　国家统计局珠海调查队

2019年3月28日

2018年，珠海深入贯彻习近平新时代中国特色社会主义思想和党的十九大精神、习近平总书记对广东重要讲话和重要指示批示精神，认真落实“稳就业、稳金融、稳外贸、稳外资、稳投资、稳预期”等中央、省关于经济工作的各项决策部署，落实高质量发展要求，有效应对外部环境深刻变化，扎实推动珠海经济特区“二次创业”，经济运行保持平稳健康发展，社会保持和谐稳定。

一、综合

初步核算，2018年全市实现地区生产总值2914.74亿元，同比增长8.0%。其中，第一产业增加值50.09亿元，增长1.2%，对地区生产总值增长的贡献率为0.3%；第二产业增加值1433.82亿元，增长12.6%，对地区生产总值增长的贡献率为78.5%；第三产业增加值1430.83亿元，增长3.5%，对地区生产总值增长的贡献率为21.2%。三次产业的比例为1.7 ∶ 49.2 ∶ 49.1。在第三产业中，批发和零售业增长5.4%，住宿和餐饮业增长3.3%，金融业增长3.4%，房地产业下降17.4%。现代服务业增加值861.39亿元，增长1.7%，占地区生产总值的29.6%。生产性服务业增加值765.35亿元，增长6.7%，占地区生产总值的26.3%。民营经济增加值1004.14亿元，增长6.2%，占地区生产总值的34.5%。2018年，珠海市人均地区生产总值达15.94万元，按平均汇率折算为2.41万美元。

图1　2013-2018年地区生产总值及其增长速度

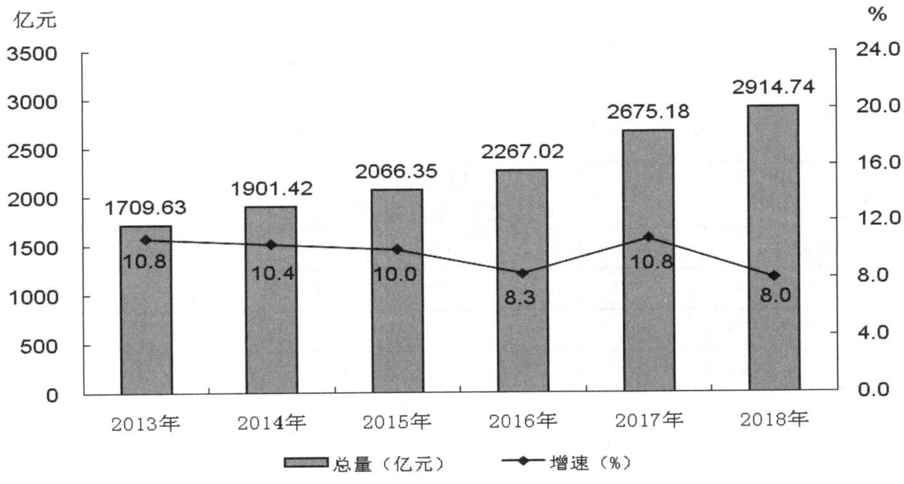

分区域看，香洲、金湾和斗门三个行政区分别实现地区生产总值 1902.06 亿元、624.29 亿元和 388.39 亿元，分别增长 7.4%、9.9% 和 8.0%。

全年居民消费价格总水平上涨 2.3%。其中，食品烟酒、衣着、居住、生活用品及服务、交通和通信、教育文化和娱乐、医疗保健、其他用品和服务等八类价格分别上涨 2.7%、1.3%、1.3%、2.9%、1.3%、2.8%、6.9% 和 1.0%。工业生产者出厂价格上涨 1.9%。其中，轻工业上涨 1.4%、重工业上涨 2.2%；电气机械和器材制造业上涨 0.8%，计算机、通信和其他电子设备制造业上涨 0.3%，化学原料和化学制品制造业上涨 4.7%，通用设备制造业下降 0.5%，黑色金属冶炼和压延加工业上涨 13.3%，电力、热力生产和供应业下降 3.4%，专用设备制造业上涨 2.1%，橡胶和塑料制品业上涨 1.7%，有色金属冶炼和压延加工业上涨 4.0%，医药制造业上涨 3.7%。

图 2　2018 年居民消费价格月度涨跌幅度

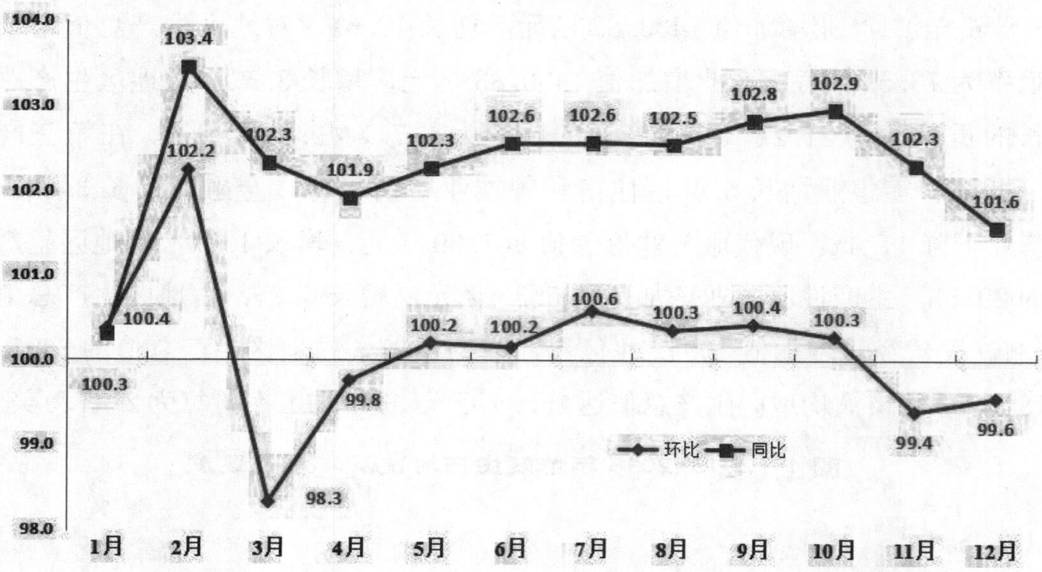

表 1　2018 年居民消费价格涨跌幅度

指　　标	价格指数 （上年价格为 100）	比上年涨跌幅度 (%)
居民消费价格总指数	102.3	2.3
食品烟酒	102.7	2.7
其中：粮食	103.3	3.3
鲜菜	102.2	2.2
畜肉	95.8	-4.2
水产品	104.2	4.2

蛋	112.2	12.2
鲜果	102.5	2.5
衣着	101.3	1.3
居住	101.3	1.3
生活用品和服务	102.9	2.9
交通和通信	101.3	1.3
教育文化和娱乐	102.8	2.8
医疗保健	106.9	6.9
其他用品和服务	101.0	1.0
在总指数中：服务价格指数	102.2	2.2
消费品价格指数	102.4	2.4

2018年一般公共预算收入331.47亿元，比上年增长5.4%。其中，税收收入260.28亿元，增长8.9%。在税收收入中，增值税84.73亿元，增长1.7%；企业所得税49.50亿元，增长4.4%；个人所得税20.53亿元，增长27.9%；房产税12.89亿元，下降6.9%。

2018年一般公共预算支出572.52亿元，增长15.9%。其中，教育支出76.41亿元，增长3.0%；科学技术支出45.52亿元，增长0.5%；文化体育和传媒支出9.59亿元，增长24.5%；社会保障和就业支出71.88亿元，增长24.8%；医疗卫生支出31.82亿元，增长14.4%；节能环保支出11.57亿元，下降33.0%；教育、科学技术、文化体育和传媒、医疗卫生、社会保障和就业、节能环保、城乡社区事务、农林水事务、住房保障等九项民生支出合共400.31亿元，同比增长13.0%，占全市一般公共预算支出的69.9%。

经济社会发展中存在的主要问题：房地产市场波动对经济影响较大，中美贸易摩擦对外贸进出口的影响初步显现，民营经济发展相对偏慢、中小微企业发展面临困难。

二、农业

全年完成农林牧渔业总产值100.25亿元，增长5.1%。其中，农业产值13.29亿元，增长15.5%；林业产值0.21亿元，增长47.8%；牧业产值11.54亿元，增长23.8%；渔业产值66.59亿元，增长1.7%；农林牧渔服务业产值8.62亿元，下降5.6%。

全年农作物播种面积25.47万亩，比上年增加2.66万亩。其中，粮食作物播种面积64417亩，比上年增加5666亩；甘蔗种植面积297亩，比上年增加73亩；

油料种植面积 3577 亩，比上年减少 307 亩；蔬菜种植面积 127828 亩，比上年增加 15724 亩。水产养殖面积 38.55 万亩，比上年减少 0.82 万亩。

全年粮食总产量 24989 吨，增产 10.3%；甘蔗产量 979 吨，减产 14.9%；油料产量 1052 吨，增产 41.6%；蔬菜产量 166668 吨，增产 17.5%；水果产量 78455 吨，增产 26.0%。

全年肉类总产量 47169 吨，增长 33.1%。其中猪肉产量 36126 吨，增长 42.2%；禽肉产量 10003 吨，增长 0.4%。生猪饲养量 611275 头，增长 10.4%。其中，生猪存栏 173188 头，下降 27.6%；生猪出栏 438087 头，增长 39.4%。全年水产品产量 313635 吨，增长 1.3%。其中，海洋捕捞 20278 吨，下降 4.3%；海水养殖 84477 吨，增长 1.4%；淡水捕捞 1755 吨，下降 1.5%；淡水养殖 207125 吨，增长 1.8%。

三、工业、建筑业和服务业

全市工业增加值比上年增长 13.5%。规模以上工业增加值增长 14.1%。其中，国有及国有控股企业增长 25.2%，民营企业增长 14.6%。港澳台及外商投资企业增长 6.4%，股份制企业增长 21.0%，集体企业下降 8.4%。在规模以上工业增加值中，轻工业增长 19.4%，重工业增长 11.8%，规模以上轻重工业比例为 32.4 ∶ 67.6。分企业规模看，大型企业增长 18.0%，中型企业增长 13.6%，小微型企业增长 8.3%。分地区看，香洲区、金湾区和斗门区规模以上工业增加值分别增长 12.9%、15.8% 和 13.1%。

六大工业支柱行业增加值比上年增长 13.1%。其中，电子信息、生物医药、家电电气、电力能源、石油化工和精密机械制造分别同比增长 7.2%、23.5%、24.8%、7.0%、8.9% 和 8.9%。

图 3　2013–2018 年规模以上工业增速

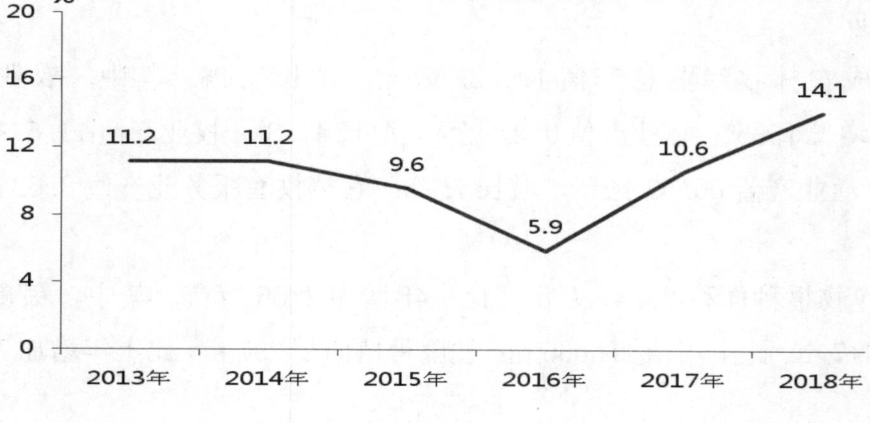

高技术制造业增加值增长13.0%，占规模以上工业增加值的比重为29.7%，比上年提高1.9个百分点。其中，医药制造业增长23.5%，航空、航天器及设备制造业增长19.3%，电子及通信设备制造业增长8.9%，医疗仪器设备及仪器仪表制造业增长28.5%，电子计算机及办公设备制造业增长8.8%。

先进制造业增加值增长11.2%，占规模以上工业增加值的比重为54.9%，比上年下降2.2个百分点。其中，高端电子信息制造业增长4.4%，先进装备制造业增长6.9%，石油化工业增长9.4%，先进轻纺制造业增长31.2%，新材料制造业增长1.7%，生物医药及高性能医疗器械业增长18.5%。

装备制造业增加值比上年增长8.6%，占规模以上工业增加值的比重为39.1%，比上年下降0.2个百分点。其中，汽车制造业增长14.0%，电气机械和器材制造业增长24.8%，计算机、通信和其他电子设备制造业增长7.2%。

传统优势产业增加值比上年增长22.1%，其中纺织服装业增长2.5%，食品饮料业增长3.1%，家具制造业增长15.3%，建筑材料业增长16.3%，金属制品业下降0.7%，家用电力器具制造业增长39.0%。

六大高耗能行业增加值比上年增长9.3%，其中，非金属矿物制品业增长22.9%，黑色金属冶炼及压延加工业下降6.6%，有色金属冶炼及压延加工业增长57.6%，电力、热力生产和供应业增长4.4%，石油、煤炭及其他燃料加工业增长0.4%，化学原料和化学制品制造业增长11.4%。

全市规模以上企业实现工业总产值4459.68亿元，比上年增长13.3%。在规模以上工业企业中，集体企业产值1.30亿元，下降9.6%；股份制企业产值2344.76亿元，增长18.3%；港澳台及外商投资企业产值2111.27亿元，增长8.1%。轻工业产值1500.75亿元，增长21.8%；重工业产值2958.93亿元，增长9.9%。规模以上轻、重工业产值的比例由上年的39.6:60.4调整为33.7:66.3。

在规模以上工业企业生产的105种产品中，产量比上年增加的有58种，其中增幅较大的有：商品混凝土、房间空气调节器、光学仪器、打印机和电工仪器仪表，分别比上年增长49.3%、32.3%、21.4%、21.3%和17.7%；产量比上年减少的有44种，其中减幅较大的有：移动通信手持机（手机）、眼镜成镜、光缆、照相机和饮料，分别比上年下降68.1%、39.4%、38.3%、31.2%和16.1%。

表2　2018年主要工业产品产量及其增长速度

名　称	单位	产量	比上年增长%
锂离子电池	万只（自然只）	37519.59	7.8
玻璃纤维布	万米	6548.03	4.9
房间空气调节器	万台	2524.32	32.3
气体压缩机	万台	1615.24	3.1
家用电热烘烤器具	万个	1344.09	-8.3
商品混凝土	万立方米	944.75	49.3
灯具及照明装置	万套（台、个）	777.79	-5.7
移动通信手持机（手机）	万台	712.29	-68.1
印制电路板	万平方米	495.62	0.8
彩色电视机	万台	341.52	3.0
打印机	万台	319.94	21.3
表	万只	294.64	-3.2
照相机	万台	262.07	-31.2
粗钢	万吨	252.62	0.4
钢材	万吨	247.45	0.3
预应力混凝土桩	万米	235.29	12.2
合成纤维单体	万吨	234.69	3.4
生铁	万吨	230.23	-2.2
电工仪器仪表	万台	127.12	17.7
光学仪器	万台（个）	111.04	21.4
水泥	万吨	100.32	2.0
组合音响	万台	73.96	9.2
机制纸及纸板（外购原纸加工除外）	万吨	59.95	14.4
家具	万件	59.07	17.2
电子元件	亿只	59.04	9.0
饮料	万吨	54.31	-16.1
饲料	万吨	42.01	3.2
光缆	万芯千米	34.31	-38.3
家用房间空气清洁装置	万台	33.80	8.0
眼镜成镜	万副	28.18	-39.4
通信及电子网络用电缆	万对千米	27.81	-15.4
泵	万台	26.19	-5.4
程控交换机	万线	22.53	-72.3
饮料酒	亿升	2.06	6.7

规模以上工业企业总资产贡献率9.75%，资本保值增值率113.19%，资产负债率60.40%，流动资产周转次数1.20次，成本费用利润率8.58%，产品销售

率 97.53%。全员劳动生产率 25.08 万元／人年，比上年增长 20.0%。实现利润总额 428.74 亿元，下降 18.7%。其中，盈利企业实现盈利 480.21 亿元，下降 14.3%；亏损企业 226 家，亏损面 19.3%，亏损额合计 51.48 亿元，增长 54.9%。全年规模以上工业企业每百元主营业务收入中的成本为 80.67 元，比上年减少 0.51 元。

表 3　　2018 年规模以上工业企业实现利润及其增长速度

指　　标	利润总额（亿元）	比上年同期增长（%）
全市规模以上工业	428.74	-18.7
总计中：国有及国有控股企业	203.29	-26.0
总计中：集体企业	0.05	--
股份制企业	296.55	-20.6
外商及港澳台投资企业	132.21	-14.1
总计中：民营企业	95.09	-30.9

年末全市拥有资质等级以上独立核算总承包和专业承包建筑业企业 333 家，同比下降 18.4%；实现建筑业增加值 188.15 亿元，按可比价格计算，比上年增长 5.6%。

规模以上服务业企业实现营业收入 749.01 亿元，比上年增长 12.7%；利润总额 132.73 亿元，下降 5.3%。其中，互联网和相关服务业营业收入下降 24.4%，软件和信息技术服务业营业收入增长 12.3%。

四、固定资产投资

全年完成固定资产投资 1858.57 亿元，比上年增长 20.7%。其中，房地产开发投资 787.09 亿元，增长 18.2%。分投资主体看，国有经济投资 390.65 亿元，增长 0.9%；非国有经济投资 1467.92 亿元，增长 27.4%；其中民营经济投资 864.07 亿元，增长 27.3%；港澳台、外商经济投资 200.79 亿元，下降 16.9%。分地区看，香洲区投资 1319.11 亿元，增长 32.1%；金湾区投资 311.87 亿元，下降 13.9%；斗门区投资 220.96 亿元，增长 23.5%。分产业看，第二产业投资 252.38 亿元，增长 4.7%；第三产业投资 1604.93 亿元，增长 23.6%。工业投资 252.60 亿元，增长 4.8%，工业投资中的制造业投资 183.47 亿元，下降 11.7%。全年亿元以上在建项目 535 个，增长 46.5%；新开工项目 208 个，增长 82.5%。高技术制造业投资 87.90 亿元，增长 1.3%，占固定资产投资的比重为 4.7%。先进制造业投资 160.05 亿元，下降 3.4%，占固定资产投资的比重为 8.6%。

表 4 2018 年分行业固定资产投资及其增长速度

行 业	投资额（亿元）	比上年增长（%）
总 计	1858.57	20.7
农、林、牧、渔业	2.95	126.5
采矿业	23.14	2713.6
制造业	183.47	-11.7
电力、燃气及水的生产和供应业	45.99	41.6
建筑业	—	—
交通运输、仓储和邮政业	211.90	-15.4
信息传输、软件和信息技术服务业	6.70	0.3
批发和零售业	2.52	-52.5
住宿和餐饮业	15.69	106
金融业	—	—
房地产业	842.99	13.3
租赁和商务服务业	202.98	281.1
科学研究和技术服务业	17.77	16.6
水利、环境和公共设施管理业	206.74	45.8
居民服务、修理和其他服务业	2.01	115
教育	25.82	1.6
卫生和社会工作	14.02	120.4
文化、体育和娱乐业	20.34	8.7
公共管理、社会保障和社会组织	33.54	51.6

全年房地产开发投资 787.09 亿元，比上年增长 18.2%。按地区分，香洲区投资 564.53 亿元，增长 36.2%；金湾区投资 107.62 亿元，下降 25.0%；斗门区投资 114.95 亿元，增长 6.5%。在房地产开发投资中，商品房住宅投资 461.58 亿元，增长 8.6%。其中，90 平方米及以下住宅投资 138.63 亿元，增长 1.1%；90 ～ 144 平方米住宅投资 260.29 亿元，增长 41.4%；144 平方米及以上住宅投资 62.66 亿元，下降 39.8%；别墅、高档公寓投资 30.30 亿元，下降 24.6%。办公楼投资 95.19 亿元，增长 6.1%；商业营业用房投资 57.06 亿元，下降 20.9%。全年商品房施工面积 3419.18 万平方米，增长 5.1%，其中商品住宅 1904.62 万平方米，下降 0.2%。商品房竣工面积 267.06 万平方米，下降 36.8%，其中住宅 189.17 万平方米，下降 32.5%。商品房销售面积 301.58 万平方米，下降 40.8%，其中住宅 220.75 万平方米，下降 47.5%。年末商品房待售面积 188.05 万平方米，增长 12.5%，其中住宅 93.39 万平方米，增长 39.9%。

表 5　2018 年房地产开发和销售主要指标完成情况

指　标	单　位	绝对数	比上年增长（%）
房地产开发投资	亿元	787.09	18.2
其中：土地购置费	亿元	295.02	46.3
其中：住宅	亿元	461.58	8.6
其中：90 平方米及以下	亿元	138.63	1.1
90—144 平方米	亿元	260.29	41.4
144 平方米及以上	亿元	62.66	-39.8
房屋施工面积	万平方米	3419.18	5.1
其中：住宅	万平方米	1904.62	-0.2
房屋新开工面积	万平方米	598.28	-40.6
其中：住宅	万平方米	287.71	-45.5
房屋竣工面积	万平方米	267.06	-36.8
其中：住宅	万平方米	189.17	-32.5
商品房销售面积	万平方米	301.58	-40.8
其中：住宅	万平方米	220.75	-47.5
商品房销售额	亿元	704.47	-35.6
其中：住宅	亿元	499.62	-43.3
本年实际到位资金	亿元	1171.70	-19.0
其中：国内贷款	亿元	338.40	-30.5
个人按揭贷款	亿元	70.36	-73.4
本年购置土地面积	万平方米	9.78	-84.5
待售面积	万平方米	188.05	12.5
其中：住宅	万平方米	93.39	39.9

图 4　2013-2018 年固定资产投资总额及增速

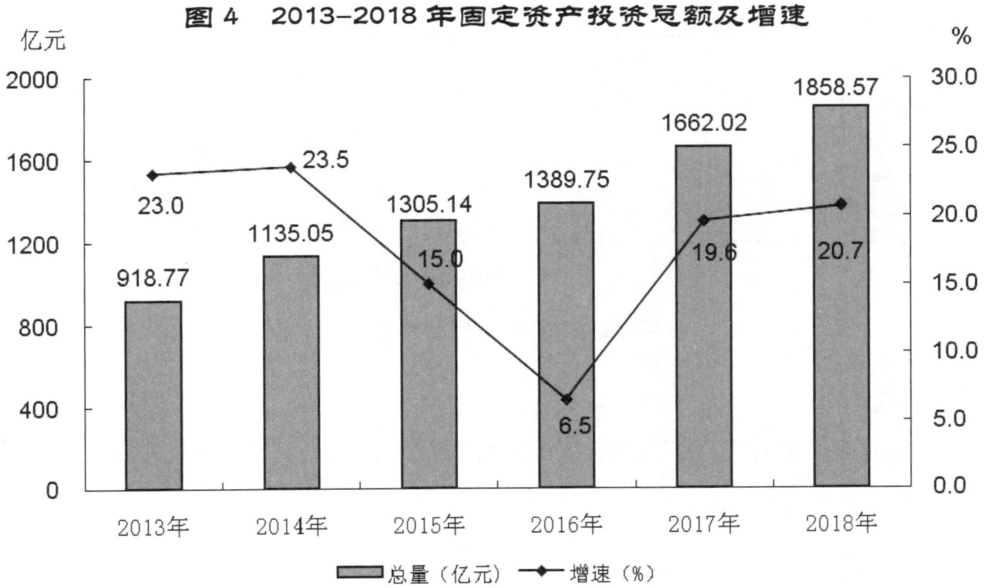

五、国内贸易

全年社会消费品零售总额1160.64亿元，比上年增长7.4%。其中，批发业零售额236.05亿元，增长6.9%；零售业零售额780.14亿元，增长7.2%；住宿业零售额31.22亿元，增长18.7%；餐饮业零售额113.23亿元，增长9.9%。

限额以上批发和零售业商品零售额中，石油及制品类零售额66.64亿元，增长17%；汽车类零售额125.74亿元，下降4.1%；粮油食品饮料烟酒类零售额44.67亿元，增长2.0%；服装鞋帽针纺织品类零售额15.7亿元，增长4.5%；化妆品类零售额1.25亿元，增长10.6%；金银珠宝类零售额1.16亿元，增长23.8%；日用品类零售额6.74亿元，下降2.6%；体育、娱乐用品类零售额0.41亿元，增长17.9%；电子出版物及音像制品类零售额0.03亿元，下降34.1%；书报杂志类零售额1.62亿元，增长8.8%；家用电器和音像器材类零售额20.07亿元，增长20.9%；中西药品类零售额6.90亿元，下降0.7%；文化办公用品类零售额5.69亿元，增长9%；通讯器材类零售额25.31亿元，增长1.1%；建筑及装潢材料类零售额1.13亿元，下降17.3%。

图5　2013-2018年社会消费品零售总额及增速

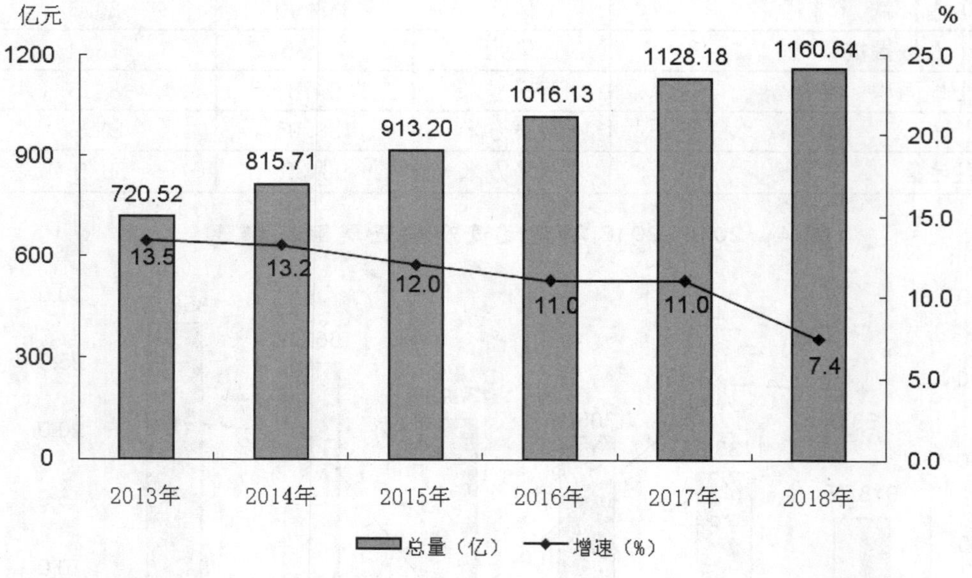

六、对外经济

全年完成外贸进出口额3246.28亿元，增长8.5%。其中，出口1887.13亿元，增长0.2%；进口1359.15亿元，增长22.5%。进出口差额（出口减进口）527.98亿元，比上年减少247.87亿元。

表 6　2018 年进出口额及其增长速度

指　标	绝对数（亿元）	比上年增长 (%)
进出口额	3246.28	8.5
出口额	1887.13	0.2
其中：一般贸易	1082.77	-2.6
加工贸易	747.62	9.2
其中：机电产品	1440.44	4.2
高新技术产品	662.34	9.0
其中：国有企业	202.76	-4.7
外商投资企业	829.59	5.3
进口额	1359.15	22.5
其中：一般贸易	717.48	31.4
加工贸易	375.22	13.6
其中：机电产品	695.68	35.9
高新技术产品	510.97	52.6
其中：国有企业	258.96	-8.6
外商投资企业	706.04	20.2
进出口差额（出口减进口）	527.98	-31.7

表 7　2018 年对主要国家和地区出口额及增速

国家和地区	出口额（亿元）	比上年增长 (%)
东盟	226.52	6.7
欧盟	274.27	-7.5
一带一路	702.06	11.6
美国	274.49	-5.3
香港	265.23	-6.8
印度	249.57	28.0
日本	119.22	21.3

表 8　2018 年对主要国家和地区进口额及增速

国家和地区	出口额（亿元）	比上年增长 (%)
东盟	182.88	13.3
欧盟	88.49	22.5
一带一路	470.65	3.8
韩国	185.82	147.0
伊朗	175.95	-13.5
日本	94.80	14.5
台湾	92.02	10.9

全年新设外商投资企业 3973 个，比上年增长 153.9%；合同外资金额 75.37 亿美元，下降 29.7%；实际外资金额 23.92 亿美元，下降 1.7%。实际外资金额中，制造业占 34.3%，租赁和商务服务业占 29.9%，居民服务、修理和其他服务业占 10.8%，房地产业占 9.1%。来自“一带一路”沿线国家的实际外资金额 580 万美元，下降 52.4%。截至 2018 年底，全市累计设立外商投资企业 19072 个，合同外资金额 666.68 亿美元，实际外资金额 305.65 亿美元。截至 2018 年底，商事登记为在营状态的外商投资企业实有 12410 户。

表 9　2018 年分行业外商直接投资及其增长速度

行业名称	新设企业数（个）	比上年增长 (%)	合同外资金额（万美元）	比上年增长 (%)	实际吸收外资金额（万美元）	比上年增长 (%)
总　计	3973	153.9	753703	-29.7	239193	-1.7
农、林、牧、渔业	7	16.7	1930	377.7	59	-91.2
制造业	213	173.1	151060	80.7	82011	-5.4
电力、热力、燃气及水生产和供应业	1	0	712	-11.3	0	-100.0
建筑业	386	554.2	11222	11.3	9023	-66.5
批发和零售业	1181	179.2	68446	-35.3	2296	-76.4
交通运输、仓储和邮政业	13	-38.1	1153	-52.3	563	-76.0
住宿和餐饮业	21	-8.7	365	-79.5	218	-64.7
信息传输、软件和信息技术服务业	1010	420.6	164900	553.0	8764	46.5
金融业	61	335.7	133128	23.4	148	-95.3
房地产业	74	21.3	51732	-15.5	21878	-50.4
租赁和商务服务业	692	52.8	101682	-81.7	71500	127.7
科学研究和技术服务业	263	40.6	47062	-56.9	14997	-20.2
水利、环境和公共设施管理业	1	—	45	—	0	—
居民服务、修理和其他服务业	31	55.0	13736	184.2	25937	152.7
教育	6	-64.7	5110	2201.8	0	—
卫生和社会工作	2	—	223	—	0	—
文化、体育和娱乐业	11	37.5	1197	-54.8	1799	5.6

全年新增对外协议投资额 4.02 亿美元，对外实际投资额 3.49 亿美元。对外劳务合作新签劳务人员合同工资总额 0.74 亿美元，劳务人员实际收入总额 3.85 亿美元。对外承包工程和劳务合作年末在外人员共 3.75 万人。

七、交通、邮电和旅游

全年交通运输、仓储和邮政业实现增加值 62.37 亿元，比上年增长 13.4%。货物运输总量 13447.45 万吨，增长 11.0%。货物运输周转量 222.31 亿吨公里，增长 32.7%。全年完成邮电业务总量 201.56 亿元（电信业务总量为 2015 年不变价，邮政业务总量为 2010 年不变价），增长 85.8%。其中，邮政业务总量 22.16 亿元，增长 16.0%；电信业务总量 179.40 亿元，增长 100.7%。年末固定电话用户达到 56.4 万户；年末移动电话用户 367.9 万户；年末 4G 用户 311.15 万户，全年净增 29.56 万户，3G 和 4G 用户合计 336.55 万户，合计占移动电话用户比重达 91.5%。年末（固定）互联网宽带接入用户 104.02 万户，增长 6.3%。

年末公路通车里程 1560.54 公里，增加 7.2%。其中，高速公路通车里程 171.81 公里，增加 26.1%。铁路通车里程 86.5 公里，与上年持平。

表 10　2018 年各种运输方式完成货物运输量及其增长速度

指　标	单　位	绝对数	比上年增长（%）
货物运输总量	万吨	13447.45	11.0
铁路	万吨	868.73	36.2
公路	万吨	9724	1.3
水路	万吨	2816.99	50.5
民航	万吨	1.39	-7.3
货物运输周转量	亿吨公里	222.31	32.7
铁路	亿吨公里	15.60	33.8
公路	亿吨公里	53.62	2.0
水路	亿吨公里	152.86	48.4
民航	亿吨公里	0.23	-7.4

表 11　2018 年各种运输方式完成旅客运输量及其增长速度

指　标	单　位	绝对数	比上年增长（%）
旅客运输总量	万人	5725.73	6.4
铁路	万人	2315.16	29.1
公路	万人	2540.57	-8.0
水路	万人	650.06	2.7
航空	万人	219.94	13.8
旅客运输周转量	亿人公里	92.94	1.8
铁路	亿人公里	9.46	29.1
公路	亿人公里	45.80	-10.5
水路	亿人公里	2.80	7.8
航空	亿人公里	34.88	15.6

年末全市民用机动车保有量达69.93万辆，增长11.9%。其中，私人汽车54.71万辆，增长13.0%。民用轿车保有量38.60万辆，增长12.4%。其中，私人轿车35.82万辆，增长12.1%。

全年规模以上港口完成货物吞吐量13799万吨，增长1.6%，其中外贸货物吞吐量2922万吨，下降1.9%；内贸货物吞吐量10876万吨，增长2.6%。港口集装箱吞吐量231万标准箱，增长1.6%。截至2018年底，全市共有生产性泊位157个，非生产性泊位8个，万吨级以上生产性泊位28个，设计年通过能力1.6亿吨，集装箱吞吐能力198万标准箱；干散货泊位22个，年吞吐能力8009万吨；油、气、化工品液体散货泊位44个，年吞吐能力4901万吨；多用途泊位26个，年货物吞吐能力917万吨，集装箱112万标准箱；集装箱专用泊位4个，年吞吐能力86万标准箱；件杂货泊位22个，年吞吐能力503万吨；客运及陆岛交通泊位39个，年吞吐能力旅客946万人，货物2万吨。

全年接待入境旅游人数513.73万人次，增长2.9%。其中，外国人67.51万人次，增长7.3%；香港、澳门和台湾同胞446.22万人次，增长2.2%。在入境旅游人数中，过夜游客325.97万人次，增长2.4%。国际旅游外汇收入14.68亿美元，增长21.3%。接待国内游客3797.58万人次，增长9.1%，其中过夜游客2126.65万人次，增长7.9%。国内旅游收入368.99亿元，增长29.0%。酒店平均开房率62.4%，比上年高1.8个百分点。全年各主要旅游景点共接待游客2778.27万人次，增长29.9%。旅行社组团国内游116.94万人次，总量与上年基本持平；出境游60.44万人次，增长25.2%。实现旅游总收入466.16亿元，增长26.8%。

八、金融、证券和保险

2018年末全市中外资银行业金融机构本外币各项存款余额7542.91亿元，比年初增长8.9%。其中，住户存款余额1772.01亿元，增长14.8%；非金融企业存款余额3991.29亿元，增长14.4%；广义政府存款余额1194.42亿元，增长5.4%；非银行业金融机构存款余额261.67亿元，增长45.7%；境外存款余额323.52亿元，下降44.5%。2018年末中外资银行业金融机构本外币各项贷款余额5238.24亿元，比年初增长9.0%。其中，住户贷款余额2202.42亿元，增长2.4%；非金融企业及机关团体贷款余额2881.85亿元，增长17.3%；境外贷款余额153.96亿元，下降23.0%。银行业金融机构本年利润（税后）108.57亿元，增长10.6%。

表 12　2018 年全市中外资银行业金融机构本外币存贷款及其增长速度

指　标	年末数（亿元）	比年初增长（%）
各项存款余额	7542.91	8.9
其中：住户存款	1772.01	14.8
非金融企业存款	3991.29	14.4
广义政府存款	1194.42	5.4
非银行业金融机构存款	261.67	45.7
境外存款	323.52	-44.5
其中：中资机构人民币	7056.58	9.5
各项贷款余额	5238.24	9.0
其中：住户贷款	2202.42	2.4
非金融企业及机关团体贷款	2881.85	17.3
非银行业金融机构贷款	0	—
境外贷款	153.96	-23.0
其中：中资机构人民币	5155.04	10.9

2018 年末，全市共有上市公司 28 家（境内），市价总值 4006.43 亿元，比上年末减少 20.8%。上市公司通过证券市场筹集资金 155.37 亿元，同比增长 6.3%。在深沪两市上市的企业 28 家，较上年末新增 1 家。在境外上市的企业共 9 家，较上年末新增 2 家。其中，香港上市企业 7 家，加拿大上市企业 1 家，澳大利亚上市企业 1 家。基金管理公司 3 家。截至 2018 年 12 月末，全市共有 59 家证券营业部，同比增加 2 家；证券公司分公司 4 家，期货公司 3 家，下辖 3 家期货营业部；证券、期货从业人员 878 人，同比减少 64 人，下降 6.7%。2018 年全市证券经营机构股票、基金、债券成交总额 12580.65 亿元，同比减少 1048.57 亿元，下降 7.7%。其中，股票成交总额 6311.99 亿元，同比减少 1889.88 亿元，下降 23.0%。证券业资产总额 52.67 亿元，同比减少 5.52 亿元，下降 9.5%。

全市共有各类保险营业机构（含网点）144 个，比上年增加 2 个。全年实现保费收入 128.54 亿元，同比增长 10.4%。其中，寿险公司保费收入 93.40 亿元，增长 10.0%；财产保险公司保费收入 35.14 亿元，增长 11.5%；健康险和意外伤害险业务保费收入 1.59 亿元，增长 31.4%。保险深度（保费收入占地区生产总值比重）4.4%。全年共赔（给）付金额 40.17 亿元，增长 3.9%。其中，寿险公司赔（给）付支出 17.07 亿元，与上年同期基本持平；财产保险公司赔款支出 23.10 亿元，增长 7.2%；健康险和意外伤害险赔付支出 0.61 亿元，增长 27.1%。

九、教育和科学技术

截至2018年9月，全市共有各级各类普通学校（包括幼儿园）559所，比上年增加21所。招生14.04万人，比上年增长13.9%；在校生51.27万人，比上年增长3.4%；毕业生12.29万人，比上年增长17.5%。小学、初中、普通高中的专任教师学历达标率分别为99.99%、99.98%、99.40%。各级财政安排12年免费义务教育补贴资金3.32亿元，惠及全市180间学校的22.25万名学生。

全市普通高等学校全日制在校生13.90万人，增长1.6%；毕业生3.52万人，增长14.3%；招生3.58万人，减少1.7%。各类中等职业学校（含技工学校）招生0.88万人，增长3.5%；在校生2.71万人，减少4.2%；毕业生0.91万人，增长2.3%。普通中学（含初中和高中）招生3.32万人，增长2.2%；在校生9.50万人，增长5.3%；毕业生2.74万人，增长0.4%。小学招生3.26万人，增长9.0%；在校生17.21万人，增长6.1%；毕业生2.34万人，增长3.5%。特殊教育学校招生98人，在校生497人。学前教育在园幼儿7.91万人，增长1.5%。全市学龄儿童净入学率100%，小学毕业生升学率97.3%，初中毕业生升学率93.3%。全市普通高考考生9040人，总上线人数8837人，被高校录取的人数8728人，高考上线率和录取率分别达97.8%和96.6%。

全年科技成果84项，均为应用技术类成果。全年有8个项目获广东省科学技术奖。全年申请专利31167件，增长50.3%。其中，发明专利13139件，增长69.1%。专利授权量17090件，增长36.2%，其中发明专利授权量3452件，增长39.3%。全年共有2223家企业申请专利29593件，其中，有1180家企业申请发明专利12684件。全年共有2018家企业获得专利授权16298件。其中，485家企业获得发明专利授权3360件。年末有效发明专利拥有量11739件，增长39.7%，每万人口发明专利拥有量66.49件。《专利合作条约》（PCT）国际专利申请量693件，增长59.3%。

全年技术合同成交金额50.83亿元，其中技术交易额47.71亿元。截至年底，全市有722家企业通过高企认定，总数达到2053家，高新技术产品产值预计超过2600万元，比上年增长11.9%。全市累计有14家新型研发机构获得省级认定，省级以上孵化器17家。拥有国家级工程研究中心4家，省级246家；已建立国家级企业技术研究中心5个、省级94个、市级重点企业技术中心341个。拥有广东省战略性新兴产业基地5个。

全市共有建成或在建的国家产品质量监督检验中心 3 个，省级授权产品质量监督检验机构 6 个；获得质量资质认定的检验检测机构 79 家。截至 2018 年底，强制性产品认证获证组织 341 家、证书 5815 张，管理体系认证获证组织 2625 家、证书 4827 张，自愿性工业产品认证获证组织 177 家、证书 1682 张，服务认证获证组织 55 家、证书 60 张，食品农产品认证获证组织 105 家、证书 135 张。

截至年底，全市拥有省级以上“名牌名标”188 个。其中，名牌产品 87 个，包括：中国世界名牌产品 1 个，广东省名牌产品 86 个；拥有中国驰名商标 12 件，广东省著名商标 89 件。

十、文化、档案、卫生和体育

年末全市共有各类专业艺术表演团 5 个，文化馆 4 个，县级及以上公共图书馆 4 个，博物馆 8 个（其中国有 2 个，非国有 6 个），美术馆 4 个（其中国有 1 个，非国有 3 个），电影城 25 家，文化站 24 个，村居文化中心 318 个。电视台 2 个，电台 2 个，广播综合人口覆盖率和电视综合人口覆盖率均达 100%。有线广播电视用户 57.14 万户，比上年末减少 6.5%，有线电视用户 57.14 万户，比上年末减少 6.5%，其中有线数字电视用户 57.14 万户，比上年末减少 6.5%。公共图书馆藏书量 360.47 万册（含电子和纸质图书），图书（总印数）185.03 万册，人均图书拥有量 1.2 册。群众文艺作品创作获省级奖项 8 个。建成“农家（社区）书屋”316 个，每万人公共文化设施面积 1604 平方米。全年出版各类期刊 6.5 万册。

年末全市共有医疗卫生机构 838 家。其中，医院 45 家、妇幼保健机构 2 家、专科疾病防治机构 1 家、疾病预防控制中心 1 个、卫生监督所 3 所、社区卫生服务中心（站）118 个、卫生院 12 家、村卫生室 137 个，医疗卫生机构总数比上年增加 96 家。全市实有床位 9899 张，增长 5.4%。其中，医院 8849 张，妇幼保健院 582 张、卫生院 348 张。全市卫生机构拥有在岗职工 22168 人，增长 10.1%。其中执业（助理）医师共 7090 人，注册护士 8152 人；疾病预防控制中心卫生技术人员 135 人；卫生监督员 59 名；卫生院卫生技术人员 832 人。全市无甲类传染病报告，乙类传染病报告 17 种发病 6368 例，发病率 360.71/10 万；报告死亡 34 例；死亡率 1.93/10 万。

成功举办 2018 年亚洲帆板锦标赛 & 亚洲风筝板锦标赛、2018 Soccerex 全球足球产业峰会、2018 珠海 WTA 超级精英赛、2018 环中国国际公路自行车赛（珠海站）和 2018 珠海体育文化博览会。我市培养输送的运动员在第 18 届亚洲运动会上获得6金5银的优异成绩，其他国际大赛获得5金6银3铜，全国大赛获得4金2银5铜。在8月举行的广东省第十五届省运会，我市竞技体育组共获得5金8银14铜，以总分3353.05的成绩排名全省第九，比上届省运会大步前进了四名。

十一、人民生活、社会保障与安全生产

全年全体居民人均可支配收入48107元，比上年增长9.2%，扣除价格因素实际增长6.7%。按常住地分，城镇常住居民人均可支配收入50713元，比上年增长8.3%，扣除价格因素实际增长5.9%；农村常住居民人均可支配收入26198元，比上年增长11.5%，扣除价格因素实际增长9.0%。全年全体居民人均消费支出35081元，比上年增长6.4%，扣除价格因素实际增长4.0%。按常住地分，城镇常住居民人均消费支出36819元，比上年增长6.0%，扣除价格因素实际增长3.6%；农村常住居民人均消费支出20475元，比上年增长2.2%，扣除价格因素与上年持平。全体居民恩格尔系数为30.7%，比上年下降0.9个百分点，其中城镇为30.4%，农村为35.5%。全体居民人均住房建筑面积32.5平方米，其中城镇为31.7平方米，农村为39.2平方米。

表13　2018年珠海全体居民人均消费支出及其构成

指标名称	绝对值（元）	占比(%)
消费支出	35081	100.0
（一）食品烟酒	10775	30.7
（二）衣着	1436	4.1
（三）居住	8767	25.0
（四）生活用品及服务	1933	5.5
（五）交通通信	4820	13.7
（六）教育文化娱乐	4150	11.8
（七）医疗保健	2368	6.8
（八）其他用品和服务	832	2.4

全市纳入劳动用工管理的用人单位73353个。全年城镇新增就业人数47095人，12868名城镇失业人员实现再就业，就业困难人员实现就业2265人，农村劳动力转移就业2133人。年末城镇实有登记失业人员1.13万人，城镇登记失业率2.25%，比上年末降低0.01个百分点。

年末全市参加城镇职工基本养老保险（含离退休）129.54万人，比上年末增长6.4%。参加城乡居民基本养老保险9.25万人（含领取养老金人员），同比增长0.2%。参加基本医疗保险190.07万人，同比增长8.5%，其中一档参保101.81万人，同比增长11.5%；二档参保88.26万人，同比增长5.4%。参加工伤保险106.56万人，同比增长6.8%。参加生育保险106.77万人，同比增长6.9%。参加失业保险104.69万人，同比增长6.6%。

表14　2018年末全市参加各类保险人数及其增长速度

指　标	参保人数（万人）	比上年末增长（%）
参加城镇职工基本养老保险（含离退休）	129.54	6.4
其中：企业职工（不含离退休）	111.12	4.4
机关事业单位职工（不含离退休）	3.91	137.4
城乡居民基本养老保险	9.25	0.2
参加基本医疗保险	190.07	8.5
其中：一档参保	101.81	11.5
二档参保	88.26	5.4
参加失业保险	104.69	6.6
参加工伤保险	106.56	6.8
参加生育保险	106.77	6.9

年末，全市参加社会保险达628.35万人次，同比增长7.2%。全年征收社会保险基金183.97亿元，同比增长19.7%；全年社会保险基金收入230.14亿元，同比增长39.4%；年末社会保险基金累计结余571.59亿元，同比增长14.2%。2018年度离退休人员基本养老金调整幅度为5.0%；失业金标准达1548元/月。年末领取失业保险金人数为4549人，同比增长1.3%。

至2018年底，享受低保救助的困难群众7009人，其中，城镇2950人，农村4059人。各类提供住宿的社会福利机构床位3898张，救助流浪乞讨人员1411人。综合性社区服务中心（站）319个。民政部门资助参保7009人次。2018年度，我市共发行销售福利彩票6.74亿元，筹集福彩公益金2.04亿元。年末常住人口每万人拥有社会组织数量为12.83家。拥有社会组织数量为2426个，增长5.3%。志愿者注册总人数达35万余人，占全市常住人口的23.3%。志愿者组织达2230个，人均参与志愿服务时数209.71小时，志愿服务项目数达28175个。

全年共发生各类生产安全事故116宗，同比上升0.9%；死亡63人，同比下降13.7%；受伤93人，同比上升16.3%；直接经济损失2109.35万元，同比下降57.2%。其中，农林牧渔业和采矿业没有发生事故；商贸制造业事故死亡5人，占 7.9%；建筑业事故死亡 6 人，占 9.5%；交通运输和仓储业事故死亡 51 人，占 81.0%；其他行业事故死亡 1 人，占 1.6%。亿元地区生产总值生产安全事故死亡率为 0.0216 人 / 亿元，营运车辆万车死亡率为 14.58 人 / 万车（包含校车）。

2018 年，发生道路交通事故 400 起，下降 0.3%；造成死亡 96 人，下降 1.0%，其中涉生产安全道路交通事故死亡人数 42 人，上升 2.4%；受伤 87 人，上升 19.2%；直接经济损失 10.4 万元，下降 79.5%。

十二、人口、资源与环境

年末全市常住人口 189.11 万人，比上年末增加 12.57 万人，增长 7.1%，出生率 16.8‰，死亡率 3.7‰，自然增长率 13.1‰。人口城镇比 90.08%。年末全市土地面积为 1736.46 平方公里，其中香洲区、金湾区和斗门区土地面积分别为 555.23 平方公里、567.28 平方公里和 613.88 平方公里。

全年农作物受灾面积 6473 公顷，洪涝造成直接经济损失 5.78 亿元。海洋发生赤潮 1 次，赤潮面积最大约 35 平方公里。全年没有发生各类地质灾害。全市领海基线以内海域面积 6050 平方公里，大陆海岸线 224.5 公里，拥有大小岛屿 262 个。

全年水资源总量 20.18 亿立方米，比上年增长 11.2%。珠海市当地多年平均水资源量为 17.57 亿立方米。年末 4 座中型水库蓄水总量 0.61 亿立方米，增长 5.4%。全年总用水量 5.66 亿立方米，增长 5.2%。其中，生活用水增长 5.0%，工业用水增长 7.2%，农业用水减少 2.9%，生态补水增长 51.7%。万元国内生产总值用水量 19.42 立方米，比上年下降 7.4%。万元工业增加值用水量 11.95 立方米，下降 3.3%。人均用水量 310 立方米，与上年持平。全市总售水量 3.66 亿立方米，同比增长 4.3%，其中居民 1.29 亿立方米，增长 5.5%；工业 1.18 亿立方米，减少 2.0%。农村自来水入户率 96.6%。

规模以上工业综合能源消费量 610.64 万吨标准煤，比上年增长 4.1%。单位工业增加值能耗下降 8.8%。全年全社会用电量 175.99 亿千瓦时，增长 8.2%。其中工业用电量 104.22 亿千瓦时，增长 7.6%。

全市水环境质量处于较好水平，集中式饮用水水源水质达标率 100%。全市 8 个水质监测断面中，Ⅰ—Ⅱ类水质的断面比例 62.5%；III 类水质的断面比例 0%，Ⅳ类水质的断面比例 37.5%，无Ⅴ类水质和超过Ⅴ类水质的断面。近岸海域 11 个海水质量检测点中，海水质量达到一类海水水质标准的海域面积占 27.3%；

二类海水占18.2%；三类海水占9.0%；四类、劣四类海水占45.5%。

全市灰霾天气日数20天，比上年减少37天；全年日照时数1730小时，降雨量2182.9毫米，平均气温23.3摄氏度。全年有150天空气质量级别一级（优），占41.1%；175天空气质量级别二级（良），占47.9%。酸雨发生率为78.5%，比上年上升了30.7个百分点。环境空气中污染物二氧化硫、二氧化氮、可吸入颗粒物（PM10）、细颗粒物（PM2.5）和降尘年均值分别为0.007mg/m3、0.030mg/m3、0.043mg/m3、0.027mg/m3和2.94吨/平方公里·月，分别较上年持平、下降6.3%、持平、下降10.0%和上升0.7%。

全市共有天气雷达观测站1个，天气雷达1部，卫星云图接收站点0个。测绘部门共出版地图22种。全市建成污水处理厂17座，城市污水日处理能力达93.5万吨，增长12.0%。2018年城镇污水集中处理率为96.4%。城镇生活垃圾无害处理率达到100%。城市人均公园绿地面积约为19.9平方米，比上年增加0.1平方米/人。全年完成营造林1029公顷，其中人工造林55公顷、当年新封山（沙）育林403公顷、退化林修复（包括更新改造）571公顷、义务植树完成185.86万株，森林覆盖率达到32.2%。全市共有国家级自然保护区1个，面积4.6万公顷。

注：

1. 本公报中2018年数据为初步统计数。

2. 从2011年起，规模以上工业统计口径由500万元调整为2000万元及以上；固定资产投资项目统计起点由计划总投资50万元提高到500万元，增速为可比口径。各项存款余额中，“单位存款”更名为“非金融企业存款”、“储蓄存款”更名为“住户存款”。

3. 地区生产总值、各产业增加值绝对数按现价计算，增长速度按可比价计算；地方一般公共预算收入增长速度按可比口径计算。

4. 农业相关历史数据根据第三次全国农业普查结果进行修订，2018年增速按可比口径计算。

5. 先进制造业包括高端电子信息制造业、先进装备制造业、石油化工产业、先进轻纺制造业、新材料制造业、生物医药及高性能医疗器械。装备制造业包括金属制品业，通用设备制造业，专用设备制造业，汽车制造业，铁路、船舶、航空航天和其他运输设备制造业，电气机械和器材制造业，计算机、通信和其他电子设备制造业，仪器仪表制造业。高技术制造业包括医药制造业，航空、航天器及设备制造业，电子及通信设备制造业，计算机及办公设备制造业，医疗仪器设备及仪器仪表制造业，信息化学品制造业。六大高耗能行业包括石油、煤炭及其他燃料加工业、化学原料及化学制品制造业、非金属矿物制品业、黑色金属冶炼及压延加工业、有色金属冶炼及压延加工业、电力热力的生产和供应业。

6. 规模以上服务业包括年营业收入1000万元及以上，或年末从业人员50人及以上的交通运输、仓储和邮政业，信息传输、软件和信息技术服务业，房地产业（不含房地产开发经营），租赁和商务服务业，科学研究和技术服务业，水利、环境和公共设施管理业，教育，卫生和社会工作；年营业收入500万元及以上，或年末从业人员50人及以上的居民服务、修理和其他服务业，文化、体育和娱乐业法人单位。

资料来源：本公报中财政数据来自市财政局；科技成果、技术合同、高技术企业等数据来自市科技创新局；企业技术研究中心等数据来自市工业和信息化局；战略性新兴产业基地数据来自市发改局；商事登记、专利、质量检验、名牌名标数据来自市市场监督管理局；外贸进出口、外商直接投资数据来自市商务局；公路通车里程数据来自市公路局；铁路、港口、水运及民航运输数据来自市交通运输局；民用汽车数据来自市公安局；邮电业务总量数据来自市邮政及通信部门（单位）；旅游、艺术表演团体、博物馆、公共图书馆、文化馆、广播、电视、期刊、图书、体育等数据来自市文化广电旅游体育局；货币金融数据来自人民银行珠海市中心支行；上市公司、证券、基金、保险、期货公司及交易数据来自市金融工作局；教育数据来自市教育局；卫生数据来自市卫生健康局；医疗保险、生育保险等数据来自市医疗保障局；城镇新增就业、登记失业率等数据来自人力资源和社会保障局；低保、社会福利数据来自市民政局；安全生产、农作物受灾数据来自市应急管理局；水资源、污水处理数据来自市水务局；公园绿地面积来自市住房和城乡建设局；生活垃圾无害化处理数据来自市城市管理和综合执法局；气象数据来自市气象局；环境监测数据来自市生态环境局；土地面积、海域面积、森林覆盖率等数据来自市自然资源局；其他数据来自市统计局和国家统计局珠海调查队。

2019年珠海市人民政府工作报告

——2019年1月22日在珠海市第九届人民代表大会第七次会议上

市 长　姚奕生

各位代表：

我代表珠海市人民政府，向大会作政府工作报告，请予审议，并请政协委员和其他列席人员提出意见。

一、2018年工作回顾

2018年是珠海改革发展史上具有重要意义的一年。10月22日，习近平总书记亲临广东视察，第一站便来到珠海，考察了横琴粤澳合作中医药科技产业园和格力电器公司；10月23日，总书记出席港珠澳大桥开通仪式并宣布大桥正式开通；11月6日，总书记致信祝贺第十二届中国国际航空航天博览会开幕。总书记对珠海工作的高度重视和亲切关怀令全市上下备受鼓舞、倍感振奋，倍增新时代改革开放再出发的信心和力量。一年来，在省委、省政府和市委的坚强领导下，在市人大、市政协的监督支持下，我们全面贯彻落实习近平新时代中国特色社会主义思想和党的十九大精神，学习贯彻习近平总书记对广东重要讲话精神，认真落实省委十二届四次、五次全会和市委八届五次全会精神，坚持稳中求进工作总基调，贯彻新发展理念，落实高质量发展要求，统筹做好稳增长、促改革、调结构、惠民生、防风险各项工作，有效应对外部环境变化，扎实推动珠海经济特区“二次创业”，经济社会发展取得新成效。

2018年政府工作报告部署的8个方面159项具体工作，149项已经完成，10项根据发展情况变化做了调整。十件民生实事包含的22项具体任务，21项已经完成，1项基本完成。

初步统计，全市实现地区生产总值2966亿元、增长8%；固定资产投资1858.57亿元、增长20.7%；社会消费品零售总额1162亿元、增长7.6%；进出口总额3246.28亿元、增长8.5%；一般公共预算收入331.47亿元、增长5.4%；全体居民人均可支配收入48007元、增长9%；居民消费价格涨幅为2.3%；城镇登记失业率为2.25%。

（一）构建高质量发展体制机制开局良好

“破、立、降”取得积极成效。破除无效供给，基本实现“僵尸企业”市场出清，全面完成省下达淘汰落后产能任务。加快培育新动能，全市新增商事主体7.1万户，其中企业3.9万户，先进制造业、装备制造业、高技术制造业增加值占规模以上工业比重分别达54.8%、39%、29.3%。落实减税降费政策，累计为企业减负262亿元。促进土地节约集约利用，出台完善工业用地供应、加强项目用地开竣工监管等政策，新增建设用地702公顷，收储土地186公顷，处置闲置用地622公顷。

营商环境持续优化。实施营商环境综合改革行动方案，出台全省首部公共服务地方标准管理办法，企业开办时间和社会投资项目审批时间进一步缩减，政府公共服务总体满意度全省排名第三。深入推进“放管服”改革，下放市级事权108项，公布市级行政审批中介服务事项117项，取消证明事项134项。优化“一门式一网式”服务，348项办理事项实现“最多跑一次”，1302个政务服务事项实现“全城通办”。完成商事主体登记“多证合一”改革。国家信用示范市创建通过初评。

各类市场主体共同发展。完善国企改革发展政策体系，推动国有经济提质增效，市属国有资产总额达7183.68亿元、所有者权益达2595.33亿元、归属国有权益达1181.77亿元，分别增长16.8%、28.9%、19.3%。落实省“民营经济十条”，新增2个国家中小企业公共服务示范平台、3个省级小微企业双创示范基地，新设民营企业3.2万户、增长36.3%，民营经济固定资产投资额达864.07亿元、增长27.3%。落实省、市“外资新十条”，在市场准入、用地保障等方面优化政策，新设外资企业3973户、增长153.9%，实际吸收外资156.3亿元、增长26.9%。

（二）现代化经济体系建设扎实推进

实体经济发展态势较好。落实省、市“实体经济新十条”，在促进工业投资、技术改造、装备制造、智能制造等方面出台系列政策。投入109.7亿元完善园区基础设施，实施“十百千企业腾飞行动”，规模以上工业增加值达1082.14亿元、增长14%，工业对经济增长的贡献率达76.1%。与华为、富士康、华大基因、正大集团、平安集团等行业龙头开展战略合作，新引进好迪、优必选等77个亿元以上项目，伟创力工业4.0旗舰园、中兴智能汽车等128个亿元以上项目加快建设，福陆海工、恩捷新材料等49个亿元以上项目建成投产。加快创建省军民融合创新示范区，鲲龙AG600飞机水上首飞成功，云洲智能中国首艘导弹无人艇成功试射，无人机验证飞行空域获批设立。

创新驱动战略深入实施。落实科技创新三年行动计划，出台培育引进“独角兽”企业、创新产品首购订购等政策，全社会研发经费支出占地区生产总值比重达2.8%，每万人口发明专利拥有量64件、有效注册商标拥有量352件。格力电器等企业获得第20届中国专利金奖5项、占全省一半。扎实推进创新平台载体建设，抓住省启动建设第二批实验室的机遇，争取到南方海洋科学与工程省实验室在珠海布局，新增2家国家级、17家省级技术中心、56家省级工程技术研究中心和2家省级制造业创新中心，复旦创新研究院、横琴科学城加快建设，华南理工创新研究院、智慧产业园先导区投入使用，国家耗材、船舶及海工质检中心服务能力不断提升。规模以上工业企业研发机构覆盖率达41%。成功举办中国集成电路设计业年会。创新主体蓬勃发展，高新技术企业总数突破1900家，欧比特成功发射5颗高光谱卫星，纳睿达研发出相控阵雷达超精细化天气观测系统，光驭科技获中国创新创业大赛新材料行业成长组一等奖。

金融和人才支撑作用不断加强。出台实施“金融十四条”，建立风险补偿和政府金融资源激励机制，综合施策支持普惠金融发展，着力缓解企业融资难融资贵问题，中小微企业通过“政企云”投融资增信子平台获得贷款101.35亿元。出台科技融资奖励和科技信贷、创业投资风险补偿等措施，设立粤港澳前沿产业投资基金、科技天使基金。外商投资股权投资企业试点落地实施，跨境投融资便利化取得实质进展。抢占金融科技产业发展先机，市金融科技中心加快建设，横琴智慧金融产业园正式运营。出台珠海英才计划，举办系列人才主题活动，配建人才住房1171套，引进各类人才2.7万名、增长50%。5人入选国家创新人才推进计划，新增博士后工作站6家、博士工作站24家。

（三）全面开放新格局加快形成

自贸区制度创新提速。新推出18个方面66项改革创新举措，横琴对优质发展要素的吸引力进一步增强，新落户2家世界500强、1家中国500强企业，首届科技创业大赛吸引全球952家优秀科创团队参赛。一批制度创新成果领先全国，首创税务诚信报告免责体系，首个互联网金融仲裁平台投入运行，率先实施自贸区供用电规则，主导制定综合管廊运维管理国际标准，远程可视自助办税平台案例获国务院办公厅通报表扬，国际互联网数据专用通道获批，首家内地与港澳三地联营设计顾问机构挂牌运作。

区域合作深入推进。港珠澳大桥及口岸正式开通，“合作查验、一次放行”新模式落地实施。新签订金融、投资贸易、青年实习等珠澳合作协议，新成立珠澳青年交流促进会、珠港澳物流联盟，新增珠港、珠澳姊妹学校15所。成功举办粤港澳大湾区妇女创新创业大赛、首届“粤菜师傅”技能大赛。在全省率先为港澳台同胞提供住房公积金服务。第四条对澳供水管道基本完工，对澳供电全电缆线路通道投入使用。横琴粤港澳紧密合作示范区加快建设，新注册港澳企业774家、总数达2744家。粤澳合作产业园5平方公里净用地明确划定、21个项目开工。粤澳合作中医药科技产业园累计注册企业111家、孵化区科研总部大楼等投入使用，澳门青年创业谷新引进港澳项目47个、累计孵化港澳项目181个，跨境说网络科技等创新型企业快速成长。澳门单牌机动车入出横琴配额达2500辆。启用琴澳跨境视频调解平台，跨境消费维权实现“零跑动”。万山区与澳门共建的海洋功能食品研发中心、珊瑚研究中心、海洋海岛教学研究基地加快推进。实施“珠台52条”，台胞在珠发展更加便利。

开放水平不断提升。出台实施稳外贸系列政策，新增2家国家级外贸转型升级基地，获国务院批准建设跨境电商综合试验区。外贸结构持续优化，高新技术产品进出口增长24.5%，对“一带一路”沿线国家地区进出口增长8.3%。城市对外交往影响力进一步提升，成功举办全球服务外包大会、中德人工智能大会、中以科技创新投资大会、中拉企业家高峰会、央视春晚分会场、中国国际马戏节、“海丝”论坛、亚洲帆板和风筝板锦标赛等活动。第十二届航展获得社会各界的广泛好评，43个国家和地区的770家厂商参展，现场签约合同金额212亿美元。新增5个国际友好（交流）城市，总数达32个、居全省地级市首位。加快创建国家全域旅游示范区，共接待游客4311.31万人次、增长8.3%，实现旅游总收入466.16亿元、增长26.8%。

（四）营造共建共治共享社会治理格局取得实效

底线保障水平持续提升。九项民生支出399.93亿元、增长12.9%，占一般公共预算支出的69.8%。出台“促进就业十条”，新增城镇就业4.7万人。基本养老保险基础养老金由每人每月380元提高至400元。城乡低保、特困人员、户籍孤儿基本生活标准分别由每人每月896、1434、1580元提高至980、1568、1710元。基本医疗保险补贴由每人每年510元提高至550元，基本医疗保险家庭病床支付比例由70%提高至80%。人均生育津贴达1.2万元。为全市户籍残疾人购买每人100元的意外伤害保险，贫困重度残疾人集中托养补贴标准增幅达40%。精准帮扶困难职工标准由每人每年3000元提高至6000元。建成1140套保障性住房、3818套棚户区改造住房。公积金缴存覆盖率保持全省第一。

公共服务体系不断完善。全市新增普惠性幼儿园学位3838个、义务教育公办学位7860个，梅华幼儿园、格力小学、横琴一中、金湾一中、市技师学院金湾校区等投入使用，华中师大珠海附中签约落地。高等教育加快发展，在校研究生、引进院士数量增长均超过20%。成功举办第四届中国教育创新成果公益博览会。新增医疗机构126家、健康细胞单元127个，家庭医生签约服务重点人群签约率超过70%。新建国家级胸痛中心、国医大师工作室等高水平诊疗中心，市人民医院、中大五院获评粤港澳大湾区高水平医院50强，省中医院珠海医院新住院大楼投入使用，市妇幼保健院异地新建项目主体结构封顶。20个社区体育公园建成使用，13个文化站升级改造，28个市民艺术中心加快建设。市图书馆及金湾、斗门图书馆获评国家一级馆。香湾、白藤等一批街道养老机构投入使用。新建45公里市政燃气管道，完成8.1万户老旧小区户外公共管道加建工作。供电可靠性排名全省第一。

社会治理能力得到加强。支持社会组织健康有序发展，全市依法登记社会组织达2422家、民办社工机构达82家，注册志愿服务组织达2248个、志愿者达35.3万人。启动"城市社会治理基础单元"改革试点，建立健全"十户联保、小组联防、村村联动"的农村基层治理新机制，数字城管延伸覆盖至所有村落，荣获全国社会治理创新示范市，香洲区成为全国社会治理和服务创新实验区。全面集中市级部门行政复议权，行政争议有效化解。全省食品安全示范城市创建通过中期评估。安全生产形势持续稳定，事故死亡人数下降10.9%，没有发生较大以上生产安全事故。强化自然灾害风险防控，建成一批海堤河堤加固达标工程，完成35处地质灾害隐患点治理。深入推进扫黑除恶专项斗争，打掉涉黑团伙4个、恶势力犯罪集团9个，查处"保护伞"38人。深化社会治安防控体系建设，发布"平安指数"2.0版，接报违法犯罪警情、刑事立案、严重暴力犯罪案件分别下降14.5%、4.9%和20.7%。圆满完成港珠澳大桥通车仪式、航展等重大活动安全保卫工作。

（五）城市建设步伐加快

交通建设加速推进。推动珠海机场升级改造，航站楼保障能力翻番，旅客吞吐量达 1122.1 万人次、增长 21.7%。莲洲通用机场一期顺利完工。黄茅海 5 万吨级航道一期工程开工，高栏港区集装箱码头二期、东澳岛客货运码头等项目建设进展顺利，珠海港货物吞吐量达 1.38 亿吨。洪湾中心渔港开港。高铁通达城市达 52 个，乘坐高铁和城轨出行人数达 2315 万人次、增长 29%。新开工板樟山隧道扩建、兴业快线南段、珠机城轨二期三个交通骨干工程，香海大桥、洪鹤大桥、鹤港高速一期、金琴快线、兴业快线北段等项目加快建设，珠机城轨一期全线贯通。完成 88 项道路挖潜，打通 14 条断头路，新建 5 座人行天桥，实现 127 处信号灯智慧联网控制。出台公交优先新措施，新开通 826 路特快专线等公交线路 10 条，优化线路 371 条，建成公交专用道 6 条，更新投放新能源公交车 1153 台，票价调至“全城 1 元”，公交日均载客量突破 100 万人次。加快完善陆岛交通，新开 4 条航线，固定航班由 5 个增加到 19 个，新投放 4 艘高速客轮，桂山岛开通夜航，往来海岛更为便捷舒适。

新区新城建设有序铺开。出台横琴、保税区、洪湾片区一体化发展规划，十字门隧道、南湾大道改造工程动工，横琴隧道建成通车，瑞吉酒店、乾元酒店开业。西部生态新城建设提速提质，金湾片区公共文化中心完工，商务中心、服务中心和艺术中心加快建设，斗门片区大信新都汇开业运营，富山新城邻里中心开工，平沙新城生活配套加快完善。唐家科教新城建设持续推进，悦椿酒店开业，前环片区配套市政道路基本建成。

城市面貌明显提升。着力营造干净、整洁、安全、优美的城市环境，顺利通过全国卫生城市复审，恢复全国文明城市荣誉称号。启动文明珠海“随手拍”，认真办好量大面广的群众身边“小事”。开展泥头车专项整治，推动余泥渣土密闭运输，统一规范建筑工地围挡，推动主城区商铺“入室经营”，基本完成户外大型立柱广告清拆。超额完成省下达的违法建设整治任务。61 条道路完成路面改造美化，主干道保洁水平显著提高。香山湖公园、海天驿站、大门口湿地公园等建成开放，情侣路、迎宾南路、前山立交、机场东路、城市部分出入口等重点区域环境提升成效明显。新建 60 公里绿道、70 公里林荫道、40 公里健康步道。完成香山古驿道 6 公里精华段修复，以古道串起古镇古村，让更多人品味香山古韵。新增三旧改造 258 公顷、完成改造 201 公顷，实施老旧小区微改造 60 公顷，启动上冲、东桥、翠微等旧村改造，兴业玻璃厂、恒信工业城等 21 个旧厂房改造项目全面推进。

（六）三大攻坚战成效初显

重点领域风险有效防控。加强政府债务管理，全面梳理处置政府和社会资本合作项目，政府债务保持在合理水平。超进度完成非法集资陈案处置工作，互联网金融合规性整改工作扎实推进，涉众型金融风险有效化解。坚持“房子是用来住的，不是用来炒的”定位，房地产市场调控政策取得阶段性预期效果，商品房销售价格保持基本平稳。持续推进国有企业降杠杆，企业的经营水平和风险防控能力得到提高。

污染防治攻坚战取得成效。推进中央环保督察“回头看”16 个问题整改，完成全国集中式饮用水水源地环境保护专项行动 23 个问题整改。新增污水管网 190 公里，新增污水处理能力 10 万吨 / 天，富山工业园第一水质净化厂动工建设，全市地表水国考、省考断面水质 100% 达标，饮用水源水质 100% 达标，12 条黑臭水体基本实现年度治理目标。全国水生态文明城市建设试点通过验收。全面开展建筑工地“六个 100%”扬尘防控，推进道路扬尘、工业废气污染治理，传统能源公交车全部淘汰，陶瓷行业生产线“煤改气”全部完成，PM2.5 年均浓度为 27 微克 / 立方米、比上年下降 10%，空气质量在全国 169 个重点城市排名第 11 位。农用地、重点行业企业用地土壤污染状况详查扎实推进。

乡村振兴和脱贫攻坚有力推进。推动农业高质量发展，新增国家级示范合作社 1 家、省级特色小镇 2 个、省级农业龙头企业 3 家、省名牌农产品 16 个，莲洲镇被评为“中国禾虫之乡”，白蕉镇昭信村成功创建全国一村一品示范村，全国第一艘半潜船形智能化养殖渔场顺利投放，广东（珠海）种业博览会成功举办。实施村庄整治规划编制指引，改善农村人居环境，推进“三清三拆三整治”，清理积存垃圾 14 万立方米，建成垃圾收集点 1106 个，完成标准化公厕改造 148 座，拆除危旧房 1866 间，改善低收入群体住房 553 户。认真落实中央和省交办的扶贫任务，实施对口怒江产业帮扶项目 45 个、转移就业 6439 人，对口支援藏区库区项目 31 个，对口阳江、茂名精准扶贫产业项目 609 个。对口帮扶阳江的 24 个亿元以上项目落地建设。

一年来，我们按照省委和市委的决策部署，深入开展“大学习、深调研、真落实”工作，推动“思想大解放、作风大转变、效率大提升”，坚决全面彻底肃清李嘉、万庆良恶劣影响，持续深入推进中央巡视、中央扫黑除恶督导、国务院大督查等反馈问题整改，加强审计结果运用，强化廉政风险防控，建设法治政府，在全省依法行政考核中获评优秀，政府自身建设进一步加强。提请市人大审议法规草案5部、制定政府规章3部，认真办理市人大建议119件、市政协提案375件，顺利办结职业教育、交通建设等议案。双拥、民族、宗教、侨务、人防、气象、档案、流渔、供销、地方志、政务公开、海防打私、国防动员等工作取得新成效。

各位代表，2018年9月，强台风“山竹”来袭，创下珠海最大10分钟平均风力记录。面对大风、大浪、大潮叠加，我们科学部署、积极应对，及时转移10.8万名群众，果断实施交通管制，与澳门联动关闭所有口岸，在全体市民的积极配合下，做到“人不出门、车不上路”，实现了重大灾情面前无重大伤亡、无重大险情的防控目标。

各位代表，过去一年的成绩来之不易，这是党中央国务院、省委省政府和市委正确领导的结果，是上级各部门大力支持的结果，是全市人民共同奋斗的结果。在此，我代表市政府，向一直以来为珠海建设发展付出辛勤劳动的广大市民，表示崇高的敬意！向给予政府工作大力支持的人大代表、政协委员、各民主党派、各人民团体、各界人士，向关心支持珠海发展的中央驻珠单位、驻珠部队、省直部门、港澳台同胞、海外侨胞和国际友人表示衷心的感谢！

各位代表，我们也清醒地看到，政府工作还存在不少问题和不足。一是高质量发展存在不少短板。实体经济发展基础薄弱，拥有核心技术的创新企业不多。园区布局碎片化、同质化，产业集聚度不高。服务业发展与珠江口西岸核心城市的定位不匹配，占比低于全国和全省平均水平，商业氛围不浓、人气不旺、消费规模偏小。生态环境在相当程度上依赖自然禀赋，污水厂网存在历史欠账，固体废物处理能力有待提高。教育、医疗、养老等优质公共服务供给不足，城市建设管理不够精细。二是交通不畅依然是制约城市发展的突出问题。近年来交通建设虽有所提速，但内畅外联的交通主骨架仍未形成。对外大通道不足，市内快速通道没有成网成环，现有交通体系难以承载大湾区建设日益增长的人流物流，公交出行分担率较低，上下班高峰期拥堵问题仍未根本改善。三是统筹城乡、陆岛协调发展的力度仍需加大。乡村海岛发展与城区相比仍有较大差距，农村人居环境亟需全域整治提升，海岛基础设施、陆岛交通建设亟需加快。都市现代农业和海洋经济的发展水平，与珠海毗邻港澳的区位优势和拥有的丰富海洋海岛资源不相称，优质农产品、乡村及海岛旅游的品牌效应还不明显。四是对澳合作有待深化。横琴自贸区建设的活力与内涵还需进一步提升，公共服务配套尚不完备，产城融合需要提速，对澳门居民和投资者的吸引力有待增强，亟需推动更多创造型、引领型改革，在促进澳门产业多元发展上发挥更大作用。五是营商环境需进一步优化。创业就业及发展机会不充分，人才吸附能力不强，汇聚发展要素能力有限。民营企业及中小企业在用地用电、用工用料、市场开拓、融资等方面仍然存在不少困难，需要我们在加强招商引资工作的同时，更加注重对现有企业的帮扶和服务。对这些问题，要勇于面对，采取有效措施，切实加快解决。

二、2019 年工作部署

2019 年是中华人民共和国成立 70 周年和全面建成小康社会关键之年，是澳门回归 20 周年、珠海建市 40 周年。习近平总书记对广东重要讲话和对珠海工作重要指示，为珠海经济特区新时代改革开放再出发指明了前进方向、提供了根本遵循。我们要深刻体会习近平总书记对珠海的信任与重托，牢牢把握粤港澳大湾区建设和港珠澳大桥通车带来的历史性机遇，积极应对国内外形势变化，进一步增强机遇意识、忧患意识、进取意识，自觉把珠海的工作放在中央和省赋予的战略定位中、放在全国全省发展的大格局中，切实肩负起新时代的新使命，推动思想再解放、改革再深入、工作再落实。要更加注重把握好促进澳门产业多元发展和加快自身发展的关系、城市能级量级提升和生态环境保护的关系、推动制造业高质量发展和加快现代服务业发展的关系、提升城市品质和招商引资的关系、集中财力办大事和激发区级发展活力的关系、谋大事和抓小事的关系，既对标最高最好最优、又落细落小落具体，真正把发展机遇转化为发展优势，加快建设新珠海、新经济、新生活，打造粤港澳大湾区经济新引擎、独具特色令人向往的大湾区魅力之城和践行新发展理念的典范城市，为全国改革开放探索新鲜经验，为促进港澳融入国家发展大局、维护港澳长期繁荣稳定贡献力量，努力在广东构建“一核一带一区”区域发展新格局、实现“四个走在全国前列”、当好“两个重要窗口”中发挥更大作用。

做好今年政府工作的总体要求是：高举习近平新时代中国特色社会主义思想伟大旗帜，全面贯彻党的十九大和十九届二中、三中全会以及中央经济工作会议精神，认真贯彻落实习近平总书记对广东重要讲话和重要指示批示精神、在庆祝改革开放 40 周年大会上的重要讲话精神，全面落实省委十二届五次、六次全会和市委八届五次、六次全会部署，统筹推进“五位一体”总体布局，协调推进“四个全面”战略布局，坚持稳中求进工作总基调，坚持以人民为中心的发展思想，坚持新发展理念，坚持推动高质量发展，坚持以供给侧结构性改革为主线，坚持深化市场化改革、扩大高水平开放，统筹推进稳增长、促改革、调结构、惠民生、防风险工作，打好三大攻坚战，着力提高发展平衡性和协调性，坚持不懈推进全面从严治党，深入落实“1+1+9”工作部署，保持经济持续健康发展和社会大局稳定，以优异成绩庆祝中华人民共和国成立70周年。

建议2019年经济社会发展的预期目标和约束性指标为：地区生产总值增长7.5%左右；规模以上工业增加值增长10%；固定资产投资增长10%；社会消费品零售总额增长8%；外贸进出口保持正增长；一般公共预算收入增长7%；居民人均可支配收入增长8%；居民消费价格涨幅、城镇登记失业率均控制在3%以内；城镇新增就业3万人；主要污染物总量减排和大气、水环境质量完成省下达的目标。

围绕上述发展目标，重点安排以下工作：

（一）全面深化改革开放

深度融入粤港澳大湾区建设。把粤港澳大湾区建设作为全面深化改革开放的大机遇、大文章抓紧抓实办好，坚持设施“硬联通”和机制“软联通”并举，促进各类要素便捷流动和优化配置，共建富有活力和国际竞争力的一流湾区和世界级城市群。管好用好港珠澳大桥，谋划建设广江珠澳高铁、广中珠澳高铁和伶仃洋公铁通道，更好承接港深、广佛极点的辐射，加快建设珠江口西岸核心城市，携手澳门打造大湾区经济新增长极。在口岸通关、双向投资、多元合作、贸易便利化等方面积极探索，推动规则相互衔接，构建新型合作模式。推动专业资格互认，落实技术移民政策，促进跨境交流交往、创新创业。主动对接“广州—深圳—香港—澳门”科技创新走廊建设，建立跨境产学研合作机制，探索在生物医药、海洋科技等领域共建特色科创中心。建设珠澳跨境金融合作示范区，扎实推进外商投资股权投资企业试点。建设珠港澳粤菜研究院。携手港澳发展港珠澳大桥旅游，推动粤港澳游艇自由行全面落地实施。加强公共服务政策对接，研究制定更多便利港澳居民在珠发展措施。开展港澳青年来珠实习计划、青年同心圆计划。联合澳门共建中国设计博物馆，推动香山古驿道与澳门历史街区步行系统对接。加快平岗至广昌原水供应保障工程和广南梅供水管道工程建设，建成对澳供电第三通道。携手港澳深度参与国际合作，共建“一带一路”重要支撑区，建设好中拉经贸合作园、中以科技创新产业园、中德人工智能研究院等平台，积极融入全球经贸创新网络，务实开展人文领域交流合作。

牢记初心推进横琴建设。深入贯彻落实习近平总书记视察横琴重要指示精神，提高政治站位，强化政治担当，牢牢把握横琴开发建设的正确方向，不辜负总书记的殷切嘱托，主动加强对澳合作，丰富合作内涵，拓展合作空间，发展新兴产业，促进澳门经济发展更具活力。担当好先行先试的重要职责，争取国家支持创新分线管理制度等标志性重大改革事项，打造粤澳特别合作区。全面梳理现有土地使用和项目建设情况，提高粤澳合作项目比重，重点发展中医药、高新技术、特色金融、会展、休闲旅游等产业。按照“澳门资源 + 全球技术 + 创新人才 + 横琴载体”模式，加快粤澳合作产业园、横琴澳门青年创业谷建设。争取先行先试医疗健康政策，推动粤澳合作中医药科技产业园加快发展。建设横琴金融岛，设立澳门特色金融服务基地。加快横琴科学城建设，携手澳门共同发展特色芯片设计、测试和检测等相关产业。推动横琴国际休闲旅游岛相关政策落地，配合澳门建设世界休闲旅游中心。实施“港资港模式、澳资澳模式”，创新工程审批管理。将澳门莲花口岸整体搬迁至横琴，实施“合作查验、一次放行”通关模式。制定跨境办公专项政策，鼓励澳门企业在横琴跨境办公。深化民生合作，争取开工建设集养老、居住、教育、医疗等功能于一体的综合民生项目“琴澳新街坊”。

推动改革举措落地生效。以落实机构改革为契机，加快政府职能转变，大幅减少政府对资源的直接配置，凡是市场能自主调节的就让市场来调节，凡是企业能干的就让企业干。继续推进“放管服”改革，尽可能把资源、服务、管理下沉到基层。深化供给侧结构性改革，落实好“巩固、增强、提升、畅通”八字方针。完善考核评估体系，推动园区差异化发展，促进产业集聚集群发展。做好第三次土地调查，强化项目用地监管，盘活低效用地，加大土地收储力度。开展亩产效益评价，促进正向激励和优胜劣汰，推动资源向优质企业和产品集中。持续深化营商环境综合改革，实施能评、环评等区域评估制度，推进审批标准化改革。落实“证照分离”“照后减证”，提高商事主体开办便利度。全面实施市场准入负面清单制度，破除各种隐性障碍，保障各类市场主体公平竞争。建立行政审批中介服务事项清单动态调整机制，促进中介服务市场健康发展。深化国资国企改革，减少管理层级和同质化竞争，提升国企竞争力。

（二）着力促进经济平稳增长

积极扩大有效需求。在先进制造业、现代服务业、现代化基础设施等领域谋划推进一批重大投资项目，安排年度重点项目208个、投资576亿元，力促36个项目建成投产、54个项目开工建设。在市场准入、用地保障、产权保护等方面优化投资环境，鼓励社会资本参与基础设施、旅游、养老等项目建设。积极开展促消费系列活动，加强市场监管，营造安全放心的消费环境。支持房地产合理自住需求，坚决遏制投机炒房。加快充电基础设施建设，落实好新能源汽车车辆购置税优惠政策，促进二手车便利交易，推动汽车消费优化升级。创建国家全域旅游示范区，提升旅游产业附加值。扩大文化产品供给，培育文化消费理念。促进信息消费，发展面向社区生活的线上线下融合服务。健全家政服务标准和服务规范，支持家政服务品牌建设。抓好外贸转型升级基地建设，新增1-2个外贸公共服务平台。促进服务贸易发展。培育外贸新业态，推进跨境电商“两平台六体系”建设。鼓励进口高新技术产品、先进设备和紧缺资源性产品。

实实在在解决企业困难。构建亲清新型政商关系，积极与企业接触沟通，主动热情做好服务，切实解决企业发展难题。畅通政企沟通渠道，健全企业家参与涉企政策制定机制，出台支持民营企业及中小企业高质量发展政策措施。继续降低企业用地用气用电成本，实施社会保险费率优惠政策。完善园区路网及生活配套设施，支持企业建设职工宿舍，实行重点企业技能型人才推荐入户，帮助企业留住员工。完善科技企业投融资和中小微企业信贷风险补偿机制，对企业实施重点项目建设给予贷款贴息支持，降低企业融资成本。发挥珠海基金作用，帮助有发展前景的企业纾解流动性困难。落实好自主创新产品首购订购政策，支持本地企业产品应用和市场推广。用好龙头企业专业服务资源池，带动中小企业发展提升。

防范化解重大风险。着力处置金融领域风险点，重点治理风险源头，加强金融风险排查预警，继续推进非法集资陈案化解，深入开展互联网金融领域风险整治。严格执行政府债务限额，坚决制止违法违规举债。深化预算编制执行监督管理改革，提升财政资源配置效率和使用效益。切实防范财政支出风险，树立过紧日子的思想，坚持有保有压，严控“三公”经费预算，把有限的财力用在刀刃上。建立房地产市场平稳健康发展的长效机制，保持调控政策连续性稳定性，把稳地价、稳房价、稳预期落到实处。着力化解国有企业经营和债务风险。

（三）加快建设现代产业体系

推动制造业高质量发展。做优产业存量，继续实施“十百千企业腾飞行动”，力争超百亿级企业达7家、高新技术企业达2100家。“一企一策”支持第一梯队企业发展，充分保障格力电器产业用地，配套建设伟创力小镇，支持丽珠集团等企业做大做强。推动联邦制药、光宇电池、晨新科技等第二梯队企业增资扩产，给予第三梯队科技型中小企业全生命周期扶持。实施新一轮工业企业技改三年行动计划，开展智能制造模式推广应用。做大产业增量，完善招商工作市级统筹机制，面向发达国家和国内大型企业开展精准招商，建立重大项目洽谈引进绿色通道，争取更多项目落地珠海。推进利盟激光打印机等68个亿元以上项目加快建设，推动烽火海洋网络设备等60个亿元以上项目建成投产。开展质量提升行动，构建与国际接轨的优质标准和认证体系，以品牌建设引领制造业提质增效。

大力发展战略性新兴产业。加快发展新一代信息技术、高端装备制造、生物医药、新能源及新能源汽车、节能环保、数字创意、新材料等产业，培育一批“独角兽”和“瞪羚”企业。推进软件产业转型升级，积极布局大数据、人工智能等产业，形成新一代信息技术产业集聚区。紧抓集成电路设计环节，集中力量引进集成电路全产业链项目，建设集成电路高端设计与制造基地。继续实施先进装备制造业三年行动计划。依托金湾生物医药产业基础、横琴粤澳合作医药发展平台，建设生物医药产业发展联动带。引导新能源及节能环保产业向西部集聚，建设绿色低碳产业示范基地。发展数字经济，建设窄带物联网、5G网络等信息基础设施，培育新兴数字产业应用，推动4K产业发展。高水平建设航空产业园、通用航空产业综合示范区，推动省军民融合“十三五”规划七项重点工程建设。

加快发展现代服务业。抓住港珠澳大桥开通给珠海服务业发展带来的绝佳机遇，积极吸引承接港澳优质服务业，汇集国内外高端服务业，提升商贸、旅游、会展、物流、金融等产业发展水平，争取服务业发展上台阶。精准引进国际顶级财团和实力企业，在港珠澳大桥珠澳口岸人工岛、高新区、西部生态新区等地建设一批商贸综合体和品牌酒店，满足大湾区优质生活圈消费需求。整合盘活闲置及低效使用的各类物业，着力发展楼宇经济，重点发展商务商贸、金融科技、文化创意等产业，落实加强总部企业发展实施办法，培育一批“专业楼”“亿元楼”。加快发展现代物流业，重点发展“珠港陆空联运”及拓展业务，推动第三方物流和冷链物流发展，建设电商快递结合产业园。依托珠海独特区位优势、一流会展场馆优势和已有展会品牌优势，引进和培育更多专业展会，做大做强会展经济。发挥生产性服务业在研发设计、流程优化、市场营销、物流配送、节能降耗等方面的引领带动作用，推进先进制造业与现代服务业深度融合。

增强自主创新能力和实力。发挥自贸区、自创区联动优势，力争在大湾区国际科技创新中心建设中占有一席之地。加强基础研究和应用基础研究，创新管理体制和运营机制，加快建设南方海洋科学与工程省实验室。发挥好空调设备及系统运行节能等国家重点实验室作用，推进电机与控制院士工作站、智慧海洋院士工作站、格力电器新一代人工智能开放平台等创新载体建设。支持企业建立研发机构，主动对接国家、省重大科技专项实施。深化与中山大学、澳门大学、复旦大学、暨南大学等合作，建设新型研发机构。完善企业孵化育成体系，力争科技企业孵化器达33家。建设标准国际化创新型城市、国家知识产权示范城市，筹建省海洋工程装备产业计量测试中心，加快建设新能源汽车国家质检中心，推动国家知识产权保护中心落地，建设好横琴国际知识产权交易中心。促进科技金融发展，引导横琴的私募股权基金、创业投资资本投资珠海企业。做好上市公司培育，鼓励企业抢滩科创板。落实好英才计划，深化人才评价和职称制度改革，开展特色引才活动，加大柔性引才力度，在子女就学、配偶就业、医疗保障等方面为人才提供高效便捷服务，出台人才安居管理办法，新建人才住房800套，力争全年引进各类人才4万名。

（四）开展新一轮交通大会战

加快构建交通主骨架。完善重点交通项目推进机制，做细做深前期工作，想方设法破解拆迁难题，着力推进交通骨干工程建设。推动对外通道畅通便捷。推进洪鹤大桥、鹤港高速建设，推动黄茅海大桥实施，构建港珠澳大桥直通粤西快速通道。加快兴业快线、金琴快线建设，有效连通深中通道。完善市内交通路网，启动金港大桥前期工作，加快金海大桥、香海大桥及支线建设，打造由金琴快线、香海支线、南湾大道、昌盛路、兴业快线、金唐东路构建的主城区环线。推动珠机城轨一期运营，争取把地铁纳入国家和省相关规划，启动城市轨道交通相关工作。

推进交通重要节点建设。尽快完成机场升级改造，推进航展停机坪租赁及改造、航空公司运营维修基地建设，补齐机场保障能力短板，支持开通更多航线。统筹好机场建设、航展中心提升、航空产业园发展，加快推进机场改扩建、机场综合交通枢纽、航空物流园建设。推动机场口岸对外开放，发挥珠港机场合作优势，拓展国际公务机业务。推进莲洲通用机场投入运营。开展港口规划修编，建设高栏港综合保税区，加快提升港口能级量级，完成黄茅海5万吨级航道一期工程，加快高栏港区集装箱码头二期工程建设，完成高栏港区15万吨级主航道工程竣工验收，推动对外开放水域进一步扩大。统筹推进口岸建设，完善口岸布局，加快九洲港口岸重建、湾仔口岸迁建、拱北口岸改造，完成横琴口岸旅检大厅、青茂口岸建设。

系统治理交通拥堵。启动珠海大桥扩建工程，实施珠海大道大货车高峰期限行。加快板樟山新增隧道建设，全面完成主城区道路沥青罩面改造。强化道路挖潜，打通断头路，建设一批人行天桥，优化完善交通信号灯和交通标识，提高道路通行能力。加强交通组织，保持路面见警率。强化科技治堵，推进智慧交通信号协调控制系统二期工程建设。加强“五类车”和交通违法行为整治，维护道路交通秩序。支持智能立体停车场建设。鼓励企业、园区、学校等开通通勤车。建设公交都市，加密公交线路，加大公交车投放，加强公交专用道执法，让公交出行更加便捷。

（五）提高发展平衡性和协调性

实施区域发展新战略。推进发展空间南进西拓北接东优，尽快拉开城市框架。南部对接港澳推进横琴、保税区、洪湾片区一体化建设，推进洪湾大道、十字门隧道、大横琴山隧道、横琴医院、横琴市民艺术中心等项目建设。加快西部生态新区建设，推进金湾创业大厦、斗门科创中心、富山产业服务中心、平沙新城中心公园、鸡啼门特大桥等项目进展，确保华中师大珠海附中首期建成招生。北部对接深中通道建设唐家科教新城，推进金琴快线北延线、高新互通立交建设，加快完善南北围、后环等片区路网。东部优化提升香洲主城区，加大城市更新推进力度，对老旧工业区和混杂在园区的城中村实施连片改造，为新兴产业发展和公共设施补短板腾出空间。加快“三溪”科创小镇、香洲科创中心、拱北口岸商业中心等项目进展，推动洪湾等旧村改造、凯威东大等旧厂房改造、夏湾农贸市场等旧城镇改造。加快“烂尾楼”盘活处置。

全面实施乡村振兴战略。落实乡村振兴战略规划，做强富民兴村产业，制定促进农村一二三产业融合发展、集体经济发展壮大等政策。做好良种及农业科技推广，建设高标准基本农田1.41万亩。推进国家农业科技园、台湾农民创业园、现代农业产业园建设，为大湾区居民供应优质农产品。实行点状供地政策支持乡村产业发展，加快岭南大地田园综合体、十里莲江、逸丰生态园等项目建设。实施农业龙头企业培优工程，支持农村电商发展。推进美丽宜居乡村建设，年内基本完成“三清三拆三整治”任务。围绕供水、供气、供电、水利、网络、道路、路灯、垃圾处理、污水治理、房屋改造等十大要素，推动农村基础设施提档升级。加强农村“三资”管理服务平台建设，完成农村集体产权制度改革。健全市内精准帮扶长效机制，继续加大对低收入群体的综合帮扶。扎实做好对口怒江扶贫协作、对口支援藏区库区和对口阳江、茂名精准扶贫工作，带动社会力量参与脱贫攻坚。拓展扶贫地区特色农产品销售渠道，丰富珠海市民菜篮子。做好对口阳江产业帮扶和对口黑河合作工作。

保护利用好海洋海岛资源。落实珠海经济特区海域海岛保护条例和无居民海岛开发利用管理规定，推动海洋海岛绿色可持续发展。加大对中华白海豚和珊瑚礁的保护。推进“美丽海岛”建设，加快渔村更新改造，建成大万山岛、东澳湾污水处理站，完成海岛存量垃圾转运整治。实施海岛基础设施建设三年投资计划，加快推进大万山岛环岛路、万山湾客运码头、桂山岛十三湾防波堤、大万山岛和外伶仃岛水库扩建等项目建设，加快陆岛危险货物运输码头、外伶仃岛石涌湾客货运码头防波堤、东澳岛和大万山岛客运码头防波堤前期工作。推动外伶仃岛大电网上岛，完善边远有居民海岛的通讯网络。引进国际知名企业，推动滨海旅游提质升级。建设省级海洋科创特色小镇。

（六）打造大湾区魅力之城

全面提升城市品质。坚持全市发展“一盘棋”，高标准编制国土空间整体规划，统筹各类空间性规划，推进“多规合一”和空间“一张图”管理，促进生产空间集约高效、生活空间宜居适度、生态空间山清水秀，成为粤港澳大湾区优质生活圈的重要组成部分。按照“山形可看可达可憩”“水体要清要动要养”“岸线自然安全品质”的要求，加强城市修补和生态修复。新建一座观光塔，打造十字门、九洲两个商务区，建设野狸岛、银坑半岛、石景山三大公共空间，擦亮港珠澳大桥、情侣路、万山群岛、横琴长隆四张名片，提升圆明新园、唐家古镇、斗门水乡、温泉酒店、特色商业街等五个片区的品质和内涵，打造独具特色的城市“打卡”目的地。实施景观亮化工程，新建大型建筑同步配建照明设施，完善地标建筑照明，打造璀璨雅致、动静相宜的都市夜景。以文化涵养城市品格，鼓励本土文艺创作，打造艺术之城、书香之城。新城新区要注重人文特色，对老旧街区更多采用微改造方式，修旧如旧、建新如故，在保留建筑肌理的基础上提升功能、传承文化。

办好中国国际马戏节、莫扎特国际青少年音乐周、WTA超级精英赛、ATP250巡回赛、沙滩音乐节、留学生节、泛珠三角赛车节等活动。全方位加强城市宣传推介，展示更有韵味、更具活力的城市形象。

加强城市精细化管理。深化城市管理体制机制改革，整合部门职能，下沉工作资源，做实镇街网格化管理。健全城市管理法规体系，推进基础设施、园林绿化、地下空间等行业标准统一、相互衔接，制定洒水降尘、共享单车管理等政府规章，实现管理标准精细化。下足“绣花”功夫，对主干道、城市主要出入口、城轨站点、口岸、机场等周边环境进行综合提升。统筹规范供电、供水、电信、燃气、道路等各类标牌标识以及监控监测设施的建设设置。严控新栽大树、名贵树，合理移植现有树木，绿化美化更多通过撒种、育苗，营造花开花落、色彩丰富、四季更迭的自然生态景观，建设名副其实的花园城市。建立环卫保洁长效机制，提高环卫机械化水平。开展背街小巷专项整治，及时修复破损市政设施，不留卫生死角、不留管理盲区，确保每一个角落、每一寸土地都有人管理和服务。推进“厕所革命”新三年行动计划。用铁的手腕强化违法用地、违法建设整治。加强工地管理，杜绝施工扰民。支持有条件的老旧小区加装电梯。加快智慧城市应用项目建设，推进城市智能化管理。

巩固提升生态优势。推进“公园之城”和“千里绿廊”建设，新建20公里健康步道、40公里林荫道、9个乡村绿化美化点。建设百里碧道，打造绿色水域岸线空间。推进海绵城市试点建设，继续做好中欧低碳生态城市综合试点工作。建立水源保护区生态补偿逐年递增机制。全面落实河长制、湖长制，深化水环境综合治理，开展“五清”专项行动，力争完成17条黑臭水体整治。启动富山第二水质净化厂建设，加快井岸、白藤、新青等水质净化厂提标改造，完成香洲、拱北、吉大、南区等水质净化厂提标改造。深化排水管理体制改革，启动排水设施信息化管理系统建设，全面推进管网清淤和病害治理，新建改建污水管网610公里。推进土壤污染防治，重点做好农用地和建设用地土壤污染状况详查、分级分类管控、安全利用及治理修复工作。强化危险废物规范化处理处置监管，力争实现固体废物100%自主处理。加快推进中信生态环保产业园基础设施配套工程和环保生物质热电工程二期建设，开工建设污泥处置中心一期、医疗废物处置中心和餐厨垃圾处理一期工程。巩固提升空气质量，常态化落实工地管理“六个100%”，强化工业废气治理，持续整治“散乱污”企业，严惩偷排偷放，保住“珠海蓝”金字招牌。

（七）切实保障和改善民生

提高就业和社会保障水平。积极应对就业形势变化，完善就业创业扶持政策，制定公益性岗位管理办法，加大就业困难人员就业援助力度，有效促进在珠高校毕业生留珠就业创业，开展重点企业职业技能精准培训。落实工匠培育计划，大力弘扬工匠精神。实施“粤菜师傅”工程，建设5个培训基地。稳步提高社会保险待遇水平，基本养老保险基础养老金提高至每人每月430元，低保标准提高至每人每月不低于1020元。基本医疗保险补贴提高至每人每年590元。在全省率先实施附加补充医疗保险。探索建立工伤保险长期照护制度。加快推动市级养老服务机构及市社会福利中心二期建设。加大住房保障力度，拓宽住房保障覆盖面和保障形式，完善保障性住房管理平台建设，建立多主体供给、多渠道保障、租购并举的住房供应与保障体系。

大力发展教育卫生事业。推进基础教育资源均衡配置省级试点工作，出台西部地区教育振兴攻坚行动计划，落实第二期特殊教育提升计划、学前教育第三期行动计划。新增公办学校10所、改扩建学校12所，新增学位17320个。推进名师培养工程，试行合同聘任制教师管理模式。对接产业需求，优化职业教育专业结构，建设职业教育公共实训基地。办好中国教育创新成果公益博览会。建设高水平大学，推动中山大学珠海校区海洋科学等楼群建成使用、北师大珠海校区秋季招生。实施“健康珠海2030”规划，加强重点人群健康服务。深化公立医院改革，推进精准疾控。支持市人民医院、中大五院进军省高水平医院建设“登峰计划”，加快推进市人民医院科研综合楼及放疗中心、市妇幼保健院异地新建、市慢性病防治中心及配套道路建设，稳步推进市西部医疗中心建设。强化基层卫生服务，推动中医药适宜技术基层全覆盖，开展国家基层高血压医防融合试点工作。

健全公共文化服务体系。建立深化文明城市建设常态化机制，加强公民思想道德建设，持续提升市民文明素质。加快文化基础设施建设，推动市博物馆和规划展览馆对外开放，实现基层文化设施全部达标。完善全民健身公共设施，加强社区体育公园和小型足球场等建设。加快儿童活动场所建设，推动村居儿童之家全覆盖。保护传承好历史文化，做好革命历史文物、古镇古村和非物质文化遗产的保护利用，申报建设国家历史文化名城。

提升公共安全保障能力。深化安全生产领域改革，加强城市安全风险排查管控，坚决遏制较大以上生产安全事故发生。完善火灾防控体系，推进消防安全“三个十万”工程。建设市中心粮库和粮食批发市场，确保粮食安全。加强食品药品安全监管，开展餐饮服务街区整治。落实基础设施人防要求。实施海堤提升工程，开展市区水浸点和农村易涝区域综合整治。完善城乡社区治理，推进信访工作制度改革，健全社会矛盾纠纷多元化解机制。深化平安珠海建设，创建全国禁毒示范城市，构建多维一体的反恐工作新格局，升级加固社会治安防控体系。深入开展扫黑除恶专项斗争，铲除黑恶势力滋生土壤。严厉打击盗抢骗、黄赌毒及电信诈骗等新型违法犯罪。争创全国双拥模范城“九连冠”。加强智慧海防建设和打私工作。

扎实推进十件民生实事。一是提供更加便捷的公交服务。新增10条公交线路，重点开通跨区快速公交。新增投放500辆纯电动公交车。支持发展定制公交。增加微循环公交，打通园区、村居出行“最后一公里”。二是开展小学生校内课后服务。全市70%以上具备条件的小学为有需求的学生提供早餐、午餐及托管看护服务，有效解决家长的后顾之忧。三是建设长者饭堂。新建18处社区居家养老配餐试点，为老年人提供集中用午餐及助餐送餐服务，逐步解决老人做饭难、吃饭难的问题。推动有条件的长者饭堂拓展日间照料等服务。四是推进农贸市场改造。完成25家硬件设施残旧、不达标的农贸市场升级改造，为老百姓提供安全、整洁、卫生、舒适的购物环境。五是改善陆岛交通。完善海岛基础设施，推动陆岛交通客运公交化，进一步拓展航线、加密航班，市民享受8折船票优惠。六是加快普及管道天然气。新建40公里市政燃气管道，完成4万户老旧小区住宅的户外公共燃气管道加建工作。七是加强防灾减灾救灾能力建设。整治103处地质灾害隐患点。配强应急救援力量，充实抢险救灾物资和装备。八是完善基层派出所便民设施。修缮40个派出所，重建3个派出所。推进智慧派出所建设，推动窗口服务进驻各级行政服务中心。九是完善医疗卫生信息便民服务。在全市二级以上公立医院实施一码通用、一网联通、一键诊疗、一站会诊、一体服务的信息便民就医措施。十是提升园林管养水平。提升公园品质，做好主干道树木修剪和公共绿地日常管养，开工建设香炉湾城市阳台。

（八）加强政府自身建设

全面推进依法行政。强化法治思维，坚持科学民主依法决策，推行行政程序法定化，落实政府法律顾问制度，让改革发展各项工作始终沿着法治轨道前行。

深化以区级为主的综合行政执法改革，推行行政执法“三项制度”。加强政务公开工作，及时回应社会关切。深入开展宪法宣传教育活动，加大全民普法力度。认真落实市人大及其常委会的各项决定，确保人大议案、建议和政协提案涉及问题得到有效解决。

提高行政服务效能。深化政务服务改革创新，打造数字政府，推动政务服务“全城通办”“一网通办”，拓展“粤省事”在珠海移动服务应用，建成数据互联互通公共资源交易平台。推动“一门式”综合受理模式向基层延伸。加强干部队伍建设，用好容错纠错机制，激励干部担当作为，开展好电视问政，强化行政执行力建设，让企业和群众真正感受到“思想大解放、作风大转变、效率大提升”的实际成效。

加强政府系统党的建设。落实新时代党的建设总要求，把坚持和加强党的全面领导贯彻到政府工作全过程、各领域。严明政治纪律和政治规矩，牢固树立“四个意识”、坚定“四个自信”、做到“两个维护”。认真落实中央八项规定及实施细则精神，驰而不息整治“四风”，力戒形式主义、官僚主义。发挥审计监督作用，抓好国资国企、重大项目、专项资金等重点领域及关键岗位的廉政风险防控。

各位代表，使命呼唤担当，实干成就梦想。我们将在市委的坚强领导下，在市人大、市政协的监督支持下，坚定信心、闻鸡起舞、日夜兼程、风雨无阻、狠抓落实，确保圆满完成今年的各项目标任务，以优异成绩庆祝中华人民共和国成立70周年！

附件

名词解释和有关情况说明

1.“破、立、降”：是2017年中央经济工作会议关于供给侧结构性改革的提法。“破”就是大力破除无效供给，处置僵尸企业，化解过剩产能；“立”就是大力培育新动能，形成要素向新动能流动的机制；“降”就是大力降低实体经济成本。

2. 僵尸企业：是指已停产、半停产、连年亏损、资不抵债，主要靠政府补贴和银行续贷维持经营的企业。

3.“放管服”：是简政放权、放管结合、优化服务的简称。“放”即简政放权，降低准入门槛；“管”即公正监管，促进公平竞争；“服”即高效服务，营造便利环境。

4. 一门式一网式："一门式"是指把政府职能部门多个办事大厅服务事项逐步向政务服务大厅集中，多门向一门集中；把多窗口办理的事情转为综合窗口集中办理。"一网式"是指通过政务服务网，提供"一次登录、全网通办"的网上办事服务。

5."最多跑一次"：是指群众和企业到政府部门申请办事时，在申请材料齐全、符合法定受理条件时，从受理申请到最终形成办理结果，整个过程一次上门或零上门。

6."全城通办"：是指企业和群众在办理业务时不受所属区域的限制，在市、区行政服务中心或同一部门（系统）的市、区对口政务服务窗口均可办理。

7. 省"民营经济十条"：是指《关于促进民营经济高质量发展的若干政策措施》，包括优化审批服务、放宽市场准入、降低民营企业生产经营成本等10条政策措施。

8. 省"外资新十条"：是指《广东省进一步扩大对外开放积极利用外资政策措施（修订版）》，包括扩大市场准入领域、加大利用外资财政奖励力度、加强用地保障等10个方面政策措施。

9. 市"外资新十条"：是指《珠海市扩大对外开放促进外资增长若干措施》，包括财政奖励、用地保障、人才支撑、金融服务等政策措施。

10. 省"实体经济新十条"：是指《广东省降低制造业企业成本支持实体经济发展的若干政策措施（修订）》，包括加强重大产业项目用地保障、降低工业企业用地成本、盘活工业企业物业资产等10个方面61项政策措施。

11. 市"实体经济新十条"：是指《珠海市降低制造业企业成本支持实体经济发展的若干政策措施（修订版）》，包括降低企业税收负担、用地成本、社保负担、用电用气成本、融资成本等10个方面62项政策举措。

12."十百千企业腾飞行动"：是指《珠海市实施工业企业培育"十百千计划"工作方案》提出的，通过培育形成10家以上超百亿级龙头企业、100家以上超十亿级骨干企业和1000家以上成长性较好的中小企业。

13."独角兽"企业：一般指估值超过10亿美元、创办时间相对较短的企业。

14. 创新产品首购订购政策：是指《珠海创新产品政府首购和订购工作实施办法》。其中首购是指符合国家相关法律法规及产业技术政策，代表先进技术发展方向，首次投向市场、暂不具备市场竞争力，但具有较大市场潜力，需要重点扶持的创新产品，通过政府采购方式由采购人首先采购的行为；订购是指对于采购人需要研究开发的重大创新产品、技术、软科学研究课题等，通过政府采购的方式确定研究和生产机构的行为。

15. 南方海洋科学与工程省实验室：是指广东省从海洋科学、海洋技术、海洋工程和海洋经济等方向进行建设布局的省级实验室，在广州、珠海、湛江市同步建设推进。实验室将围绕国家安全战略、国际海洋科技前沿、经济社会发展需求，集聚粤港澳乃至全球海洋高端科技人才，整体提升海洋科技创新能力和区域经济社会发展服务能力，做大做强海洋产业集群，引领全省海洋经济整体发展，助力国家“海洋强国”、广东“海洋强省”和粤港澳大湾区国际科技创新中心建设。

16. “金融十四条”：是指《珠海市进一步加强中小微企业金融服务若干措施》，包括设立中小微企业融资担保基金、强化风险补偿机制、鼓励股权投资等14条政策措施。

17. 外商投资股权投资企业试点（QFLP试点）：指允许由外国企业或个人参与投资设立外商股权投资企业或管理企业（即私募基金或基金管理人），以非公开方式向境内外投资者募集资金，投资于国内非公开交易的企业股权的试点制度安排。

18. “政企云”投融资增信子平台：“政企云”是为全市企业提供政策推送、诉求办理、融资增信、成果转化、服务对接和人才培训等综合服务的平台。目前有多家银行及其他金融服务机构加入投融资增信子平台，企业通过系统提交融资需求，实行专人跟进，采取线上线下结合方式，撮合融资贷款。

19. 粤港澳前沿产业投资基金：是以珠海基金为依托，联合第三方风险投资机构、龙头企业等发起设立的产业投资基金，首期规模100亿元，旨在为“独角兽”企业提供高效率多层次的风险资本支持。

20. 外商投资股权投资企业试点（QFLP试点）：指允许由外国企业或个人参与投资设立外商股权投资企业或管理企业（即私募基金或基金管理人），以非公开方式向境内外投资者募集资金，投资于国内非公开交易的企业股权的试点制度安排。

21. 税务诚信报告免责体系：是指对税收政策未明确的涉税事项，鼓励纳税人主动诚信报告重大涉税事项，日后按规定补缴税款的，可免于罚款及滞纳金的制度体系。

22. 互联网金融仲裁平台：是国内首个专门处理和解决P2P网贷、小额网贷、消费贷等与互联网金融紧密相关的金融争议或纠纷的互联网仲裁平台。

23. “珠台52条”：是指《关于促进珠台经济文化交流合作的若干措施》，包括深化珠台经贸合作、促进珠台社会文化交流、支持台胞在珠就学实习就业创业、便利台胞在珠居住等4个部分52条政策措施。

24. “海丝”论坛：指21世纪海上丝绸之路国际传播暨中国（广东）企业走出去论坛。

25. “促进就业十条”：是指《珠海市进一步促进就业十条政策措施》，包括适度降低社会保险等成本、降低企业招工费用、加强重点用工企业服务等10个方面政策措施。

26. 华中师大珠海附中：是华中师范大学珠海附属中学的简称，该校位于斗门区乾务镇，是由珠海市人民政府与华中师范大学合作开办的公办中学。

27. 粤港澳大湾区高水平医院50强：是指受省卫生健康委委托，由香港艾力彼医院管理研究中心对香港、澳门、广东省的所有医院综合竞争力进行第三方评价，评选出来的综合实力排名在前50位的高水平医院。

28. “城市社会治理基础单元”：是以城市干道合围形成的区域作为社会治理的基础单元，在基础单元内建设完善以基层党组织为核心，整合政府管理、社会组织服务、居民自治、志愿服务等力量共同参与的基层社会治理新格局。

29. “平安指数”2.0版：在平安指数1.0版违法警情、交通警情和消防警情三项指标的基础上，新增“城市管理”指标，重新构建测算模型，形成的新版平安指数。

30. 文明珠海“随手拍”：是对不文明行为曝光的一种方式，市民可以将环境卫生、交通出行和其他城市建设管理等方面的问题，在“文明珠海”微信公众号上曝光，对收集到的各类不文明现象将按职责进行分转办理，并及时督促检查。

31. 香山古驿道：香山古驿道是广东省11条南粤古驿道重点线路之一。因珠海、中山、澳门古时同属大香山地区，珠海境内现存的“岐澳古道”“长南迳古道”“凤凰山古道”“金星门水道”等多条古驿道统称为“香山古驿道”。香山古驿道是近代广东地区民众走向世界、开风气之先的重要通道，涌现出了一批以孙中山、苏兆征、杨匏安、容闳、唐国安、唐廷枢、陈芳等为代表的闻名中外、影响深远的重要人物。

32. “六个 100%”：是施工扬尘防治的要求，包括工地周边围挡 100%、施工便道硬化 100%、裸土及物料堆放覆盖 100%、土石方开挖和拆除工程湿法作业 100%、出入车辆清洗 100%、渣土车辆密闭运输 100%。

33. 半潜船形智能化养殖渔场：指可以依据不同养殖阶段，灵活调整吃水深度，并且具备机械化、自动化乃至无人化管理功能的一体化水产养殖设施装备。

34. “三清三拆三整治”：“三清理”指清理村巷道及生产工具、建筑材料乱堆乱放，清理房前屋后和村巷道杂草杂物、积存垃圾，清理沟渠池塘溪河淤泥、漂浮物和障碍物；“三拆除”指拆除危房、废弃猪牛栏及露天厕所茅房，拆除乱搭乱建、违章建筑，拆除非法违规商业广告、招牌等；“三整治”指整治垃圾乱扔乱放，整治污水乱排乱倒，整治“三线”（电力、电视、通信线）乱搭乱接。

35. “1+1+9”工作部署：是省委十二届四次全会提出的工作部署，其中第一个“1”是指以推进党的建设新的伟大工程为政治保证，第二个“1”是指以全面深化改革开放为发展主动力，“9”是指 9 个方面重点工作：一是以粤港澳大湾区建设为重点，加快形成全面开放新格局；二是以深入实施创新驱动发展战略为重点，加快建设科技创新强省；三是以提高发展质量和效益为重点，加快构建推动经济高质量发展的体制机制；四是以构建现代产业体系为重点，加快建设现代化经济体系；五是以大力实施乡村振兴战略为重点，加快改变广东农村落后面貌；六是以构建“一核一带一区”区域发展新格局为重点，加快推动区域协调发展；七是以深入推进精神文明建设为重点，加快建设文化强省；八是以把广东建设成为全国最安全稳定、最公平公正、法治环境最好的地区之一为重点，加快营造共建共治共享的社会治理格局；九是以打好三大攻坚战为重点，加快补齐全面建成小康社会、跨越高质量发展重大关口的短板。

36.“巩固、增强、提升、畅通”：是 2018 年中央经济工作会议提出的八字方针，分别指巩固“三去一降一补”成果，增强微观主体活力，提升产业链水平，畅通国民经济循环。

37. “照后减证”：是“证照分离”改革的重要举措，原则是能减尽减，能合则合，分别采用适当管理方式将许可类的“证”分离出来，尽可能减少审批发证，有效区分“证”、“照”功能，着力破解“准入不准营”难题。

38. 跨境电商“两平台六体系”：“两平台”指线上综合服务平台和线下产

业园区平台，“六体系”指信息共享、金融服务、智能物流、电商诚信、统计监测、风险防控六大体系。

39. 窄带物联网：是万物互联网络的一个重要分支，构建于蜂窝网络，只消耗大约 180kHz 的带宽，可直接部署于 GSM 网络、UMTS 网络或 LTE 网络，可降低部署成本、实现平滑升级。

40. “瞪羚”企业：是以科技创新和模式创新为支撑，进入高成长期的企业，具有成长速度快、创新能力强、专业领域新、发展潜力大等特征。

41. 5G 网络：是指第五代移动通信网络，其峰值理论传输速度可达每秒数十 GB，比 4G 网络的传输速度快数百倍，整部超高画质电影可在 1 秒之内下载完成。

42. 4K 产业：是指超高清视频产业。

43. 楼宇经济：是指以商务楼、功能性板块和区域性设施为主要载体，通过开发、出租楼宇引进企业，带动税源增长的集约型、高密度的经济形态。

44. 珠港陆空联运：是指通过采取通关便利模式，实现内地往来香港国际机场的进出境货物在港珠澳大桥无障碍快速通关，并通过在境内建设配套“货站”的方式，在大桥以外指定区域实施集中装运配送，将香港机场与珠海物流设施更加紧密地结合，实现粤港澳大湾区跨境货物陆空运输的无缝对接和协同发展。

45. “五类车”：是指电动车、摩托车、三轮车、残疾人机动轮椅车、改装（拼装、报废）车。

46. “多规合一”：是指通过强化国民经济和社会发展规划、城乡规划、土地利用规划、环境保护等各类规划的衔接，协调和消除各类规划在空间布局上的差异和矛盾，推动确保“多规”确定的保护性空间、开发边界、城市规模等重要空间参数一致，并在统一的空间信息平台上建立控制线体系。

47. 空间“一张图”：是指以城市总体规划和土地利用总体规划“两图合一”为核心，划定基本农田保护线、城市发展边界以及生态控制红线等管控线，统筹各类空间规划，实现各类规划管控要素自上而下纵向传导，形成统一的空间规划“一张图”。

48. 一座观光塔：在九洲港及周边地段，规划建设一幢标志性观光建筑。

49. 野狸岛、银坑半岛、石景山三大公共空间：分别指在野狸岛区域，以珠海歌剧院为中心，完善码头、岛桥、山体公园、灯光等设施，供市民游客休闲漫步、欣赏品味的公共空间；在高新区银坑半岛规划建设市民文化艺术馆、半岛公园等市政设施，供市民休闲、学习、交流共享的公共空间；在香炉湾核心区，北接望海亭，南到海滨公园，东西向连通景山公园与香炉湾沙滩，建设水道、绿道、栈道、索道，将山湖海草林等生态资源相连，依山就势打造山海城一体的公共空间。

50.ATP250 巡回赛：是指由职业网球联合会（Association of Tennis Professional）组织的国际网球赛事，其中的 250 是指赛事的冠军可以获得 250 个积分。

51.“五清”：是指清理非法排污口、清理水面漂浮物、清理底泥污染物、清理河湖障碍物、清理涉河湖违法违建。

52.“登峰计划”：是广东贯彻落实健康中国战略、打造卫生强省、提升广东医疗卫生核心竞争力的重要举措，省财政将在 2018-2020 年共投入约 60 亿元，分两批推出 20 家左右重点建设医院，支持开展学科建设、人才引进和教学科研平台建设，每家医院投入 3 亿元左右。

53.“三个十万”工程：是指为 10 万户中低收入家庭配发简易消防应急包，培训 10 万名专兼职义务消防员，为每个公立幼儿园、公立养老院投入 10 万元补齐消防安全短板。

54. 定制公交：是指根据需求和客流情况设计出的公交线路，是点对点的一站直达式班车。

55. 一码通用、一网联通、一键诊疗、一站会诊、一体服务：指建设居民电子健康码，实现医疗健康服务“一码通用”；建设两级健康信息平台，实现医疗卫生机构“一网联通”；优化再造服务流程，实现看病就医“一键诊疗”；推进远程医疗平台建设，实现远程医疗“一站会诊”；发展互联网医疗服务，实现线上线下“一体服务”，全面提升人民群众卫生健康获得感。

56. 香炉湾城市阳台：即石景山公共空间。

57. 一码通用、一网联通、一键诊疗、一站会诊、一体服务：指建设居民电子健康码，实现医疗健康服务“一码通用”；建设两级健康信息平台，实现医疗卫生机构“一网联通”；优化再造服务流程，实现看病就医“一键诊疗”；推进远程医疗平台建设，实现远程医疗“一站会诊”；发展互联网医疗服务，实现线上线下“一体服务”，全面提升人民群众卫生健康获得感。

58. 行政执法“三项制度”：是指行政执法公示制度、执法全过程记录制度、重大执法决定法制审核制度。

珠海市 2019 年国民经济和社会发展计划

一、2019 年经济社会发展的总体思路和预期目标

（一）发展环境

从宏观环境看，全球经济处于复苏过程中，但不确定因素明显增加，全球债务风险有所增大，单边主义和贸易保护主义抬头，特别是美国政府大范围制造贸易摩擦、挑起贸易争端，增加了世界经济增长的风险和不确定性。国际货币基金组织（IMF）调降 2019 年全球经济增长预期至 3.5%，为近三年来最低增速。从国内形势看，我国宏观经济运行总体保持平稳，经济增长、就业状况、物价水平以及国际收支平衡均处于较为稳定的区间。中央经济工作会议指出我国发展仍处于并将长期处于重要战略机遇期，发展拥有足够的韧性、巨大的潜力，经济长期向好的态势不会改变，要继续实施积极的财政政策和稳健的货币政策，在“巩固、增强、提升、畅通”八个字上下功夫，做好稳就业、稳金融、稳外贸、稳外资、稳投资、稳预期工作，进一步坚定推动高质量发展的信心。从珠海情况看，港珠澳大桥正式通车，粤港澳大湾区建设加快推进，珠海迎来继兴办经济特区后的又一次历史性机遇，习近平总书记视察广东且第一站就来到珠海，对珠海提出加快珠海经济特区发展、促进澳门产业多元发展、加快增强自主创新能力和实力、用好管好港珠澳大桥等一系列重要指示要求，充分体现了习近平总书记对珠海工作的高度重视和大力支持，珠海有底气、有信心实现更高质量的发展。

（二）总体思路

以习近平新时代中国特色社会主义思想为指导，全面贯彻党的十九大和十九届二中、三中全会以及中央经济工作会议、中央农村工作会议精神，深入贯彻习近平总书记视察广东重要讲话、在庆祝改革开放 40 周年大会上的重要讲话精神，落实省委十二届五次、六次全会，市委八届五次、六次全会精神，按照市政府工作报告的有关部署，不忘改革开放初心，高举改革开放旗帜，坚持稳中求进工作总基调，坚持新发展理念，坚持推动高质量发展，坚持以供给侧结构性改革为主线，坚持深化市场化改革、扩大高水平开放，统筹推进稳增长、促改革、调结构、惠民生、防风险、保稳定各项工作，进一步稳就业、稳金融、稳外贸、稳外资、稳投资、稳预期，确保经济平稳健康发展和社会和谐稳定，加快建设珠江西岸核

心城市，打造粤港澳大湾区经济新引擎、独具特色令人向往的魅力之城和践行新发展理念的典范城市，以优异成绩迎接中华人民共和国成立70周年。

（三）主要预期目标

——地区生产总值增长7.5%左右；

——规模以上工业增加值增长10%；

——社会消费品零售总额增长8%；

——固定资产投资总额增长10%；

——外贸进出口总额保持正增长；

——实际吸收外商直接投资保持正增长；

——一般公共预算收入增长7%；

——居民消费价格指数涨幅控制在3%以内；

——全体居民人均可支配收入增长8%；

——城镇登记失业率控制在3%以内。

二、2019年国民经济和社会发展重点工作

（一）坚决履行特区新使命，全面深化改革开放

推动重点领域改革走深走实。深化供给侧结构性改革，落实“巩固、增强、提升、畅通”八字方针，巩固“三去一降一补”成果。强化项目用地监管，盘活低效用地，加大土地收储力度。深化经济体制改革，推动国资国企改革，做强做优做大国有资本，减少管理层级和同质化竞争，提升国企竞争力。推进预算编制执行监督管理改革，提升财政资源配置效率和使用效益。深化营商环境综合改革。建立工作台账，明确责任分工，抓好抓实营商环境综合改革行动方案任务落实。推进“放管服”改革，把资源、服务、管理下沉到基层。加快审批标准化改革，优化精简社会投资工程项目审批流程。落实“证照分离”“照后减证”，提高商事主体开办便利度。全面实施市场准入负面清单制度。建设更高水平社会信用体系。完成机构改革各项任务，加快推进政府职能转变，大幅减少政府对资源的直接配置，进一步理顺市区权责划分，加强市级统筹能力，激发区级发展活力。

不忘初心促进澳门产业多元发展。深入贯彻落实习近平总书记视察横琴重要指示精神，促进澳门经济发展更具活力。全面梳理现有土地使用和项目建设情况，提高粤澳合作项目比重，确保对澳项目用地，重点鼓励发展中医药、高新科技、特色金融、会展、休闲旅游等产业。积极争取医疗健康政策先行先试，加快粤澳合作中医药科技产业园建设。建设横琴金融岛，设立澳门特色金融服务基地。推动横琴国际休闲旅游岛相关政策落地，配合澳门建设世界休闲旅游中心。切实履行横琴自贸区“压力测试区”试点任务。推动横琴口岸查验模式创新，将澳门莲花口岸整体搬迁至横琴，实施“合作查验、一次放行”通关模式。争取国家支持创新分线管理制度等标志性重大改革事项，探索“港资港模式、澳资澳模式”，创新建设工程审批管理。

拓展对外合作广度深度。落实“一带一路”倡议，深化与以色列、德国等发达国家的经贸往来，加快推进中以加速器产业园、中德（珠海）人工智能研究院项目建设。推动外贸提质升级，抓好外贸转型升级基地建设，新增1-2个外贸公共服务平台。在“一带一路”沿线国家加快布局外贸转型升级基地经贸网络，力争建立50个联络点。积极培育外贸新业态，全力推进跨境电商“两平台六体系”建设，建设电商快递结合产业园。全面落实“新外资十条”，支持设立总部及采购中心、研发中心、创新中心等功能性机构。落实通关一体化改革，实现国际贸易“单一窗口”标准版口岸和应用项目全覆盖。

（二）用好管好港珠澳大桥，全力推进粤港澳大湾区建设

推进基础设施与港澳互联互通。用好管好港珠澳大桥，完善与港珠澳大桥的路网对接，汇聚人流物流资金流信息流。积极融入国家高铁网，谋划伶仃洋公铁通道、广江珠澳高铁、广中珠澳高铁，打造珠澳高铁枢纽。完成青茂口岸、横琴口岸旅检大厅建设。推动珠海机场与港澳机场合作，争取开通机场国际口岸。开展粤港澳大湾区超级枢纽港可行性研究，谋划合作开发万山超大型深水港区。

建设粤港澳大湾区创新高地。推动“广州—深圳—香港—澳门”科技走廊向珠海延伸，携手澳门、香港高校重点实验室等科研平台，吸引海外归国高层次科技人才在横琴集聚，推动建立“澳门资源＋全球技术＋创新人才＋横琴载体”产业合作新模式。更好发挥横琴国际知识产权交易中心作用，推动粤港澳大湾区科技创新成果交易平台建设。建立跨境产学研合作机制，探索在生物医药、海洋科技等领域与港澳共建特色科创中心。推进珠澳跨境金融合作示范区建设，稳妥推进外商投资股权投资企业试点。携手港澳深度参与国际合作，共建“一带一路”重要支撑区，积极融入全球经贸创新网络。

积极构建珠港澳优质生活圈。研究制定更多便利港澳居民在珠海发展的措施，争取“一程多站”旅游签证便利，加强公共服务和社会福利对接，推进港澳居民享受与本地居民同等的待遇。开工建设集养老、居住、教育、医疗等功能于一体的综合民生项目“琴澳新街坊”，联合澳门共建中国设计博物馆，推动香山古驿道与澳门历史街区步行系统对接。加快平岗至广昌原水供应保障工程和广南梅供水管道工程建设，建成对澳供电第三通道。携手港澳发展港珠澳大桥旅游，推动粤港澳游艇自由行全面落地实施。

（三）增强自主创新能力实力，夯实高质量发展根基

强化创新载体建设。修订珠海市科技企业孵化器管理和扶持办法，支持科技企业孵化器建设，力争科技企业孵化器达33家。发挥好空调设备及系统运行节能、电子薄膜与集成器件、超硬材料等国家重点实验室作用，推进电机与控制院士工作站、智慧海洋院士工作站、格力电器新一代人工智能开放平台等创新载体建设。加强应用基础研究，加快建设南方海洋科学与工程省实验室。深化与中科院、复旦大学、澳门大学等合作，建设新型研发机构。发挥企业创新主体作用，加大对重点领域核心技术攻关的扶持力度，支持企业主动承接相关领域的国家、省重大科技专项，集中在重点领域突破一批制约产业转型升级的关键核心技术。

完善有利于创新的体制机制。推进产学研协同创新，加快中山大学珠海校区、北师大珠海校区建设。促进科技成果转移转化。落实加强科技成果转化和产业化政策措施，汇集粤港澳三地高校、科研院所、科技企业的成果供求信息，建立完善信息共享和交易平台。发展天使投资、创业投资，引导横琴的私募股权基金、创业投资资本支持我市创新型企业发展。进一步完善技术市场体系建设。建设标准国际化创新型城市、国家知识产权示范城市，筹建省海洋工程装备产业计量测试中心，推动国家知识产权保护中心加快落地。落实珠海英才计划，加大柔性引才力度，推进人才评价和职称制度改革，在安居住房、医疗保障、子女就学、配偶就业等方面落实高效便捷服务，新建人才住房800套，全年引进各类人才4万名。

（四）加快构筑产业体系新支柱，推动实体经济增量提质

引领制造业高质量发展。实施“十百千”企业腾飞行动、高新技术企业树标提质行动，继续实施先进装备制造业三年行动计划，落实百亿级龙头企业“一对一”工作方案各项措施，充分保障格力电器产业用地，加快建设伟创力小镇，支持丽珠集团等企业平稳增长。推动联邦制药、光宇电池、晨新科技等第二梯队企业增资扩产，给予第三梯队科技型中小企业全生命周期扶持，力争实现超百亿工业企业7家，高新技术企业达2100家。推动利盟激光打印机、利安隆新材料等68个亿元以上项目加快建设，推动烽火海洋网络设备、桂山海上风电场等60个亿元以上项目建成投产。实施促进工业企业技术改造行动计划，落实省市区三级技改事后奖补政策，加大力度鼓励企业开展数字化、网络化、智能化改造。完善招商引资政策体系，加强全市招商引资统筹，推动更多项目落地珠海。开展质量提升行动，以品牌建设引领制造业提质增效。

积极培育发展新动能。大力发展战略性新兴产业。加快布局发展新一代信息技术、高端装备制造、生物医药、数字经济、新能源及新能源汽车、新材料、海洋经济等战略性新兴产业。建立独角兽企业培育库，催生一批瞪羚企业、独角兽企业。集中力量引进集成电路全产业链项目，建设国家级集成电路高端设计与制造基地。依托金湾生物医药产业、横琴粤澳合作医药发展平台，建设生物医药产业发展联动带。推动新能源及节能环保产业向西部集聚，建设绿色低碳产业示范基地。发展数字经济，建设窄带物联网、5G网络等信息基础设施，加快4K产业发展。推动珠海服务业实现跨越式发展。利用港珠澳大桥开通契机，积极承接港澳教育、医疗、金融、物流等优质服务业外溢，在港珠澳大桥珠澳口岸人工岛、高新区、西部中心城区等地建设一批商贸综合体和品牌酒店。支持生产性服务业发展，加快培育国家和省级工业设计中心，推进先进制造业与现代服务业深度融合。发展“珠港陆空联运”及拓展业务。依托珠海独特区位优势、一流会展场馆优势和航展等已有品牌优势，引进和培育更多展会活动，做大做强会展经济。大力发展楼宇经济，落实总部企业发展实施办法，整合盘活闲置或低效使用的各类物业，培育一批“专业楼”“亿元楼”。加快军民融合发展，高水平建设珠海航空产业园、通用航空产业综合示范区。

营造良好企业发展环境。构建亲清新型政商关系，落实市、区领导联系企业挂点帮扶机制，实实在在帮助企业解决问题。研究出台促进民营经济高质量发展政策措施，继续降低企业各类经营成本，实施社会保险优惠政策。完善科技企业投融资和中小微企业信贷风险补偿机制，对“十百千计划”企业重点项目建设给予贷款贴息支持。发挥珠海基金作用，帮助有发展前景的公司纾解流动性困难。推动园区提质升级。加大力度收储闲置和低效用地，完善路网及生活配套设施，支持企业建设职工宿舍。落实园区评优与奖励政策，推动园区差异化特色发展。落实好自主创新产品首购订购政策，支持本地企业产品应用和市场推广。防范化解重大风险。运用互联网大数据预警平台进行滚动式排查，着力处置金融领域风险点。坚决遏制隐性债务增量，妥善化解隐性债务存量，集中有限财力支持实体经济发展。坚持精准综合施策，构建房地产市场健康发展长效机制。

（五）着力扩大有效需求，促进经济平稳健康运行

发挥投资关键支撑作用。大力推进重点项目建设。安排年度重点项目208个、投资576亿元。推动118个项目加快建设，力促36个项目建成投产，54个项目开工建设。促进工业投资平稳增长。推动方正PCB高端智能化产业基地、恩捷锂电池隔离膜、纳思达激光打印机高端装备智能制造一期、珠海国际健康港等127个产业项目加快建设。加快构建综合交通体系。完善衔接港珠澳大桥、深中通道路网。全面推进香海大桥、洪鹤大桥、鹤港高速、金海公路大桥等东西向重要通道以及金琴快线、兴业快线等南北向快速通道建设，打造由金琴快线、香海支线、南湾大道、昌盛路、兴业快线、金唐东路构建的主城区环线。推动黄茅海大桥尽快开工，加快形成直通粤西快速通道。推进珠海市区至珠海机场城轨一期投入运营，加快珠海市区至珠海机场城轨二期建设。争取将珠海地铁纳入国家和省相关规划，推进广州地铁延伸至珠海、澳门。推动空港、海港重要节点建设，推进机场升级改造、机场改扩建工程、机场综合交通枢纽、空港国际物流园等项目建设。加快高栏港综合保税区建设，提升港口能级量级，完成黄茅海5万吨级航道一期工程，加快推进高栏集装箱码头二期工程建设。强化项目资金保障，用足用好地方政府新增债券资金，切实发挥珠海基金作用，加强各类子基金的运作管理。

完善促进消费体制机制。落实国家、省完善促进消费体制机制实施方案，鼓励社会资本参与基础设施、旅游、养老等项目建设。落实个人所得税专项附加扣除政策，增强居民消费能力。积极开展促消费系列活动，推动全市实体零售企业创新转型。创建国家全域旅游示范区，扩大旅游产品供给。推进新能源汽车充电设施建设，落实新能源汽车车辆购置税优惠政策，促进二手车便利交易，推动汽车消费优化升级。促进信息消费，发展面向社区生活的线上线下融合服务。健全家政服务标准和服务规范，支持家政服务品牌建设。积极推进电子商务基地建设，着力引进一批知名电商项目。

（六）提高发展平衡性协调性，建设大湾区魅力之城

优化拓展城市发展格局。全面实施以功能区为引领的区域发展新战略，积极推进发展空间南进西拓北接东优。南部对接港澳推进横琴、保税、洪湾一体化建设，加快推进十字门隧道、大横琴山隧道、横琴医院、横琴市民艺术中心等项目建设，打造城市新中心。西部地区重点加快西部中心城区建设，推进鸡啼门特大桥、双湖路延长段、金湾创业大厦、富山产业服务中心、斗门科创中心等项目建设，完成航空城产业服务中心、尖峰南片区市政配套工程等项目建设。北部对接深中通道，建设唐家科教新城，加快完善南北围、后环等片区路网。东部优化提升香洲主城区中心地位，加大力度推进城市更新，加快“三溪”科创小镇、九洲商贸中心、拱北口岸商业中心等项目进展，推动洪湾等旧村改造。加快“烂尾楼”盘活处置。

大力提升城市功能品质。高标准高水平编制新一轮城市规划，统筹各类空间性规划，推进“多规合一”和空间“一张图”管理。实施城市景观环境精细化品质化提升行动计划，加强城市修补和生态修复，注重人文特色，在保留建筑肌理的基础上提升功能、传承文化。新建一个观光塔，打造十字门、九洲两个商务区，建设野狸岛、银坑半岛、石景山三大公共空间，擦亮港珠澳大桥、情侣路、万山群岛、横琴长隆四张名片，提升圆明新园、唐家古镇、斗门水乡、温泉酒店、特色商业街等五个片区的品质和内涵。加强城市整体宣传推介，举办马戏节、莫扎特国际音乐周、沙滩音乐节、WTA 超级精英赛、帆船帆板赛、留学生节等活动，展示现代时尚的城市形象。

强化城市精细化管理。深化城市管理体制机制改革，健全城市管理法规体系。继续推进综合交通治堵。启动珠海大桥扩建工程，加快板樟山新增隧道建设。强化道路挖潜，打通断头路，建设一批人行过街设施。大力推进公共交通优先发展。进一步优化常规公交线网，全力推广产业园区微循环公交线路。继续推进公交专用道建设，加大公交专用道执法和管理力度。继续实施道路改造提升，实现城区道路沥青罩面全覆盖。加强主干道及重点区域的交通、广告、供水供电等设施标识的统筹管理。提升园林绿化理念，合理移植现有树木。建立环卫保洁长效机制，开展背街小巷专项整治。推进厕所革命新三年行动计划，强化违法用地、违法建筑专项整治。加快智慧城市应用项目建设，推进城市智能化管理。

深入实施乡村振兴战略。落实乡村振兴战略规划，制定促进农村一二三产业融合发展、集体经济发展壮大等政策。深化农业供给侧结构性改革，扶持蔬菜和畜禽生产冷藏、“菜篮子”工程配送等项目建设，增加绿色优质有效农产品供给。做好良种及农业科技推广，建设高标准基本农田 1.41 万亩。加快创建斗门区白蕉海鲈产业园等现代农业产业园区，推进台湾农民创业园、国家农业科技园建设。支持乡村产业发展，加快岭南大地田园综合体、十里莲江、逸丰生态园等项目建设。实施农业龙头企业培优工程，打造一批农村电商企业示范试点。全域推进农村人居环境整治攻坚行动，确保完成全市村庄“三清三拆三整治”环境整治任务。深化农村综合改革，加强农村“三资”管理服务平台建设，全面完成农村集体产权制度改革工作任务。打好脱贫攻坚战，扎实做好对口阳江茂名精准扶贫、对口云南怒江州东西部扶贫协作和对口支援藏区库区工作，务实推进与黑河市对口合作。落实市内精准帮扶长效机制，继续加大对低收入群体的综合帮扶。

扎实推进生态文明建设。打好污染防治攻坚战。强化工业废气治理，坚决整治“散乱污”企业，确保PM2.5平均浓度控制在省下达目标以内。全面落实河长制，深化水环境综合治理，全面开展“五清”专项行动，力争完成17条黑臭水体整治。强化水体水质监测。启动香洲水质净化厂三期扩建工程，加快建设富山第一水质净化厂，完成香洲、拱北、吉大、南区污水处理厂提标改造工程。推进土壤污染防治，做好农用地和建设用地土壤污染状况详查、分级分类管控、安全利用及治理修复工作。加快海绵城市试点建设，深化排水管理体制改革，新建改建污水管网610公里。推进土壤污染防治，做好受污染耕地、工业污染地块治理与修复试点示范工程。强化危险废物规范化处理处置监管，提升固体废物本地无害化处置能力。加快推进市环保生物质热电工程二期及配套工程，开工建设污泥处置中心一期、医疗废物处置中心、餐厨垃圾处理一期工程。统筹保护利用好海洋海岛资源，推动海洋海岛绿色可持续发展。

（七）坚持以人民为中心发展思想，扎实做好保障和改善民生工作

织密扎牢民生保障网。扎实推进十件民生实事，解决人民群众普遍关心的突出问题。加大就业政策扶持力度，修订完善珠海市就业创业补贴办法，加强创业孵化平台建设，确保就业局势保持稳定。继续提高养老服务水平，加快推动市级养老机构及市社会福利中心二期工程建设，城乡居民基本养老保险基础养老金提高至每人每月430元。完善社会救助兜底保障，低保标准提高至1020元。统筹推进医疗保险制度改革，在全省率先实施附加补充医疗保险，基本医疗保险补贴提高至每人每年590元。加大住房保障力度。确保完成年度住房保障建设任务，完善保障性住房管理平台建设，探索人才住房和公共租赁住房筹集新模式。深化安全生产领域改革，加强城市防灾减灾救灾能力建设，完善火灾防控体系，提升应急救援科技水平。加强食品安全监管，建设市中心粮库和粮食批发市场，确保粮食安全。深化平安珠海建设，深入开展扫黑除恶专项斗争。

大力发展教育文化事业。深入实施珠海市学前教育第三期行动计划、第二期特殊教育提升计划、新一轮强师行动计划，深入推进普通中小学校办学联盟，出台《西部地区教育振兴攻坚行动方案》。加大教育投入力度，新增公办中小学及幼儿园10所，改扩建学校12所，新增学位1.73万个。加快中山大学珠海校区建设，推动北师大珠海校区秋季招生。深化文明城市创建工作，实施市民文明素质培育计划。加快建设文化强市，加快推动市博物馆和规划展览馆对外开放。补齐基层公共文化设施建设短板，实现基层文化设施全部达标、村居综合性文化服务中心全覆盖。完善全民健身公共设施。挖掘保护传承历史文化，做好革命历史文物、古镇古村和非物质文化遗产的保护利用，申报建设国家历史文化名城。

加快健康城市建设步伐。全面实施健康珠海2030规划，建成一批健康细胞单元。深化公立医院综合改革和基层医疗卫生综合改革。支持珠海市人民医院、中山大学附属第五医院进军广东省“登峰计划”。加快推进市人民医院科研综合楼及放疗中心、市妇幼保健院新院、市慢性病防治中心等建设项目。完善公共卫生服务体系，强化基层卫生站点建设，推动中医药适宜技术基层全覆盖，开展国家基层高血压医防融合试点工作，提高基本公共卫生服务水平。着力推动市民健康信息服务系统建设，打造珠海“健康云”。

（八）压实计划实施主体责任，确保高质量完成各项目标任务

压实各区各部门主体责任，将年度目标计划分解下达各区各部门。做好各区各部门督办、协调、服务和指导工作，完善各区各部门经济社会发展综合评价和绩效考核体系，加强对各区各部门指标完成、政策落实、重点项目建设情况的督查督办，形成推动高质量发展的合力。完善检查监督机制。发挥纪委监委、审计、统计等部门的作用，及时查找问题、提出解决措施。完善公众参与和民主监督机制，拓宽公众参与渠道，及时公开计划实施情况，主动接受社会监督，确保不折不扣完成全年发展目标任务。

珠海市 2019 年主要指标预期目标表

主要指标	2019 年	
	预期目标	增长（%）
1. 地区生产总值（GDP）（亿元）	–	7.5 左右
2. 人均 GDP（万元）	–	6
3. 服务业增加值占 GDP 比重（%）	48	–
4. 规模以上工业增加值（亿元）	–	10
5. 一般公共预算收入（亿元）	–	7
6. 居民消费价格指数（%）	–	3
7. 社会消费品零售总额（亿元）	–	8
8. 固定资产投资额（亿元）	–	10
9. 外贸进出口总额（亿元）	–	正增长
10. 实际吸收外商直接投资（亿元）	–	正增长
11. 全体居民人均可支配收入（元）	–	8
12. 现代服务业增加值占服务业比重（%）	62	–
13. 先进制造业增加值占规模以上工业比重（%）	55	–
14. 高技术制造业增加值占规模以上工业比重（%）	30	–
15. 年末总人口（万人）	198	5
16. 人口自然增长率（‰）	–	15
17. 城镇登记失业率（%）	3	–
18. 城镇新增就业人数（万人）	3	–
19. 城镇生活污水处理率（%）	96	–
20. R&D 经费支出占 GDP 比重（%）	3	–
21. 单位 GDP 能耗下降率（%）★	待省下达	
22. 能源消费总量（万吨标煤）★	待省下达	
23. PM2.5 浓度（微克／立方米）★	≤29	–
24. 二氧化硫排放量对 2015 年下降率（%）★	8.7	–
25. 化学需氧量排放量对 2015 年下降率（%）★	17	–

带★标志为约束性目标，其余指标为指导性目标；地区生产总值、人均 GDP、规模以上工业增加值增速按可比价计算。

立足改革新要求 服务珠海新发展
努力实现“二次创业”统计工作新作为

在全市统计工作会议上的讲话

珠海市统计局党组书记、局长　周峰

（2019年1月31日）

同志们：

今天我们召开2019年全市统计工作会议，主要任务是：深入学习贯彻习近平新时代中国特色社会主义思想和党的十九大精神，学习贯彻习近平总书记对广东、对珠海的重要讲话和重要指示批示精神，深入学习贯彻总书记关于统计工作的重要论述和中央经济工作会议精神，全国、全省统计工作会议精神，全面贯彻市委八届五次、六次全会决策部署。总结2018年全市统计工作，分析把握当前统计工作面临的新形势、新要求，研究部署2019年工作任务。

下面，我代表市统计局领导班子讲几点意见。

一、立足实际，精准发力，2018年统计工作实现新突破

2018年，我市坚持新发展理念，坚持稳中求进总基调，经济增长保持了较高增速。实现地区生产总值2914.74亿元，同比增长8.0%，增速继续稳居全省首位，总量首次超过江门，在珠三角位次升至第七，全省排名第九（历史上珠海GDP总量在1992年曾偶然升至全省第十，1993年又掉到十位以下，后来到2004年又追至第十，保持了14个年头，2018年终于在全省经济能级量级上跨上了一个新台阶）。从主要经济指标增速看，规模以上工业增加值、固定资产投资和实际吸收外商直接投资均保持两位数增长，增速分别为14.1%、20.7%和26.9%；一般公共预算收入、社会消费品零售总额和外贸进出口总额个位数增长，增速分别为5.4%、7.4%和8.5%。从主要经济指标增速排位看，地区生产总值、规模以上工业增加值和固定资产投资三项指标增速均排全省首位。各区经济增速也较好完成年初预期目标。

为此，2018年，市统计局在市委、市政府领导下，在省统计局业务指导下，以习近平新时代中国特色社会主义思想和党的十九大精神为指导，认真贯彻落实习近平总书记对统计工作和广东工作系列重要讲话和指示批示精神，按照国家、

省统计工作会议和市委八届四次、五次全会精神，紧紧围绕我市经济社会发展大局，围绕助推“二次创业”这一目标，聚焦统计数据质量、统计改革、依法治统，全面落实从严治党各项要求，较好的完成了市委市政府和省统计局安排的各项工作任务，为珠海经济实现稳增长提供了坚实统计保障。

（一）着眼创新，统计思想理念进一步解放

深入贯彻落实市委关于“思想大解放、作风大转变、效率大提升”有关要求，制定实施方案，结合统计工作实际，深入剖析了当前我市统计系统在创新意识、进取精神、担当精神、工作纪律、数据质量、基础建设等方面存在的不足，提出了解决措施，力推各项工作落实。组织开展了多形式的“思想大解放”讨论，以此为契机，树立“特区思想”，着力破除影响和制约统计科学发展的传统思维定势、封闭的思想束缚，下大力气解决思维高度不够、视野拓宽不足、观念更新不快的深层次思想问题。

1. 进一步加强调查研究，切实摸清全市家底，为各级党委、政府决策提供统计保障。市统计局局领导经常性带队到企业、基层进行调研活动，频次为每月4-5次，调研内容包含执法检查、数据质量摸底、重大企业生产运营状况、重大项目落地建设情况、“三新”产业发展状况、小微企业发展，了解企业实况，为企业排忧解难。结合工作要求，深入基层统计部门，调研经济运行态势、了解基层统计工作现状、统计政策宣传落实等各个方面。

2. 与企业开展结对共建。印发《市统计局“发挥党建优势、服务实体经济”专项活动实施方案》，推动局第一党支部与仕高玛机械有限公司党支部开展结对共建，打通“以党建带业务、以业务促党建”的良性通道。

3. 在调研基础上，协同科工信、商务等相关单位，重点对小微企业、重点企业等进行调研，综合分析，形成了《关于规模以上企业企业高层次人才调研情况专报》《珠海市网购对消费统计影响分析和促进消费工作情况报告》《珠海科技型中小企业研发费用加计扣除政策执行情况调研报告》《珠海市企业经营情况调研报告》《我市规上工业小微企业生产经营形式专题调研报告》《珠海开展文化和科技融合情况调研报告》等一批高质量调研报告，得到了市有关领导的高度重视，有力推动了各项工作开展。

（二）主动作为，统计服务水平进一步强化

2018年，全市统计系统围绕中心、服务大局，主动作为、积极作为，着力构建反应及时、运行高效的统计监测预警分析机制，深化数据解读，有力促进了统计地位提升、统计作用增强和统计影响力的持续扩大。

1. 加强统计预警监测。加强对重要经济发展指标的监测评价，做好重点行业基础指标及协调匹配指标的监测分析；认真研究重大政策实施、市场需求变化、各种支撑条件等对经济增长的影响程度，强化统计服务的超前性。对主要经济指标的实现进度等情况进行系列分析与专题研究，及时报送专题分析和动态信息。为各级领导和部门科学决策和掌握情况提供了丰富翔实的信息资料，充分发挥了参谋和助手作用。全市统计系统全年共向市委市政府及相关部门报送统计分析报告 130 余篇，针对经济运行中存在的问题提出预警意见和工作建议，其中，市统计局撰写 81 篇，24 篇得到市领导批示，部分建议得到了市委市政府和各区党政机关的重视并转化为抓经济工作的政策措施，为全市经济实现平稳较快增长做出了统计部门应有的贡献。

2. 打造精品分析。加强宏观经济形势、重大政策问题和趋势性研究，切实用好用实统计数据资源，确保真实反映数据背后的问题。注重提高统计分析时效性，重点围绕改革开放 40 周年等重大课题深入开展调查研究，组织相关专业科室撰写了改革开放40周年经济社会发展系列统计报告，形成《数说改革开放40年》刊物予以印发，全面反映了改革开放以来珠海工业、投资、服务业等方面的发展情况，得到了珠海市主要领导的充分肯定。其中《一座为改革开放而诞生的城市》《“数”说珠海改革开放 40 年》《珠海对外贸易 40 年回顾与展望》三篇文章被珠海市委党史研究室编辑发行的《珠海史志》（庆祝改革开放 40 周年）专刊收录，成为史志材料之一。

3. 深化政务公开。一是根据网站规范化要求，对市统计局网站进行了全面改版，优化了网站布局，增设了经济普查工作、学习习近平总书记视察广东重要讲话精神、新时代红色讲习所等专题网页。二是开通运行“珠海统计”微信公众号，及时更新发布统计信息和相关指标数据，为社会各界了解珠海统计提供了又一平台。三是全力做好第九届“中国统计开放日之广东”现场活动。强化与相关单位的沟通协调，加大工作力度，为开放日活动顺利开展奠定了坚实基础，活动以“走进广东四经普”为主题，以宣传第四次全国经济普查和纪念改革开放 40 周年为主要内容，向社会各界介绍四经普工作开展情况以及改革开放 40 年辉煌成就，得到了省统计局充分肯定。

（三）强化执法，统计数据质量进一步提升

2018年，全市统计系统认真贯彻落实《关于深化统计管理体制改革提高统计数据真实性的意见》《中华人民共和国统计法》《中华人民共和国统计法实施条例》等法律法规，强化执法监督，切实保障统计数据质量。相关做法得到省统计局局长杨新洪的充分肯定，作为经验交流材料刊登在省局内网，此外，该材料也被国家局网站刊用。

1. 强化制度建设。结合珠海实际，研究出台了《关于提高统计数据质量的工作方案》《珠海市统计局统计行政约谈制度》《珠海市统计局关于开展区域间“交叉”统计执法检查实施办法》等规章制度。

2. 报表上报全程监管。坚持“预防为主”的原则，对上报不及时的企业坚持宣传说理在先，被催报过的企业，在下月开网第一天向其发送短信提示企业按时上报报表；专人监控报表上报情况，对迟报、未报企业建立台账，规定年内一次迟报的，予以短信警示；两次迟报或者一次未报的，约谈企业负责人；约谈后再次出现迟报、未报的，依法予以行政处罚。

3. 数据质量全程监控。建立统计数据质量动态监控机制及与税务部门数据比对机制。比对发现有新上规和新成立企业的，督促各区积极组织企业入库，对入库过程中不配合的企业，下达《法律告知书》，为入库工作提供法律保障。同时，分专业设定比对差异率作为预警值，发现统计数据高于税务数据预警值的，假定为虚报造假、干预报数的情形；反之则假定为数据瞒报少报情形。收集相关企业信息，形成重点执法检查对象名单。

4. 统计执法全面跟上。由局执法大队对各专业提供的重点执法检查企业每个月进行执法检查，并按下列原则进行处理和整改：检查发现有统计虚报造假、干预报数行为的，启动约谈机制，由市统计局局长第一时间约谈相关区统计局负责人和部门领导，提出整改要求；检查发现有瞒报少报情形的，由局执法大队约谈企业负责人，向其宣传统计法律法规，责令整改，并告知次年在适当时候进行“回头看”检查。回头看检查发现仍然存在不真实上报情形的，直接立案处罚。创新“双随机”抽查方式，运用现代化通讯手段采取微信群视频的方法抽取检查对象，开展了一轮“双随机”执法检查。全年共检查企业295家。其中，市统计局共执法检查96家，查询检查17家，对执法检查发现的36家有漏报、瞒报情形的，启动了9次对企业负责人的约谈程序，责令整改21家，收到了较好的效果。

5. 管理措施全面落实。创新企业统计员培训模式，增加了当场考试的环节；按照《星级统计员评选办法》的标准，开展星级统计员评选工作，完善激励机制；年初对各区和镇街上一年的企业统计业务培训工作进行评估，并通报评估结果。此外，对各区法制工作评估情况进行通报。

6. 法制宣传持续深入。充分利用法制宣传月、企业培训和执法检查等契机，通过各种方式向有关部门宣传解读统计法、统计法实施条例和《意见》《办法》《规定》等法律法规，在系统内外营造如实报送、不敢弄虚作假的工作机制和良好氛围，形成依法统计、科学真实的法治环境。

（四）把脉市情，各项普查调查进一步推进

1. 全力做好第四次全国经济普查相关工作。第四次全国经济普查工作是今年统计系统的"重头戏"，为切实做好这一工作，珠海市统计系统上下齐心，强化责任落实，加强沟通协调，全面完成了四经普单位和个人清查等工作。全市核查单位 16.94 万家，清查法人和产业单位 9.73 万家，比三经普登记法人和产业单位增加 128%，清查个体经营户 9.04 万家，比三经普个体经营户总量减少 7.2%。

一是前期基础工作顺利完成。根据国家和省统计局工作部署，在市委市政府高度重视下，按照"全市统一领导、部门分工协作、地方分级负责、各方共同参与"的原则，建立了强有力的组织领导体制。各项工作有序推进，全市各级普查机构组建、单位清查前期基础工作全面完成、普查经费落实到位、"两员"选聘和培训工作有序推进、培训物资相继到位、建立了普查数据质量监控机制。

二是压实工作责任。市委市政府高度重视，紧盯关键节点，着力推动经普工作向纵深发展。姚奕生市长多次强调要抓好抓实珠海四经普工作，并参照省政府做法，与各区主要负责人、市四经普领导小组成员单位主要负责同志签订了《珠海市第四次全国经济普查责任书》，明确了工作目标，压实了领导责任。王庆利常务副市长多次召集相关部门，研究部署经普工作。

三是加大督促指导力度。市经普办主要领导多次率业务骨干到各区（镇街）检查指导单位清查工作，现场指导单位清查工作。

四是深化协作，有效推进清查补漏工作。建立以经济普查成员单位为主体的部门联动协调配合机制，加强组织协调，发挥职能部门作用，做好普查单位查疑补漏工作。通过及时收集职能部门的行政登记资料，与普查清查库已清查的单位信息比对分析，精确定位未清查的单位，及时将分析比对发现的未清查单位信息发给基层普查员，将应统单位查准查实，如主动对接住建部门，创新清查方法，强化协作力度，协同开展建筑业实地清查工作，完成建筑业法人单位登记6212家、个体经营户 1531 家，较三经普均实现大幅增长。对一些行业管理规范的单位，如编办管理行政事业单位、民政系统、教育系统、卫生系统、国资委管理的企业等，珠海市普查办将召开专场培训会议，实行集中培训，定点登记，以提高普查登记效率、保证普查登记质量。

2. 做好第三次全国农业普查后续工作。认真做好我市第三次全国农业普查工作总结、公报发布和数据开发利用等工作。于 4 月份在珠海特区报刊登了《珠海市第三次全国农业普查主要数据公报》第一至五号及相关解读，向社会各界公布了普查主要成果。

3. 做好 2018 年人口抽样调查工作。2018 年全市共抽中 24 个调查小区，分布在 4 个区、14 个街道（镇）的 24 个社区。市统计局全力抓好经费保障、普查物资调配、中选小区行政记录收集等工作，组织选聘调查员 48 人，扎实推进培训及现场调查工作，有力保障了调查数据质量。

4. 推进 2017 年全国投入产出调查工作。分批次组织相关企业、各区局进行培训，牢固树立数据质量责任意识，全面核实名录库信息，强化数据审核和质量检查工作，开展数据会审，确保数据质量，报表上报率实现 100%。

5. 开展社情民意跟踪调查。为更好服务市委市政府中心工作，保障公民对政府工作的知情权和议政权，市统计局组织开展了 2018 年度珠海社会热点调查活动，为更广泛、系统征求和搜集珠海百姓对民生热点问题的看法和意见，探索解决热点问题的工作重点，制定相关对策，推动“二次创业”搭建了又一平台。根据调查结果，形成了交通、教育、医疗、食品药品、生态文明、应急处理等六篇热点分析。其中，《让教育回归学校和课堂》、《当好市民食药安全的“守卫者”》、《“附加补充医疗”让珠海市民更加幸福》三篇热点调查报告得到阎武副市长肯定，并批转相关单位阅研。

（五）提高站位，党的建设进一步加强

1. 强化理论学习。把学习贯彻习近平新时代中国特色社会主义思想和党的十九大精神贯穿统计工作始终，在强化党组中心组集中学习力度的基础上，通过多种形式组织全局干部职工对习近平新时代中国特色社会主义思想、习近平总书记在广东代表团审议时重要讲话精神、习近平总书记视察广东重要讲话精神、全面彻底肃清李嘉、万庆良恶劣影响有关会议文件精神、珠海市委《关于推动思想大解放、作风大转变、效率大提升的决定》精神、《习近平谈治国理政》第二卷、宪法等多项内容的学习。引导干部牢固树立“四个意识”，坚定“四个自信”，自觉践行“两个坚决维护”。

2. 高度重视意识形态领域工作。加强对意识形态领域工作的学习，严格落实意识形态工作责任制，形成在局党组统一领导下，局各科室积极参与，协同做好意识形态工作的良好格局。加强意识形态宣传学习引导，筑牢统计干部思想基础，督促党员干部严守“五个必须”，反对“七个有之”，切实做到“三个决不允许”，确保在思想上政治上行动上同党中央保持高度一致。加强对统计网站、微信群、微博、微信公众号等宣传阵地的管理，把握统计数据敏感性所在，加大对相关涉统宣传报道的关注力度，强化正面宣传和舆论引导，对错误信息及时反馈纠正。

3. 做好巡视整改工作。对照巡视整改有关要求，根据市委市政府有关工作安排，在前期肃清恶劣影响工作基础上，积极查找党组班子和班子成员存在的问题，深入分析症结所在，严肃开好巡视整改专题民主生活会，建立和完善了整改清单，推动各项问题整改落实。

4. 深化党风廉政建设。全面贯彻落实中央、省、市纪委全会精神及相关要求，全面落实“两个责任”和“一岗双责”要求，把党风廉政建设融入业务建设、领导班子建设、干部队伍建设和党的建设之中。研究制定了《市统计局 2018 年度党风廉政建设工作方案》《市统计局 2018 年度党风廉政建设主体责任任务清单》，组织签订了 2018 年度党风廉政建设责任书。深入推进纪律教育学习月相关工作，各项动作均圆满完成，取得实效。

5. 全面推进党建工作落实。制定《珠海市统计局加强党的基层组织建设三年行动计划实施方案台账》，重点加强局机关党支部规范化制度建设，以机关工委开展基层党组织标准化建设达标验收为契机，部署各支部严格按照标准化建设考评指标开展自查，坚持“抓两头、促中间、抓重点、补短板”的工作思路，着力解决组织设置不规范、党员教育管理不规范、党建标准不规范的问题。高度重视模范机关创建活动的开展。召开动员大会贯彻市委文件精神，研究部署创建工作，制定了《关于开展模范机关创建活动方案》，研究制定了《开展模范机关创建活动全面建设年责任清单》。划分党小组，印发《珠海统计局抓党建工作责任清单》。

（六）积极运作，信息化建设进一步加快

1. 统计宏观数据库系统开发项目顺利通过验收。规范了统计宏观数据的存储，使得数据的查询、提取更为便捷，已经正式替代原有的月报系统，运行稳定，初步达到了实用的要求，为数据二次开发打下了良好基础。

2. 微观数据库系统功能进一步拓展。进一步扩展了计算任务，增加了系统的使用用户，把该系统推广到统计系统以外的单位。进一步更新和优化系统功能，增加了可视化的数据处理工具，让报表的制作得到简化，缩短了需求的响应时间，为市，区两级的清查质量工作保驾护航。

（七）严管厚爱，干部队伍建设进一步深化

1. 深化干部队伍建设。充实干部队伍，优化年龄结构，全年共招录公务员2名。此外，紧密结合统计工作，按照有关要求，切实做好军转干部接收工作。2018年共接收4名军转干部，进一步充实了统计工作队伍。积极做好干部提拔任用后续流程，在2017年做好提拔任用工作的基础上，抓好述职、民主测评等工作，严格把关。

2. 强化干部教育培训。坚持以全系统全员培训为有力抓手，发挥各科室业务骨干作用，继续抓好局内培训。推进政校合作，联合浙江大学举办了一期珠海市统计系统业务知识更新培训班，有力开阔了统计干部视野，为进一步提升统计干部的业务水平和素质、探索统计工作新思路打下了坚实的基础。

3. 强化管理力度。严格落实局内有关规章制度，加大监督力度，进一步严肃上下班、工作作风等工作纪律问题，一年来，围绕工作纪律进行提醒谈话4次，谈话人数8人。加强干部出入境管理工作，制定《珠海市统计局干部职工因私出国（境）管理办法》，进一步明确了有关工作要求。深入贯彻中央八项规定精神及实施细则，深刻领会习近平总书记关于加强作风建设的重要批示精神，研究出台中央八项规定实施细则的具体实施办法，不断巩固和拓展落实中央八项规定精神的成果。

4. 注重激发群团组织活力。大力推进党建带工建、带团建，切实加强党组对工、青、妇等群团工作领导。根据工作实际，增补了两名年轻干部为局工会委员，增强了工会活力，进一步加强人文关怀，根据有关规定调整了工会经费开支，规范经费使用。指导各群团组织开展了羽毛球、篮球、足球、登山等多项活动；

进一步增强了团队向心力和凝聚力。

（八）统筹内外，其他工作得以进一步落实

1. 抓好精准扶贫工作。研究制定了2018年扶贫工作方案，确定了八项主要工作任务。主要负责同志多次到扶贫村开展工作调研，推动项目建设实施，光伏电站建成投产；积极向社会爱心企业发出倡议，协助做好物资捐赠工作。

2. 深入推进扫黑除恶专项斗争落实工作。多次召开专题会议予以学习讨论，结合工作实际，制定了《市统计局落实扫黑除恶专项斗争有关工作实施方案》，明确了工作重点，不断强化宣传力度，形成统计系统内部的良好氛围。

3. 推进督查督办工作。一是做好上级部门督办事项落实。围绕市委、市政府有关决策部署，强化督查督办工作力度，对市委、市政府下发的督办事项实施全过程督查，按照职能分工，积极协调督促局各科室（大队、中心）认真履职，牵头抓好督查督办工作落实。全年共完成市委、市政府督办事项23件。有效保障了督办工作落实。二是强化重点工作督办力度。围绕统计中心工作，对会议决定事项、领导关心的重点工作和重要事项部署落实情况开展督查督办，推动相关工作开展，确保落实到位。组织开展了四经普落实情况、中央八项规定落实情况、“思想大解放、作风大转变、效率大提升”行动开展情况、保密工作等多项督查工作。

一年来，我们围绕珠海经济社会发展全局和改革开放40周年等主题主线，做了大量细致的工作，为市委市政府科学决策和精准调控提供了科学实在的重要依据，得到了市委书记郭永航同志的高度肯定。

回顾一年来的工作，我们有以下几点体会：一是要坚持问题导向，着力把补齐珠海统计工作短板摆着前面，明确问题所在，找准突破口，厘清推动统计高质量发展的前路所在。二是要坚持依法治统，将法治观念融入日常工作，把规范落实作为工作重点，在法治轨道上抓执法、促发展，把握好推动珠海统计发展的准则所在。三是要坚持创新的发展理念，在继承优秀工作经验的同时，要敢于突破，科学谋划，敢于改革创新，把深化统计管理体制改革，提高统计数据质量作为推动珠海统计发展的动力所在。四是要坚持统筹兼顾，扎实做好与省统计局、市委市政府、各相关单位沟通协调，加强部门间协调，凝聚力量，达成共识，协同推动珠海高质量发展。

一年来，我们取得的这些成绩和经验，是市委市政府和省统计局党组正确领导的结果，是全市统计干部职工共同努力的结果，是各基层统计部门一年来辛勤工作的最好见证，是各相关单位全力配合的最好说明，在这里，我代表市局党组，向在座各相关单位和全体统计同仁致以最真挚的谢意，感谢大家的辛勤付出。

在肯定成绩的同时，我们也要清醒认识到当前统计工作与建立推动高质量发展的统计指标体系的目标相比还存在诸多不足，与市委市政府、省统计局要求还存在一定差距。一是统计基础工作还比较薄弱。基层统计机构尚不健全，基层队伍还不稳定，执法力量较为薄弱。二是统计数据需求多样化，但现有统计工作无法满足，统计管理体制改革有待进一步深化，数据质量有待进一步提升，统计服务质量和服务水平仍需进一步提高。三是干部队伍作风建设有待进一步加强。部分工作落实不到位，工作进度滞后，干部担当意识有待进一步增强。困难当前，爬坡上坎，更需我们认清方向，明确目标，以问题为导向，加快建立推动高质量发展的统计指标体系，真正把服务珠海“二次创业”落到实处。

二、审时度势，理清思路，科学谋划“二次创业”开局之年珠海统计工作新蓝图

在全省统计工作会议上，杨新洪局长提出：广东作为全国经济最大的省份，被赋予了统计改革创新发展重任，指出要持之以恒改革创新构建经济大省之统计强省。

在郭永航书记对我局工作批示中要求，2019 年，要紧紧围绕推动经济高质量发展、建设现代化经济体系的目标和实施创新驱动战略、促进地区平衡协调发展的方针，优化体制机制、提高数据质量、强化分析解读水平，为珠海“二次创业”提供重要数据依据和决策依据。可以说，今年的工作目标任务已经明确，我们要审时度势，顺势而为，结合实际，理清思路，着眼发展，科学谋划好全年工作蓝图。

2019 年珠海市统计系统将坚持以习近平新时代中国特色社会主义思想为指导，全面贯彻党的十九大和十九届二中、三中全会精神，结合市委市政府和省统计局有关工作部署，坚持以党建为统领，以提高数据质量为中心，以改革创新为动力，以服务和推动高质量发展为核心，全面完成经济社会统计任务，扎实推进第四次全国经济普查，不断优化体制机制，全面提升统计工作能力，强化分析解读水平，为珠海实现“二次创业”提供坚实统计保障。

（一）全力推动统计改革创新

全面贯彻落实“深化改革开放”这一首要任务，按照宁吉喆局长提出的“拼、干、钉钉子”精神和“人无我有、人有我优、人优我强”的广东统计创新核心要义，深入践行思想大解放、作风大转变、效率大提升有关要求，进一步开拓创新，对标对表，深刻反思，破立并举，全力推动统计相关改革工作。

1. 深化统计管理体制改革。一是抓好贯彻落实。继续抓好《关于深化统计管理体制改革提高统计数据真实性的意见》《统计违纪违法责任人处分处理建议办法》《关于认真做好领导干部违规干预统计工作记录台账填报工作的通知》等文件精神的贯彻落实工作。二是优化体制机制。在机构改革过程中，加强与市政府及相关单位的请示和沟通，争取将各部门履行行业经济统计职能纳入部门新职能，抓好落实；切实加强统计基层基础建设，严格按照《统计法实施条例》要求，主动与各区党委对接，加强对区级统计部门主要负责人的管理，对各区任免、调动统计系统主要负责人实行提前介入，先期审核；协同各行政区做好独立设立统计机构工作，为强化统计基层管理，保障统计数据质量奠定基础。加强与市编制部门和各区党委政府的沟通协调，全力推动各区独立设立统计机构工作，推进镇街统计工作不断深入。三是推动出台本土化《实施意见》。在全市机构改革完成后，尽快启动《珠海市关于深化统计管理体制改革提高统计数据真实性的意见》出台前意见征集等工作，完善有关内容，尽早予以出台。

2. 推进 GDP 统一核算改革。根据中央和上级统计部门有关工作部署，积极稳妥推进核算方法改革，不断改进和完善地区生产总值核算方法。夯实基础数据质量，加强数据质量评估，不断提高核算数据质量，确保按时按质完成地区生产总值统一核算改革的各项任务。

3. 推进自然资源资产负债表编制工作。切实发挥联席会议作用，强化工作力度，积极借鉴其他试点城市先进做法，切实推动我市自然资源资产负债表编制工作取得新进展。

4. 深化珠澳合作力度。以粤港澳大湾区建设为契机，在现有合作项目基础上，进一步强化珠澳统计部门工作交流与合作，主动协同澳门做好相关工作落实，开展统计方法理论研究和宣传方面合作，切实发挥两地综合优势，推动两地统计工作协同发展。

5. 加快形成推动高质量发展的统计指标体系。着力补齐短板，抓好省高质量发展综合绩效考评体系落地工作，全面加强对评价体系内容的监测分析工作；结合珠海实际，抓紧研究和完善珠海市高质量发展综合绩效评价体系，切实加大工作力度，确保数据质量，充分发挥考核激励作用，确保在真实反映珠海高质量发展的基础上推动珠海发展。

（二）全面提升统计能力

全市统计系统要紧紧围绕习近平总书记对广东工作提出的四个方面要求和“四个走在全国前列”要求，按照《中共广东省统计局党组关于构建经济大省之统计强省开展统计能力提升建设年的通知》要求，结合郭永航书记批示精神，抓好贯彻落实，积极引导全市统计干部牢固树立统计工作“服务意识”、“效率意识”、“作为意识”“结果意识”，进一步拓宽统计服务空间，为反映珠海经济发展质量和效益提供更加丰富的统计产品。

同时，要进一步强化人才队伍建设。贯彻人才兴统理念，着眼于建设高质量统计队伍目标，按照推进统计改革发展和构建新时代现代化统计调查体系的要求，着力培养“专家型”统计人才，努力造就算得准、讲得透、分析得深的“统计工匠”，为推动全市统计工作开新局、谱新篇提供有力的人才智力支撑。要强化培训力度，继续推进“统计课堂”，切实发挥统计业务骨干作用，开展送课入基层工作，继续联合知名高校提升培训质量。优化干部队伍梯度建设，按照好干部标准严格规范抓好干部选拔任用工作，树立正确激励导向、形成合理梯队结构，优化干部队伍结构，打造听党的话、能打硬仗、专业年轻的队伍，为全市统计工作可持续发展提供支撑保障。适时组织开展系统内上下互挂、部门间轮岗交流等工作，选派干部特别是优秀年轻干部到基层一线、艰苦岗位进行锻炼实践，增长实干本领。

（三）稳步提升统计服务水平

全市统计系统要明确工作重点所在，紧紧围绕推动经济高质量发展、建设现代化经济体系的目标和实施创新驱动战略、促进地区平衡协调发展等热点难点问题，做好经济指标数据“深加工”，树立问题导向，寻找规律分析短板，为市委市政府推动高质量发展提供准确的目标靶向。

1. 围绕建设现代化经济体系的目标做好工作落实。在坚持统一的统计制度的基础上，结合珠海地方特色和产业实际进行创新，积极推进统计方法制度的改革创新，在深入挖掘现代化经济体系各方面发展特点的基础上，强化调研力度，探索建立具有珠海经济特色的统计指标体系，为建立服务型统计提供保障。

2. 围绕实施创新驱动战略热点问题发挥统计职能。市委市政府今年将继续把创新驱动发展战略作为经济社会发展的核心战略和经济结构调整的总抓手，举全市之力推进创新发展。统计工作要围绕实施创新驱动战略的影响、效果等进行深入调研。积极向广州、深圳等地进行学习，认真做好“三新”统计工作，全面、准确、深入挖掘数据背后的信息，充分把握新时期经济发展趋势和规律，更好地适应、服务、引领经济发展新常态。

3. 围绕促进地区平衡协调发展难点问题提升统计效用。针对珠海东西部发展不协调、西部发展滞后的现状所在，强化调研力度，在分析过程中，要着眼全市大局，加强数据研判，摸清统计数据背后症结所在，深入剖析问题，结合珠海实际，加强与相关经济部门、西部地区、高校等的合作力度，集思广益，研究出符合西部地区实际的发展战略，为珠海市补齐发展短板，实现平衡协调发展提供支撑。

（四）不断提升统计数据质量

1. 切实把提高统计数据质量摆在突出位置。加大依法统计、依法治统工作力度，加强统计执法监督检查，严肃查处各类违纪违法行为，严格依纪依法依规追究责任，做好第四次全国经济普查法治保障工作。抓好“两防”（防弄虚作假、防少统漏统）基础数据统计报送工作，进一步提高统计数据质量。全面加强数据生产全过程的质量控制，注重运用关联指标对统计数据的审核评估，加强对增速奇高、同期数变化大、对指标增速与关联指标增速明显不匹配的企业数据逐一认真核实，积极排查全市统计数据质量隐患，增强抵御统计违法违纪风险的能力。切实防范和惩治统计造假、弄虚作假，为高质量发展提供有效的统计保障。

2. 加强统计“双基”建设。一是要进一步强化业务培训，着力提高基层统计人员综合素质。各级统计部门要合理安排培训时间、扩大培训对象、创新培训方式、丰富培训内容，加强对统计人员的强化培训，切实提高基层统计人员的业务水平和综合能力。在此基础上，要着眼于建章立制，提高基层统计工作规范化水平，帮助指导基层建立健全统计业务工作管理制度，进一步规范统计业务流程，保障基层统计业务工作的正常开展和统计职能作用的发挥，逐步实现统计工作的规范化。探索优化基层统计队伍建设，协助争取各级党政部门对统计工作的支持，确保统计队伍的相对稳定。

3. 进一步强化部门协作。一是要切实发挥好统计联席会议机制作用，及时协调并解决统计调查工作中遇到的重大问题。二是要落实部门数据责任制，进一步明确部门职责，各行业部门要加强对本部门、本行业统计工作的组织领导，健全统计机构，充实统计力量，改善统计条件，及时向各级统计部门报送统计资料、会计资料和行政记录资料。三是财政、税务、交运、商务、住建、电力等涉及大量统计数据的部门，务必要从全局出发，规范统计业务流程，全力抓好各项数据统计。三是要加强和发展横向联系，借助、联合和引进科研部门、行业管理部门、经济综合部门、新闻宣传部门、决策咨询等部门的技术和力量，加快统计服务实体经济的实现。四是要建立数据横行联系网，完善统计职能，充分利用大数据资源，提升数据开发价值，助推珠海“二次创业”。

（五）推进党建与业务工作深度融合

1. 要结合统计工作实际，继续抓好有关理论的学习。全市统计系统要在前期组织开展学习的基础上，进一步加大学习力度，将习近平总书记对广东、对珠海的重要讲话和重要指示批示精神，总书记关于统计工作的重要论述和中央经济工作会议精神融入学习日常。要高度重视意识形态工作，市局目前已经在网站开设“学习习近平总书记视察广东重要讲话精神”“新时代红色讲习所”两个学习专栏。各区也要提高认识，结合各自工作实际，主动开展多形式学习，切实把相关理论知识学习传达到每一个干部职工，进一步统一干部思想，提高政治站位，明确工作思路和工作重点。

2. 要从严管党治党。全市统计系统各级党组织要自觉担起管党治党主责主业，坚持严明政治规矩、严肃组织生活、严格执纪监督，扎实推进党的建设各项工作，为全市统计改革发展提供坚强组织、纪律和作风保障。要严肃组织生活，着力建强基层堡垒，严格党员教育管理，不断增强党建工作的针对性和有效性，进一步激发党员群体工作热情。要密切与纪检监察机关联系，织牢监管篱笆，全面加强执纪监督和廉政监管，不断完善内部管理制度规定和廉政风险防控举措，全面推进内控机制建设，堵住监管漏洞。认真做好纪律教育学习月活动，落实警示教育、廉政党课和谈话提醒等制度要求，用好执纪监督“四种形态”。严格落实《中央八项规定实施细则》等制度规定，严防“四风”反弹，为珠海统计工作发展营造风清气正的良好政治生态。

（六）高质量完成“四经普”任务

目前，经济普查工作已经进入到正式登记阶段，各区各单位要按照省经普办统一部署，真抓实干，形成上下联动、群策群力的良好局面，确保高质量完成普查任务，切实摸清珠海经济家底。

1. 要进一步加强组织协调。要按照“全市统一领导、部门分工协作、区镇分级负责，各方共同参与”的原则，各区、各相关单位主要领导要高度重视、亲自过问，分管领导要靠前指挥、亲力亲为，及时协调解决工作中遇到的困难和问题，根据有关时限要求，抓紧抓实，确保普查登记工作实施顺畅。领导小组各成员单位要按职责分工要求，各负其责，协助市经普办落实好各项普查登记工作；各级普查机构要建立定期例会制度、工作通报制度和检查督导制度，对普查工作坚持每周一次碰头会，两周一次分析会，连续作战，确保把普查登记工作落到实处，抓出成效。确保我市经济普查工作顺利进行。

2. 要切实加强“两员”队伍管理。各区经普办要在着力做好“两员”教育培训、提升队伍综合素质的基础上，抽调精干力量，发挥主导作用，抓紧成立三个工作小组，明确工作职责。一是要组织成立攻坚小组，攻坚克难，做好搜寻、督促未登记单位接受普查登记工作。二是成立法制小组。抓好普查相关法制宣传，落实有关普查要求，对拒不履行普查义务、不配合普查登记的单位和个体经营户予以督促，情节严重的，上报市局予以查处。三是成立业务小组。小组成员要带头学好弄懂普查方案，加强普查业务指导，做好普查问题的解答、解释工作，以保证普查质量。

3. 要突出数据质量这一主线。时刻绷紧数据质量这根弦，坚持依法登记，以法律法规教育引导、推动企业和个人参加普查登记；各级普查机构要在遵循普查工作制度的前提下，完善工作流程，严格按照“见人、见章、见数”的要求，采取有效的措施，确保普查数据准确反映企业生产经营的真实情况；要做好业务指导和反馈，对发现的问题要及时向上级经普部门反馈，要强化督促检查工作力度，及时分析预判本地区、本单位普查数据，尽早发现问题，牢牢掌握普查数据质量的主动权。要落实“随报随审”、“层层把关”的要求，充分利用部门数据资料，加强数据审核评估，确保源头数据质量。要切实转变观念，把工作重点从清查阶段的核查企业总数转变为当前核实企业增加值，抓实宣传，全力破解企业惧报少报局面。要坚持结果导向，普查结果监控前移至PAD录入前。已登记普查表必须通过审核方可PAD录入，对出现极值数据的普查对象，必须查清原因。如一般未请雇员的个体经营户，营业收入与成本差一般应大于全市人均可支配收入，对所有企业和个体户，特别是个体户收入小于成本的要进一步核实，确保数据真实。

4. 要进一步加大宣传工作力度。庆利常务副市长出席四经普登记启动仪式并讲话，对做好我市经济普查工作形成巨大鼓舞。市经普办在前期工作基础上，通过户外广告、媒体、微信朋友圈广告等多种手段，开展了新一轮的宣传活动，有力提高经济普查的社会知晓率和群众认知度，营造“经济普查，共同参与”的社会环境。各成员单位也要利用各自业务平台开展经济普查宣传，引导和督促各自服务对象支持、配合经济普查。各级普查办要重点发挥宣传短信和告知书的作用，发挥好点对点宣传的优势。各区也要做好各种形式的宣传工作，形成上下统一、左右呼应的宣传格局，努力营造经济普查的良好氛围，掀起经济普查宣传工作的新高潮。

同志们！2019年即将迎来中华人民共和国成立70周年，也是全面建成小康社会的关键之年，珠海“二次创业”开局起步之年。新时代赋予新使命，新征程呼唤新作为。全市统计系统要认真贯彻落实全国、全省统计工作会议精神、永航书记批示精神，不忘初心，牢记使命，创新进取，努力实现“二次创业”开局之年统计工作新作为，奋力谱写珠海统计改革发展新篇章，为珠海“二次创业”作出新的更大贡献！

第二部分　统计图

地区生产总值（现价，亿元）

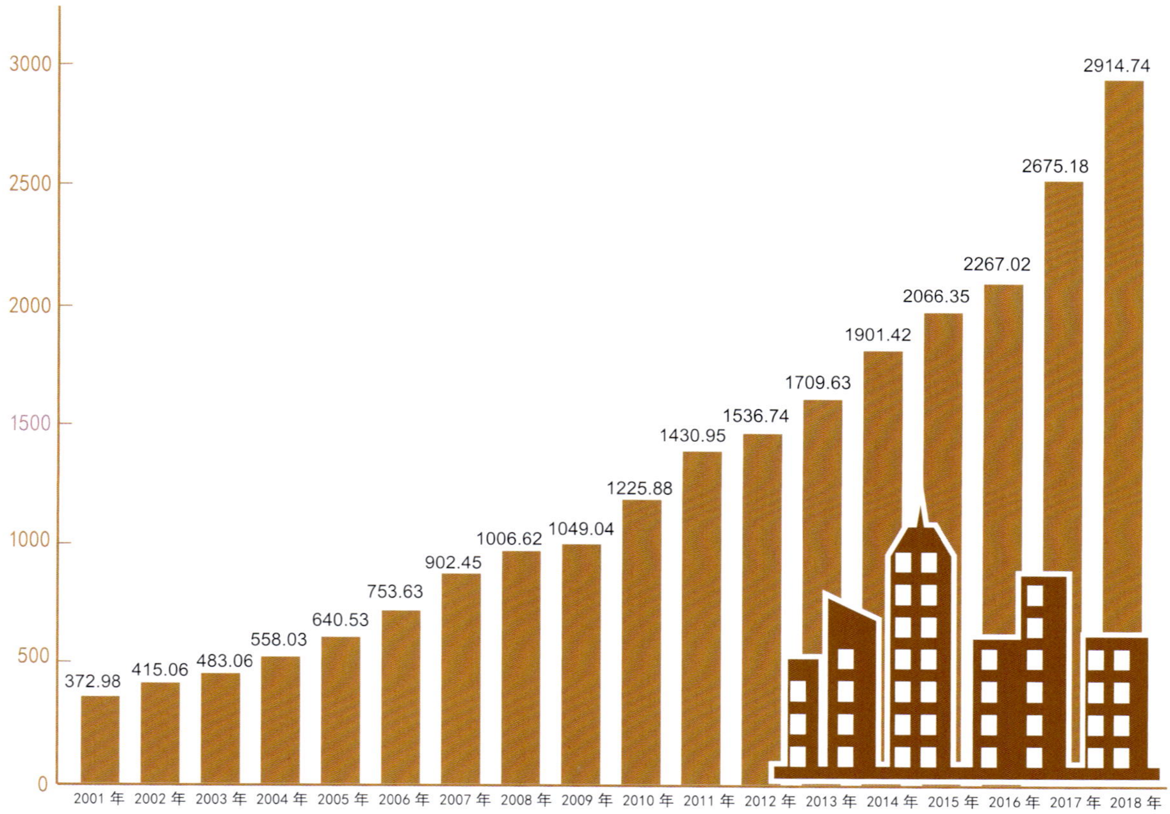

年末常住人口（万人）

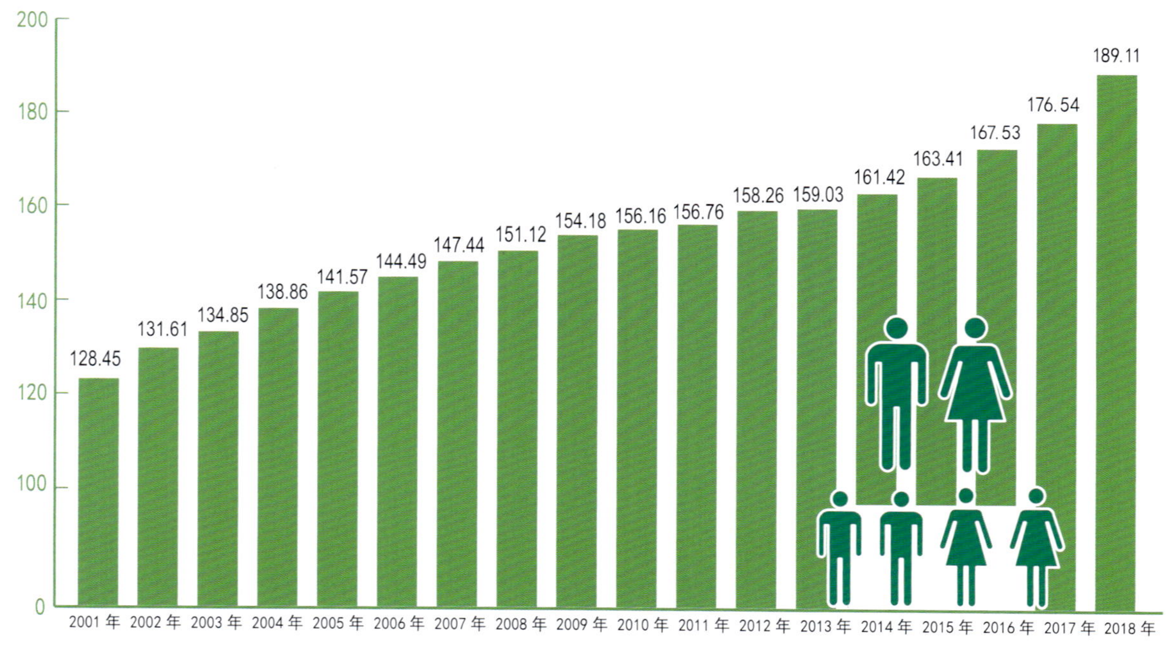

价格指数（%）

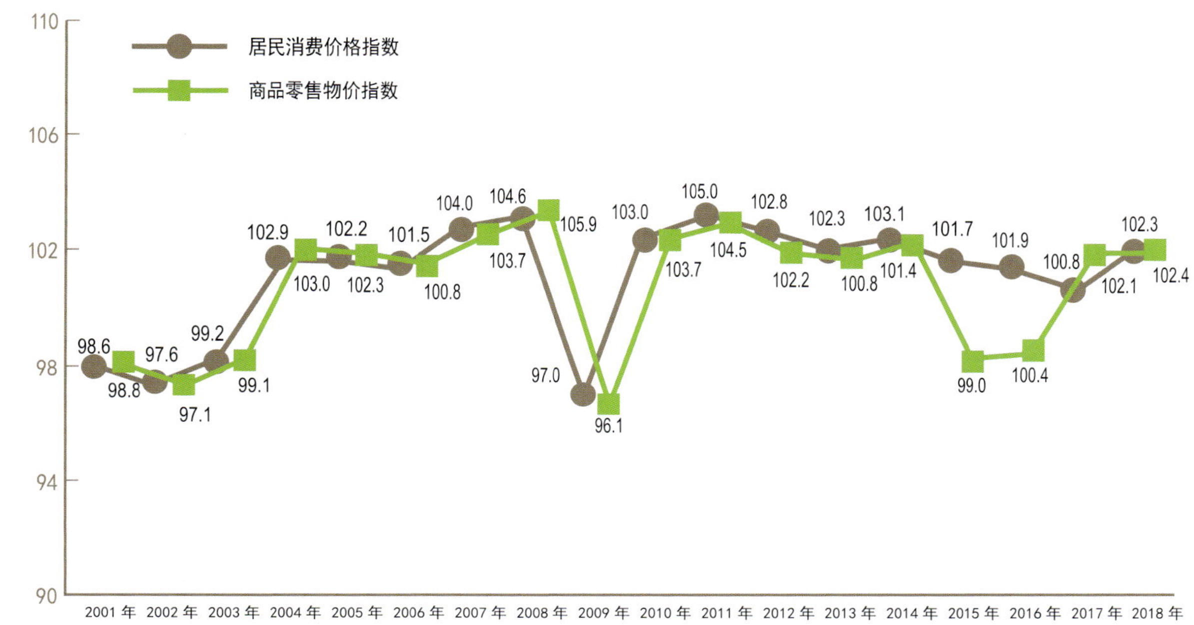

年末中资金融机构人民币存贷款余额（亿元）

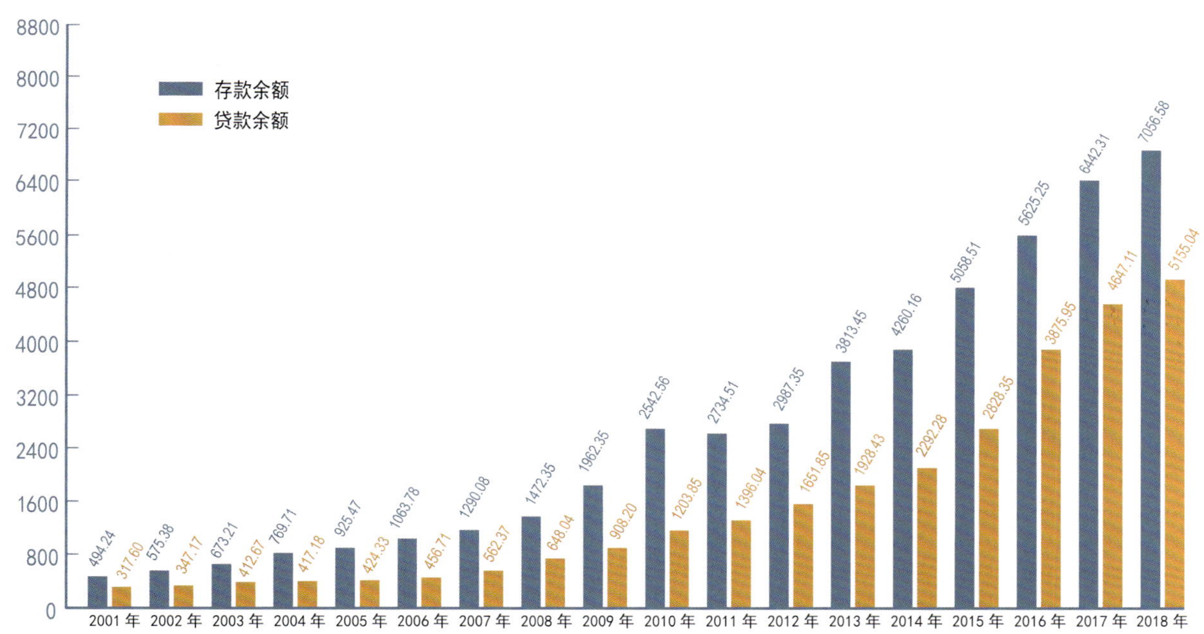

年末城乡居民人民币储蓄存款余额（亿元）

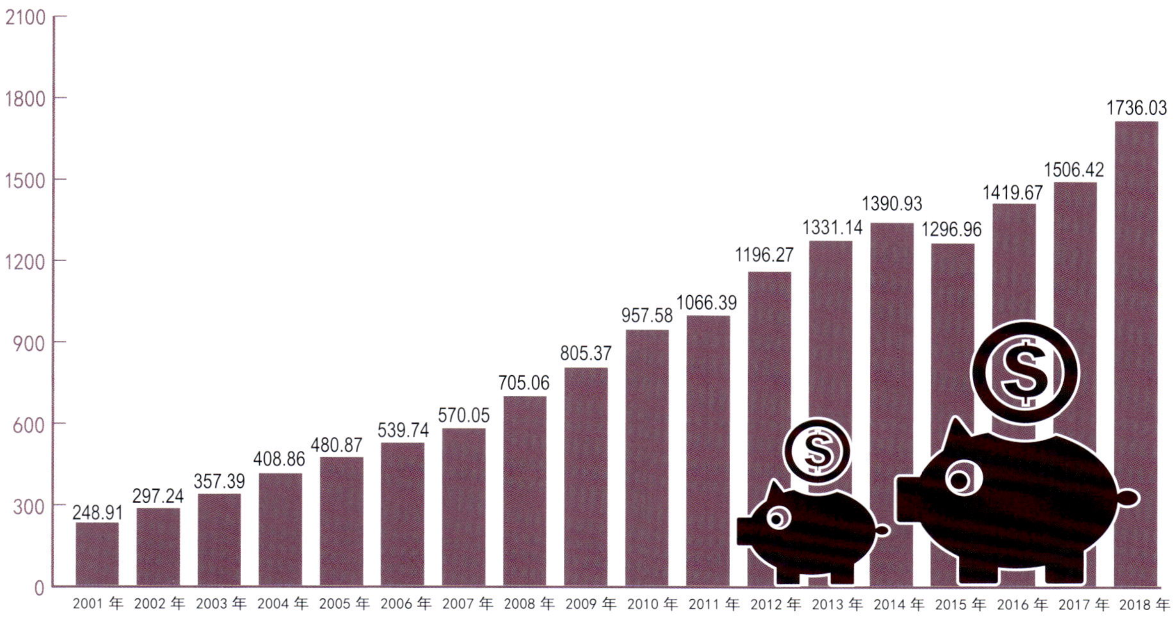

城镇常住居民年人均收支（元）

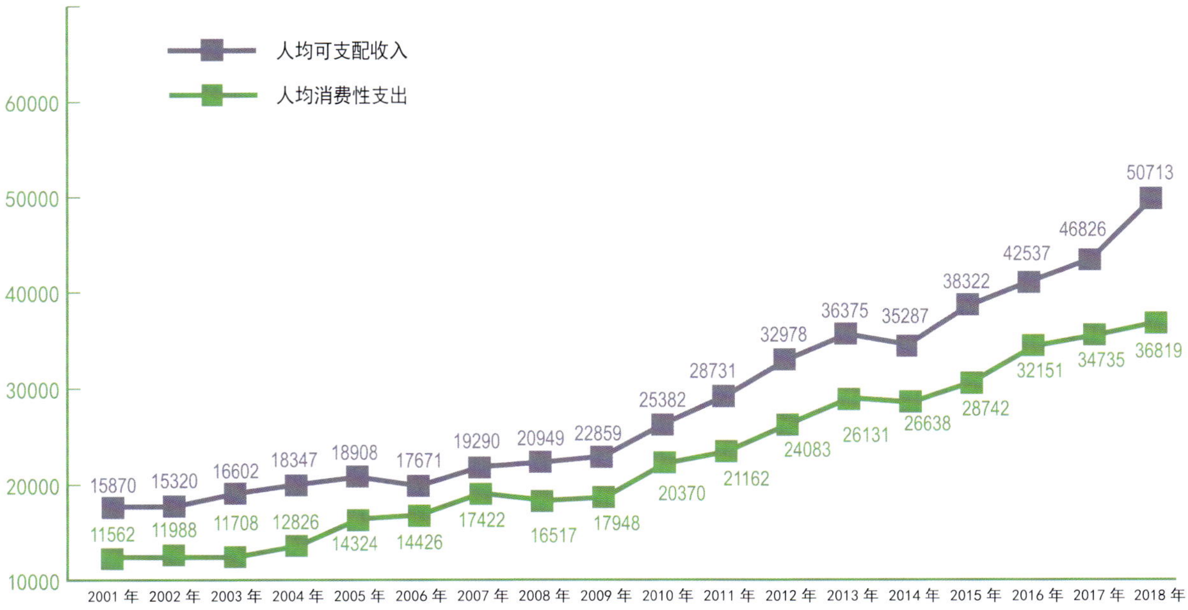

注：从 2013 年起，珠海市在国家及广东省的统一部署下开展了城乡一体化住户收支与生活状况调查，调查数据从 2014 年起正式公布使用。

用电量（亿千瓦时）

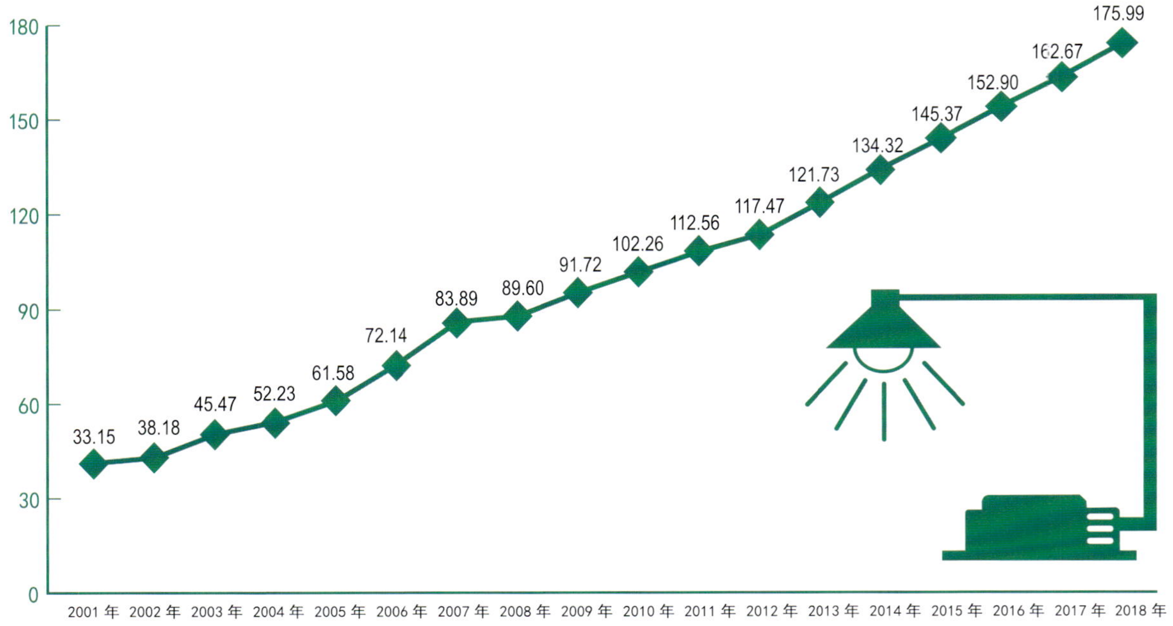

供水总量（万吨）

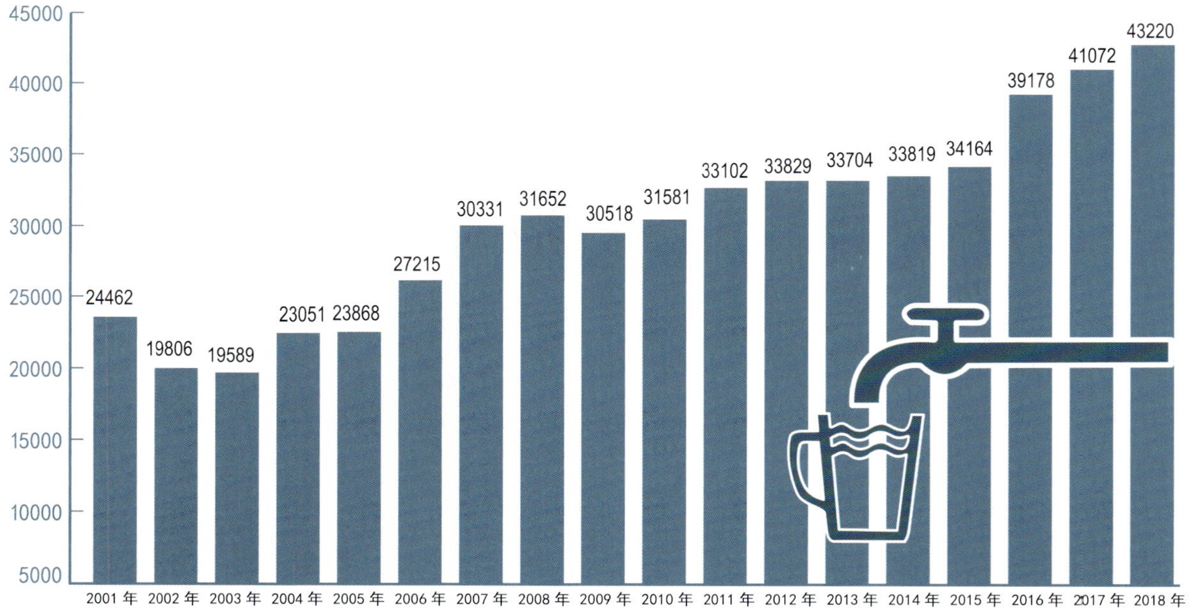

在校学生人数（万人）

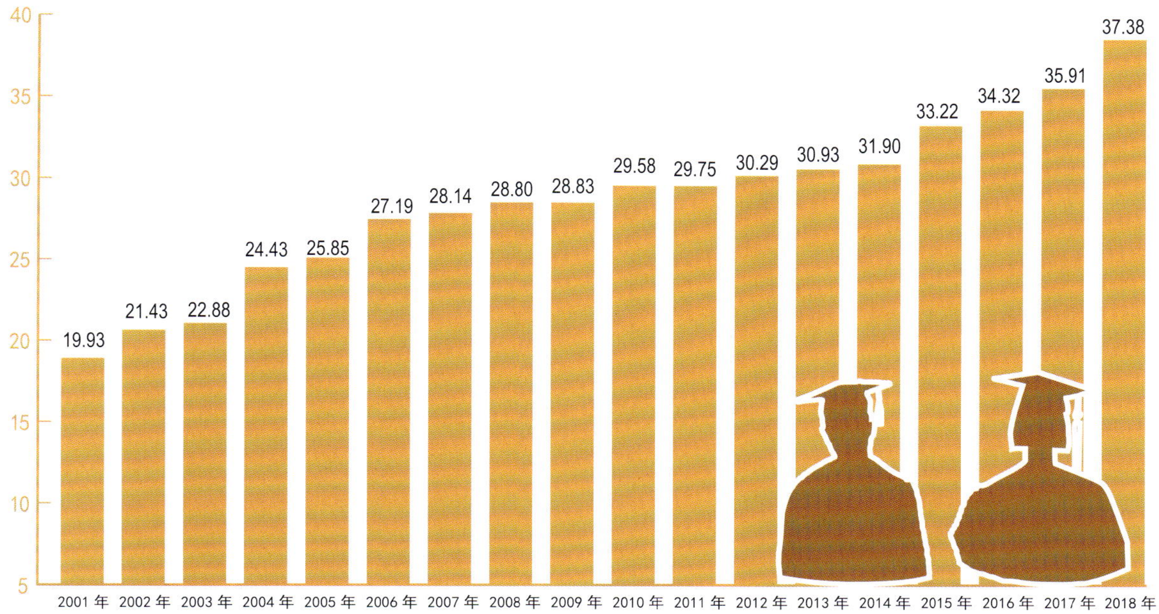

卫生机构床位数（张）

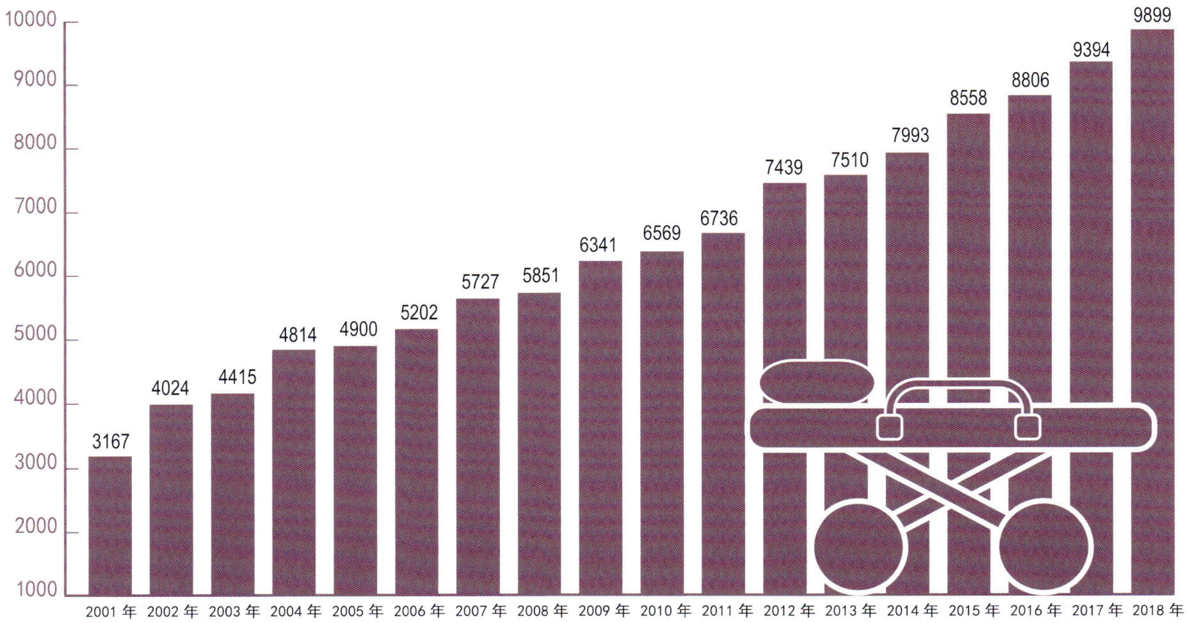

第三部分　统计资料

一　综合

1-1 行 政 区 划(2018 年)

地　区	街道办事处	镇	社区居委会	村民委员会
全 市	9	15	197	122
香洲区	8	6	145	7
斗门区	1	5	26	101
金湾区	0	4	26	14

1-2 分区土地面积、人口及人口密度(2018 年)

地　区	土地面积（平方公里）	年末常住人口（万人）	年末户籍人口（万人）	人口密度（人/平方公里）
全 市	1736.46	189.11	127.40	1089
香洲区	555.29	109.81	71.98	1978
金湾区	567.28	30.29	17.17	534
斗门区	613.88	49.01	38.25	798

1-3 建市以来国民经济及社会发展主要指标

年份	年末常住人口（人）	年末户籍人口（人）	地区生产总值（现价，万元）	工农业总产值（现价，万元）	农林牧渔业总产值（万元）	工业总产值（万元）
1979	360742	360742	20883	38130	19504	18626
1980	365324	365324	26128	45552	22374	23178
1981	371492	371492	31838	47196	23158	24038
1982	377784	377784	35325	51740	25010	26730
1983	385470	385470	40572	63205	26054	37151
1984	395172	395172	67828	85225	33923	51302
1985	411673	411673	98082	100508	36303	64205
1986	492708	425877	111008	121966	41319	80647
1987	526163	441711	159483	198668	56347	142321
1988	561862	466003	238261	388848	80411	308437
1989	600012	486253	308097	503471	83336	420135
1990	640731	502486	414277	645837	99039	546798
1991	684206	524633	623715	970026	101865	868161
1992	730626	549733	1031712	1310129	109289	1200840
1993	780237	574631	1332820	1926905	126468	1800437
1994	833219	606566	1554016	2570267	157148	2413119
1995	889743	632388	1826924	3346419	173597	3172822
1996	950121	653656	2061857	4108039	185338	3922701
1997	1014605	673386	2340404	4805431	195866	4609565
1998	1083512	694798	2628135	5184048	205607	4978441
1999	1157123	714043	2864414	5724732	219436	5505296
2000	1236532	739009	3359192	7231324	241549	6989775
2001	1284541	759317	3729815	7618172	277412	7340760
2002	1316141	786101	4150575	8690202	314904	8375298
2003	1348514	820228	4830648	11473863	337169	11136694
2004	1388625	861741	5580339	14396277	367728	14028549
2005	1415669	895994	6405336	16582062	402120	16179942
2006	1444862	926266	7536263	19999290	448593	19550697
2007	1474353	956874	9024451	24651225	464253	24186972
2008	1511150	994808	10066218	26003557	510001	25493556
2009	1541762	1026504	10490364	25183816	511668	24672148
2010	1561569	1047437	12258809	31009001	572177	30436824
2011	1567646	1060148	14309540	35681662	650152	35031510
2012	1582620	1065548	15367419	32835299	694496	32140803
2013	1590346	1085650	17096314	36816658	790629	36026029
2014	1614212	1102229	19014166	39409840	831080	38578760
2015	1634121	1124540	20663511	42144689	893971	41250718
2016	1675337	1147765	22670197	46240417	855713	45384704
2017	1765431	1188713	26751795	42066625	916347	41150278
2018	1891130	1273963	29147350	47588940	1002544	46586396

注：年末常住人口、生产总值历史资料根据第三产业普查、工业普查、经济普查和人口普查结果进行了调整。

1-3 续表 1

年份	粮食总产量（吨）	甘蔗总产量（吨）	水果总产量（吨）	耕地面积（亩）	年末生猪存栏量（头）	肉类总产量（吨）	水产品产量（吨）	客运量（万人）	货运量（万吨）
1979	170095	475317	1640	591070	184962	…	16615	231	87
1980	178979	613672	1495	578820	151142	…	16803	273	113
1981	127580	1023714	2192	573486	136268	…	16585	428	106
1982	144228	1027508	1981	568214	145004	…	18294	364	118
1983	165904	1026016	3753	567377	144653	…	20615	404	113
1984	176277	1310485	4091	565224	126717	11076	20491	1012	169
1985	130731	1537391	8090	565811	126976	11480	22876	1203	1568
1986	141997	1520407	16722	563241	169989	11565	25520	1411	936
1987	153253	1474396	30026	559018	160736	15409	30895	1684	1241
1988	150046	1608170	29893	576361	161559	18173	43164	1982	1674
1989	162887	1374205	26323	569202	166848	19219	45920	1964	1431
1990	172079	1582861	36174	564827	190002	21328	50820	1940	1719
1991	160848	1721032	39125	565375	179836	24746	53115	2286	2102
1992	139788	1982066	37984	561190	187091	25084	58767	2448	2534
1993	77885	1077912	14231	476960	153026	22192	59255	2581	2553
1994	84562	1129476	23787	433056	121102	20808	62747	2464	2878
1995	92687	1090270	25315	413455	127138	22778	68903	2421	1783
1996	95666	1164148	19458	409408	118238	22393	72155	2661	1871
1997	96042	1268764	17939	381638	130326	23230	95048	2927	1996
1998	96650	1336226	19325	380638	150146	19573	97364	3073	1965
1999	96771	1234711	19495	379226	167921	26436	99051	3119	1851
2000	88284	909428	34402	344145	161655	24196	107021	3209	2712
2001	82886	868340	43851	328260	203079	29202	115319	3302	2694
2002	69394	844741	39975	320994	209606	31142	123060	3387	2937
2003	55723	642658	64672	283692	188209	25773	146384	3299	3018
2004	57913	541250	80972	268786	190073	23775	153742	4397	3225
2005	57318	367045	111466	260183	245399	26046	158964	4939	2226
2006	33552	296197	85964	221850	221795	31874	181802	5478	2829
2007	32006	226048	110912	221865	202417	23960	183017	6110	3375
2008	31888	123573	144304	221866	213624	26093	182398	6281	3231
2009	37706	84336	116923	221866	219191	28036	190894	16944	6683
2010	37410	68216	119968	221866	209168	31042	197213	19173	7039
2011	38306	54621	76750	221866	217636	31514	205035	22652	6888
2012	32320	44557	61693	271550	225556	33094	240025	27208	7582
2013	29332	45876	67822	271550	283607	34960	274635	4416	9973
2014	28809	3714	71631	271550	287003	38883	281493	5094	11175
2015	27114	2603	76722	271550	260736	35956	291544	5128	10826
2016	24745	1828	64807	271550	253935	36025	299034	5240	11395
2017	21535	1151	62261	271550	239289	35431	309635	5379	12110
2018	24989	979	78455	266596	173188	47169	313635	5726	13447

注：1、1997 年起水产品总产量采用新口径。

2、按国家统计局规定，2005 年起交通业公布部门统计数。从 2008 年起改用新调查方法的数据。

1-3 续表 2

年份	邮电业务总量（不变价，万元）	社会消费品零售总额(万元)	批准吸收外资项目数（个）	合同吸收外资额（万美元）	实际外资额（万美元）	接待境外过夜旅游人数（万人次）	旅游外汇收入（万元）	外贸进出口总额（万美元）	外贸进口总额（万美元）
1979	95	13573	42	6520	418	…	…	1453	516
1980	108	20239	85	6358	1575	2.61	148	1934	625
1981	184	25236	160	11653	1377	4.80	620	3130	1250
1982	205	30403	165	103930	5649	6.40	1377	3741	1643
1983	239	37172	267	5863	2938	13.90	5193	6689	4241
1984	338	78539	626	11595	12694	28.96	25405	6843	4524
1985	527	104593	184	13637	5345	29.80	13520	14495	11158
1986	736	93505	170	6111	4977	34.30	21975	21332	14260
1987	1081	113857	256	4836	3875	40.30	23524	43817	16445
1988	3662	170679	306	15013	5588	38.30	32262	63625	21520
1989	5739	192456	263	13170	5935	24.50	23303	52958	16450
1990	12959	217570	402	26310	7073	37.71	43120	64832	15967
1991	18942	295881	559	52180	13744	46.03	74815	112710	42807
1992	27924	385656	722	118754	19990	44.19	85046	152569	60291
1993	41950	543769	846	149277	44243	43.60	84594	180769	74761
1994	57039	747088	517	102317	51340	41.90	101621	258420	109643
1995	73390	848848	428	152586	53955	35.14	224066	380266	168738
1996	87625	901588	259	86978	62738	46.19	257261	494939	248530
1997	103753	986896	234	59397	63368	60.90	266490	552166	255610
1998	132880	1055140	236	38947	70625	69.72	274834	591696	292228
1999	144975	1112223	284	33602	77773	79.41	295239	628615	358689
2000	199431	1211701	607	58554	86490	97.43	325838	916461	551878
2001	299300	1351046	699	72449	88529	109.92	359222	980308	601400
2002	321740	1509118	736	145630	72211	129.96	415154	1283868	763433
2003	344040	1674366	444	160699	86924	105.45	382074	1678312	987312
2004	503802	1892218	475	176623	51007	140.31	465982	2181335	1277312
2005	644781	2201939	624	232237	69949	172.90	581419	2572916	1495842
2006	732307	2556430	859	254326	89247	202.80	722798	3281656	1797543
2007	855149	3017008	841	259571	110070	204.89	690301	3986899	2139614
2008	975089	3601021	387	153640	121736	388.06	659058	4683650	2566473
2009	1079932	4044564	228	48935	120727	413.57	701238	3744020	1965719
2010	405478	4860271	231	127477	123956	325.14	831388	4347954	2261773
2011	455261	5678565	202	179146	135189	320.84	689341	5163892	2765151
2012	491096	6351964	270	220644	146186	297.58	600224	4566871	2403779
2013	612927	7205234	272	237066	168730	263.23	518746	5416898	2756321
2014	721420	8157145	330	299597	193099	291.34	565987	5499782	2594391
2015	912213	9132008	651	361472	217789	309.52	594312	4766106	1882490
2016	1396870	10161281	803	905108	229466	317.23	693700	4171637	1439837
2017	1084784	10802229	1565	1071877	243304	318.25	816974	4424911	1636151
2018	1985782	11606397	3973	753703	239193	325.97	971633	4933177	2067810

注：1、邮电业务总量 1989 年以前为 1980 年不变价，1990-2000 年为 1990 年不变价，2001-2009 年为 2000 年不变价，2010 年起为 2010 年不变价。

2、按国家统计局规定，2005 年起交通业公布部门统计数。从 2008 年起改用新调查方法的数据。

1-3 续表 3

年份	外贸出口总额（万美元）	地方一般公共预算收入（万元）	地方一般公共预算支出（万元）	年末中资金融机构人民币存款余额（万元）	年末中资金融机构人民币贷款余额（万元）	全社会固定资产投资额（万元）	基本建设投资额（万元）	城镇非私营单位从业人员年末人数（万人）
1979	937	2388	2338	9341	7906	3628	3106	6.84
1980	1309	3652	2980	16792	15257	5804	4542	7.07
1981	1880	6696	5092	23441	32129	11531	8458	7.18
1982	2098	7647	6178	27506	33467	22959	11722	7.83
1983	2448	8944	7757	44221	63246	21689	13654	8.16
1984	2319	17308	16959	122395	205799	47821	36212	8.65
1985	3337	30333	27307	91462	211323	96992	81618	9.62
1986	7072	17231	18383	134192	251991	85315	72685	10.61
1987	27372	21723	23393	187489	358254	96506	79001	11.97
1988	42105	43750	41935	287179	461245	123375	94318	13.44
1989	36508	54530	51674	313031	496593	97599	87679	14.71
1990	48865	44434	55425	404391	605926	121205	95620	16.20
1991	69903	62241	70881	589680	709065	169763	114927	18.91
1992	92278	80706	87989	1333265	1052412	527275	338344	21.57
1993	106008	147781	157753	1437322	1351595	791515	539111	23.38
1994	148777	131649	145704	1776533	1535923	985792	736872	23.53
1995	211528	151831	165733	2248738	1829342	907342	564100	27.07
1996	246409	140941	181783	2940376	2248118	657383	411695	27.93
1997	296556	153944	212701	3321035	2549020	717733	444715	28.45
1998	299468	178853	225211	3742038	2745617	961286	621827	28.54
1999	269926	201607	262352	4059952	3101384	1169175	772072	28.79
2000	364583	242325	310758	4452265	3002618	949823	540757	27.90
2001	378908	315631	373535	4942355	3175997	1048682	623437	27.59
2002	520435	312326	418030	5753787	3471654	1205346	734985	31.00
2003	691000	348215	453492	6732074	4126715	1410518	889317	35.86
2004	904023	344559	508902	7697077	4171818	1826539	1227487	41.28
2005	1077074	489706	577676	9254673	4243337	2185110	1468692	48.92
2006	1484113	602664	704904	10637784	4567088	2571608	1664899	52.04
2007	1847285	758242	828160	12900751	5623670	3450467	1838274	53.52
2008	2117177	923168	1056821	14723504	6480392	3767575	1948158	55.87
2009	1778301	1014106	1213058	19623542	9082019	4105052	1958511	58.82
2010	2086181	1245280	1664116	25425555	12038538	5015458	…	63.15
2011	2398741	1434072	1903744	27345143	13960406	6373858	…	67.00
2012	2163092	1625997	2122023	29873493	16518479	7876184	…	65.44
2013	2660577	1941981	2520300	38134454	19284278	9187674	…	74.56
2014	2905391	2243064	2758953	42601621	22922755	11350492	…	75.28
2015	2883616	2699634	3887661	50585065	28283458	13051412	…	74.27
2016	2731800	2923683	4171576	56252534	38759460	13897545	…	73.12
2017	2788760	3143761	4938852	64423056	46471116	16620214	…	76.20
2018	2865367	3314702	5725211	70565788	51550393	…	…	77.60

注：1、从 2015 年起，“地方公共财政预算收支”改为“地方一般公共预算收支”。

2、2010 年开始，基本建设没有统计数据。从 2010 年起，统计口径调整为 500 万元以上投资项目。

1-3 续表 4

年份	城镇非私营单位从业人员工资总额（万元）	学校在校学生人数（人）	卫生技术人员数（人）	卫生机构床位数（张）	居民消费价格总指数（%）	城镇常住居民可支配收入（元/人．年）	城镇常住居民消费支出（元/人．年）	全社会用电量（万千瓦时）	供水总量（万吨）
1979	3998	71249	1196	819	…	…	…	…	…
1980	4940	72919	1315	872	…	…	…	…	…
1981	6709	70036	1466	970	…	…	…	7942	…
1982	7701	71055	1551	950	…	…	…	9939	…
1983	9457	89361	1658	947	…	…	…	12122	…
1984	12031	83550	1732	1063	…	…	…	15292	…
1985	15693	87740	1955	1160	…	…	…	21152	…
1986	18124	94048	2053	1159	104.1	1484	1273	24938	…
1987	23600	103079	2221	1297	114.2	1700	1550	32835	…
1988	34638	107523	2412	1300	130.6	2522	2100	46946	…
1989	47271	114877	2617	1346	125.1	3116	2520	57108	4405
1990	55839	121028	2691	1387	101.4	3417	2899	69286	4738
1991	78222	126279	2765	1381	103.9	4178	3548	84586	5936
1992	110396	134880	2922	1392	111.7	5009	4163	120255	7496
1993	166839	140866	3552	1772	121.3	7643	5985	159493	14637
1994	210289	149901	4019	2393	122.9	10427	8014	180246	17778
1995	281501	158967	4332	2572	111.8	10743	8578	174538	19017
1996	331732	163746	3820	2768	106.3	12867	9800	196874	19164
1997	354802	169052	4022	2752	103.3	13149	9627	214879	20478
1998	381088	175336	4155	2852	98.4	13632	10638	243432	21887
1999	419507	179199	4298	3026	98.7	14432	10397	265275	21711
2000	422652	189236	4276	3137	101.4	15110	11694	308209	23399
2001	467991	199305	4248	3167	98.6	15870	11562	331485	24462
2002	575830	214303	5253	4024	97.6	15320	11988	381787	19806
2003	683089	228844	5760	4415	99.2	16602	11708	454650	19589
2004	820922	244312	6190	4814	102.9	18347	12826	522291	23051
2005	1052953	258450	7612	4900	102.2	18908	14324	615812	23868
2006	1232927	271892	8042	5202	101.5	17671	14426	721434	27215
2007	1429560	281369	9903	5727	104.0	19290	17422	838874	30331
2008	1739486	288023	10282	5851	104.6	20949	16517	895993	31652
2009	1872114	288322	11119	6341	97.0	22859	17948	917187	30518
2010	2161107	295801	12044	6569	103.0	25382	20370	1022561	31581
2011	2802983	297530	12192	6736	105.0	28731	21162	1125587	28216
2012	3256096	302928	12860	7439	102.8	32978	24083	1174724	33829
2013	4176523	309302	13382	7510	102.3	36375	26131	1217341	33704
2014	4661031	319026	14077	7993	103.1	35287	26638	1343224	33819
2015	5017604	332152	14891	8558	101.7	38322	28742	1453705	34164
2016	5418746	343381	15741	8806	101.9	42537	32151	1529000	39178
2017	6064329	359112	16962	9394	100.8	46826	34735	1626700	41072
2018	6655294	373770	18430	9899	102.3	50713	36819	1759926	43220

注：1、在校学生人数不包含大学园区内的大学在校生数。
2、从 2003 年起卫生机构床位数为实有床位数。
3、从 2013 年起，珠海市在国家及广东省的统一部署下开展了城乡一体化住户收支与生活状况调查，调查数据从 2014 年起正式公布使用。2014 年与往年城镇住户调查的抽样范围、调查方法、指标口径有所不同。

1-4 各时期国民经济和社会主要指标年平均增长速度

单位：%

时　期	地区生产总值	第一产业	第二产业	第三产业	人均地区生产总值
“六五”期间	32.0	13.3	41.7	42.6	29.2
“七五”期间	23.2	8.7	26.0	26.4	13.1
“八五”期间	29.6	3.1	34.2	29.0	21.4
“九五”期间	10.9	6.0	11.6	10.3	3.8
“十五”期间	13.8	7.0	15.2	12.6	10.2
“十一五”期间	12.4	2.9	13.8	11.2	10.1
“十二五”期间	10.1	2.6	9.8	10.8	9.1
“十三五”期间前三年	9.0	0.8	-24.8	7.9	4.8
1980 年— 2018 年	17.7	5.8	17.1	18.5	12.9
1981 年— 2018 年	17.8	5.7	16.7	18.9	12.9

1-4 续表 1

单位：%

时　期	工业总产值	固定资产投资额	社会消费品零售总额	货物周转量	旅客周转量
“六五”期间	28.4	75.6	38.9	65.3	46.0
“七五”期间	49.3	4.6	15.8	10.5	11.7
“八五”期间	41.2	49.6	31.3	25.1	4.7
“九五”期间	20.1	0.9	7.4	-3.4	17.9
“十五”期间	19.6	18.1	12.7	38.9	12.4
“十一五”期间	12.8	18.1	17.2	14.6	11.3
“十二五”期间	9.6	21.3	13.4	-0.4	2.2
“十三五”期间前三年	11.8	12.5	8.3	10.5	-0.2
1980 年— 2018 年	24.1	24.5	18.9	19.3	13.7
1981 年— 2018 年	24.0	23.7	18.2	18.8	13.2

注：固定资产投资额“十二五”期间年平均增长速度按可比口径计算。

1-4 续表 2

单位：%

时期	外贸进出口总额	出口总额	进口总额	实际吸收外商直接投资
“六五”期间	49.6	20.6	78.0	37.6
“七五”期间	34.9	71.1	7.4	5.6
“八五”期间	42.4	34.1	60.2	50.8
“九五”期间	19.2	11.5	26.7	8.6
“十五”期间	22.9	24.2	22.1	24.8
“十一五”期间	11.1	14.1	8.6	12.9
“十二五”期间	1.9	6.7	-3.6	12.2
“十三五”期间前三年	1.2	-0.2	3.2	3.2
1980 年— 2018 年	23.2	22.8	23.7	--
1981 年— 2018 年	22.9	22.4	23.8	19.4

1-4 续表 3

单位：%

时期	一般公共预算收入	一般公共预算支出	中资金融机构人民币各项存款	中资金融机构人民币各项贷款
“六五”期间	48.0	55.7	40.4	69.2
“七五”期间	14.9	15.2	34.6	23.5
“八五”期间	34.1	24.5	40.9	24.7
“九五”期间	15.9	13.4	14.6	10.4
“十五”期间	19.5	13.2	15.8	7.2
“十一五”期间	20.5	23.6	22.4	23.2
“十二五”期间	19.2	19.4	14.7	18.6
“十三五”期间前三年	9.4	13.7	11.7	22.2
1980 年一 2018 年	23.6	22.3	25.7	25.3
1981 年一 2018 年	22.9	22.1	24.6	23.8

1-4 续表 4

单位：%

时　期	年末常住人口	年末户籍人口	年末从业人员	城镇非私营单位从业人员
“六五”期间	2.4	2.4	4.9	6.4
“七五”期间	9.3	4.1	9.1	11.0
“八五”期间	6.8	4.7	10.0	10.8
“九五”期间	6.8	3.2	4.5	0.6
“十五”期间	2.7	3.9	3.6	11.9
“十一五”期间	2.0	3.2	1.8	5.2
“十二五”期间	0.9	1.4	1.1	3.3
“十三五”期间前三年	5.0	4.2	2.1	1.5
1980 年一 2018 年	4.3	3.3	4.7	6.4
1981 年一 2018 年	4.4	3.3	4.7	6.5

1-4 续表 5

单位：%

时期	城镇非私营单位从业人员年平均工资	城镇常住居民人均可支配收入	城乡居民储蓄存款余额
“六五”期间	18.7	…	53.1
“七五”期间	16.0	…	40.3
“八五”期间	24.3	28.5	46.2
“九五”期间	7.1	6.3	11.3
“十五”期间	8.1	7.5	17.3
“十一五”期间	9.3	8.9	14.8
“十二五”期间	14.2	11.2	6.3
“十三五”期间前三年	8.4	9.8	10.2
1980 年— 2018 年	13.5	--	24.9
1981 年— 2018 年	13.4	--	24.5

1-5 国民经济及社会发展主要指标（2017-2018 年）

指　　标	单位	2017 年	2018 年
人口与就业			
人口			
年末常住人口	人	1765431	1891130
常住人口城镇比	%	89.37	90.08
年末户籍人口	人	1188713	1273963
男性人口	人	598761	636604
女性人口	人	589952	637359
人口出生率	‰	20.30	16.85
人口死亡率	‰	3.20	3.63
人口自然增长率	‰	17.10	13.22
就业			
年底从业人员数	人	1123679	1159716
城镇登记失业人数	人	10972	11301
城镇登记失业率	%	2.26	2.25
宏观经济			
国民核算（当年价）			
地区生产总值	万元	26751795	29147350
第一产业	万元	488242	500915
第二产业	万元	12871858	14338185
第三产业	万元	13391695	14308250
人均地区生产总值	元 / 人	155502	159428
财政			
地方一般公共预算收入	万元	3143761	3314702
地方一般公共预算支出	万元	4938852	5725211

1-5 续表 1

指　　标	单位	2017 年	2018 年
物价总指数			
商品零售价格总指数（上年 =100）	%	102.1	102.4
居民消费价格总指数（上年 =100）	%	100.8	102.3
外资			
外商直接投资合同外资金额	万美元	1071877	753703
外商直接投资实际外资金额	万美元	243304	239193
能源单耗			
万元 GDP 能耗下降率	%	-4.20	-1.26
产业经济			
农业			
农林牧渔业总产值	万元	916347	1002544
主要农产品产量			
粮食总产量	吨	21535	24989
甘蔗总产量	吨	1151	979
水果总产量	吨	62261	78455
肉类总产量	吨	35431	47169
水产品产量	吨	309635	313635
年末生猪存栏量	头	239289	173188
工业			
全部工业总产值	万元	41150278	46586396
规模以上工业企业主要指标			
工业总产值	万元	39435608	44596763
工业增加值（生产法）	万元	11393680	10837442
主营业务收入	万元	47536033	54036442
利润和税金总额	万元	5631062	6012044

1-5 续表 2

指　　标	单位	2017 年	2018 年
建筑业			
建筑业总产值（当年价）	万元	7276287	7962336
建筑业施工房屋面积	万平方米	1957.27	1681.69
建筑业竣工房屋建筑面积	万平方米	734.29	709.83
交通运输			
货运量	万吨	12109.66	13447.45
铁路	万吨	637.67	868.73
公路	万吨	9599.33	9760.34
水运	万吨	1871.25	2816.99
民航	万吨	1.50	1.39
客运量	万人次	5379.22	5725.73
铁路	万人次	1792.87	2315.16
公路	万人次	2760.40	2540.57
水运	万人次	632.70	650.06
民航	万人次	193.25	219.94
港口货物吞吐量	万吨	13586	13799
邮电通信业			
邮电业务总量	万元	1084784	1985782
函件	万件	5387	4362
订销报纸累计份数	万份	1980.14	1858.34
本地电话用户	万户	61.79	58.42
移地电话用户	万户	332.46	367.90
国内商业			
社会消费品零售额	万元	10802229	11606397

1-5 续表 3

指　　标	单位	2017 年	2018 年
对外经济贸易和国际旅游			
海关进出口总额	万美元	4424911	4933177
进口额	万美元	1636151	2067810
出口额	万美元	2788760	2865367
金融保险			
中外资金融机构本外币存款余额	万元	69284121	75429069
中外资金融机构本外币贷款余额	万元	48068766	52382396
保费收入	万元	1164401	1285400
教育、文化和卫生			
教育			
专任教师数	人	29097	30308
普通高等学校	人	6528	6596
中等学校	人	9715	10049
小学	人	6900	7334
在校学生数	人	512469	528489
普通高等学校（不含研究生）	人	136829	138957
中等学校	人	118548	122147
小学	人	162238	172071
文化			
公共图书馆	间	3	4
图书馆图书总藏量（纸质）	万册（件）	169.88	183.86
出版杂志	种	3	3
出版报纸	种	3	3
卫生			
卫生机构	个	742	838
执业（助理）医师	人	6427	7090
卫生机构床位数	张	9394	9899

1-5 续表 4

指　　标	单位	2017 年	2018 年
家庭与生活			
家庭			
城镇居民平均每户家庭人口	人	3.3	3.5
生活			
城镇常住居民人均可支配收入	元	46826	50713
农村常住居民人均可支配收入	元	23496	26198
中外资金融机构本外币住户存款余额	亿元	1542.24	1772.01
工资			
在岗职工平均工资	元／人年	81014	87032
市政建设			
全年供水量	万立方米	41072.06	43220
液化石油气终端消费量	万吨	15.8	15.72
年末实有公共汽车营运车辆	辆	2081	2498
年末实有出租汽车运营车辆	辆	3627	3687
年末实有铺装道路面积	万平方米	3733.33	3630.16
园林绿地面积	公顷	13442.89	14145.79
安全生产			
火灾发生数	起	236	104
火灾损失折款	万元	396.82	717.78
交通事故发生数	起	401	400
交通事故损失折款	万元	88.44	53.67

注：从 2013 年起，珠海市在国家及广东省的统一部署下开展了城乡一体化住户收支与生活状况调查，调查数据从 2014 年起正式公布使用。

1-6　各区国民经济及社会发展主要指标（2018 年）

指　标	单　位	香洲区	斗门区	金湾区
一、人口				
（一）年末常住人口	人	1098091	490118	302921
（二）年末户籍人口	人	719848	382462	171653
人口出生率	‰	15.51	18.05	19.87
人口死亡率	‰	2.86	5.09	3.61
人口自然增长率	‰	12.65	12.96	16.26
二、地区生产总值（现价）	万元	19020554	3883860	6242936
三、农林牧渔业总产值	万元	83604	792938	126000
四、粮食总产量	吨	181	23956	852
五、甘蔗总产量	吨	0	979	0
六、水果总产量	吨	2713	23918	51824
七、年末生猪存栏量	头	0	152268	20920
八、水产品产量	吨	37222	236918	39495
九、社会消费品零售总额	万元	9575662	1396062	634673
十、外商直接投资企业数	个	3416	390	167
十一、外商直接投资合同外资额	万美元	571292	41622	140789
十二、外商直接投资实际外资额	万美元	172732	10040	56421
十三、一般公共预算收入	万元	382981	285381	271125
十四、一般公共预算支出	万元	636351	501652	520045
十五、城镇非私营单位从业人员数	人	506369	120748	148898
十六、城镇非私营单位在岗职工平均工资	元/人.年	91393	77316	80164

注：一般公共预算收支香洲区数据为香洲区直属数据，金湾区数据为金湾区直属数据。

1-7 国民经济和社会发展结构指标（2017-2018年）

单位：%

指标	2017年	2018年
就业		
从业人员产业结构		
第一产业	5.5	5.2
第二产业	48.8	48.1
第三产业	45.7	46.7
按登记注册类型分组		
国有经济	8.8	7.8
集体经济	2.5	2.4
股份合作企业	0.5	0.4
联营企业	0.1	0.1
有限责任公司	24.6	23.9
股份有限公司	7.6	8.1
外商投资企业	13.4	11.3
港澳台投资企业	13.8	11.4
私营企业	14.7	20.4
个体经济	12.9	12.7
其他经济	1.1	1.5
国民核算		
地区生产总值产业结构		
第一产业	1.8	1.7
第二产业	48.1	49.2
第三产业	50.1	49.1
吸收外资		
实际吸收外资结构		
外商直接投资	100.0	100.0
外商其他投资	0	0

1-7 续表 1

单位：%

指　标	2017 年	2018 年
产业经济		
农林牧渔业产值结构		
农业	12.2	13.3
林业	0.2	0.2
畜牧业	10.6	11.5
渔业	67.2	66.4
农林牧渔服务业	9.8	8.6
规模以上工业总产值结构		
按轻重工业分		
轻工业	32.1	33.7
重工业	67.9	66.3
按经济类型分		
国有企业	0	0
集体企业	0	0
股份合作企业	0	0
股份制企业	52.2	52.6
港澳台投资企业	18.1	17.8
外商投资企业	30.8	29.5
按企业规模分		
大型企业	44.3	45.3
中型企业	26.2	24.5
小微型企业	29.5	30.2

1-7 续表 2 单位：%

指　　标	2017 年	2018 年
运输业		
货运量结构		
铁路	5.3	6.5
公路	79.3	72.6
水运	15.4	20.9
民用航空	0	0
客运量结构		
铁路	33.3	40.4
公路	51.3	44.4
水运	11.8	11.4
民用航空	3.6	3.8
对外经济贸易		
出口商品结构		
一般贸易	59.0	57.4
加工贸易	36.4	39.6
其它贸易	4.6	3.0
进口商品结构		
一般贸易	49.2	52.8
加工贸易	29.8	27.6
其它贸易	21.0	19.6

1-7 续表 3

单位：%

指　标	2017 年	2018 年
教育和卫生		
教育		
在校学生结构		
普通高等学校（不含研究生）	26.7	26.3
成人高等学校	3.2	3.0
中等职业学校	3.9	3.6
技工学校	1.6	1.5
普通中学	17.6	18.0
小　学	31.7	32.6
幼儿园	15.2	14.9
特殊教育	0.1	0.1
专任教师结构		
普通高等学校	22.4	21.8
成人高等学校	0.3	0.2
中等职业学校	3.3	3.1
技工学校	1.4	1.4
普通中学	28.7	28.7
小　学	23.7	24.2
幼儿园	19.8	20.2
特殊教育	0.4	0.4
卫生		
卫生技术人员结构		
执业（助理）医师	37.9	38.5
注册护士	44.1	44.2
其他	18.0	17.3
生活		
城镇常住居民消费结构		
食品烟酒	31.3	30.4
衣着	4.3	4.2
居住	21.5	25.3
生活用品及服务	5.9	5.5
医疗保健	15.6	13.5
交通通信	13.6	12.0
教育文化娱乐服务	5.4	6.7
其它商品和服务	2.4	2.4

注：从 2013 年起，珠海市在国家及广东省的统一部署下开展了城乡一体化住户收支与生活状况调查，调查数据从 2014 年起正式公布使用。

1-8 建市以来全市全年气温、降雨量和日照时数

年份	平均气温（℃）	最高气温（℃）	最低气温（℃）	降雨量（MM）	日照时数（小时）
1979	22.2	37.0	4.3	2108.7	1796.9
1980	22.4	38.5	3.2	1591.3	2022.1
1981	22.6	36.0	7.3	1721.6	1834.0
1982	22.3	37.5	6.3	2619.2	1843.0
1983	22.1	35.1	3.1	2462.6	1912.1
1984	21.6	35.0	4.6	1841.6	1836.7
1985	21.9	35.0	6.5	1828.7	1719.3
1986	22.3	35.5	2.9	1770.4	2017.5
1987	22.9	35.4	5.2	2331.3	1850.9
1988	22.1	36.3	7.3	1952.3	1940.7
1989	22.3	36.6	5.4	1543.4	1957.7
1990	22.6	36.5	4.1	1334.8	1951.6
1991	23.0	35.7	2.8	1312.6	2011.8
1992	22.1	36.3	5.8	2226.3	1856.2
1993	22.4	35.2	3.2	2321.0	1823.2
1994	22.9	36.4	6.0	2715.0	1748.7
1995	22.1	35.5	7.2	2133.4	1862.5
1996	22.5	36.0	3.0	2270.3	1852.8
1997	22.6	35.7	6.5	2406.7	1673.0
1998	23.3	35.7	5.9	2547.4	1756.6
1999	23.1	35.6	3.4	1827.2	1995.5
2000	22.9	36.5	6.0	2498.5	1937.6
2001	23.0	36.4	6.7	2518.8	1902.0
2002	23.3	34.8	5.1	2190.0	2046.4
2003	23.2	36.9	6.0	1864.8	2181.8
2004	23.0	36.7	5.4	1605.8	2080.2
2005	22.8	38.7	3.9	2210.5	1672.8
2006	23.3	36.8	6.6	2134.4	1533.2
2007	23.4	35.9	9.1	1532.4	1946.0
2008	22.6	36.7	5.7	2894.6	1831.3
2009	23.1	37.3	7.5	1996.3	1937.8
2010	23.0	37.0	4.1	1804.7	1740.1
2011	22.5	37.0	4.4	1226.9	1989.8
2012	22.9	37.0	5.0	1759.7	1710.9
2013	23.0	36.2	7.0	2884.9	1910.8
2014	23.2	36.6	5.0	1891.3	2116.1
2015	23.9	38.4	9.2	1719.5	1987.3
2016	23.1	36.2	2.0	2537.8	1729.4
2017	23.5	37.6	7.3	1948.9	1910.1
2018	23.3	35.0	5.2	2182.8	1730.0

1-9 各月气温、降雨量和日照时数（2018 年）

月份	平均气温（℃）	最高气温（℃）	最低气温（℃）	降雨量（MM）	日照时数（小时）
1	15.5	24.4	5.9	65.9	107.5
2	15.3	26.4	5.2	14.0	98.1
3	20.2	26.6	10.3	24.8	164.0
4	22.7	28.6	12.8	85.8	138.9
5	27.9	34.4	22.7	133.9	242.6
6	28.3	33.9	24.4	524.0	153.6
7	28.7	33.8	24.6	247.0	191.3
8	28.3	34.5	23.9	719.2	104.7
9	27.9	35.0	23.0	260.7	169.9
10	24.9	30.4	19.6	48.7	156.2
11	22.3	27.6	16.5	51.1	102.8
12	17.8	27.6	7.8	7.8	100.4
全年	23.3	35.0	5.2	2182.9	1730.0

二、国民经济核算

2-1 建市以来地区生产总值

单位：万元

年份	地区生产总值（现价）	第一产业	第二产业	第三产业	农、林、牧、渔业
1979	20883	8069	6390	6424	8069
1980	26128	9508	8313	8307	9508
1981	31838	11103	10904	9831	11103
1982	35325	11534	12222	11569	11534
1983	40572	12851	14252	13469	12851
1984	67828	17923	26065	23840	17923
1985	98082	21410	40840	35832	21410
1986	111008	25975	44273	40760	25975
1987	159483	36475	63914	59094	36475
1988	238261	46622	97413	94226	46622
1989	308097	48454	142530	117113	48454
1990	414277	59546	180626	174105	59546
1991	623715	63107	272304	288304	63107
1992	1031712	66343	506445	458924	66343
1993	1332820	66777	702216	563827	66777
1994	1554016	92397	793189	668430	92397
1995	1826924	108146	941061	777717	108146
1996	2061857	117522	1031362	912973	117522
1997	2340404	122016	1166917	1051471	122016
1998	2628135	129260	1304853	1194022	129260
1999	2864414	135484	1445719	1283211	135484
2000	3359192	152657	1762999	1443536	152657
2001	3729815	168601	1931685	1629529	168601
2002	4150575	194315	2110975	1845285	194315
2003	4830648	211349	2481553	2137746	211349
2004	5580339	207324	2886158	2486857	207324
2005	6405336	226850	3441393	2737093	226850
2006	7536263	252323	4205563	3078377	252323
2007	9024451	262763	5017983	3743705	262763
2008	10066218	286529	5540509	4239180	286529
2009	10490364	288495	5539166	4662703	288495
2010	12258809	324772	6765989	5168048	324772
2011	14309540	367023	7843568	6098949	367023
2012	15367419	394625	7986741	6986053	394625
2013	17096314	422096	8697603	7976615	451980
2014	19014166	443592	9662952	8907622	475335
2015	20663511	482993	10379684	9800834	516501
2016	22670197	451518	11145437	11073242	487135
2017	26751795	488242	12871858	13391695	525121
2018	29147350	500915	14338185	14308250	536518

注：1、历史资料根据经济普查、农业普查、第三产业普查和工业普查等结果进行了修订。
2、2013 年起，三次产业分类依据国家统计局 2012 年制定的《三次产业划分规定》（以下相关表同）。

2-1 续表

单位：万元

年份	工业	建筑业	批发和零售业	交通运输、仓储和邮政业	住宿和餐饮业	金融业	房地产业	人均生产总值（元/人）
1979	4480	1910	…	…	…	…	…	579
1980	5950	2363	…	…	…	…	…	720
1981	6764	4140	…	…	…	…	…	864
1982	7150	5072	…	…	…	…	…	943
1983	8945	5307	…	…	…	…	…	1063
1984	13757	12308	…	…	…	…	…	1738
1985	21520	19320	…	…	…	…	…	2431
1986	27124	17149	…	…	…	…	…	2455
1987	47951	15963	…	…	…	…	…	3130
1988	72885	24528	…	…	…	…	…	4379
1989	119440	23090	…	…	…	…	…	5303
1990	151219	29407	76643	4618	16012	38415	9691	6678
1991	220983	51321	125210	7512	25373	50385	20026	9415
1992	364938	141507	163111	14511	40607	69018	72783	14585
1993	507978	194238	193228	26150	51385	82608	75886	17644
1994	576557	216632	221016	41435	61880	95597	71848	19264
1995	746403	194658	231620	60280	75332	108717	82052	21208
1996	883774	147588	258926	88924	90244	91500	79464	22414
1997	1014643	152274	302595	105153	96566	99954	94085	23825
1998	1146713	158140	325985	127207	103626	105886	106661	25053
1999	1282899	162820	349282	142955	104182	105216	128156	25568
2000	1602568	160431	387897	174652	103636	106654	159159	28068
2001	1762408	169277	447461	192460	105294	111129	189635	29590
2002	1928020	182955	515990	211945	109307	116094	204433	31920
2003	2267891	213662	593318	240806	112478	125641	268621	36258
2004	2651775	234383	681800	278249	129512	120517	278964	40776
2005	3204560	236833	731046	272780	146265	141243	364073	45682
2006	3949784	255779	771050	292530	208430	220911	346414	52690
2007	4723341	294642	864603	296183	252938	362548	557336	61826
2008	5209412	331097	983769	261885	297882	476876	527709	67432
2009	5167228	371938	1012766	241250	264740	467202	778129	68722
2010	6339815	426174	1263335	254835	293625	565783	767368	79002
2011	7342391	501177	1460797	265119	312549	714989	952353	91458
2012	7425640	561101	1568343	272392	344971	846652	1115088	97565
2013	7963543	798654	1957342	333889	326503	1043854	1290023	107765
2014	8707687	1021382	2211735	363444	412186	1173189	1424059	118672
2015	9247433	1199514	2068623	465081	423803	1467964	1603202	127227
2016	9954972	1268570	2275877	462949	481644	1667556	1993819	137005
2017	11332073	1642015	2573887	549574	565313	1948264	1974028	155502
2018	12574847	1881497	2778510	623734	611613	2100472	1682185	159428

注：1、历史资料根据经济普查、农业普查、第三产业普查和工业普查等结果进行了修订。
2、2013 年起，三次产业分类依据国家统计局 2012 年制定的《三次产业划分规定》（以下相关表同）。

2-2 建市以来地区生产总值指数

（1979=100）

年份	地区生产总值（按可比价计算）	第一产业	第二产业	第三产业	农、林、牧、渔业	工业	建筑业	人均生产总值
1979	100	100	100	100	100	100	100	100
1980	114.10	109.90	131.55	105.88	109.90	119.13	162.59	113.37
1981	139.01	122.94	162.21	145.80	122.94	151.50	188.97	136.11
1982	170.09	136.62	205.66	195.40	136.62	156.48	328.49	163.75
1983	207.10	152.98	245.42	264.87	152.98	208.19	338.45	195.73
1984	349.42	180.22	477.45	522.88	180.22	347.52	802.03	322.88
1985	457.11	204.96	751.19	624.99	204.96	556.27	1238.12	408.67
1986	518.66	223.66	842.60	732.71	223.66	740.94	1096.56	413.71
1987	651.93	266.77	1086.32	921.39	266.77	1112.93	1019.83	461.58
1988	797.77	291.16	1415.20	1111.78	291.16	1435.12	1365.45	528.92
1989	958.99	304.90	1726.54	1390.38	304.90	2009.43	1019.83	595.42
1990	1299.98	311.06	2388.66	2015.14	311.06	2856.60	1219.70	755.87
1991	2037.63	319.69	4542.32	2741.98	319.69	5690.29	1674.53	1109.48
1992	2964.32	328.27	6585.62	4239.78	328.27	7213.93	5016.01	1511.49
1993	3494.97	287.62	7833.69	5105.97	287.62	8269.78	6744.26	1668.83
1994	4085.18	347.13	8495.01	6530.03	347.13	8850.19	7607.71	1826.61
1995	4753.38	362.91	10415.19	7201.92	362.91	11661.78	7301.04	1990.30
1996	5183.53	384.33	11250.23	7967.21	384.33	13245.99	6264.54	2032.50
1997	5766.57	403.46	12552.36	8871.84	403.46	15012.09	6407.63	2117.37
1998	6455.99	426.13	14084.72	9947.90	426.13	17038.75	6705.14	2219.80
1999	7106.26	448.00	15731.62	10785.24	448.00	19104.93	7304.65	2287.98
2000	7962.40	486.30	18040.79	11748.10	486.30	22380.97	7198.42	2399.76
2001	8912.54	523.48	20340.57	13086.33	523.48	25280.28	7967.48	2550.38
2002	10000.17	564.38	22620.51	14902.91	564.38	28134.55	8794.20	2774.02
2003	11726.70	613.86	27010.23	17213.28	613.86	33647.28	10330.61	3174.83
2004	13398.73	647.49	31235.49	19507.79	647.49	39304.94	10680.33	3531.42
2005	15170.14	681.22	36529.52	21293.24	681.22	46507.99	10751.26	3902.48
2006	17640.18	712.53	44262.26	23658.34	712.53	56820.44	11565.08	4448.59
2007	20610.50	706.59	52344.20	27507.33	706.59	67476.49	12797.53	5093.14
2008	22541.29	718.22	56972.28	30427.49	718.22	73738.69	13002.63	5446.57
2009	24026.98	745.79	58908.58	33817.13	745.79	75606.78	15440.30	5677.39
2010	27191.83	784.15	69640.06	36248.46	784.15	89787.63	16978.68	6320.87
2011	30349.73	794.23	77977.37	40523.25	794.23	100704.83	18539.25	6996.77
2012	32647.95	835.02	80519.45	45939.62	835.02	103552.26	20368.93	7476.42
2013	36160.07	862.79	90086.92	50440.96	863.04	113846.50	28507.88	8221.46
2014	39933.50	889.76	100956.24	54890.53	890.42	126266.73	35465.14	8989.87
2015	43909.28	892.29	111148.27	60489.46	895.49	137829.49	42241.73	9751.61
2016	47567.17	831.75	119784.16	66338.44	840.89	148989.01	44673.59	10369.40
2017	52712.71	904.41	132887.50	73488.37	910.29	163512.24	54193.73	11052.58
2018	56928.49	915.18	47293.22	76078.69	917.57	185654.38	57232.88	11231.56

注：1、本表按可比价格计算。
2、历史资料根据经济普查、农业普查、第三产业普查和工业普查等结果进行了调整。

2-3 建市以来地区生产总值指数

（上年 =100）

年份	地区生产总值（按可比价计算）	第一产业	第二产业	第三产业	农、林、牧、渔业	工业	建筑业	人均生产总值
1979	…	…	…	…	…	…	…	…
1980	114.10	109.90	131.55	105.88	109.90	119.13	162.59	113.37
1981	121.84	111.87	123.31	137.71	111.87	127.18	116.22	120.05
1982	122.35	111.12	126.78	134.02	111.12	103.29	173.84	120.31
1983	121.76	111.97	119.34	135.55	111.97	133.04	103.03	119.53
1984	168.73	117.81	194.54	197.41	117.81	166.93	236.97	164.97
1985	130.82	113.73	157.33	119.53	113.73	160.07	154.37	126.57
1986	113.47	109.12	112.17	117.23	109.12	133.20	88.57	101.23
1987	125.70	119.27	128.92	125.75	119.27	150.21	93.00	111.57
1988	122.37	109.15	130.28	120.66	109.15	128.95	133.89	114.59
1989	120.21	104.72	122.00	125.06	104.72	140.02	74.69	112.57
1990	135.56	102.02	138.35	144.93	102.02	142.16	119.60	126.95
1991	156.74	102.78	190.16	136.07	102.78	199.20	137.29	146.78
1992	145.48	102.68	144.98	154.62	102.68	126.78	299.55	136.23
1993	117.90	87.62	118.95	120.43	87.62	114.64	134.45	110.41
1994	116.89	120.69	108.44	127.89	120.69	107.02	112.80	109.45
1995	116.36	104.54	122.60	110.29	104.54	131.77	95.97	108.96
1996	109.05	105.90	108.02	110.63	105.90	113.58	85.80	102.12
1997	111.25	104.98	111.57	111.35	104.98	113.33	102.28	104.18
1998	111.96	105.62	112.21	112.13	105.62	113.50	104.64	104.84
1999	110.07	105.13	111.69	108.42	105.13	112.13	108.94	103.07
2000	112.05	108.55	114.68	108.93	108.55	117.15	98.55	104.89
2001	111.93	107.65	112.75	111.39	107.65	112.95	110.68	106.28
2002	112.20	107.81	111.21	113.88	107.81	111.29	110.38	108.77
2003	117.26	108.77	119.41	115.50	108.77	119.59	117.47	114.45
2004	114.26	105.48	115.64	113.33	105.48	116.81	103.39	111.23
2005	113.22	105.21	116.95	109.15	105.21	118.33	100.66	110.51
2006	116.28	104.60	121.17	111.11	104.60	122.17	107.57	113.99
2007	116.84	99.17	118.26	116.27	99.17	118.75	110.66	114.49
2008	109.37	101.65	108.84	110.62	101.65	109.28	101.60	106.94
2009	106.59	103.84	103.40	111.14	103.84	102.53	118.75	104.24
2010	113.17	105.14	118.22	107.19	105.14	118.76	109.96	111.33
2011	111.61	101.29	111.97	111.79	101.29	112.16	109.19	110.69
2012	107.57	105.13	103.26	113.37	105.13	102.83	109.87	106.86
2013	110.76	103.33	111.88	109.80	103.36	109.94	139.96	109.97
2014	110.44	103.13	112.07	108.82	103.17	110.91	124.40	109.35
2015	109.96	100.28	110.10	110.20	100.57	109.16	119.11	108.47
2016	108.33	93.22	107.77	109.67	93.90	108.10	105.76	106.34
2017	110.82	108.74	110.94	110.78	108.25	109.75	121.31	106.59
2018	108.00	101.19	112.56	103.52	100.80	113.54	105.61	101.62

注：1、本表按可比价格计算。

2、历史资料根据经济普查、农业普查、第三产业普查和工业普查等结果进行了调整。

2-4 建市以来地区生产总值三次产业构成

单位：%

年份	生产总值（按现价计算）	第一产业	第二产业	第三产业
1979	100	38.6	30.6	30.8
1980	100	36.4	31.8	31.8
1981	100	34.9	34.2	30.9
1982	100	32.7	34.6	32.7
1983	100	31.7	35.1	33.2
1984	100	26.4	38.4	35.2
1985	100	21.8	41.7	36.5
1986	100	23.4	39.9	36.7
1987	100	22.9	40.1	37.0
1988	100	19.6	40.9	39.5
1989	100	15.7	46.3	38.0
1990	100	14.4	43.6	42.0
1991	100	10.1	43.7	46.2
1992	100	6.4	49.1	44.5
1993	100	5.0	52.7	42.3
1994	100	6.0	51.0	43.0
1995	100	5.9	51.5	42.6
1996	100	5.7	50.0	44.3
1997	100	5.2	49.9	44.9
1998	100	4.9	49.7	45.4
1999	100	4.7	50.5	44.8
2000	100	4.5	52.5	43.0
2001	100	4.5	51.8	43.7
2002	100	4.7	50.9	44.4
2003	100	4.4	51.3	44.3
2004	100	3.7	51.7	44.6
2005	100	3.6	53.7	42.7
2006	100	3.4	55.8	40.8
2007	100	2.9	55.6	41.5
2008	100	2.9	55.0	42.1
2009	100	2.8	52.8	44.4
2010	100	2.6	55.2	42.2
2011	100	2.6	54.8	42.6
2012	100	2.6	52.0	45.4
2013	100	2.5	50.9	46.6
2014	100	2.3	50.8	46.9
2015	100	2.4	50.2	47.4
2016	100	2.0	49.2	48.8
2017	100	1.8	48.1	50.1
2018	100	1.7	49.2	49.1

注：历史资料根据经济普查、农业普查、第三产业普查和工业普查等结果进行了修订。

2-5 建市以来三次产业贡献率

单位：%

年份	地区生产总值	第一产业	第二产业	第三产业
1979	…	…	…	…
1980	100	33.26	55.05	11.69
1981	100	24.79	30.27	44.94
1982	100	20.84	34.39	44.77
1983	100	20.93	26.43	52.64
1984	100	9.07	40.10	50.84
1985	100	10.88	62.53	26.59
1986	100	14.39	36.53	49.08
1987	100	15.32	44.98	39.70
1988	100	7.92	55.47	36.61
1989	100	4.04	47.50	48.46
1990	100	0.86	47.76	51.38
1991	100	0.55	71.81	27.63
1992	100	0.44	54.23	45.33
1993	100	-3.63	57.85	45.78
1994	100	4.78	27.56	67.66
1995	100	1.12	70.68	28.20
1996	100	2.36	47.75	49.89
1997	100	1.55	54.93	43.51
1998	100	1.56	54.67	43.77
1999	100	1.59	62.30	36.11
2000	100	2.12	66.34	31.54
2001	100	2.91	56.07	41.02
2002	100	2.80	48.56	48.65
2003	100	2.13	58.89	38.97
2004	100	1.50	58.53	39.97
2005	100	1.42	69.23	29.36
2006	100	1.00	69.85	29.15
2007	100	-0.16	60.71	39.45
2008	100	0.48	53.48	46.04
2009	100	1.46	29.08	69.46
2010	100	0.96	75.66	23.39
2011	100	0.29	56.90	42.81
2012	100	1.63	23.84	74.53
2013	100	0.67	58.29	41.04
2014	100	0.61	61.64	37.76
2015	100	0.05	54.85	45.09
2016	100	-1.90	46.82	55.02
2017	100	1.62	50.55	47.86
2018	100	0.29	78.55	21.15

注：1、本表按可比价格计算。
　　2、产业贡献率指各产业增加值增量与 GDP 增量之比。

2-6　建市以来三次产业对地区生产总值增长的拉动

单位：%

年份	地区生产总值	第一产业	第二产业	第三产业
1979	…	…	…	…
1980	14.10	4.69	7.76	1.65
1981	21.84	5.41	6.61	9.81
1982	22.35	4.66	7.69	10.01
1983	21.76	4.55	5.75	11.45
1984	68.73	6.23	27.56	34.94
1985	30.82	3.35	19.27	8.20
1986	13.47	1.94	4.92	6.61
1987	25.70	3.94	11.56	10.20
1988	22.37	1.77	12.41	8.19
1989	20.21	0.82	9.60	9.79
1990	35.56	0.30	16.98	18.27
1991	56.74	0.31	40.75	15.68
1992	45.48	0.20	24.67	20.61
1993	17.90	-0.65	10.36	8.19
1994	16.89	0.81	4.65	11.43
1995	16.36	0.18	11.56	4.61
1996	9.05	0.21	4.32	4.52
1997	11.25	0.17	6.18	4.89
1998	11.96	0.19	6.54	5.23
1999	10.07	0.16	6.27	3.64
2000	12.05	0.26	7.99	3.80
2001	11.93	0.35	6.69	4.90
2002	12.20	0.34	5.93	5.94
2003	17.26	0.37	10.17	6.73
2004	14.26	0.21	8.35	5.70
2005	13.22	0.19	9.15	3.88
2006	16.28	0.16	11.37	4.75
2007	16.84	-0.03	10.22	6.64
2008	9.37	0.04	5.01	4.31
2009	6.59	0.10	1.92	4.58
2010	13.17	0.13	9.97	3.08
2011	11.61	0.03	6.61	4.97
2012	7.57	0.12	1.81	5.64
2013	10.76	0.07	6.27	4.41
2014	10.44	0.06	6.43	3.94
2015	9.96	0.01	5.46	4.49
2016	8.34	-0.16	3.90	4.59
2017	10.81	0.18	5.47	5.18
2018	8.00	0.02	6.28	1.69

注：1、本表按可比价格计算。
　　2、产业拉动指 GDP 增长速度与各产业贡献率之乘积。

2-7 各行业增加值（2017-2018 年）

单位：万元

行　业	2017 年	2018 年	2018 年比 2017 年增长 %
地区生产总值	**26751795**	**29147350**	**8.0**
按三次产业分：			
第一产业	**488242**	**500915**	**1.2**
第二产业	**12871858**	**14338185**	**12.6**
第三产业	**13391695**	**14308250**	**3.5**
按行业分：			
农林牧渔业	525121	536518	0.8
工业	11332073	12574847	13.5
建筑业	1642015	1881497	5.6
批发和零售业	2573887	2778510	5.4
#批发业	1835045	2001337	6.5
零售业	738842	777173	2.7
交通运输、仓储和邮政业	549574	623734	13.4
住宿和餐饮业	565313	611613	3.3
#住宿业	297818	322575	3.5
餐饮业	267495	289038	3.1
金融业	1948264	2100472	3.4
房地产业	1974028	1682185	-17.4

注：1、地区生产总值按现行价格计算，增长速度按可比价计算。
　　2、2018 年数据为快报数。

2-8 各行政区地区生产总值（2017-2018 年）

单位：万元

区域	香洲区		金湾区		斗门区	
	2017 年	2018 年	2017 年	2018 年	2017 年	2018 年
地区生产总值	17564229	19020554	5627033	6242936	3560533	3883860
第一产业	29388	39201	75854	78901	383000	382813
第二产业	6871723	7658548	4107003	4555553	1893132	2124084
工业	5840197	6371642	3855254	4400503	1636622	1802702
建筑业	1128930	1353406	254740	207352	258345	320739
第三产业	10663118	11322805	1444176	1608482	1284401	1376963
人均地区生产总值	176118	179270	205968	213946	79149	81679

2-9 各行政区地区生产总值指数（2017-2018年）

（上年 =100）

区域	香洲区		金湾区		斗门区	
	2017年	2018年	2017年	2018年	2017年	2018年
地区生产总值	110.63	107.43	111.43	109.85	110.80	107.95
第一产业	107.27	100.99	107.61	89.99	109.06	103.34
第二产业	110.27	112.90	110.22	111.67	114.86	113.08
工业	110.34	112.63	108.36	115.42	110.70	112.72
建筑业	114.36	110.49	127.12	75.02	155.60	114.43
第三产业	110.89	103.57	115.54	105.51	105.33	101.08
人均地区生产总值	106.32	100.98	107.11	102.85	106.82	102.13

注：本表指数按可比价格计算。

三、人口

3-1 人口主要指标

指标	单位	2000年	2010年	2014年	2015年	2016年	2017年	2018年
年末常住人口	万人	123.65	156.16	161.42	163.41	167.53	176.54	189.11
男性比例	%	50.06	52.08		52.00			
女性比例	%	49.94	47.92		48.00			
0-14岁人口比例	%	17.31	13.57		14.85			
15-64岁人口比例	%	78.66	81.42		78.60			
65岁及以上人口比例	%	4.03	5.01		6.64			
城镇人口占常住人口比例	%		87.65	87.87	88.07	88.80	89.37	90.08
人口密度	人/平方公里	758	913	936	943	967	1017	1089
户籍人口								
年末总户数	万户	20.64	29.41	30.66	30.96	31.76	32.50	34.05
年末总人口	万人	73.90	104.74	110.22	112.45	114.78	118.87	127.40
性别比	女=100	106.4	104.1	104.1	103.9	103.4	101.49	99.9
户籍人口变动情况								
出生率	‰	13.29	12.00	11.97	11.91	13.92	20.30	16.85
死亡率	‰	3.80	2.54	2.35	2.51	2.88	3.20	3.63
自然增长率	‰	9.49	9.46	9.62	9.40	11.04	17.10	13.22
迁入率	‰	26.70	23.70	17.70	15.60	16.00	34.09	63.68
迁出率	‰	8.50	11.10	9.70	9.60	8.40	12.26	8.86
总迁移率	‰	35.20	34.80	27.40	25.20	24.40	46.35	72.54
净迁移率	‰	18.20	12.60	8.00	6.00	7.60	21.83	54.82
跨省净迁移率	‰	0.00	8.60	4.30	4.00	4.60	11.93	29.58

注：1、迁入率（迁出率）指一定时期（通常为一年）内迁入（迁出）人数与同期平均总人口之比。
2、总迁移率指一定时期（通常为一年）内人口迁移总量（迁入人口加迁出人口）与同期平均总人口之比。
3、净迁移率指一定时期（通常为一年）内人口迁入迁出相抵后（迁入人口减迁出人口）与同期平均总人口之比。
4、跨省净迁移率指一定时期（通常为一年）内省外迁入人口和前往省外（含出过）人口之差与同期平均总人口之比。

3-2 建市以来人口主要指标

单位：人

年份	年末常住总人口	年平均常住人口	年末户籍人口	附：流动渔民	人口密度（人/平方公里）
1979	360742	361437	360742	19238	…
1980	365324	363033	365324	19897	…
1981	371492	368408	371492	19197	…
1982	377784	374638	377784	19328	…
1983	385470	381627	385470	20016	…
1984	395172	390321	395172	20670	…
1985	411673	403423	411673	20634	…
1986	492708	452191	425877	21336	…
1987	526163	509436	441711	21248	…
1988	561862	544013	466003	19085	…
1989	600012	580937	486253	18242	…
1990	640731	620372	502486	18945	…
1991	684206	662469	524633	17395	…
1992	730626	707416	549733	18200	…
1993	780237	755432	574631	18486	…
1994	833219	806728	606566	13326	…
1995	889743	861481	632388	13099	…
1996	950121	919932	653656	11464	…
1997	1014605	982363	673386	11610	…
1998	1083512	1049059	694798	11861	…
1999	1157123	1120318	714043	11517	…
2000	1236532	1196828	739009	11770	758
2001	1284541	1260537	759317	11710	761
2002	1316141	1300341	786101	10170	780
2003	1348514	1332328	820228	10280	799
2004	1388625	1368570	861741	10110	823
2005	1415669	1402147	895994	9951	839
2006	1444862	1430266	926266	9110	856
2007	1474353	1459608	956874	9012	874
2008	1511150	1492752	994808	9100	888
2009	1541762	1526456	1026504	9053	906
2010	1561569	1551666	1047437	9986	913
2011	1567646	1564608	1060148	9965	916
2012	1582620	1575133	1065548	8867	918
2013	1590346	1586483	1085650	9811	922
2014	1614212	1602279	1102229	8787	936
2015	1634121	1624167	1124540	8715	943
2016	1675337	1654729	1147765	8894	967
2017	1765431	1720384	1188713	8872	1017
2018	1891130	1828281	1273963	8540	1089

注：1、2006 年至 2009 年的年末常住人口和人口密度根据人口普查数据进行了修订。
2、2016 年户籍人口数据为截止 11 月 30 日统计数据。

3-3 建市以来年末户籍人口

单位：户、人

年份	总户数	总人口数	按农业、非农业分		按性质分		性别比（女=100）
			农业	非农业	男	女	
1979	76573	360742	296753	63989	181764	178978	101.6
1980	77053	365324	294581	70743	185284	180040	102.9
1981	81219	371492	293673	77819	188848	182644	103.4
1982	85210	377784	293417	84367	189717	188067	100.9
1983	87292	385470	293850	91620	197372	188098	104.9
1984	90557	395172	290843	104329	202420	192752	105.0
1985	94766	411673	276472	135201	210859	200814	105.0
1986	101907	425877	275628	150249	218989	206888	105.8
1987	107335	441711	276919	164792	227668	214043	106.4
1988	116723	466003	280843	185160	240287	225716	106.5
1989	123949	486253	285242	201011	251294	234959	107.0
1990	128971	502486	283492	218994	260173	242313	107.4
1991	137902	524633	269306	255327	271812	252821	107.5
1992	150833	549733	278025	271708	285666	264067	108.2
1993	156851	574631	266312	308319	297976	276655	107.7
1994	163367	606566	200649	405917	314750	291816	107.9
1995	171318	632388	203273	429115	327959	304429	107.7
1996	170825	653656	207581	446075	338401	315255	107.3
1997	176837	673386	211160	462226	347973	325413	106.9
1998	182539	694798	215453	479345	359005	335793	106.9
1999	193954	714043	219600	494443	368545	345498	106.7
2000	206402	739009	225745	513264	380988	358021	106.4
2001	211272	759317	228530	530787	390712	368605	106.0
2002	221702	786101	227728	558373	404129	381972	105.8
2003	230781	820228	0	820228	420843	399385	105.4
2004	242899	861741	0	861741	441101	420640	104.9
2005	251006	895994	0	895994	457874	438120	104.5
2006	259948	926266	0	926266	472454	453812	104.1
2007	266325	956874	0	956874	487788	469086	104.0
2008	277075	994808	0	994808	507276	487532	104.0
2009	287398	1026504	0	1026504	522968	503536	103.9
2010	294075	1047437	0	1047437	534361	513076	104.1
2011	298058	1060148	0	1060148	541440	518708	104.4
2012	297126	1065548	0	1065548	544238	521310	104.4
2013	301888	1085650	0	1085650	554148	531502	104.3
2014	306578	1102229	0	1102229	562174	540055	104.1
2015	309611	1124540	0	1124540	573036	551504	103.9
2016	317571	1147765	0	1147765	583400	564365	103.4
2017	325007	1188713	0	1188713	598761	589952	101.5
2018	340504	1273963	0	1273963	636604	637359	99.9

3-4 建市以来户籍人口变动情况

年份	出生人数（人）	出生率（‰）	死亡人数（人）	死亡率（‰）	自然增长率（‰）	迁入人数（人）	迁出人数（人）
1979	7585	20.99	1971	5.45	15.53	…	…
1980	6486	17.87	1805	4.97	12.89	…	…
1981	7051	19.14	1783	4.84	14.30	…	…
1982	6501	17.35	1785	4.76	12.59	…	…
1983	5932	15.54	1909	5.00	10.54	…	…
1984	6238	15.98	1716	4.40	11.59	…	…
1985	6881	17.06	1949	4.83	12.23	23287	11817
1986	7023	16.77	1726	4.12	12.65	20051	11156
1987	7233	16.67	1802	4.15	12.52	13501	4169
1988	7515	16.56	1890	4.16	12.39	36201	18044
1989	7402	15.55	1961	4.12	11.43	15788	3588
1990	7531	15.23	2017	4.08	11.15	13748	3946
1991	8270	16.10	1945	3.79	12.32	28597	13326
1992	8549	15.91	2324	4.33	11.59	21273	3761
1993	8816	15.68	2132	3.79	11.89	25112	8236
1994	8396	14.22	2130	3.61	10.61	29723	4521
1995	8242	13.30	2135	3.45	9.86	22846	5515
1996	9407	14.63	2365	3.68	10.95	19978	5306
1997	9548	14.39	2476	3.73	10.66	19637	6731
1998	9824	14.36	2622	3.83	10.53	23074	7572
1999	9876	14.02	2677	3.80	10.22	17836	7476
2000	9652	13.29	2762	3.80	9.49	19420	6175
2001	8105	10.82	2651	3.54	7.28	24265	6889
2002	7495	9.70	2537	3.28	6.42	27434	4903
2003	7458	9.09	2497	3.04	6.05	30342	3810
2004	8610	10.24	2541	3.02	7.22	40791	5329
2005	9276	10.55	2316	2.64	7.91	32542	4874
2006	9373	10.29	2544	2.79	7.50	29331	4474
2007	10520	11.17	3513	3.73	7.44	30767	5350
2008	11330	11.61	2920	2.99	8.62	37465	6528
2009	11404	11.28	2896	2.87	8.41	34297	9066
2010	12448	12.00	2638	2.54	9.46	24606	11477
2011	12057	11.44	2348	2.23	9.21	16609	12269
2012	14599	13.74	3958	3.72	10.02	16533	20101
2013	12618	11.73	2537	2.36	9.37	20978	11675
2014	13098	11.97	2576	2.35	9.62	19405	10644
2015	13261	11.91	2799	2.51	9.40	17364	10706
2016	15817	13.92	3269	2.88	11.04	18169	9566
2017	23714	20.30	3734	3.20	17.10	39830	14322
2018	20750	16.85	4472	3.63	13.22	78416	10912

3-5 全市户籍人口及变动情况（2017-2018年）

指　标	单 位	2017年	2018年	2018年比2017年增长（%）
一、年末总户数	**户**	**325007**	**340504**	**4.8**
二、年末户籍人口	**人**	**1188713**	**1273963**	**7.2**
其中：男性	人	598761	636604	6.3
女性	人	589952	637359	8.0
年末人口中：农业人口	人	0	0	--
非农业人口	人	1188713	1273963	7.2
三、出生人口	**人**	**23714**	**20750**	**-12.5**
其中：男性	人	12238	10922	-10.8
女性	人	11476	9828	-14.4
四、出生率	**‰**	**20.30**	**16.85**	**-3.5**
五、死亡人口	**人**	**3734**	**4472**	**19.8**
六、死亡率	**‰**	**3.2**	**3.63**	**0.4**
七、自然增长率	**‰**	**17.10**	**13.22**	**-3.9**
八、人口迁入	**人**	**39830**	**78416**	**96.9**
九、 人口迁出	**人**	**14322**	**10912**	**-23.8**
十、流动渔民人口	**人**	**8872**	**8540**	**-3.7**

注：出生率、死亡率和自然增长率比上年增长为增减千分点。

3-6 各区户籍人口变动情况（2018 年）

指　标	单 位	香洲区	斗门区	金湾区
一、年末总户数	户	199432	97590	43482
二、年末户籍人口	人	719848	382462	171653
其中：男性	人	357478	191319	87807
女性	人	362370	191143	83846
三、出生人口	人	10794	6746	3210
四、出生率	‰	15.51	18.05	19.87
五、死亡人口	人	1988	1901	583
六、死亡率	‰	2.86	5.09	3.61
七、自然增长率	‰	12.65	12.96	16.26
八、人口迁入	人	45417	14390	18609
九、人口迁出	人	7838	1643	1431

3-7 分镇户籍人口数（2017-2018 年）

镇、街	2017 年		2018 年	
	总户数（户）	总人口（人）	总户数（户）	总人口（人）
唐家湾镇	11331	52806	12544	58687
南屏镇	11339	40405	12645	45344
横琴镇	1382	7909	1543	11051
香湾街道办	11078	37845	11325	38896
狮山街道办	14101	54036	14063	54175
翠香街道办	29888	103800	30610	108204
梅华街道办	28661	95135	30182	102786
前山街道办	36524	123584	39485	137180
吉大街道办	21193	73474	21852	76733
拱北街道办	20310	66691	20749	69510
湾仔街道办	3411	13774	3506	14236
万山镇	847	926	248	985
桂山镇	468	1271	461	1290
担杆镇	220	746	219	771
井岸镇	28889	103513	29813	107547
白藤街道办	7296	22778	8384	26226
白蕉镇	24959	99599	26115	105130
乾务镇	12189	50782	12368	52995
斗门镇	10648	44387	10678	45410
莲洲镇	10159	43781	10232	45154
红旗镇	13575	47880	15320	56724
平沙镇	13454	49452	14051	56156
三灶镇	9926	40813	10795	44539
南水镇	3159	13326	3316	14234

四、从业人员和职工工资

4-1 从业人员主要指标

项　目	单位	2000年	2005年	2010年	2014年	2015年	2016年	2017年	2018年
全市从业人员人数	**人**	**788820**	**940060**	**1030205**	**1087935**	**1089215**	**1095471**	**1123679**	**1159716**
第一产业	人	114420	97933	62885	60422	73277	61477	61594	59946
第二产业	人	288122	407469	458605	554256	547282	547115	547946	557444
第三产业	人	386278	434658	508715	473257	468656	486879	514139	542326
#城镇非私营单位就业人员	人	279012	489201	631476	752804	742746	731231	761979	776015
国有单位	人	102563	86202	101610	103782	101503	100939	98309	90667
城镇集体单位	人	29294	35604	33146	16524	9764	7497	6681	5437
其他各种单位	人	147155	367395	496720	632498	631479	622795	656989	679911
城镇非私营单位从业人员工资总额	**万元**	**422652**	**1052953**	**2161107**	**4661031**	**5017604**	**5418746**	**6064329**	**6655294**
国有单位	万元	187514	332618	647385	863141	930218	1006281	1070478	1121680
城镇集体单位	万元	32568	61413	98062	85275	66984	60464	60355	59649
其他各种单位	万元	202571	658922	1415660	3712615	4020403	4352000	4933496	5473965
城镇非私营单位从业人员平均工资	**元**	**15148**	**22372**	**34832**	**62450**	**67754**	**74440**	**80329**	**86216**
国有单位	元	18283	38641	64519	84272	92354	100400	109281	125148
城镇集体单位	元	11118	16952	20318	51722	68504	81975	91240	107302
其他各种单位	元	13766	18916	29123	59170	62418	70156	75857	80887

4-2 建市以来从业人员年末人数

单位：万人

年份	合计	#城镇非私营单位从业人员	#私营企业	#个体
1979	19.45	6.84	…	0.20
1980	19.93	7.07	…	0.15
1981	20.33	7.18	…	0.30
1982	21.68	7.83	…	0.45
1983	22.51	8.16	…	0.50
1984	23.67	8.65	…	1.05
1985	25.36	9.62	…	2.05
1986	27.12	10.61	…	2.95
1987	29.25	11.97	…	2.50
1988	32.54	13.44	…	3.49
1989	36.87	14.71	…	3.95
1990	39.27	16.20	0.29	4.82
1991	44.01	18.91	0.61	5.32
1992	50.70	21.57	2.93	6.40
1993	56.51	23.38	3.94	7.09
1994	60.37	23.53	4.91	7.62
1995	63.32	27.07	6.27	7.90
1996	63.17	27.93	7.43	7.35
1997	69.00	28.45	9.05	8.01
1998	70.29	28.54	10.80	8.42
1999	74.81	28.79	13.34	9.41
2000	78.88	27.90	16.57	9.91
2001	81.75	27.59	18.83	10.40
2002	88.30	31.00	20.50	9.30
2003	88.80	35.86	16.90	13.90
2004	91.40	41.28	13.89	17.55
2005	94.01	48.92	16.30	19.39
2006	98.43	52.04	16.92	21.48
2007	99.47	53.52	17.60	21.83
2008	101.50	55.87	17.62	21.92
2009	98.13	58.82	15.30	19.51
2010	103.02	63.15	17.46	20.40
2011	104.09	67.00	17.08	20.01
2012	104.92	65.44	17.14	18.23
2013	106.32	74.56	15.84	11.73
2014	108.79	75.28	15.24	13.25
2015	108.92	74.27	14.27	13.29
2016	109.55	73.12	14.89	14.43
2017	112.37	76.20	16.49	14.51
2018	115.97	77.60	23.67	14.70

4-3 全市从业人员年末数(2017-2018 年)

单位：人

项　目	2017 年	2018 年
合　计	**1123679**	**1159716**
一、按经济类型分		
1. 国有经济	98309	90667
2. 集体经济	28526	28437
3. 股份合作企业	5106	4225
4. 联营企业	1310	1322
5. 有限责任公司	276461	276751
6. 股份有限公司	85858	94267
7. 外商投资企业	150984	130699
8. 港、澳、台商投资企业	154745	132341
9. 私营企业	164911	236789
10. 个体经济	145055	147048
11. 其他经济	12414	17170
二、按国民经济行业分		
1. 农、林、牧、渔业	61771	59946
2. 采矿业	387	460
3. 制造业	465090	473260
4. 电力、燃气及水的生产和供应业	6210	6360
5. 建筑业	77903	79164
6 批发和零售业	151570	156234
7. 交通运输、仓储和邮政业	38895	39553
8. 住宿和餐饮业	34518	37565
9. 信息传输、软件和信息技术服务业	34589	36039
10. 金融业	18561	18808
11. 房地产业	45969	47269
12. 租赁和商务服务业	36474	46928
13. 科学研究和技术服务业	17578	18612
14. 水利、环境和公共设施管理业	9586	9955
15. 居民服务、修理和其他服务业	28835	30274
16. 教育	33271	34800
17. 卫生和社会工作	17365	18644
18. 文化、体育和娱乐业	8865	9223
19. 公共管理、社会保障和社会组织	36242	36622
三、按产业分		
1. 第一产业	61594	59946
2. 第二产业	547946	557444
3. 第三产业	514139	542326

4-4 建市以来城镇非私营单位从业人员年末人数

单位：人

年份	合计	按经济类型分			按企业、事业、机关分		
		国有经济	城镇集体经济	其他经济	企业	事业单位	机关
1979	68366	58485	9881	…	…	…	…
1980	70719	60721	9998	…	…	…	…
1981	71777	61495	10282	…	…	…	…
1982	78302	66617	11685	…	…	…	…
1983	81634	68740	12894	…	…	…	…
1984	86528	70009	16519	…	…	…	…
1985	96216	72427	17896	5893	…	…	…
1986	106129	78677	18625	8827	…	…	…
1987	119706	87458	20221	12027	…	…	…
1988	134416	96924	20431	17061	…	…	…
1989	147146	104568	19250	23328	…	…	…
1990	161968	115505	20112	26351	133664	17433	10871
1991	189145	128523	21644	38978	158395	18429	12321
1992	215659	133323	32230	50106	183878	18890	12891
1993	233848	126347	31329	76172	200144	16139	17565
1994	235288	117551	34009	83728	197963	19903	17422
1995	270695	117807	35915	116973	231243	23125	16327
1996	279300	121776	33657	123867	236664	24663	17973
1997	284499	120600	31217	132682	241136	24904	18459
1998	285390	113422	33868	138100	239597	27007	18786
1999	287913	110956	29956	147001	241966	26481	19466
2000	279012	102563	29294	147155	233031	26422	19559
2001	275898	93419	25169	157310	229158	26479	20261
2002	309979	89654	28111	192214	261641	28579	19759
2003	358563	89110	30809	238644	310468	28429	19666
2004	412786	78137	32272	302377	363543	29012	20231
2005	489201	86202	35604	367395	436804	31750	20647
2006	520387	88345	36048	395994	465215	33776	21396
2007	535225	89093	37482	408650	477132	36103	21990
2008	558704	92799	36214	429691	497687	38628	22389
2009	588221	96440	33839	457942	525196	39345	23629
2010	631476	101610	33146	496720	563128	42289	25679
2011	669952	110097	24436	535419	599344	44077	26137
2012	654412	113073	23476	517863	582643	45031	26189
2013	745598	102319	17760	625519	671710	46106	26584
2014	752804	103782	16524	632498	677520	46398	25409
2015	742746	101503	9764	631479	664759	46167	26756
2016	731231	100939	7497	622795	653229	46204	25672
2017	761979	98309	6681	656989	683025	44927	27852
2018	776015	90667	5437	679911	696515	43764	29559

4-5 全市城镇非私营单位从业人员年末人数（2017-2018 年）

单位：人

项　目	2017 年	2018 年
合　计	761979	776015
一、按经济类型分		
国有经济	98309	90667
集体经济	6681	5437
其他经济	656989	679911
二、按国民经济行业分		
1. 农、林、牧、渔业	6467	6548
2. 采矿业	287	260
3. 制造业	380085	369398
4. 电力、燃气及水的生产和供应业	5835	4525
5. 建筑业	64040	56495
6 批发和零售业	37075	34515
7. 交通运输、仓储和邮政业	26271	26415
8. 住宿和餐饮业	24995	27150
9. 信息传输、软件和信息技术服务业	28360	25591
10. 金融业	18245	18208
11. 房地产业	34022	44386
12. 租赁和商务服务业	28629	52385
13. 科学研究和技术服务业	12059	13338
14. 水利、环境和公共设施管理业	8555	7035
15. 居民服务、修理和其他服务业	2797	3534
16. 教育	28539	28560
17. 卫生和社会工作	16245	17735
18. 文化、体育和娱乐业	3231	3315
19. 公共管理、社会保障和社会组织	36242	36622
三、按产业分		
第一产业	6390	6548
第二产业	448603	429065
第三产业	306986	340402
四、按企、事业和机关分		
企业	683025	696515
事业	44927	43764
机关	27852	29559

4-6 各区城镇非私营单位从业人员年末人数(2018 年)

单位：人

项　目	香洲区	斗门区	金湾区
合　计	506369	120748	148898
一、按企业、事业和机关分			
1. 企业	446410	107989	142116
2. 事业	30635	8103	5026
3. 机关	23349	4454	1756
二、按国民经济行业分			
1. 农、林、牧、渔业	102	112	6334
2. 采矿业	8		252
3. 制造业	175636	86496	107266
4. 电力、燃气及水的生产和供应业	3241	171	1113
5. 建筑业	39493	13197	3805
6 批发和零售业	29546	1478	3491
7. 交通运输、仓储和邮政业	17424	2331	6660
8. 住宿和餐饮业	24323	1166	1661
9. 信息传输、软件和信息技术服务业	25455	84	52
10. 金融业	18208		
11. 房地产业	40240	1166	2980
12. 租赁和商务服务业	43745	1570	7070
13. 科学研究和技术服务业	12979	102	257
14. 水利、环境和公共设施管理业	6433	311	291
15. 居民服务、修理和其他服务业	3226	77	231
16. 教育	22531	3088	2941
17. 卫生和社会工作	13545	2477	1713
18. 文化、体育和娱乐业	3053	194	68
19. 公共管理、社会保障和社会组织	27181	6728	2713

4-7 各区城镇非私营单位在岗职工年末人数（2018 年）

单位：人

项　目	香洲区	斗门区	金湾区
合　计	454425	109888	137353
一、按企业、事业和机关分			
1. 企业	398644	98405	130892
2. 事业	29510	6964	4808
3. 机关	20954	4319	1653
二、按国民经济行业分			
1. 农、林、牧、渔业	91	82	6334
2. 采矿业	8		252
3. 制造业	162724	84190	100110
4. 电力、燃气及水的生产和供应业	3202	164	1068
5. 建筑业	29295	6465	3617
6 批发和零售业	27522	1466	3471
7. 交通运输、仓储和邮政业	16073	2136	5616
8. 住宿和餐饮业	23161	1143	1418
9. 信息传输、软件和信息技术服务业	24505	84	52
10. 金融业	12952		
11. 房地产业	36378	1110	2482
12. 租赁和商务服务业	35753	1531	5085
13. 科学研究和技术服务业	12612	82	255
14. 水利、环境和公共设施管理业	5905	102	291
15. 居民服务、修理和其他服务业	2942	75	231
16. 教育	20863	2964	2769
17. 卫生和社会工作	13081	2328	1666
18. 文化、体育和娱乐业	2817	147	57
19. 公共管理、社会保障和社会组织	24541	5819	2579

4-8 全市各行业城镇非私营单位从业人员及在岗职工年末人数（2018 年）

单位：人

项　　目	城镇非私营单位从业人员				其中：在岗职工			
	合计	国有单位	城镇集体单位	其他单位	合计	国有单位	城镇集体单位	其他单位
合　计	776015	90667	5437	679911	701666	84486	5139	612041
一、按企业、事业和机关分								
1. 企业	696515	20380	4800	671335	627941	19216	4574	604151
2. 事业	43764	40582	573	2609	41282	38219	503	2560
3. 机关	29559	29510		49	26926	26877		49
二、按国民经济行业分								
1. 农、林、牧、渔业	6548	6433	31	84	6507	6412	22	73
2. 采矿业	260	0	4	256	260	0	4	256
3. 制造业	369398	0	552	368846	347024	0	494	346530
4. 电力、燃气及水的生产和供应业	4525	202	2079	2244	4434	193	2077	2164
5. 建筑业	56495	549	163	55783	39377	547	153	38677
6 批发和零售业	34515	329	193	33993	32459	326	187	31946
7. 交通运输、仓储和邮政业	26415	1227	25	25163	23825	918	23	22884
8. 住宿和餐饮业	27150	340	116	26694	25722	339	111	25272
9. 信息传输、软件和信息技术服务业	25591	71	16	25504	24641	71	14	24556
10. 金融业	18208	4829	0	13379	12952	4795	0	8157
11. 房地产业	44386	578	835	42973	39970	566	818	38586
12. 租赁和商务服务业	52385	3272	474	48639	42369	2567	442	39360
13. 科学研究和技术服务业	13338	2208	44	11086	12949	2096	35	10818
14. 水利、环境和公共设施管理业	7035	3299	6	3730	6298	3252	6	3040
15. 居民服务、修理和其他服务业	3534	876	161	2497	3248	690	92	2466
16. 教育	28560	15040	270	13250	26596	14511	232	11853
17. 卫生和社会工作	17735	14228	463	3044	17075	13779	424	2872
18. 文化、体育和娱乐业	3315	571	5	2739	3021	492	5	2524
19. 公共管理、社会保障和社会组织	36622	36615	0	7	32939	32932	0	7
三、按产业分								
1. 第一产业	6548	6433	31	84	6507	6412	22	73
2. 第二产业	429065	751	2798	425516	389482	740	2728	386014
3. 第三产业	340402	83483	2608	254311	305677	77334	2389	225954

4-9 建市以来全市城镇非私营单位从业人员劳动报酬及平均工资

年份	工资总额（万元）				年平均工资（元）			
		国有单位	城镇集体单位	其他单位		国有单位	城镇集体单位	其他单位
1979	3998	3335	663	…	612	607	638	…
1980	4940	4175	765	…	733	727	767	…
1981	6709	5757	953	…	978	984	942	…
1982	7701	6432	1269	…	1031	1011	1140	…
1983	9457	7982	1476	…	1219	1223	1195	…
1984	12031	9665	2366	…	1463	1466	1449	…
1985	15693	11439	3063	1191	1727	1691	1718	2219
1986	18124	13235	3131	1758	1832	1792	1761	2402
1987	23600	16874	4130	2596	2093	2065	2056	2372
1988	34638	24330	5390	4919	2764	2716	2671	3163
1989	47271	32426	5822	9022	3266	3172	2987	3923
1990	55839	38704	6496	10639	3633	3544	3281	4307
1991	78222	52300	8603	17320	4355	4240	4113	4898
1992	110396	69022	14318	27056	5265	5412	4732	5213
1993	166839	88391	20160	58289	7400	7322	6511	7652
1994	210289	110203	28024	72063	9214	9661	8385	8926
1995	281501	135344	33111	113046	10764	11786	9418	10136
1996	331732	165953	35896	129883	12260	14068	10903	10852
1997	354802	167500	33976	153326	12793	14114	11187	11951
1998	381088	171077	37242	172769	13510	15295	11022	12663
1999	419507	194075	35328	190103	14703	17568	11638	13157
2000	422652	187514	32568	202571	15148	18283	11118	13766
2001	467991	198613	33267	236111	16760	21161	12787	14817
2002	575830	236746	31722	307361	19051	26890	11679	16432
2003	683089	267775	39915	375398	19631	30061	12612	16483
2004	820922	268384	50269	502269	20545	34369	15069	17433
2005	1052953	332618	61413	658922	22372	38641	16952	18916
2006	1232927	368196	68588	796143	24439	42579	18417	20908
2007	1429560	423881	78730	926949	27269	48735	20993	23187
2008	1739486	524520	96481	1118485	30045	57320	23834	25024
2009	1872114	597059	88574	1186481	32174	60719	26105	26389
2010	2161107	647385	98062	1415660	34832	64519	20318	29123
2011	2802983	711742	95444	1995796	41223	65086	37109	36628
2012	3256096	784542	103090	2368465	48823	69636	43148	69535
2013	4176523	778338	82602	3315583	55884	76561	46824	52792
2014	4661031	863141	85275	3712615	62450	84272	51722	59170
2015	5017604	930218	66984	4020403	67754	92354	68504	62418
2016	5418746	1006281	60464	4352000	74440	100400	81975	70156
2017	6064329	1070478	60355	4933496	80329	109281	91240	75857
2018	6655294	1121680	59649	5473965	86216	125148	107302	80887

4-10 全市各行业城镇非私营单位从业人员工资总额（2017-2018 年）

单位：万元

项目	2017年				2018年			
	合计	国有单位	城镇集体单位	其他单位	合计	国有单位	城镇集体单位	其他单位
总计	6064329	1070478	60355	4933496	6655294	1121680	59649	5473965
一、按企业、事业和机关分								
企业	5193846	252680	56437	4884729	5672079	200613	54809	5416657
事业	494256	475002	3613	15640	536745	518017	4565	14162
机关	338877	338367	0	511	399089	398749	0	340
二、按国民经济行业分组								
农、林、牧、渔业	22155	20440	814	901	22768	21858	328	582
采矿业	6047	0	0	6047	6461	0	33	6428
制造业	2677274	1250	2853	2673171	2827764	0	2018	2825746
电力、燃气及水的生产和供应业	77887	3395	36869	37623	74532	3312	39754	31467
建筑业	420126	27232	1854	391040	381075	3218	1245	376613
批发和零售业	270478	6275	1544	262660	300118	3280	1214	295624
交通运输、仓储和邮政业	215774	20603	813	194358	236238	14504	122	221612
住宿和餐饮业	156111	1950	623	153539	186410	1899	478	184032
信息传输、软件和信息技术服务业	320673	1920	906	317847	351599	785	70	350744
金融业	243749	85117	5	158627	252501	88375	0	164126
房地产业	267069	7806	5197	254066	352311	4465	4928	342918
租赁和商务服务业	249726	30708	1620	217399	347580	18815	2802	325963
科学研究和技术服务业	126763	38586	1087	87090	175294	40203	540	134551
水利、环境和公共设施管理业	59163	30634	171	28358	56330	23480	49	32801
居民服务、修理和其他服务业	15860	3013	697	12150	23259	8642	661	13957
教育	300917	198647	1702	100568	321430	200713	2051	118667
卫生和社会工作	179449	156972	3502	18975	223255	195656	3333	24267
文化、体育和娱乐业	26221	7590	99	18532	30745	6947	24	23774
公共管理、社会保障和社会组织	428888	428340	0	547	485624	485530	0	94

4-11 全市各行业非私营城镇单位从业人员平均工资(2017-2018 年)

(按经济类型分)　　单位：元/人.年

项　目	2017 年				2018 年			
	合计	国有单位	城镇集体单位	其他单位	合计	国有单位	城镇集体单位	其他单位
总　计	80329	109281	91240	75857	86216	125148	107302	80887
一、按企业、事业和机关分								
企业	76742	89829	94408	76005	81825	100131	111152	81060
事业	109927	113471	64525	61552	124480	129673	80941	54324
机关	122184	122406	0	55500	135243	135367	0	65423
二、按国民经济行业分								
农、林、牧、渔业	34258	33107	76047	48446	34765	33978	105677	68482
采矿业	206365	0	0	206365	236648	0	82000	238948
制造业	70187	60096	37684	70257	75271	0	36563	75328
电力、燃气及水的生产和供应业	134265	155743	167510	111245	163843	163955	184558	143486
建筑业	69655	74404	51069	69466	73572	66479	74095	73638
批发和零售业	75158	75236	49971	75379	87028	100291	62246	87043
交通运输、仓储和邮政业	80020	109649	91337	77753	87340	116218	48920	85979
住宿和餐饮业	63511	42659	38944	64073	71154	56693	40508	71483
信息传输、软件和信息技术服务业	117115	121532	46467	117599	136416	110521	43875	136545
金融业	133891	170541	24000	120063	140795	180467	0	125892
房地产业	79582	61511	53853	81106	81359	77119	57101	81918
租赁和商务服务业	90239	57765	68354	98277	69339	63522	59233	69810
科学研究和技术服务业	106829	153181	76042	94621	140799	185953	94754	131513
水利、环境和公共设施管理业	69204	60079	56900	82917	81120	70764	82000	90611
居民服务、修理和其他服务业	56380	73311	39800	54559	66003	98423	39333	56324
教育	106324	124536	55634	83494	113732	134517	75952	90787
卫生和社会工作	111799	122367	63329	71067	130110	142482	73410	81623
文化、体育和娱乐业	79869	106008	43043	72846	91151	118952	48800	85395
公共管理、社会保障和社会组织	121158	121453	0	41779	133040	133040	0	134143

4-12 全市各行业城镇非私营单位在岗职工工资总额（2017-2018 年）

（按经济类型分）

单位：万元

项　目	2017年				2018年			
	合计	国有单位	城镇集体单位	其他单位	合计	国有单位	城镇集体单位	其他单位
总　计	5604148	1022497	58334	4523317	6193324	1081555	57844	5053925
一、按企业、事业和机关分								
企业	4758895	228319	54685	4475891	5243797	190359	53551	4999888
事业	481218	462404	3351	15463	524667	506676	4021	13970
机关	327967	327457	0	511	380656	380316	0	340
二、按国民经济行业分								
农、林、牧、渔业	21866	20394	814	658	22616	21815	286	516
采矿业	6047	0	0	6047	6461	0	33	6428
制造业	2549962	1237	2390	2546334	2662409	0	1589	2660820
电力、燃气及水的生产和供应业	76684	3364	36834	36487	74012	3278	39723	31010
建筑业	236101	11170	1658	223273	292430	3213	1194	288023
批发和零售业	264238	6178	1414	256647	290469	3267	1175	286027
交通运输、仓储和邮政业	200489	18977	468	181045	215907	11115	119	204673
住宿和餐饮业	152454	1945	612	149898	182247	1895	462	179891
信息传输、软件和信息技术服务业	316676	1920	902	313854	348538	785	63	347691
金融业	219539	84454	5	135080	223950	87950	0	136000
房地产业	261173	7763	5096	248314	332184	4433	4874	322877
租赁和商务服务业	212373	27404	1607	183363	284261	14523	2760	266978
科学研究和技术服务业	123472	36978	1011	85484	172246	39272	384	132590
水利、环境和公共设施管理业	52277	28703	171	23403	52445	23222	49	29174
居民服务、修理和其他服务业	14681	2630	376	11675	21562	7478	336	13749
教育	283433	196860	1583	84990	301744	198397	1688	101659
卫生和社会工作	173269	151580	3310	18379	217110	190663	3085	23361
文化、体育和娱乐业	25279	7231	86	17961	29027	6637	24	22366
公共管理、社会保障和社会组织	414138	413711	0	426	463707	463613	0	94

4-13 全市各行业城镇非私营单位在岗职工平均工资（2017-2018 年）

（按经济类型分） 单位：元 / 人．年

项 目	2017 年				2018 年			
	合计	国有单位	城镇集体单位	其他单位	合计	国有单位	城镇集体单位	其他单位
总 计	81014	110560	94109	76280	87032	126494	110006	81497
一、按企业、事业和机关分								
企业	77202	90276	97419	76422	82422	99529	113799	81664
事业	112296	116001	65938	61876	127182	132578	83525	54545
机关	122372	122595	0	55500	135826	135951	0	65423
二、按国民经济行业分								
农、林、牧、渔业	34458	33156	76047	67710	34802	34021	123000	69190
采矿业	206365	0	0	206365	236648	0	82000	238948
制造业	69638	60096	34691	69707	74780	0	31590	74839
电力、燃气及水的生产和供应业	134026	158660	168036	110375	164471	169865	184758	143994
建筑业	72494	76376	57351	72267	75570	66664	74095	75677
批发和零售业	76352	76564	53517	76526	88188	100830	63096	88206
交通运输、仓储和邮政业	81622	111282	93422	79308	89027	113992	51739	87963
住宿和餐饮业	65403	42654	39199	66037	73482	56734	40841	73861
信息传输、软件和信息技术服务业	119564	122268	46741	120084	140446	110521	45071	140585
金融业	163139	170691	24000	158883	171361	180656	0	165986
房地产业	80102	61767	54558	81624	84259	78190	57777	84925
租赁和商务服务业	89912	58550	68681	97803	69595	63844	62441	70028
科学研究和技术服务业	107904	153851	81500	95557	141570	187788	98564	132038
水利、环境和公共设施管理业	70008	65286	56900	76418	81110	70885	82000	90512
居民服务、修理和其他服务业	56216	74503	35453	53908	66468	101213	34313	56318
教育	105718	125857	56354	78347	113474	136677	77602	86017
卫生和社会工作	112224	122526	64017	71464	130833	142480	74517	83213
文化、体育和娱乐业	82996	114518	43000	74802	93517	129476	48800	86575
公共管理、社会保障和社会组织	121665	121890	0	42640	135245	135245	0	134143

4-14 各区城镇非私营单位在岗职工工资总额（2018 年）

单位：万元

指　　标	香洲区	斗门区	金湾区
总　计	4237305	851564	1104455
一、按企业、事业和机关分			
企业	3521541	705206	1017050
事业	372362	89755	62551
机关	299976	55826	24854
二、按国民经济行业分			
农、林、牧、渔业	667	1092	20857
采矿业	80	0	6381
制造业	1299035	597826	765547
电力、燃气及水的生产和供应业	55895	1871	16246
建筑业	226059	46835	19535
批发和零售业	247291	13011	30168
交通运输、仓储和邮政业	132917	16826	66164
住宿和餐饮业	169591	4512	8145
信息传输、软件和信息技术服务业	347744	272	522
金融业	223950	0	0
房地产业	294930	14785	22470
租赁和商务服务业	235065	8391	40805
科学研究和技术服务业	167030	1708	3509
水利、环境和公共设施管理业	49678	949	1818
居民服务、修理和其他服务业	18869	555	2138
教育	224099	38652	38993
卫生和社会工作	157366	33768	25976
文化、体育和娱乐业	26436	1755	836
公共管理、社会保障和社会组织	360604	68757	34346

4-15 各区城镇非私营单位在岗职工年平均工资（2018 年）

单位：元 / 人 . 年

指　　标	香洲区	斗门区	金湾区
总　计	91393	77316	80164
一、按企业、事业和机关分			
企业	86574	71794	77554
事业	126803	125461	132177
机关	136785	126886	145893
二、按国民经济行业分			
农、林、牧、渔业	71804	131083	32929
采矿业	53067	0	247322
制造业	76221	71480	75017
电力、燃气及水的生产和供应业	170363	128137	151529
建筑业	76745	69597	81808
批发和零售业	88148	88098	88551
交通运输、仓储和邮政业	80587	77796	117245
住宿和餐饮业	76094	41390	56995
信息传输、软件和信息技术服务业	140697	54480	102255
金融业	171361	0	0
房地产业	82218	137553	90793
租赁和商务服务业	67962	56054	82836
科学研究和技术服务业	141235	183526	141209
水利、环境和公共设施管理业	83660	43107	63757
居民服务、修理和其他服务业	64096	75041	96293
教育	107116	131276	143606
卫生和社会工作	124740	142826	161334
文化、体育和娱乐业	91170	119013	136819
公共管理、社会保障和社会组织	140694	113656	130220

4-16 年末城镇登记失业率（1995-2018 年）

年 份	失业率（%）
1995	2.69
1996	2.4
1997	2.59
1998	2.56
1999	2.58
2000	2.91
2001	2.93
2002	2.91
2003	2.9
2004	2.81
2005	2.79
2006	2.77
2007	2.76
2008	2.79
2009	2.8
2010	2.65
2011	2.35
2012	2.34
2013	2.28
2014	2.26
2015	2.26
2016	2.28
2017	2.26
2018	2.25

五、固定资产投资

5-1 固定资产投资主要指标

指　标	单位	2000年	2005年	2010年	2014年	2015年	2016年	2017年	2018年比2017年增长(%)
投资完成额	亿元	94.98	218.51	501.55	1135.05	1305.14	1389.75	1662.02	20.7
#房地产开发	亿元	32.70	51.29	179.51	388.30	524.12	641.03	666.12	18.2
按登记注册类型分									
内资企业	亿元		110.00	395.70	989.09	1119.58	1160.91	1418.15	27.7
国有经济	亿元			181.90	428.37	460.55	342.96	434.82	0.9
集体经济	亿元			21.46	3.80	29.12	7.35	4.93	92.7
私营个体经济	亿元			52.01	218.49	151.29	183.51	173.50	-1.8
港澳台投资	亿元		84.55	61.62	94.36	128.12	128.52	158.45	-10
外商投资	亿元		23.91	44.23	51.60	57.45	100.32	85.42	-29.5
民间投资					394.84	481.55	638.80	739.97	27.3
按构成分									
建筑安装工程	亿元	58.89	129.73	313.35	805.91	938.98	863.81	1030.57	15.1
设备工具器具购置	亿元	19.85	63.50	50.77	75.03	91.68	98.00	158.65	-10.9
其他费用	亿元	16.24	25.28	137.43	254.10	274.48	427.95	472.80	40.6
按三次产业分									
第一产业	亿元	0.72	0.50	0.45	1.68	1.65	3.03	1.26	230.6
第二产业	亿元	38.27	118.21	124.60	276.04	258.11	287.47	336.71	4.7
第三产业	亿元	55.99	99.80	376.50	857.33	1045.38	1099.25	1324.06	23.6
按财务拨贷款合计	亿元	94.98	218.51	316.26	1648.12	1914.02	2278.04	2258.96	-3.0
国家预算资金	亿元	0.47	0.58	21.75	90.26	79.72	59.17	74.15	120.9
国内贷款	亿元	7.00	38.50	46.74	485.24	552.92	266.45	627.49	-24.1
利用外资	亿元	30.06	65.30	35.33	48.89	16.64	54.03	67.62	-21.0
自筹资金	亿元	33.06	86.18	149.65	671.70	596.11	635.45	914.74	-7.8
其他资金	亿元	24.40	27.95	62.79	351.78	668.63	1262.94	574.97	13.9

5-2 建市以来全市全社会固定资产投资额

年份	完成投资总额	一、按报表种类分			
		1. 基本建设	2. 更新改造	3. 房地产	4. 其他
1979	3628	3106	…	…	…
1980	5804	4542	…	…	…
1981	11531	8458	…	…	…
1982	22959	11722	5909	…	…
1983	21689	13654	1340	…	…
1984	47821	36212	1104	…	…
1985	96992	81618	4839	…	…
1986	85315	72685	1874	…	108
1987	96506	79001	3317	…	22
1988	123375	94318	7812	…	105
1989	97599	87679	3197	…	…
1990	121205	95620	3991	14296	194
1991	169763	114927	3961	32355	…
1992	527275	338344	15882	142922	…
1993	791515	539111	7316	187432	…
1994	985792	736872	18970	174800	…
1995	907342	564100	20844	260560	…
1996	657383	411695	23941	160709	…
1997	717733	444715	26133	197389	…
1998	961286	621827	22059	271667	…
1999	1169175	772072	19055	331315	5401
2000	949823	540757	17975	326967	22734
2001	1048682	623437	18068	342186	26565
2002	1205346	734985	54206	372099	30217
2003	1410518	889317	102061	388141	16350
2004	1826539	1227487	154597	435476	8976
2005	2185110	1468692	188376	512891	15151
2006	2571608	1664899	228799	655896	22014
2007	3450467	1838274	249786	1326556	35851
2008	3767575	1948158	281566	1520896	16955
2009	4105052	1958511	351817	1684427	110297
2010	5015458	…	…	1795101	…
2011	6373858	…	…	2556096	…
2012	7876184	…	…	2420776	…
2013	9187674	…	…	2725782	…
2014	11350492	…	…	3882999	…
2015	13051412	…	…	5241185	…
2016	13897545	…	…	6410315	…
2017	16620214	…	…	6661158	…
2018	…	…	…	7870920	…

注：2010 年开始，基本建设和更新改造没有统计数据。从 2011 年起，统计口径为 500 万元以上投资项目，下同，对应 2010 年数据为 4970616，2013 年数据为三经普后核定数据。

5-2 续表

单位：万元

年份	二、按构成分			三、按工程用途分		
	1. 建安工程	2. 设备工器具	3. 其它费用	1. 第一产业	2. 第二产业	3. 第三产业
1979	2683	555	390	…	…	…
1980	4729	875	200	…	…	…
1981	9330	1877	324	…	…	…
1982	18685	3565	709	…	…	…
1983	21126	459	104	…	…	…
1984	41857	2758	3206	…	…	…
1985	80910	12693	3389	…	…	…
1986	64557	16362	4396	…	…	…
1987	57290	34462	4754	…	…	…
1988	86866	28032	8477	…	…	…
1989	70529	21458	5612	…	…	…
1990	57027	51605	12573	…	…	…
1991	132133	29099	8531	…	…	…
1992	406330	75359	45586	…	…	…
1993	593761	109341	88413	1596	198771	591148
1994	642740	306320	36732	10898	301778	673116
1995	524409	178141	204792	30489	231064	645789
1996	462285	119871	75227	9326	222051	426006
1997	502618	105714	109401	9919	289732	418082
1998	528987	239271	193028	11464	429853	519969
1999	631571	390881	146723	26939	525175	617061
2000	588880	198540	162403	7221	382656	559946
2001	663606	238829	146247	3388	553815	491479
2002	764540	293268	147538	4872	492537	707937
2003	951198	284859	174461	9095	668595	732828
2004	945177	552076	329286	14456	989129	822954
2005	1297260	635015	252835	4998	1182142	997970
2006	1512518	753462	305628	1597	1486643	1083368
2007	2006992	786404	657071	1632	1480552	1968283
2008	2487785	674530	605260	0	1297302	2470273
2009	2855564	463624	785864	13942	1026015	3065095
2010	3133464	507738	1374256	4493	1245997	3764968
2011	4473775	529522	1370561	19055	1521141	4833662
2012	6145520	666900	1063764	16034	1867195	5992955
2013	6875992	931514	1380168	3333	2388278	6796063
2014	8059141	750307	2541044	16771	2759512	8574209
2015	9389784	916812	2744816	16465	2586864	10448083
2016	8638113	979950	4279482	30287	2874737	10992521
2017	10305712	1586471	4728031	12601	3367057	13240556
2018 年比 2017 年增长（%）	15.1	-10.9	40.6	230.6	4.7	23.6

5-3 建市以来全市全社会新增固定资产

单位：万元

年份	新增固定资产	1. 基本建设	2. 更新改造	3. 房地产	4. 其他
1979	1498	1236	…	…	262
1980	3729	2766	…	…	963
1981	5935	3138	…	…	2797
1982	14007	5738	3694	…	4575
1983	13519	7340	992	…	5187
1984	25530	15548	711	…	9271
1985	55645	41257	4535	…	9853
1986	66942	55062	2720	…	9160
1987	66415	55278	1023	…	10114
1988	79777	57070	1827	…	20880
1989	61135	51542	3395	…	6198
1990	120340	88330	6177	19425	6408
1991	107590	59931	3450	29264	14945
1992	171255	71300	16415	55040	28500
1993	379057	253103	6342	86920	32692
1994	316184	158814	9424	110377	37569
1995	397951	188127	18275	126396	65153
1996	453859	261266	20142	121907	50544
1997	464634	173613	49587	189363	52071
1998	534682	223368	13929	261119	36266
1999	842388	571094	7562	212154	51578
2000	1505398	964627	25642	469432	45697
2001	1024329	656190	10031	331185	26923
2002	889713	509443	45128	297534	37608
2003	938758	553686	73592	302068	9412
2004	1046525	578354	105465	349323	13383
2005	1310497	811186	91392	392768	15151
2006	1431198	931433	146844	334507	18414
2007	1434003	752916	189145	459112	32830
2008	1893774	642450	252683	988091	10550
2009	1876871	742333	235366	790755	108417
2010	2257671	…	…	506911	…
2011	3503116	…	…	1365039	…
2012	5210322	…	…	1957819	…
2013	4959240	…	…	1899914	…
2014	6044911	…	…	826522	…
2015	5335956	…	…	1281225	…
2016	5331126	…	…	2425213	…
2017	4226819	…	…	1756366	…
2018	10648600	…	…	1981254	…

注：城镇集体、农村个人、城乡私人合并为“其他”。

5-4 固定资产投资分经济类型、分行业表

单位：万元

指　　标	2017 年	2018 年比 2017 年增长（%）
一、本年完成投资	**16620214**	**20.7**
其中：住宅	4268739	10.4
1. 按登记注册类型分		
（1）内资	14181510	27.7
# 国有经济	4348193	0.9
集体经济	49297	92.7
私营个体经济	1735007	-1.8
# 民间投资	7399727	27.3
（2）外资	2438704	-16.9
# 港澳台商投资	1584523	-10.0
外商投资	854181	-29.5
2. 按建设性质分		
（1）新建	14498824	22.0
（2）扩建	364758	-25.7
（3）改建	1201475	31.9
3. 按构成分		
（1）建安工程	10305712	15.1
（2）设备工器具购置	1586471	-10.9
（3）其他费用	4728031	40.6
4. 按三次产业分		
（1）第一产业	12601	230.6
（2）第二产业	3367057	4.7
（3）第三产业	13240556	23.6

5-4 续表

单位：万元

指　标	2017年	2018年比2017年增长（%）
5. 按行业分		
（1）农、林、牧、渔业	21821	126.5
（2）采矿业	8226	2713.6
（3）制造业	2952946	-11.7
（4）电力、燃气及水的生产和供应业	406613	41.6
（5）建筑业	0	--
（6）交通运输、仓储和邮政业	2664056	-52.5
（7）信息传输、软件和信息技术服务业	83399	-15.4
（8）批发和零售业	62976	106.0
（9）住宿和餐饮业	76173	0.3
（10）金融业	0	--
（11）房地产业	7447441	13.3
（12）租赁和商务服务业	499649	281.1
（13）科学研究和技术服务业	146817	16.6
（14）水利、环境和公共设施管理业	1520250	45.8
（15）居民服务、修理和其他服务业	9362	115.0
（16）教育	254172	1.6
（17）卫生和社会工作	63587	120.4
（18）文化、体育和娱乐业	181527	8.7
（19）公共管理、社会保障和社会组织	221199	51.6
（20）国际组织	0	--
总计中：		
基础产业	5039885	14.3
基础设施	4537712	8.4
#城市建设	1415295	48.8
能源	741152	123.5
工业	3367785	4.8
六大高耗能工业	1018218	9.4
装备制造业	1888549	-20.7
二、新增固定资产	**4226819**	**151.9**

5-5 各行政（经济功能）区固定资产投资

单位：万元

区　　域	2017 年	2018 年比 2017 年增长（%）
横琴新区（不含保税）	4123081	40.9
香洲区直属	4295882	19.5
高新区主园区	1233980	34.3
保税区	235522	116.7
万山区	113396	49.2
斗门区	2155001	23.5
高栏港区	2630840	-40.6
金湾区直属	1832513	19.6

注：香洲区直属不含横琴新区、高新区主园区、保税区和万山区；金湾区直属不含高栏港区。

5-6 全市基础产业主要指标投资增长情况

指 标	2018年比2017年增长（%）
固定资产投资完成额	20.7
基础产业投资完成额	14.3
其中：基础设施投资	8.4
铁路运输业	72.8
道路运输业	-23.4
城市公共交通业	685.7
水上运输业	-3.1
水利管理投资	29.7
防洪除涝设施管理	29.9
天然水收集与分配	-43
电力、热力的生产和供应业	27.3
燃气的生产和供应业	333.8

5-7 固定资产投资完成情况（不含房地产）

项　　目	计量单位	2017 年	2018 年比 2017 年增长（%）
计划总投资	**万元**	**54252307**	**32.9**
自开始建设至本年底累计完成投资	万元	30321569	13.6
本年完成投资	万元	9959056	22.6
其中：住宅	万元	16542	495.9
按构成分			
建筑工程	万元	5689352	20.4
安装工程	万元	446998	-44.0
设备工器具购置	万元	1559329	-31.4
其他费用	万元	2263377	32.5
其中：土地购置费	万元	1639939	41.4
本年新增固定资产	万元	2470453	250.8
本年施工房屋面积	万平方米	4524289	232.0
其中：住宅	万平方米	128428	79.7
本年竣工房屋面积	万平方米	312929	47.5
其中：住宅	万平方米	9893	760.8
施工项目个数	个	1021	33.8
其中：本年新开工	个	558	24.9
本年投产项目个数	个	559	-26.7
资金来源情况			
一、本年资金来源合计	万元	9290508	32.3
1. 上年末结余资金	万元	1163637	36.6
2. 本年资金来源小计	万元	8126871	31.7
(1) 国家预算内资金	万元	741503	120.9
(2) 国内贷款	万元	1409048	0.8
(3) 债券	万元	0	--
(4) 利用外资	万元	545057	-9.6
其中：外商直接投资	万元	0	--
(5) 自筹资金	万元	5042814	29.3
其中：企事业单位自有资金	万元	--	--
(6) 其他资金来源	万元	388449	56.0
二、各项应付款合计	万元	1391148	28.0

5-8 房地产开发主要指标

指　标	单位	2000年	2005年	2010年	2014年	2015年	2016年	2017年	2018年
土地开发及购置									
本年土地购置面积	万平方米	61.93	132.49	62.88	76.87	41.93	118.24	63.12	9.78
本年完成投资额	亿元	32.70	51.29	179.51	388.30	524.12	641.03	666.12	787.09
#住宅	亿元	22.71	32.12	122.91	268.34	385.37	449.50	425.22	461.58
资金来源小计	亿元	32.61	78.03	377.08	914.01	1271.46	1636.44	1446.27	1171.70
#国内贷款	亿元	2.60	21.43	110.42	357.68	430.65	180.18	486.58	338.40
利用外资	亿元	0.77	0.96	1.24	8.42	2.91	3.00	13.11	4.86
自筹资金	亿元	13.64	24.31	48.04	224.28	189.77	234.56	410.46	235.39
定金及预收款	亿元					275.95	584.02	264.58	468.95
个人按揭贷款	亿元					121.56	294.53	129.47	70.36
其他资金	亿元	15.60	31.33	217.38	323.63	250.62	340.15	142.07	53.74
施工面积	万平方米	470.95	572.63	1211.14	2055.98	2245.42	2643.88	3253.98	3419.18
#住宅	万平方米	337.34	481.44	917.35	1404.81	1469.21	1725.35	1908.85	1904.62
竣工面积	万平方米	190.45	226.10	210.88	166.21	196.39	360.93	422.80	267.06
#住宅	万平方米	149.77	183.05	171.89	128.50	156.79	309.50	280.07	189.17
竣工房屋价值	亿元	36.28	38.33	48.71	52.02	75.38	225.67	160.03	186.86
#住宅	亿元	27.18	30.26	39.73	38.21	59.06	203.51	102.76	135.77
商品房屋销售额	亿元	44.97	76.97	275.21	461.85	594.47	1215.60	1093.42	704.47
#住宅	亿元	37.34	64.82	255.73	398.07	541.31	1096.96	881.39	499.62
商品房屋销售面积	万平方米	144.96	190.73	257.38	336.09	417.69	653.15	509.65	301.58
#住宅	万平方米	127.77	171.49	233.49	292.97	385.80	596.61	420.28	220.75

5-9 房地产开发投资来源与投向情况（2017-2018 年）

指　　标	单　位	2017 年	2018 年	2018 年比 2017 年增长（%）
一、本年完成投资额	**万元**	**6661158**	**7870920**	**18.2**
其中：土地购置费	万元	2016805	2950221	46.3
按构成分				
（1）建筑工程	万元	3740886	3945825	5.5
（2）安装工程	万元	428476	418319	-2.4
（3）设备工器具购置	万元	27142	22487	-17.2
（4）其他费用	万元	2464654	3484289	41.4
按工程用途分：				
（1）住宅	万元	4252197	4615793	8.6
（2）办公楼	万元	897014	951875	6.1
（3）商业营业用房	万元	721033	570630	-20.9
（4）其他	万元	790914	1732622	119.1
二、新增固定资产	**万元**	**1756366**	**1981254**	**12.8**
三、本年购置土地面积	**平方米**	**631198**	**97827**	**-84.5**
四、本年土地成交价款	**万元**	**1017030**	**173453**	**-82.9**
五、本年资金来源合计	**万元**	**21209560**	**18812716**	**-11.3**
1. 上年末结余资金	万元	6746819	7095679	5.2
2. 本年资金来源小计	万元	14462741	11717037	-19.0
（1）国内贷款	万元	4865814	3384036	-30.5
（2）利用外资	万元	131104	48575	-62.9
（3）自筹资金	万元	4104604	2353870	-42.7
（4）定金及预收款	万元	2645848	4689536	77.2
（5）个人按揭贷款	万元	1294678	703562	-45.7
（6）其他资金	万元	1420693	537458	-62.2
六、各项应付款	**万元**	**2463220**	**2692521**	**9.3**
其中：工程款	万元	1312879	1426224	8.6

5-10 分区房地产开发投资情况(2018年)

指　　标	单 位	香洲区	斗门区	金湾区
一、本年完成投资额	**万元**	**5645296**	**1149466**	**1076158**
其中：土地购置费	万元	2268879	358602	322740
按构成分				
(1) 建筑工程	万元	2664008	689936	591881
(2) 安装工程	万元	254172	70360	93787
(3) 设备工器具购置	万元	11414	2650	8423
(4) 其他费用	万元	2715702	386520	382067
按工程用途分：				
(1) 住宅	万元	2825450	948768	841575
(2) 办公楼	万元	937130	14546	199
(3) 商业营业用房	万元	498100	29291	43239
(4) 其他	万元	1384616	156861	191145
二、新增固定资产	**万元**	**1181660**	**492062**	**307532**
三、本年购置土地面积	**平方米**	**25800**	**72027**	**0**
四、本年土地成交价款	**万元**	**26476**	**146977**	**0**
五、本年资金来源合计	**万元**	**14194375**	**2222254**	**2396087**
1. 上年末结余资金	万元	5639168	762853	693658
2. 本年资金来源小计	万元	8555207	1459401	1702429
(1) 国内贷款	万元	2590781	272858	520397
(2) 利用外资	万元	48575	0	0
(3) 自筹资金	万元	1641709	411620	300541
(4) 定金及预收款	万元	3479751	518600	691185
(5) 个人按揭贷款	万元	332543	216523	154496
(6) 其他资金	万元	461848	39800	35810
六、各项应付款	**万元**	**2017274**	**374481**	**300766**
其中：工程款	万元	1033177	211225	181822

5-11 房地产开发施工与待售情况(2017-2018 年)

单位：平方米

指　　标	2017 年	2018 年	2018 年比 2017 年增长(%)
一、施工面积合计	**32539828**	**34191837**	**5.1**
1. 住宅	19088458	19046175	-0.2
2. 办公楼	4179080	4857928	16.2
3. 商业营业用房	3184769	3677255	15.5
4. 其他	6087521	6610479	8.6
二、新开工面积合计	**10069803**	**5982767**	**-40.6**
1. 住宅	5279036	2877054	-45.5
2. 办公楼	1646500	1047777	-36.4
3. 商业营业用房	1057855	703005	-33.5
4. 其他	2086412	1354931	-35.1
三、待售面积合计	**1670927**	**1880474**	**12.5**
按用途分			
1. 住宅	667681	933874	39.9
2. 办公楼	242222	216906	-10.5
3. 商业营业用房	359841	392542	9.1
4. 其他	401183	337152	-16.0
按时间分			
1. 1 年以下	476732	466802	-2.1
2. 1-3 年	882076	1005819	14.0
3. 3 年以上	312119	407853	30.7

5-12 分区房地产开发施工与待售情况(2018 年)

单位：平方米

指　　标	香洲区	斗门区	金湾区
一、施工面积合计	**22700797**	**5823728**	**5667312**
1. 住宅	9627319	5074078	4344778
2. 办公楼	4791286	54514	12128
3. 商业营业用房	2996524	200684	480047
4. 其他	5285668	494452	830359
二、新开工面积合计	**4008528**	**649138**	**1325101**
1. 住宅	1301467	506641	1068946
2. 办公楼	993263	54514	0
3. 商业营业用房	645342	3200	54463
4. 其他	1068456	84783	201692
三、待售面积合计	**1303869**	**420663**	**155942**
按用途分			
1. 住宅	605333	295362	33179
2. 办公楼	202184	4133	10589
3. 商业营业用房	225561	76657	90324
4. 其他	270791	44511	21850
按时间分	0	0	0
1. 1 年以下	261850	187730	17222
2. 1-3 年	752615	209009	44195
3. 3 年以上	289404	23924	94525

5-13 房地产开发竣工与销售情况（2017-2018 年）

指　　标	单 位	2017 年	2018 年	2018 年比 2017 年增长 (%)
一、商品房竣工面积	**平方米**	**4228004**	**2670636**	**-36.8**
1. 住宅	平方米	2800695	1891720	-32.5
2. 办公楼	平方米	213677	147121	-31.1
3. 商业营业用房	平方米	218338	186742	-14.5
4. 其他	平方米	995294	445053	-55.3
二、商品房竣工价值	**万元**	**1600267**	**1868574**	**16.8**
1. 住宅	万元	1027566	1357654	32.1
2. 办公楼	万元	74792	86717	15.9
3. 商业营业用房	万元	150045	176875	17.9
4. 其他	万元	347864	247328	-28.9
三、商品房销售面积	**平方米**	**5096505**	**3015758**	**-40.8**
按用途分				
1. 住宅	平方米	4202772	2207463	-47.5
2. 办公楼	平方米	503533	501442	-0.4
3. 商业营业用房	平方米	209392	186851	-10.8
4. 其他	平方米	180808	120002	-33.6
按房源分				
1. 现房	平方米	759761	494200	-35.0
2. 期房	平方米	4336744	2521558	-41.9

5-14 分区房地产开发竣工与销售情况（2018 年）

指　　标	单 位	香洲区	斗门区	金湾区
一、商品房竣工面积	**平方米**	**1463765**	**848866**	**358005**
1. 住宅	平方米	855643	749845	286232
2. 办公楼	平方米	147121	0	0
3. 商业营业用房	平方米	131628	37802	17312
4. 其他	平方米	329373	61219	54461
二、商品房竣工价值	**万元**	**1105751**	**455649**	**307174**
1. 住宅	万元	746254	382651	228749
2. 办公楼	万元	86717	0	0
3. 商业营业用房	万元	120338	43097	13440
4. 其他	万元	152442	29901	64985
三、商品房销售面积	**平方米**	**1739188**	**688821**	**587749**
按用途分				
1. 住宅	平方米	1024861	654488	528114
2. 办公楼	平方米	500819	0	623
3. 商业营业用房	平方米	146833	5251	34767
4. 其他	平方米	66675	29082	24245
按房源分				
1. 现房	平方米	299142	99350	95708
2. 期房	平方米	1440046	589471	492041

5-15 房地产开发企业主要财务指标（2017-2018 年）

单位：万元

指　　标	2017 年	2018 年	2018 年比 2017 年增长（%）
一、年末资产负债			
1. 流动资产	48786864	53026392	8.7
2. 固定资产原价	630750	1183241	87.6
其中：累计折旧	160912	231635	44.0
其中：本年折旧	26105	34781	33.2
3. 资产总计	54909331	63302901	15.3
4. 负债合计	42105879	48812713	15.9
5. 所有者权益	12803452	14490188	13.2
6. 实收资本	5503087	6658442	21.0
二、损益及分配			
1. 营业收入	8654891	6814443	-21.3
其中：主营业务收入	8554598	6121522	-28.4
其中：土地转让收入	20	0	-100.0
商品房销售收入	8463236	6003364	-29.1
房屋出租收入	39796	36160	-9.1
其他收入	33493	74588	122.7
2. 营业成本	5348357	3772516	-29.5
其中：主营业务成本	5157187	3459799	-32.9
3. 营业税金及附加	821581	685997	-16.5
其中：主营业务税金及附加	808488	649480	-19.7
4. 其他业务利润	7250	25605	253.2
5. 销售费用	248661	287010	15.4
6. 管理费用	229718	378936	65.0
7. 财务费用	173101	265889	53.6
8. 营业利润	1959937	1686739	-13.9
9. 投资收益	265089	463063	74.7
10. 利润总额	1932052	1681697	-13.0
11. 应交所得税	416261	304400	-26.9
三、工资及福利			
本年应付职工薪酬	242092	217763	-10.0

5-16 分区房地产开发企业主要财务指标（2018 年）

单位：万元

指 标	香洲区	斗门区	金湾区
一、年末资产负债			
1. 流动资产	40419756	6084360	6522276
2. 固定资产原价	844996	187808	150436
其中：累计折旧	124389	72904	34342
其中：本年折旧	20365	7162	7254
3. 资产总计	49909843	6560612	6832445
4. 负债合计	38906981	4840221	5065511
5. 所有者权益	11002862	1720391	1766935
6. 实收资本	4963874	1005529	689039
二、损益及分配			
1. 营业收入	4498854	1231022	1084568
其中：主营业务收入	4065907	1228256	827359
其中：土地转让收入	0	0	0
商品房销售收入	3956213	1223197	823954
房屋出租收入	30119	3798	2243
其他收入	72365	1160	1063
2. 营业成本	2367218	679853	725446
其中：主营业务成本	2255174	677602	527024
3. 营业税金及附加	501792	125043	59163
其中：主营业务税金及附加	466720	124749	58012
4. 其他业务利润	25342	73	191
5. 销售费用	183381	55084	48545
6. 管理费用	200489	97795	80652
7. 财务费用	242926	20245	2719
8. 营业利润	1330602	214740	141396
9. 投资收益	443908	19100	55
10. 利润总额	1331282	211042	139373
11. 应交所得税	224940	55818	23642
三、工资及福利			
本年应付职工薪酬	163452	27302	27009

5-17 国有经济和民营企业房地产主要指标（2018年）

	单位	国有经济	同比增长%	民营企业	同比增长%
一、本年完成投资额	**万元**	**226918**	**4.6**	**5408178**	**21.4**
按构成分：建筑工程	万元	87891	-45.7	2683494	6.5
安装工程	万元	0	-100.0	319307	-3.9
土地购置费	万元	130773	241.3	2098739	59.3
按用途分：住宅	万元	62520	-47.9	3252572	9.6
二、房屋施工面积	**平方米**	**750211**	**-26.1**	**23144916**	**4.4**
其中：新开工面积	平方米	359515	12.9	3901165	-46.0
三、房屋竣工面积	**平方米**	**0**	**-100.0**	**1864932**	**-23.4**
四、商品房销售面积	**平方米**	**66561**	**-67.0**	**2048584**	**-47.1**
五、待售面积	**平方米**	**19144**	**-75.4**	**1538934**	**19.0**

5-18 总承包和专业承包建筑业企业生产情况(2017-2018 年)

指　　标	计量单位	2017 年	2018 年	2018 年比 2017 年增长 (%)
一、建筑业的合同情况				
签订的合同额	万元	18186049	25615890	40.9
1. 上年结转合同额	万元	11170725	14220008	27.3
2. 本年新签合同额	万元	7015324	11395881	62.4
二、承包工程完成情况				
1. 直接从建筑单位承揽工程完成的产值	万元	7292149	7712370	5.8
(1)自行完成施工产值	万元	7192009	7565715	5.2
(2)分包出去工程的产值	万元	100140	146655	46.4
2. 从建设单位以外承揽工程完成的产值	万元	84278	396621	370.6
三、建筑总产值	万元	7276287	7962336	9.4
其中：装饰装修产值	万元	346608	386116	11.4
其中：在外省完成的产值	万元	161317	295414	83.1
按构成分				
1. 建筑工程产值	万元	6585294	7204842	9.4
2. 安装工程产值	万元	668102	735417	10.1
3. 其他产值	万元	22891	22077	-3.6
四、竣工产值	万元	2555776	1987076	-22.3
五、房屋建筑施工面积	平方米	19572746	16816889	-14.1
其中：本年新开工面积	平方米	6810099	7432232	9.1
六、年末自有施工设备净值				
净值	万元	139643	112295	-19.6
总台数	台	12836	6998	-45.5
总功率	千瓦	1592573	205817	-87.1
七、补充资料				
企业总产值	万元	7402669	8801367	18.9

5-19 各区总承包和专业承包建筑业企业生产情况（2018 年）

指　　标	计量单位	香洲区	斗门区	金湾区
一、建筑业的合同情况				
签订的合同额	万元	23521382	2035546	58961
1. 上年结转合同额	万元	13621766	583397	14846
2. 本年新签合同额	万元	9899616	1452150	44115
二、承包工程完成情况				
1. 直接从建筑单位承揽工程完成的产值	万元	6143400	1531792	37178
⑴自行完成施工产值	万元	6046839	1483685	35192
⑵分包出去工程的产值	万元	96561	48108	1987
2. 从建设单位以外承揽工程完成的产值	万元	343025	48636	4960
三、建筑总产值	万元	6389864	1532321	40152
其中：装饰装修产值	万元	294100	78838	13178
其中：在外省完成的产值	万元	293444	1970	0
按构成分				
1. 建筑工程产值	万元	5767180	1418581	19081
2. 安装工程产值	万元	603612	110735	21071
3. 其他产值	万元	19072	3005	0
四、竣工产值	万元	1332212	614319	40545
五、房屋建筑施工面积	平方米	9406908	7405081	4900
其中：本年新开工面积	平方米	4772807	2656425	3000
六、年末自有施工设备净值				
净值	万元	107555	4740	0
总台数	台	5472	1526	0
总功率	千瓦	196210	9607	0
七、补充资料				
企业总产值	万元	7012949	1740847	47571

5-20　总承包和专业承包建筑企业房屋建筑完成情况（2018 年）

指　　标	房屋建筑竣工面积（平方米）	竣工房屋价值（万元）
合　计	7098291	931339
1、厂房、仓库	457249	77812
2、住宅	5871225	743887
3、办公用房	72425	12838
4、住宿和餐饮用房	11872	986
5、教育用房	78093	7857
6、文化、体育和娱乐用房	45321	6337
7、卫生医疗用房	4675	310
8、其他用房	557431	81314

5-21 总承包和专业承包建筑企业主要财务指标(2017-2018 年)

单位：万元

指　标	2017 年	2018 年	2018 年比 2017 年增长 (%)
一、年末资产负债			
1. 流动资产合计	6790266	7980318	17.5
其中：存货	813475	1054839	29.7
2. 固定资产原价	303027	377936	24.7
3. 累计折旧	131521	150947	14.8
其中：本年折旧	14332	22024	53.7
4. 资产合计	8178731	17080275	108.8
5. 负债合计	5624397	12900351	129.4
6. 所有者权益	2555949	4179924	63.5
7. 实收资本	1709569	2246267	31.4
其中：国家资本	182714	1273467	597.0
集体资本	41184	41097	-0.2
法人资本	1176801	516939	-56.1
个人资本	301005	400798	33.2
港澳台资本	7126	13967	96.0
外商资本	739	0	-100.0
二、损益及分配			
1. 主营业务收入	6586888	7194441	9.2
2. 主营业务成本	5958846	6265992	5.2
3. 主营业务税金及附加	69213	38393	-44.5
4. 其他业务利润	6225	38838	524.0
5. 销售费用	12510	11548	-7.7
6. 管理费用	204615	258983	26.6
7. 财务费用	21875	157702	620.9
8. 营业利润	315099	493695	56.7
9. 利润总额	303372	488522	61.0
三、工资及福利			
本年应付工资总额	998590	958480	-4.0
四、补充资料			
1. 应收工程款	1458822	1737293	19.1
2. 全部从业人员年平均人数	146938	158755	8.0

5-22 各区总承包和专业承包建筑企业主要财务指标（2018 年）

单位：万元

指　　标	香洲区	斗门区	金湾区
一、年末资产负债			
1. 流动资产合计	6995111	925492	59715
其中：存货	866366	181152	7321
2. 固定资产原价	357503	17014	3419
3. 累计折旧	140520	8652	1775
其中：本年折旧	20787	1153	84
4. 资产合计	15908328	1109039	62908
5. 负债合计	11977161	879421	43768
6. 所有者权益	3931167	229618	19140
7. 实收资本	2101447	129650	15170
其中：国家资本	1264827	3040	5600
集体资本	40597	500	0
法人资本	448809	64941	3190
个人资本	333249	61169	6380
港澳台资本	13967	0	0
外商资本	0	0	0
二、损益及分配			
1. 主营业务收入	5862073	1285298	47069
2. 主营业务成本	5090414	1136094	39483
3. 主营业务税金及附加	15482	22760	151
4. 其他业务利润	38767	28	43
5. 销售费用	10641	886	21
6. 管理费用	235203	19282	4498
7. 财务费用	151490	5589	623
8. 营业利润	411994	79027	2674
9. 利润总额	407156	78597	2769
三、工资及福利			
本年应付工资总额	800738	152032	5710
四、补充资料			
1. 应收工程款	1207360	497794	32139
2. 全部从业人员年平均人数	135484	22339	932

六、对外贸易和旅游

6-1 对外经济主要指标

指　　标	单　位	2000年	2005年	2010年	2013年	2014年
进出口总额	亿美元	91.65	257.29	434.80	541.69	549.98
出口总额	亿美元	36.46	107.71	208.62	266.06	290.54
#机电产品	亿美元	24.84	87.83	164.56	190.01	200.03
高新技术产品	亿美元	8.26	44.89	80.19	68.55	65.73
进口总额	亿美元	55.19	149.58	226.18	275.63	259.44
#机电产品	亿美元	19.82	65.36	98.98	99.65	89.05
高新技术产品	亿美元	9.11	46.28	71.10	67.35	60.61
设立企业数	个	654	624	231	272	330
#外商直接投资	个	554	587	213	272	330
合同外资金额	亿美元	8.60	23.22	12.75	23.71	29.96
#外商直接投资	亿美元	5.45	22.85	12.57	23.71	29.96
实际外资额	亿美元	10.19	7.00	12.40	16.87	19.31
#外商直接投资	亿美元	8.15	6.66	12.24	16.87	19.31
外商投资企业年底工商登记数	户			4313	4787	5220
投资总额	亿美元			246.00	289.01	378.19
注册资本	亿美元			135.06	159.18	223.46
星级酒店数	家	54	76	93	81	76
入境旅游人数	万人次			448.46	398.64	441.28
外国人	万人次			68.34	57.91	63.09
香港同胞	万人次			145.24	137.02	158.50
澳门同胞	万人次			137.45	142.18	153.45
台湾同胞	万人次			97.43	61.53	66.24
接待过夜旅游人数	万人次	382.93	640.19	1380.53	1572.14	1807.56
入境游客	万人次	97.43	172.90	325.14	263.23	291.34
外国人	万人次	7.80	26.35	56.73	48.36	52.37
香港同胞	万人次	40.44	63.07	107.48	97.29	112.53
澳门同胞	万人次	11.22	23.22	74.22	66.82	72.12
台湾同胞	万人次	37.97	60.25	86.71	50.76	54.32
国内游客	万人次	285.50	467.29	1055.39	1308.90	1516.22
旅行社接待人数	人次	1666532	3157478	3344802	2220988	2316688
入境游客	人次	444847	813104	918860	843269	851452
国内游客	人次	1221685	2344374	2425942	1377719	1465236
旅游社出境游	人次		107752	227298	383651	385532
港澳游	人次		92757	172435	273958	259827
其他	人次		14995	54863	109693	125705
旅游收入	亿元	70.25	115.95	219.34	241.80	270.65
旅游外汇收入	亿元	32.70	58.01	83.14	51.87	56.60
国内旅游收入	亿元	37.55	57.93	136.20	189.92	214.05

6-1 续表

指　标	单　位	2015 年	2016 年	2017 年	2018 年
进出口总额	亿美元	476.61	417.16	442.49	493.32
出口总额	亿美元	288.36	273.18	278.88	286.54
# 机电产品	亿美元	205.97	193.95	--	--
高新技术产品	亿美元	65.96	73.98	--	--
进口总额	亿美元	188.25	143.98	163.62	206.78
# 机电产品	亿美元	94.00	75.11	--	--
高新技术产品	亿美元	68.35	52.39	--	--
设立企业数	个	651	803	1565	3973
# 外商直接投资	个	651	803	1565	3973
合同外资金额	亿美元	36.15	90.51	107.19	75.37
# 外商直接投资	亿美元	36.15	90.51	107.19	75.37
实际外资额	亿美元	21.78	22.95	24.33	23.92
# 外商直接投资	亿美元	21.78	22.95	24.33	23.92
外商投资企业年底工商登记数	户	5890	6655	8305	12411
投资总额	亿美元	421.64	517.74	661.76	842.92
注册资本	亿美元	250.92	338.58	463.16	596.58
星级酒店数	家	76	66	66	68
入境旅游人数	万人次	471.12	492.06	499.46	513.73
外国人	万人次	60.01	63.70	62.93	67.51
香港同胞	万人次	170.31	180.04	175.68	178.94
澳门同胞	万人次	167.63	171.29	181.78	186.63
台湾同胞	万人次	73.17	77.03	79.07	80.65
接待过夜旅游人数	万人次	2018.52	2226.41	2288.63	2452.62
入境游客	万人次	309.52	317.23	318.25	325.97
外国人	万人次	49.80	50.96	51.07	52.66
香港同胞	万人次	120.92	120.99	115.56	116.31
澳门同胞	万人次	78.79	84.27	88.71	93.69
台湾同胞	万人次	60.00	61.01	62.91	63.31
国内游客	万人次	1709.00	1909.18	1970.37	2126.65
旅行社接待人数	人次	2379850	2460277	2463482	2709196
入境游客	人次	864833	942146	983370	940135
国内游客	人次	1515017	1518131	1480112	1769061
旅游社出境游	人次	409829	494443	482660	604429
港澳游	人次	259367	297879	240437	366672
其他	人次	150462	196564	242223	237757
旅游收入	亿元	276.76	317.08	367.70	466.16
旅游外汇收入	亿元	59.43	69.37	81.70	97.16
国内旅游收入	亿元	217.33	247.71	286.00	368.99

6-2 建市以来全市对外经济和旅游主要指标

年份	1. 外贸进出口总额（万美元）	外贸出口额	外贸进口额	外贸进出口差额	2. 外贸进出口总额指数（上年=100）	外贸出口额指数	外贸进口额指数
1979	1453	937	516	421	…	…	…
1980	1934	1309	625	684	133.1	139.7	121.1
1981	3130	1880	1250	630	161.8	143.6	200.0
1982	3741	2098	1643	455	119.5	111.6	131.4
1983	6689	2448	4241	-1793	178.8	116.7	258.1
1984	6843	2319	4524	-2205	102.3	94.7	106.7
1985	14495	3337	11158	-7821	211.8	143.9	246.6
1986	21332	7072	14260	-7188	147.2	211.9	127.8
1987	43817	27372	16445	10927	205.4	387.0	115.3
1988	63625	42105	21520	20585	145.2	153.8	130.9
1989	52958	36508	16450	20058	83.2	86.7	76.4
1990	64832	48865	15967	32898	122.4	133.8	97.1
1991	112710	69903	42807	27096	173.8	143.1	268.1
1992	152569	92278	60291	31987	135.4	132.0	140.8
1993	180769	106008	74761	31247	118.5	114.9	124.0
1994	258420	148777	109643	39134	143.0	140.3	146.7
1995	380266	211528	168738	42790	147.2	142.2	153.9
1996	494939	246409	248530	-2121	130.2	116.5	147.3
1997	552166	296556	255610	40946	111.6	120.4	102.8
1998	591696	299468	292228	7240	107.2	101.0	114.3
1999	628615	269926	358689	-88763	106.2	90.1	122.7
2000	916461	364583	551878	-187295	145.8	135.1	153.9
2001	980308	378908	601400	-222492	107.0	103.9	109.0
2002	1283868	520435	763433	-242998	131.0	137.4	126.9
2003	1678312	691000	987312	-296312	130.7	132.8	129.3
2004	2181335	904023	1277312	-373289	130.0	130.8	129.4
2005	2572916	1077074	1495842	-418768	118.0	119.1	117.1
2006	3281656	1484113	1797543	-313430	127.5	137.8	120.2
2007	3986899	1847285	2139614	-292329	121.5	124.5	119.0
2008	4683650	2117177	2566473	-449296	117.5	114.6	120.0
2009	3744020	1778301	1965719	-187418	79.9	84.0	76.6
2010	4347954	2086181	2261773	-175592	116.1	117.3	115.1
2011	5163892	2398741	2765151	-366410	118.8	115.0	122.3
2012	4566871	2163092	2403779	-240687	88.4	90.2	86.9
2013	5416898	2660577	2756321	-95745	118.6	123.0	114.6
2014	5499782	2905391	2594391	310999	101.3	109.3	93.7
2015	4766106	2883616	1882490	1001126	86.7	99.4	72.6
2016	4171637	2731800	1439837	1291962	87.6	94.8	76.5
2017	4424911	2788760	1636151	1152609	106.0	102.0	113.6
2018	4933177	2865367	2067810	797557	111.4	102.7	126.1

注：外贸进出口差额=外贸出口额-外贸进口额

6-2 续表 1

年份	3. 外贸进出口总额指数（1979 年 =100）	外贸出口额指数（1979 年 =100）	外贸进口额指数（1979 年 =100）	4. 外商直接投资设立企业数（个）	5. 外商直接投资合同外资金额（万美元）
1982	257.47	223.91	318.35	17	103515
1983	460.36	261.26	821.74	21	8359
1984	470.96	247.49	876.57	124	11138
1985	997.59	356.14	2161.97	131	12787
1986	1468.13	754.75	2763.02	77	4819
1987	3015.62	2921.24	3186.38	112	4205
1988	4378.87	4493.60	4169.72	264	14036
1989	3644.74	3896.26	3187.35	231	12840
1990	4461.94	5215.05	3093.77	393	25584
1991	7757.05	7460.30	8294.28	547	51751
1992	10500.28	9848.24	11681.98	737	118352
1993	12441.09	11313.55	14485.69	857	149238
1994	17785.27	15878.01	21244.43	516	105226
1995	26171.09	22575.03	32694.67	428	149972
1996	34063.25	26297.65	48155.17	258	84390
1997	38001.79	31649.52	49526.99	194	57861
1998	40722.37	31960.30	56622.10	207	37891
1999	43263.25	28807.47	69499.58	240	31101
2000	63073.71	38909.61	106931.88	554	54490
2001	67467.86	40438.42	116527.26	646	70506
2002	88359.81	55542.69	147922.78	704	131883
2003	115506.68	73746.00	191301.57	423	159693
2004	150126.29	96480.58	247491.97	472	176182
2005	177076.12	114949.20	289834.35	587	228527
2006	225853.82	158389.86	348291.93	782	246734
2007	274390.85	197148.88	414571.61	761	251591
2008	322343.43	225952.72	497279.81	304	145293
2009	257675.15	189786.66	380877.71	197	45938
2010	299239.78	222644.72	438241.33	213	125693
2011	355407.09	256041.42	535969.15	186	177563
2012	314179.86	230949.37	465757.19	253	218973
2013	372617.32	284067.72	533757.74	272	237066
2014	377538.81	310369.96	500115.29	330	299597
2015	327326.15	308507.74	363083.70	651	361472
2016	286639.51	292527.04	277722.72	803	905108
2017	303931.32	298503.95	315500.79	1565	1071877
2018	338579.49	306563.56	397846.50	3973	753703

6-2 续表 2

年份	6. 外商直接投资实际外资金额（万美元）	7. 外商直接投资实际外资金额指数（上年=100）	8. 接待境外过夜旅游人数（万人次）	9. 旅游外汇收入（万元）	10. 口岸出入境人数（万人次）
1979	0	…	…	…	…
1980	1065	…	2.61	148	446
1981	1308	122.8	4.80	620	504
1982	5536	423.2	6.40	1377	466
1983	2593	46.8	13.90	5193	544
1984	12457	480.4	28.96	25405	732
1985	5262	42.2	29.80	13520	1166
1986	4518	85.9	34.30	21975	1687
1987	3382	74.9	40.30	23524	1879
1988	4740	140.2	38.30	32262	2141
1989	5328	112.4	24.50	23303	1572
1990	6910	129.7	37.71	43120	1551
1991	13433	194.4	46.03	74815	1728
1992	21061	148.3	44.19	85046	1896
1993	44212	221.9	43.60	84594	2296
1994	57977	116.1	41.90	101621	2352
1995	53929	105.1	35.14	224066	2501
1996	60150	111.5	46.19	257261	2776
1997	61643	102.5	60.90	266490	2819
1998	69570	112.9	69.72	274834	2800
1999	75157	108.0	79.41	295239	3014
2000	81518	108.5	97.43	325838	3850
2001	86468	106.1	109.92	359222	4540
2002	69801	134.0	129.96	415154	5109
2003	84892	121.6	105.45	382074	5210
2004	47022	123.8	140.31	465982	6681
2005	66610	141.7	172.90	581419	7472
2006	82414	123.7	202.80	722798	7983
2007	102888	124.8	204.89	690301	8436
2008	114224	111.0	388.06	659058	8833
2009	118030	103.3	413.57	701238	8569
2010	122351	103.7	325.14	831388	9057
2011	133764	109.3	320.84	689341	10224
2012	144682	108.2	297.58	600224	10016
2013	168730	116.6	263.23	518746	10709
2014	193099	114.4	291.34	565987	11992
2015	217789	112.8	309.52	594312	13329
2016	229466	105.4	317.23	693700	13645
2017	243304	106.0	318.25	816974	14075
2018	239193	98.3	325.97	971633	15219

注：外商直接投资实际外资金额指数按可比口径计算。

6-3 对外经济主要指标(2017-2018 年)

指标	单位	2017 年	2018 年	2018 年比 2017 年增长 (%)
外贸进出口总额	万元	29924678	32462792	8.5
外贸出口额	万元	18830132	18871304	0.2
其中：机电产品	万元	13827081	14404450	4.2
高新技术产品	万元	6078065	6623373	9.0
外贸进口额	万元	11094546	13591488	22.5
其中：机电产品	万元	5117965	6956790	35.9
高新技术产品	万元	3347353	5109725	52.6
外商直接投资设立企业数	个	1565	3973	153.9
外商直接投资合同外资金额	万美元	1071877	753703	-29.7
外商直接投资实际外资金额	万美元	243304	239193	-1.7
外商投资企业年底工商登记数	户	8305	12411	49.4
投资总额	亿美元	661.76	842.92	27.4
注册资本	亿美元	463.16	596.58	28.8

注：进出口增速按可比口径计算，下同。

6-4 外贸进出口情况(2017-2018 年)

单位：万元

项　　目	外贸出口额			外贸进口额		
	2017 年	2018 年	增长 (%)	2017 年	2018 年	增长 (%)
总 计	18830132	18871304	0.2	11094546	13591488	22.5
一、按贸易方式分						
1. 一般贸易	11120981	10827708	-2.6	5458647	7174777	31.4
2. 加工贸易	6848196	7476185	9.2	3303866	3752167	13.6
(1) 进料加工	5840408	6463598	10.7	2558494	2933865	14.7
(2) 来料加工	1007788	1012587	0.5	745372	818302	9.8
3. 其他贸易	860954	567410	-34.1	2332033	2664544	14.3
二、按企业类型分						
1. 内资企业	10949752	10575428	-3.4	5220318	6531046	25.1
(1) 国有企业	2127917	2027594	-4.7	2833569	2589590	-8.6
(2) 集体企业	288994	202482	-29.9	162069	192793	19.0
(3) 私营企业	8532842	8345352	-2.2	2224679	3748664	68.5
2. 外商投资企业	7880379	8295876	5.3	5874228	7060442	20.2
(1) 中外合作企业	15116	12030	-20.4	4914	2878	-41.4
(2) 中外合资企业	848532	966087	13.9	1547886	2087517	34.9
(3) 外资企业	7016732	7317759	4.3	4321429	4970048	15.0

6-5　外贸出口主要商品（2017-2018 年）

单位：万元

商品类别	2017 年	2018 年	2018 年比 2017 年增长（%）
外贸出口额 总计	18830132	18871304	0.2
其中：			
空气调节器	1447215	1335273	-7.7
印刷电路	660418	606092	-8.2
服装及衣着附件	579137	376284	-35.0
电视机（包括整套散件）	209324	355540	69.9
自动数据处理设备及其部件	254987	265838	4.3
灯具、照明装置及类似品	378242	253813	-32.9
医药品	220790	241223	9.3
塑料制品	313910	240185	-23.5
通断保护电路装置及零件	217110	239118	10.1
集成电路	90667	229209	152.8
家具及其零件	228564	212475	-7.0
电话机	332795	204475	-38.6
纺织纱线、织物及制品	195189	200050	2.5
电动机及发电机	199115	192528	-3.3
钢材	190110	181354	-4.6
液化石油气及其他烃类气	218899	179460	-18.0
陶瓷产品	269063	176988	-34.2
打印机（包括多功能一体机）	149343	173236	16.0
电流	131903	165895	25.8
自动数据处理设备的零件	97076	156695	61.4
电视、收音机及无线电讯零附件	182377	155252	-14.9
原油	11285	154394	1268.1
汽车零件	159045	146394	-8.0
照相机	182387	144921	-20.5
玩具	217983	142259	-34.7
电线和电缆	161122	140163	-13.0
船舶	120397	135708	12.7
摩托车	27583	128118	364.5
静止式变流器	166312	126827	-23.7
鞋类	227535	116852	-48.6
扬声器	110539	115220	4.2
汽车（包括整套散件）	82504	105387	27.7
变压器	88057	91100	3.5
箱包及类似容器	160855	90609	-43.7
医疗仪器及器械	71278	83811	17.6
录、放像机	80311	75204	-6.4
电容器	42560	75108	76.5
水海产品	175675	61957	-64.7

6-6 外贸进口主要商品(2017-2018 年)

单位：万元

商 品 类 别	2017 年	2018 年	2018 年比 2017 年增长(%)
外贸进口额 总计	11094546	13591488	22.5
其中：			
集成电路	1703401	2955133	73.5
原油	2197515	2023462	-7.9
二甲苯	465245	664228	42.8
液化石油气及其他烃类气	519732	541934	4.3
铁矿砂及其精矿	233702	442475	89.3
初级形状的塑料	290245	319587	10.1
通断保护电路装置及零件	305385	318409	4.3
成品油	264985	298647	12.7
二极管及类似半导体器件	178030	200960	12.9
变压、整流、电感器及零件	188046	199536	6.1
印刷电路	171434	188370	9.9
纸浆	145991	184914	26.7
液晶显示板	111506	153851	38.0
印刷、装订机械及零件	129428	145281	12.3
鲜、干水果及坚果	8252	113699	1277.9
自动数据处理设备的零件	55657	93153	67.4
医药品	80630	86677	7.5
电容器	57507	86014	49.6
未锻造的铜及铜材	89013	84475	-5.1
计量检测分析自控仪器及器具	97498	82004	-15.9
煤及褐煤	36615	75275	105.6
纺织纱线、织物及制品	70453	72698	3.2
非泡沫塑料的板、片、膜、箔	84458	72657	-14.0
纸烟	48690	71212	46.3
装有引擎的汽车底盘	32755	56497	72.5
电线和电缆	55835	54361	-2.6
酒类	37816	52821	39.7
铬矿砂及其精矿	29776	44611	49.8
铜矿砂及其精矿	41379	43886	6.1
自动数据处理设备及其部件	40613	40870	0.6
乙二醇	43283	40614	-6.2
电阻器	37473	40409	7.8
制冷设备用压缩机	63429	35213	-44.5
锰矿砂及其精矿	0	31258	--
电动机及发电机	26470	31124	17.6
阀门	26379	30854	17.0
钢材	42262	26673	-36.9
苯乙烯	36065	25036	-30.6

6-7 对主要国家（地区）外贸出口情况（2017-2018 年）

单位：万元

国家（地区）	2017 年	2018 年	2018 年比 2017 年增长 (%)
外贸出口额 总计	18830132	18871304	0.2
亚洲	10635427	11098409	4.4
东南亚联盟	2122229	2265214	6.7
香港	2845728	2652341	-6.8
印度	1949953	2495694	28.0
日本	983189	1192194	21.3
印度尼西亚	310445	669193	115.6
澳门	888376	608083	-31.6
越南	304540	338781	11.2
新加坡	498041	300232	-39.7
韩国	276059	291197	5.5
台湾	230119	288026	25.2
马来西亚	335848	275099	-18.1
泰国	328826	260571	-20.8
菲律宾	251848	203724	-19.1
阿联酋	290338	198796	-31.5
沙特阿拉伯	260122	191230	-26.5
伊拉克	142760	137813	-3.5
缅甸	28537	130031	355.7
以色列	117904	105772	-10.3
土耳其	97941	101369	3.5
巴基斯坦	83704	86676	3.6
科威特	14053	86412	514.9
孟加拉国	66023	86089	30.4
柬埔寨	40280	51851	28.7
乌兹别克斯坦	12919	41018	217.5
阿曼	28750	40587	41.2
哈萨克斯坦	17297	35874	107.4
老挝	20963	30283	44.5
卡塔尔	24800	29751	20.0
约旦	25072	25195	0.5
伊朗	56782	23804	-58.1
朝鲜	8481	20807	145.3
黎巴嫩	21231	18347	-13.6
斯里兰卡	17683	15927	-9.9
巴林	16659	13455	-19.2

6-7 续表 1

单位：万元

国家（地区）	2017 年	2018 年	2018 年比 2017 年增长 (%)
尼泊尔	4546	6958	53. 1
塞浦路斯	5911	6165	4. 3
也门共和国	7004	5972	-14. 8
叙利亚	3634	5849	61. 0
文莱	2901	5450	87. 9
塔吉克斯坦	2210	4056	83. 5
蒙古	559	4054	625. 0
巴勒斯坦	2650	3886	46. 6
吉尔吉斯斯坦	3083	3467	12. 4
马尔代夫	2739	2906	6. 1
阿富汗	1898	1462	-23. 0
土库曼斯坦	2583	1427	-44. 8
东帝汶	359	450	25. 5
不丹	78	86	10. 4
中国	0	0	--
非洲	492147	418186	-15. 0
南非	67056	67438	0. 6
阿尔及利亚	53891	56825	5. 4
埃及	68143	44099	-35. 3
尼日利亚	75835	41184	-45. 7
摩洛哥	18691	25849	38. 3
加纳	23604	15175	-35. 7
利比亚	4816	14371	198. 4
坦桑尼亚	14751	14000	-5. 1
肯尼亚	14188	13395	-5. 6
科特迪瓦	10559	12297	16. 5
安哥拉	21354	11931	-44. 1
突尼斯	14078	11506	-18. 3
欧洲	3329404	3220015	-3. 3
欧洲联盟	2965738	2742699	-7. 5
德国	706566	615765	-12. 9
荷兰	406542	405978	-0. 1
俄罗斯	248250	329198	32. 6
英国	385806	292834	-24. 1
西班牙	322787	291643	-9. 7
波兰	291330	253880	-12. 9

6-7 续表 2　　　　单位：万元

国家（地区）	2017 年	2018 年	2018 年比 2017 年增长（%）
意大利	237384	225022	-5.2
法国	149424	167521	12.1
比利时	80247	86887	8.3
乌克兰	82252	86721	5.4
捷克共和国	55419	68546	23.7
匈牙利	50339	60075	19.3
斯洛文尼亚	11333	12943	14.2
塞尔维亚	5915	11273	90.6
白俄罗斯	2022	10711	429.9
拉丁美洲	941050	926529	-1.5
墨西哥	422303	454333	7.6
巴西	163064	130583	-19.9
阿根廷	66779	56773	-15.0
智利	56391	56064	-0.6
哥伦比亚	38714	39306	1.5
秘鲁	30615	28549	-6.8
巴拿马	34042	23064	-32.3
巴拉圭	14850	19791	33.3
波多黎各	16094	17136	6.5
圣文格林纳	40	15334	38567.8
多米尼加共和国	13513	13870	2.6
乌拉圭	13397	12953	-3.3
北美洲	3099738	2905352	-6.3
美国	2896988	2744863	-5.3
加拿大	201775	158552	-21.4
大洋洲	297282	260987	-12.2
澳大利亚	287887	254829	-11.5
巴布亚新几内亚	3763	3623	-3.7
斐济	1968	1392	-29.2

6-8 对主要国家（地区）外贸进口情况(2017–2018 年)

单位：万元

国家（地区）	2017 年	2018 年	2018 年比 2017 年增长 (%)
外贸进口额 总计	11094546	13591488	22.5
亚洲	8577747	10513304	22.6
东南亚联盟	1614259	1828828	13.3
韩国	752389	1858169	147.0
伊朗	2033532	1759481	-13.5
日本	828257	948016	14.5
台湾	829729	920236	10.9
新加坡	618534	592750	-4.2
马来西亚	443200	509127	14.9
泰国	241143	304337	26.2
阿联酋	207061	245650	18.6
沙特阿拉伯	118176	197525	67.1
科威特	118103	189508	60.5
菲律宾	142680	156614	9.8
印度尼西亚	109271	140747	28.8
越南	57700	115669	100.5
伊拉克	1	110016	10557070.0
印度	71656	93760	30.9
卡塔尔	166738	83483	-49.9
香港	94082	67709	-28.0
阿曼	88846	32170	-63.8
土耳其	8570	26135	205.0
澳门	6912	11890	72.0
以色列	9234	9639	4.4
老挝	523	6853	1210.4
巴基斯坦	7366	5391	-26.8
柬埔寨	1066	2301	115.8
中国	1620231	2122880	31.0
非洲	174294	295457	69.5

6-8 续表 1

单位：万元

国家（地区）	2017 年	2018 年	2018 年比 2017 年增长（%）
南非	87831	106920	21.7
民主刚果（扎伊尔）	13590	81668	500.9
利比亚	0	31448	--
加蓬	15	28456	193063.1
毛里塔尼亚	19582	8206	-58.1
尼日利亚	19736	7735	-60.8
赤道几内亚	10043	4908	-51.1
苏丹	293	4636	1484.3
马里	286	3217	1023.6
莫桑比克	836	3035	263.3
津巴布韦	0	2494	--
坦桑尼亚	424	2101	395.8
尼日尔	831	2028	144.0
多哥	198	1997	906.9
摩洛哥	1708	1987	16.4
埃塞俄比亚	0	1334	518123.7
欧洲	796135	980452	23.2
欧洲联盟	722367	884907	22.5
德国	250822	270927	8.0
法国	76071	171725	125.7
英国	55360	110427	99.5
意大利	68121	72600	6.6
荷兰	79324	60356	-23.9
俄罗斯	16705	44353	165.5
比利时	42355	42496	0.3
瑞士	33018	35658	8.0
奥地利	30049	29681	-1.2
捷克共和国	19048	19796	3.9
斯洛伐克	17405	13238	-24.0

6-8 续表 2

单位：万元

国家（地区）	2017 年	2018 年	2018 年比 2017 年增长（%）
西班牙	11200	12270	9.6
匈牙利	10158	11934	17.5
葡萄牙	6601	11461	73.6
波兰	6417	11301	76.1
丹麦	10456	11289	8.0
爱尔兰	4928	9394	90.6
瑞典	12296	9008	-26.7
罗马尼亚	6077	7855	29.3
乌克兰	661	6514	885.6
挪威	14618	4691	-67.9
芬兰	8848	4079	-53.9
塞尔维亚	7472	3417	-54.3
马耳他	2853	1282	-55.1
拉丁美洲	302815	361737	19.5
巴西	113263	165509	46.1
智利	45660	93047	103.8
墨西哥	60472	75450	24.8
乌拉圭	9393	11580	23.3
阿根廷	6654	4660	-30.0
委内瑞拉	62355	3523	-94.4
秘鲁	1139	3268	186.9
哥斯达黎加	2962	2340	-21.0
特立 -- 巴哥	0	1307	--
北美洲	1030342	959857	-6.8
美国	941660	871401	-7.5
加拿大	88683	88456	-0.3
百慕大	0	0	--
大洋洲	197177	443974	125.2
澳大利亚	196579	438876	123.3
巴布亚新几内亚	597	5079	750.2

6-9 外商直接投资设立企业情况（2017-2018 年）

单位：个

项 目	2017 年	2018 年	2018 年比 2017 年增长（%）
设立企业数 总计	1565	3973	153.9
一、按投资方式分			
1. 中外合资企业	138	133	-3.6
2. 中外合作企业	1	1	0.0
3. 外资企业	1422	3837	169.8
4. 股份制企业	1	2	100.0
5. 合伙企业	3	0	-100.0
二、按国民经济行业分			
农、林、牧、渔业	6	7	16.7
制造业	78	213	173.1
电力、热力、燃气及水生产和供应业	1	1	0.0
建筑业	59	386	554.2
批发和零售业	423	1181	179.2
交通运输、仓储和邮政业	21	13	-38.1
住宿和餐饮业	23	21	-8.7
信息传输、软件和信息技术服务业	194	1010	420.6
金融业	14	61	335.7
房地产业	61	74	21.3
租赁和商务服务业	453	692	52.8
科学研究和技术服务业	187	263	40.6
水利、环境和公共设施管理业	0	1	--
居民服务、修理和其他服务业	20	31	55.0
教育	17	6	-64.7
卫生和社会工作	0	2	--
文化、体育和娱乐业	8	11	37.5

6-9 续表 单位：个

项　目	2017年	2018年	2018年比2017年增长（%）
三、按国别（地区）分			
香港	805	3037	277.3
澳门	604	800	32.5
台湾省	48	48	0.0
美国	22	24	9.1
马来西亚	13	15	15.4
投资性公司投资	31	13	-58.1
新加坡	10	13	30.0
日本	6	9	50.0
加拿大	5	7	40.0
澳大利亚	6	4	-33.3
英属维尔京群岛	3	4	33.3
开曼群岛	2	3	50.0
塞舌尔	1	3	200.0
德国	1	3	200.0
创业投资公司投资	8	2	-75.0
韩国	3	2	-33.3
巴西	3	2	-33.3
法国	3	2	-33.3
俄罗斯联邦	2	2	0.0
萨摩亚	1	2	100.0
荷兰	2	1	-50.0
比利时	1	1	0.0
意大利	1	1	0.0
伊朗	1	1	0.0
新西兰	1	1	0.0
乌克兰	1	1	0.0
西班牙	0	1	--
埃塞俄比亚	0	1	--
波兰	0	1	--
印度	0	1	--
英国	4	0	-100.0
泰国	3	0	-100.0
丹麦	2	0	-100.0
以色列	1	0	-100.0
挪威	1	0	-100.0
葡萄牙	1	0	-100.0
喀麦隆	1	0	-100.0
秘鲁	1	0	-100.0
沙特阿拉伯	1	0	-100.0
南非	1	0	-100.0

6-10 外商直接投资合同外资情况（2017-2018 年）

单位：万美元

项 目	2017 年	2018 年	2018 年比 2017 年增长 (%)
合同外资金额 总计	1071877	753703	-29.7
一、按投资方式分			
1. 中外合资企业	216388	63833	-70.5
2. 中外合作企业	29999	231	-99.2
3. 外资企业	810594	686093	-15.4
4. 股份制企业	8079	3546	-56.1
5. 合伙企业	6817	0	-100.0
二、按国民经济行业分			
农、林、牧、渔业	404	1930	377.7
制造业	83578	151060	80.7
电力、热力、燃气及水生产和供应业	803	712	-11.3
建筑业	10084	11222	11.3
批发和零售业	105753	68446	-35.3
交通运输、仓储和邮政业	2419	1153	-52.3
住宿和餐饮业	1783	365	-79.5
信息传输、软件和信息技术服务业	25254	164900	553.0
金融业	107890	133128	23.4
房地产业	61208	51732	-15.5
租赁和商务服务业	555891	101682	-81.7
科学研究和技术服务业	109106	47062	-56.9
水利、环境和公共设施管理业	0	45	--
居民服务、修理和其他服务业	4834	13736	184.2
教育	222	5110	2201.8
卫生和社会工作	0	223	--
文化、体育和娱乐业	2648	1197	-54.8

6-10 续表 1

单位：万美元

项　目	2017年	2018年	2018年比2017年增长（%）
三、按国别（地区）分			
香港	431125	552639	28.2
澳门	438437	98727	-77.5
英国	162	41610	25585.2
投资性公司投资	74018	38452	-48.1
美国	27536	6169	-77.6
台湾省	5906	4986	-15.6
英属维尔京群岛	4339	3566	-17.8
毛里求斯	33600	3000	-91.1
德国	-13	1785	13830.8
马来西亚	320	1663	419.7
以色列	5	1466	29220.0
日本	-2455	864	135.2
萨摩亚	508	506	-0.4
巴西	29	292	906.9
荷兰	883	234	-73.5
新加坡	-10708	223	102.1
塞舌尔	124	170	37.1
丹麦	102	167	63.7
西班牙	0	131	--
加拿大	221	102	-53.9

6-10 续表 2

单位：万美元

项　目	2017 年	2018 年	2018 年比 2017 年增长（%）
澳大利亚	165	85	-48.5
法国	4978	52	-99.0
斯里兰卡	0	50	--
埃塞俄比亚	0	45	--
比利时	4105	38	-99.1
波兰	0	29	--
俄罗斯联邦	1	21	2000.0
伊朗	7	15	114.3
意大利	0	11	--
印度	0	8	--
新西兰	1	4	300.0
乌克兰	0	1	--
挪威	2400	0	-100.0
泰国	353	0	-100.0
塞拉利昂	6	0	-100.0
葡萄牙	4	0	-100.0
喀麦隆	2	0	-100.0
秘鲁	2	0	-100.0
瑞士	-129	0	100.0
文莱	-1800	0	100.0
沙特阿拉伯	1	-1	-200.0
南非	1	-1	-200.0
开曼群岛	54543	-282	-100.5
创业投资公司投资	2089	-334	-116.0
韩国	1009	-657	-165.1
芬兰	0	-2133	--

6-11 外商直接投资实际外资情况(2017-2018年)

单位：万美元

项 目	2017年	2018年	2018年比2017年增长(%)
实际外资金额 总计	243304	239193	-1.7
一、按投资方式分			
1. 中外合资企业	51137	57521	12.5
2. 中外合作企业	11427	0	-100.0
3. 外资企业	165489	181423	9.6
4. 股份制企业	8756	249	-97.2
5. 合伙企业	6495	0	-100.0
二、按国民经济行业分			
农、林、牧、渔业	670	59	-91.2
制造业	86674	82011	-5.4
电力、热力、燃气及水生产和供应业	924	0	-100.0
建筑业	26929	9023	-66.5
批发和零售业	9716	2296	-76.4
交通运输、仓储和邮政业	2345	563	-76.0
住宿和餐饮业	617	218	-64.7
信息传输、软件和信息技术服务业	5982	8764	46.5
金融业	3155	148	-95.3
房地产业	44133	21878	-50.4
租赁和商务服务业	31401	71500	127.7
科学研究和技术服务业	18791	14997	-20.2
居民服务、修理和其他服务业	10264	25937	152.7
文化、体育和娱乐业	1703	1799	5.6

6-11 续表

单位：万美元

项　目	2017 年	2018 年	2018 年比 2017 年增长 (%)
三、按国别（地区）分			
香港	41953	109109	160.1
澳门	108239	84581	-21.9
台湾省	2789	32800	1076.1
美国	2153	3361	56.1
马来西亚	38000	3100	-91.8
投资性公司投资	824	2017	144.8
新加坡	9499	1163	-87.8
日本	870	922	6.0
加拿大	0	615	--
澳大利亚	1162	560	-51.8
英属维尔京群岛	214	473	121.0
开曼群岛	25371	365	-98.6
塞舌尔	15	50	233.3
德国	128	42	-67.2
创业投资公司投资	36	20	-44.4
韩国	215	15	-93.0
巴西	5508	0	-100.0
法国	4100	0	-100.0
俄罗斯联邦	1137	0	-100.0
萨摩亚	422	0	-100.0
荷兰	358	0	-100.0
比利时	240	0	-100.0
意大利	50	0	-100.0
伊朗	21	0	-100.0

6-12 各区外贸进出口和外商直接投资情况（2017-2018 年）

指　标	单位	香洲区		
		2017 年	2018 年	2018 年比 2017 年增长 (%)
外贸进出口额	万元	17749387	19281871	8.6
外贸出口额	万元	11195250	11198021	0.0
外贸进口额	万元	6554137	8083850	23.3
外商直接投资设立企业数	个	1439	3416	137.4
外商直接投资合同外资金额	万美元	976415	571292	-41.5
外商直接投资实际外资金额	万美元	163350	172732	5.7

6-12 续表

斗门区			金湾区		
2017 年	2018 年	2018 年比 2017 年增长（%）	2017 年	2018 年	2018 年比 2017 年增长（%）
5639171	5783507	2.6	6536119	7397414	13.2
3987459	3797206	-4.8	3647423	3876077	6.3
1651713	1986302	20.3	2888696	3521337	21.9
75	390	420.0	51	167	227.5
27608	41622	50.8	67854	140789	107.5
23969	10040	-58.1	55985	56421	0.8

6-13 星级酒店基本情况（2017-2018年）

指　标	单位	2017年	2018年
星级酒店	家	66	68
五星	家	8	8
四星	家	8	8
三星	家	47	49
二星	家	3	3
一星	家	0	0
星级酒店			
客房数	间	9832	10197
床位数	张	15575	16150
客房出租率	%	60.57	62.38

注：客房出租率含星级酒店及部分重点非星级酒店

6-14 接待过夜旅游人数（2017-2018 年）

单位：万人次

指　　标	2017 年	2018 年	2018 年比 2017 年增长（%）
合　　计	**2288.63**	**2452.62**	**7.2**
一、入境游客	**318.25**	**325.97**	**2.4**
外国人	51.07	52.66	3.1
香港同胞	115.56	116.31	0.6
澳门同胞	88.71	93.69	5.6
台湾同胞	62.91	63.31	0.6
二、国内游客	**1970.37**	**2126.65**	**7.9**

6-15 全市接待过夜外国人数（2017—2018 年）

单位：人次

国　　别	2017 年	2018 年	2018 年比 2017 年增长（%）
合　　计	510728	526605	3.1
日本	102795	98220	-4.5
韩国	21476	34134	58.9
菲律宾	12801	9783	-23.6
新加坡	52000	40566	-22.0
泰国	51658	17206	-66.7
马来西亚	60699	71610	18.0
美国	33841	36024	6.5
加拿大	13888	18879	35.9
英国	7984	8440	5.7
法国	6599	6515	-1.3
德国	8789	7132	-18.9
俄罗斯	4169	10522	152.4
澳大利亚	12035	12247	1.8
新西兰	2889	2469	-14.5
印尼	16330	17523	7.3
意大利	4047	5841	44.3
其他	98728	129494	31.2

6-16 旅行社组团情况（2017-2018 年）

单位：人次

指　　标	2017 年	2018 年	2018 年比 2017 年增长 (%)
合　　计	**1652073**	**1773848**	**7.4**
一、国内游	**1169413**	**1169419**	**0.0**
其中：省内游	823308	830521	0.9
省外游	346105	338898	-2.1
二、出境游	**482660**	**604429**	**25.2**
其中：香港	152610	198013	29.8
澳门	87827	168659	92.0
台湾	6923	8595	24.2
其他地区	235300	229162	-2.6

6-17 外商投资企业工商登记情况(2017-2018 年)

单位：万美元

项 目	2017 年			
	年末企业数（户）	投资总额	注册资本	#外 方
总 计	8305	6617638	4631641	3977321
按登记注册类型分				
中外合资企业	819	1595643	1093744	590972
中外合作企业	115	310716	139601	99145
外商投资企业	6441	4569081	3256095	3225887
外商投资股份制企业	26	141825	141825	60954
按国民经济行业分				
农、林、牧、渔业	55	22440	13203	11139
采矿业	7	12099	5834	5834
制造业	1763	1688010	977516	733586
电力、燃气及水的生产和供应业	11	224007	64909	30328
建筑业	168	80150	52232	50118
交通运输、仓储和邮政业	177	141702	103438	86571
信息传输、计算机服务和软件业	276	30609	24191	22366
批发和零售业	1613	333231	210252	185557
住宿和餐饮业	277	45078	32433	28673
金融业	165	954076	936774	872091
房地产业	379	733861	391922	369838
租赁和商务服务业	1487	1294955	1149909	978322
科学研究、技术服务和地质勘查业	1561	830708	512159	461667
水利、环境和公共设施管理业	7	357	297	257
居民服务和其他服务业	142	25507	14164	13893
教 育	28	2247	2016	1998
卫生、社会保障和社会福利业	5	7670	2703	1532
文化、体育和娱乐业	135	172636	120602	112721

注：按登记注册类型、按国民经济行业加总不等于总计数是由于其他项未归入其中。

6-17 续表 1

单位：万美元

项　目	2018 年			
	年末企业数（户）	投资总额	注册资本	#外 方
总　计	12411	8429190	5965823	4959325
按登记注册类型分				
中外合资企业	941	2602286	1492281	676216
中外合作企业	114	315294	143908	97539
外商投资企业	10357	5379413	4197399	4126077
外商投资股份制企业	28	131822	131822	59124
按国民经济行业分				
农、林、牧、渔业	59	21819	13747	12409
采矿业	7	12099	5834	5834
制造业	1809	1771848	1066758	761886
电力、燃气及水的生产和供应业	11	247576	71799	35623
建筑业	391	104313	64126	47679
交通运输、仓储和邮政业	184	132972	98031	76934
信息传输、计算机服务和软件业	848	109401	84612	73417
批发和零售业	2866	410103	278196	248749
住宿和餐饮业	328	52362	36737	28642
金融业	218	1088907	1072305	967797
房地产业	443	787803	422230	391674
租赁和商务服务业	2256	1663380	1694740	1461804
科学研究、技术服务和地质勘查业	2534	1592055	786489	591750
水利、环境和公共设施管理业	13	2424	1164	712
居民服务和其他服务业	158	201771	104995	104584
教　育	35	7292	7061	6791
卫生、社会保障和社会福利业	5	7671	2704	1533
文化、体育和娱乐业	181	188476	128804	120452

6-17 续表 2

单位：万美元

项　　目	2017 年			
	年末企业数（户）	投资总额	注册资本	#外 方
按国别（地区）分				
亚洲	6455	5113836	3635059	3228832
中国香港	2645	3046820	2206074	1943702
中国澳门	3263	1495895	1100264	1033508
中国台湾	254	33060	27993	26303
日 本	87	69213	41827	33867
韩 国	16	22735	8997	7227
亚洲其他国家（地区）	190	446114	249904	184226
欧洲	116	180283	81666	66817
英 国	13	27523	18270	18192
德 国	26	43915	18146	14981
法 国	18	33256	11687	5902
欧洲其他国家（地区）	59	75590	33563	27743
北美洲	172	251448	145338	109964
加拿大	32	11912	10654	3956
美 国	140	239536	134684	106008
北美洲其他国家（地区）	0	0	0	0
非洲	30	97134	40591	40323
毛里求斯	15	90964	37001	36770
非洲其他国家（地区）	15	6170	3590	3553
拉丁美洲	187	568074	361570	262757
开曼群岛	12	168926	127046	75526
英属维尔京群岛	154	363217	219137	178088
拉丁美洲其他国家（地区）	21	35931	15387	9143
大洋洲	64	31993	18437	14921
澳大利亚	23	14204	8421	5156
新西兰	9	600	592	581
萨摩亚	31	17117	9352	9112
大洋洲其他国家（地区）	1	71	71	71

6-17 续表 3

单位：万美元

项　目	2018 年			
	年末企业数（户）	投资总额	注册资本	#外 方
按国别（地区）分				
亚洲	10204	6577459	4439766	3809444
中国香港	5560	4504697	2952497	2478461
中国澳门	4048	1686188	1224371	1147849
中国台湾	285	41672	33820	30886
日 本	86	65909	39613	30513
韩 国	19	22400	8603	6712
亚洲其他国家（地区）	206	256594	180862	115023
欧洲	124	166996	77545	62045
英 国	16	13626	13624	13545
德 国	28	44662	18888	15248
法 国	18	33254	11685	5842
欧洲其他国家（地区）	62	75454	33347	27410
北美洲	184	234740	169995	151842
加拿大	39	7889	6631	6227
美 国	144	226801	163314	145592
北美洲其他国家（地区）	1	50	50	23
非洲	28	94839	39507	39307
毛里求斯	10	88412	35660	35548
非洲其他国家（地区）	18	6427	3847	3759
拉丁美洲	190	559138	349649	214388
开曼群岛	14	168440	126278	74949
英属维尔京群岛	155	364594	211912	133037
拉丁美洲其他国家（地区）	21	26105	11459	6401
大洋洲	65	26699	14412	13328
澳大利亚	28	10604	5457	4614
新西兰	7	330	321	311
萨摩亚	29	15693	8562	8332
大洋洲其他国家（地区）	1	71	71	71

6-18 口岸出入境人数情况（2018 年）

单位：万人次

指 标	合计	入 境	出 境
合 计	**15219**	**7724**	**7495**
外国人	170	85	85
澳门、香港	5604	2803	2801
台湾	98	49	49
大陆	9347	4787	4560

6-19 一类口岸开放使用情况（2018 年末）

指 标	合 计	出 境
水 运	5	九洲港口岸 高栏港口岸 湾仔轮渡客运口岸 万山港口岸 斗门港口岸
陆 运	4	拱北口岸 横琴口岸 珠澳跨境工业区专用口岸 港珠澳大桥珠海公路口岸

七、能源

7-1 珠海市分行业能源消费量

计量单位：万吨标准煤

指　标	2010年	2011年	2012年	2013年
消费量合计	**630.63**	**669.68**	**676.38**	**688.30**
一、农、林、牧、渔业	**19.54**	**21.75**	**22.85**	**23.45**
二、工业合计	**398.58**	**417.85**	**419.54**	**429.53**
轻工业	**81.84**	**82.81**	**78.46**	**72.87**
重工业	**316.74**	**335.04**	**341.08**	**356.66**
（一）采矿业	**0.02**	**0.02**	**0.03**	**0.03**
煤炭开采和洗选业	0	0	0	0
石油和天然气开采业	0	0	0	0
黑色金属矿采选业	0	0	0	0
有色金属矿采选业	0	0	0	0
非金属矿采选业	0.02	0.02	0.03	0.03
开采辅助活动	0	0	0	0
其他采矿业	0	0	0	0
（二）制造业	**351.41**	**371.97**	**363.66**	**378.06**
农副食品加工业	3.51	4.14	5.21	5.25
食品制造业	9.09	9.29	4.20	3.40
酒、饮料和精制茶制造业	4.48	4.31	4.71	2.24
烟草制品业	0	0	0	0
纺织业	7.88	6.79	6.57	6.15
纺织服装、服饰业	3.16	3.18	3.07	2.88
皮革、毛皮、羽毛及其制品和制鞋业	2.39	2.83	2.84	2.13
木材加工及木、竹、藤、棕、草制品业	1.20	1.82	2.14	0.40
家具制造业	0.39	2.08	1.81	1.62
造纸及纸制品业	25.69	27.50	23.90	22.63
印刷和记录媒介复制业	0.98	1.00	1.19	1.11
文教、工美、体育和娱乐用品制造业	2.12	2.50	2.39	2.50
石油加工、炼焦和核燃料加工业	5.93	11.29	13.22	13.35

7-1 续表 1

计量单位：万吨标准煤

指　标	2014 年	2015 年	2016 年	2017 年	2018 年
消费量合计	**725.43**	**775.78**	**808.88**	**845.89**	**902.16**
一、农、林、牧、渔业	**25.74**	**27.07**	**27.62**	**27.96**	**30.97**
二、工业合计	**446.32**	**457.29**	**459.48**	**490.52**	**523.81**
轻工业	**71.11**	**69.80**	**68.53**	**65.70**	**73.68**
重工业	**375.21**	**387.33**	**390.94**	**424.83**	**450.13**
（一）采矿业	**8.70**	**15.58**	**11.74**	**15.90**	**19.49**
煤炭开采和洗选业	0	0	0	0	0
石油和天然气开采业	8.67	15.46	11.68	15.90	18.87
黑色金属矿采选业	0	0	0	0	0
有色金属矿采选业	0	0	0	0	0
非金属矿采选业	0.03	0.12	0.06	0	0.62
开采辅助活动	0	0	0	0	0
其他采矿业	0	0	0	0	0
（二）制造业	**384.36**	**393.35**	**405.07**	**416.20**	**439.81**
农副食品加工业	4.61	5.15	5.04	3.98	5.89
食品制造业	3.08	3.96	4.52	3.27	3.78
酒、饮料和精制茶制造业	2.45	1.87	1.62	1.84	2.02
烟草制品业	0	0	0	0	0
纺织业	8.18	6.49	6.07	4.76	5.33
纺织服装、服饰业	4.39	2.81	2.70	1.66	1.91
皮革、毛皮、羽毛及其制品和制鞋业	2.18	2.06	1.34	0.91	0.86
木材加工及木、竹、藤、棕、草制品业	0.74	0.77	0.85	0.69	0.79
家具制造业	2.45	2.22	2.01	1.41	1.35
造纸及纸制品业	21.07	19.96	19.15	20.46	20.59
印刷和记录媒介复制业	0.89	1.42	1.33	0.87	0.92
文教、工美、体育和娱乐用品制造业	0.79	0.74	0.77	0.76	0.99
石油加工、炼焦和核燃料加工业	14.56	18.59	26.77	36.10	29.95

7-1 续表 2

计量单位：万吨标准煤

指 标	2010 年	2011 年	2012 年	2013 年
化学原料和化学制品制造业	32.33	26.80	25.39	31.32
医药制造业	9.53	8.09	8.35	10.79
化学纤维制造业	12.05	11.36	14.00	12.03
橡胶和塑料制品业	17.03	15.31	14.55	15.00
非金属矿物制品业	17.79	19.42	17.24	18.40
黑色金属冶炼和压延加工业	92.26	105.77	103.28	112.04
有色金属冶炼和压延加工业	6.16	6.46	6.30	7.15
金属制品业	8.64	7.45	9.51	12.25
通用设备制造业	11.11	10.94	9.36	9.29
专用设备制造业	4.67	4.83	4.82	5.25
汽车制造业	0	0	1.64	2.00
铁路、船舶、航空航天和其他运输设备制造业	2.69	2.48	1.13	1.02
电气机械和器材制造业	20.22	24.63	27.98	24.95
通信设备、计算机和其他电子设备制造业	47.18	48.46	45.50	49.88
仪器仪表制造业	2.25	2.84	2.28	2.38
其他制造业	0.56	0.13	0.22	0.15
废弃资源综合利用业	0.11	0.27	0.18	0.16
金属制品、机械和设备修理业	0	0	0.67	0.35
（三）电力、燃气及水的生产和供应业	**47.15**	**45.86**	**55.85**	**51.43**
电力、热力的生产和供应业	42.15	40.73	48.71	46.65
燃气生产和供应业	0.74	0.54	2.56	0.56
水的生产和供应业	4.26	4.58	4.58	4.23
三、建筑业	**16.80**	**19.55**	**22.36**	**21.21**
四、交通运输储运业和邮政业	**39.38**	**44.25**	**43.10**	**47.85**
五、批发、零售业和住宿、餐饮业	**44.06**	**45.57**	**43.62**	**40.51**
六、其他行业	**39.86**	**41.63**	**40.83**	**42.48**
七、城乡居民生活	**72.41**	**79.09**	**84.08**	**83.28**

7-1 续表 3　　计量单位：万吨标准煤

指　标	2014 年	2015 年	2016 年	2017 年	2018 年
化学原料和化学制品制造业	29.81	28.70	32.21	26.02	36.09
医药制造业	9.08	9.94	10.04	10.67	14.44
化学纤维制造业	11.78	13.02	13.80	15.07	15.61
橡胶和塑料制品业	18.09	14.97	16.16	18.11	28.17
非金属矿物制品业	21.99	20.29	17.58	13.12	15.32
黑色金属冶炼和压延加工业	114.77	118.81	116.18	127.57	113.77
有色金属冶炼和压延加工业	1.15	0.87	4.77	10.89	6.12
金属制品业	9.12	14.98	14.82	10.33	18.77
通用设备制造业	8.09	10.10	9.23	10.41	9.93
专用设备制造业	4.06	4.67	5.66	6.36	7.15
汽车制造业	1.91	3.06	2.69	2.68	3.18
铁路、船舶、航空航天和其他运输设备制造业	0.65	0.70	0.76	0.85	2.55
电气机械和器材制造业	29.64	27.54	29.76	32.87	29.69
通信设备、计算机和其他电子设备制造业	57.68	58.45	57.92	53.11	60.43
仪器仪表制造业	0.56	0.53	0.71	0.73	2.62
其他制造业	0.17	0.15	0.15	0.03	0
废弃资源综合利用业	0.01	0.09	0.06	0.01	0.19
金属制品、机械和设备修理业	0.40	0.44	0.41	0.65	1.40
（三）电力、燃气及水的生产和供应业	**53.25**	**48.19**	**42.67**	**58.42**	**64.51**
电力、热力的生产和供应业	47.68	39.40	37.44	52.84	54.39
燃气生产和供应业	1.25	4.77	1.11	1.00	4.96
水的生产和供应业	4.32	4.02	4.11	4.59	5.16
三、建筑业	**21.70**	**24.57**	**28.89**	**26.45**	**33.78**
四、交通运输储运业和邮政业	**50.72**	**51.79**	**55.51**	**64.78**	**63.71**
五、批发、零售业和住宿、餐饮业	**42.72**	**55.31**	**59.90**	**54.59**	**56.66**
六、其他行业	**46.88**	**62.89**	**67.55**	**63.87**	**69.60**
七、城乡居民生活	**91.34**	**96.86**	**109.94**	**117.72**	**123.62**

7-2 珠海市能源消费量总量及分品种终端消费量

能源名称	计量单位	2010 年	2011 年	2012 年	2013 年
消费量合计	**万吨标准煤**	**630.63**	**669.68**	**676.38**	**688.30**
终端消费量	**万吨标准煤**	**619.20**	**695.84**	**704.94**	**714.95**
原煤	万吨	66.44	67.04	69.32	64.66
洗精煤	万吨	0	0	0	0
其它洗煤	万吨	0	0	0	0
煤制品	万吨	5.31	1.30	2.06	3.18
焦炭	万吨	64.52	74.62	70.15	76.99
焦炉煤气	亿立方米	0	0	0	0
高炉煤气	亿立方米	0	28.56	30.87	33.75
转炉煤气	亿立方米	0.52	1.10	1.56	2.26
其它煤气	亿立方米	0	0	0	0
原油	万吨	0	0	0	0
汽油	万吨	24.34	22.82	22.41	20.26
煤油	万吨	4.80	4.68	5.04	6.45
柴油	万吨	39.93	36.99	29.02	29.89
燃料油	万吨	16.87	10.07	10.36	7.55
液化石油气	万吨	25.79	27.97	25.12	23.55
炼厂干气	万吨	0.00	0.00	0.00	0.00
其它石油制品	万吨	9.04	5.17	6.00	4.64
天然气	亿立方米	0.47	0.51	0.94	1.74
液化天然气	万吨	0.00	0.00	1.25	1.40
热力	万百万千焦	48.40	307.08	336.97	388.22
电力	亿千瓦小时	106.77	119.50	123.25	124.23
其他能源	万吨标准煤	0.00	0.37	0.25	0.88
损失量	**万吨标准煤**	**12.40**	**5.63**	**6.29**	**15.13**
加工转换损失量	**万吨标准煤**	**0.46**	**10.09**	**11.71**	**11.51**
回收能	**万吨标准煤**	**1.42**	**41.88**	**46.56**	**53.29**

7-2 续表

能源名称	计量单位	2014年	2015年	2016年	2017年	2018年
消费量合计	**万吨标准煤**	**725.43**	**775.78**	**808.88**	**845.89**	**902.16**
终端消费量	**万吨标准煤**	**753.33**	**805.56**	**839.83**	**871.16**	**935.39**
原煤	万吨	62.44	60.34	57.87	55.76	55.33
洗精煤	万吨	0	0	0	0	0.00
其它洗煤	万吨	0	0	0	0	0.00
煤制品	万吨	2.62	4.24	4.28	2.48	2.50
焦炭	万吨	76.26	82.65	82.68	81.26	82.58
焦炉煤气	亿立方米	0	0	0	0	0.00
高炉煤气	亿立方米	33.06	39.09	39.35	39.45	38.39
转炉煤气	亿立方米	3.07	3.42	3.76	3.74	3.78
其它煤气	亿立方米	0	0	0	0	0.00
原油	万吨	0	0	0	0	0.00
汽油	万吨	19.19	36.53	44.95	54.08	55.45
煤油	万吨	8.03	8.16	8.73	9.28	11.06
柴油	万吨	32.26	35.15	37.64	27.67	28.79
燃料油	万吨	7.01	6.40	6.01	4.86	5.57
液化石油气	万吨	21.38	17.09	17.38	15.80	15.72
炼厂干气	万吨	0.00	0.00	0.00	0.00	0.00
其它石油制品	万吨	3.82	3.40	3.90	4.25	4.79
天然气	亿立方米	2.65	3.50	3.63	4.16	4.83
液化天然气	万吨	1.63	1.57	1.83	1.97	2.21
热力	万百万千焦	446.23	364.91	377.17	495.69	748.96
电力	亿千瓦小时	138.28	149.49	157.20	167.61	179.49
其他能源	万吨标准煤	0.46	1.34	0.67	0.72	0.82
损失量	**万吨标准煤**	**10.64**	**8.51**	**6.66**	**6.47**	**11.96**
加工转换损失量	**万吨标准煤**	**12.66**	**18.03**	**19.79**	**34.68**	**21.89**
回收能	**万吨标准煤**	**51.21**	**56.31**	**57.40**	**66.42**	**67.08**

7-3 珠海市分品种能源消费量总量(包括中间消费及损失量)

能源名称	计量单位	2010 年	2011 年	2012 年	2013 年
原煤	万吨	723.49	791.37	651.20	616.73
其中：发电用煤	万吨	654.24	716.89	577.25	546.82
供热用煤	万吨	2.82	7.44	4.63	5.26
洗精煤	万吨	0	0	0	0
其它洗煤	万吨	0	0	0	0
煤制品	万吨	5.31	1.30	2.06	3.18
焦炭	万吨	64.52	74.62	70.15	76.99
焦炉煤气	亿立方米	0	0	0	0
高炉煤气	亿立方米	0	28.56	30.87	33.75
转炉煤气	亿立方米	0.52	1.10	1.56	2.26
其它煤气	亿立方米	0	0	0	0
原油	万吨	0	0	0	0
汽油	万吨	24.34	22.82	22.41	20.26
煤油	万吨	4.80	4.68	5.04	6.45
柴油	万吨	40.40	37.46	29.51	30.14
燃料油	万吨	22.56	10.07	10.36	7.55
液化石油气	万吨	25.79	27.97	25.12	23.55
炼厂干气	万吨	0	0	0	0
其它石油制品	万吨	16.97	46.13	103.47	125.08
天然气	亿立方米	2.22	2.61	3.04	3.60
液化天然气	万吨	0	0	1.25	1.40
热力	万百万千焦	48.40	307.08	336.97	536.14
电力	亿千瓦小时	110.98	121.40	125.36	129.37
其他能源	万吨标准煤	0.40	0.37	6.66	7.51

7-3 续表

能源名称	计量单位	2014 年	2015 年	2016 年	2017 年	2018 年
原煤	万吨	590.16	546.96	516.87	542.88	567.70
其中：发电用煤	万吨	522.04	481.08	450.94	477.39	496.39
供热用煤	万吨	5.67	5.55	8.07	9.73	15.98
洗精煤	万吨	0	0	0	0	0.00
其它洗煤	万吨	0	0	0	0	0.00
煤制品	万吨	2.61	4.24	4.28	2.48	2.50
焦炭	万吨	76.26	82.65	82.68	81.26	82.58
焦炉煤气	亿立方米	0	0	0	0	0.00
高炉煤气	亿立方米	33.06	39.09	39.35	39.45	38.39
转炉煤气	亿立方米	3.07	3.42	3.76	3.74	3.78
其它煤气	亿立方米	0	0	0	0	0.00
原油	万吨	0	0	0	0	2.90
汽油	万吨	19.20	36.53	44.95	54.08	55.45
煤油	万吨	8.03	8.16	8.73	9.28	11.06
柴油	万吨	32.45	35.41	37.76	27.86	28.93
燃料油	万吨	7.01	6.40	6.01	4.86	5.57
液化石油气	万吨	21.38	17.00	17.38	15.80	15.72
炼厂干气	万吨	0	0	0	0	0.00
其它石油制品	万吨	130.99	169.12	223.48	267.62	175.91
天然气	亿立方米	7.42	17.79	18.88	18.14	20.13
液化天然气	万吨	1.63	1.56	1.83	1.97	2.21
热力	万百万千焦	446.62	370.97	394.59	757.59	971.39
电力	亿千瓦小时	141.96	152.62	159.66	169.99	183.85
其他能源	万吨标准煤	6.17	8.34	6.58	28.05	20.97

7-4 珠海市能源生产量及回收能

能源种类	计量单位	2010年	2011年	2012年	2013年
天然气	亿立方米	0	0	0	0
液化天然气	万吨	0	0	0	0
汽油	万吨	0	0	0	0
煤油	万吨	0	0	0	0
柴油	万吨	0	0	0	0
燃料油	万吨	0	17.83	46.98	56.23
液化石油气	万吨	1.15	3.33	4.08	2.70
炼厂干气	万吨	0	0	0	0
石脑油	万吨	0	0	0	0
石蜡	万吨	0	0	0	0
溶剂油	万吨	0	0	0	0
石油焦	万吨	0	0	0	0
石油沥青	万吨	0	0	26.31	40.33
其他石油制品	万吨	7.49	0.94	0.52	0.53
热力	万百万千焦	48.40	243.05	259.43	285.95
电力	亿千瓦小时	169.86	183.26	153.14	148.72
火力发电	亿千瓦小时	169.51	182.66	151.94	147.55
风力发电	亿千瓦小时	0.34	0.59	1.20	1.17
水力发电	亿千瓦小时	0.007	0.003	0.0053	0.007
太阳能发电	亿千瓦小时	0	0	0	0
其他能发电	亿千瓦小时	0	0	0	0
回收能					
高炉煤气	亿立方米	0	28.56	30.87	33.75
转炉煤气	亿立方米	0	1.10	1.56	2.26
余热余压	万百万千焦	0	64.03	77.55	250.19

7-4 续表

能源种类	计量单位	2014 年	2015 年	2016 年	2017 年	2018 年
天然气	亿立方米	16.09	34.61	24.82	38.28	48.77
液化天然气	万吨	6.90	7.34	0.36	0	0.00
汽油	万吨	0	4	0	0	4.44
煤油	万吨	0	0	0	0	0.00
柴油	万吨	0	5.27	0.09	3.30	9.46
燃料油	万吨	58.98	53.83	68.53	84.40	42.57
液化石油气	万吨	3.29	5.11	5.16	5.89	8.54
炼厂干气	万吨	0	0	0	0	0.00
石脑油	万吨	0	0	0	1.45	1.61
石蜡	万吨	0	0	0	0	0.00
溶剂油	万吨	0	26.58	74.86	92.92	82.05
石油焦	万吨	0	0	0	0	0.00
石油沥青	万吨	43.88	48.31	58.56	61.28	10.01
其他石油制品	万吨	0.61	0.75	0.77	1.54	1.36
热力	万百万千焦	281.46	287.36	308.54	409.40	568.47
电力	亿千瓦小时	154.98	194.36	189.80	196.47	206.51
火力发电	亿千瓦小时	153.96	193.32	188.16	195.00	203.12
风力发电	亿千瓦小时	1.02	0.99	1.15	0.9434	2.50
水力发电	亿千瓦小时	0.0031	0.0013	0.0011	0.0041	0.0036
太阳能发电	亿千瓦小时	0.0017	0.0531	0.4985	0.4108	0.8867
其他能发电	亿千瓦小时	0.0038	0	0	0.1083	0.00
回收能						
高炉煤气	亿立方米	33.06	39.09	39.35	39.45	38.39
转炉煤气	亿立方米	3.07	3.42	3.76	3.74	3.78
余热余压	万百万千焦	165.16	83.61	86.04	348.19	402.92

7-5　珠海市2010-2018年度分能源品种火力发电投入量（实物量）

能源名称	计量单位	火力发电投入量			
		2010年	2011年	2012年	2013年
原煤	万吨	654.24	716.89	577.25	546.81
洗精煤	万吨	0	0	0	0
其它洗煤	万吨	0	0	0	0
煤制品	万吨	0	0	0	0
焦炭	万吨	0	0	0	0
其它焦化产品	万吨	0	0	0	0
焦炉煤气	亿立方米	0	0	0	0
高炉煤气	亿立方米	0	0	0	0
转炉煤气	亿立方米	0	0	0	0
发生炉煤气	亿立方米	0	0	0	0
天然气（气态）	亿立方米	1.75	2.10	2.40	1.85
液化天然气（液态）	万吨	0	0	0	0
煤层气（煤田）	亿立方米	0	0	0	0
原油	万吨	0	0	0	0
汽油	万吨	0	0	0	0
煤油	万吨	0	0	0	0
柴油	万吨	0.46	0.47	0.49	0.25
燃料油	万吨	5.69	0	0	0
液化石油气	万吨	0	0	0	0
炼厂干气	万吨	0	0	0	0
其它石油制品	万吨	0	0	0	0
热力	万百万千焦	0	0	0	0
电力	亿千瓦时	0	0	0	0
其他燃料	万吨标准煤	0.40	0	0	0
余热余压	万百万千焦	0	0	0	147.91
能源合计	万吨标准煤	499.80	540.70	451.15	435.02

7-5 续表

能源名称	计量单位	火力发电投入量				
		2014年	2015年	2016年	2017年	2018年
原煤	万吨	522.04	481.08	450.94	477.39	496.39
洗精煤	万吨	0	0	0	0	0
其它洗煤	万吨	0	0	0	0	0
煤制品	万吨	0	0	0	0	0
焦炭	万吨	0	0	0	0	0
其它焦化产品	万吨	0	0	0	0	0
焦炉煤气	亿立方米	0	0	0	0	0
高炉煤气	亿立方米	0	0	0	0	0
转炉煤气	亿立方米	0	0	0	0	0
发生炉煤气	亿立方米	0	0	0	0	0
天然气（气态）	亿立方米	4.56	14.07	15.19	13.86	14.83
液化天然气（液态）	万吨	0	0	0	0	0
煤层气（煤田）	亿立方米	0	0	0	0	0
原油	万吨	0	0	0	0	0
汽油	万吨	0	0	0	0	0
煤油	万吨	0	0	0	0	0
柴油	万吨	0.19	0.27	0.12	0.20	0.14
燃料油	万吨	0	0	0	0	0
液化石油气	万吨	0	0	0	0	0
炼厂干气	万吨	0	0	0	0	0
其它石油制品	万吨	0	0	0	0	0
热力	万百万千焦	0	0	0	0	0
电力	亿千瓦时	0	0	0	0	0
其他燃料	万吨标准煤	0	0	1.48	15.52	13.48
余热余压	万百万千焦	0.39	6.06	17.42	261.90	222.43
能源合计	万吨标准煤	445.20	525.64	509.18	530.11	556.58

7-6 “十三五”期间分区万元GDP能耗完成情况（2015-2018年）

地 区	“十三五”万元GDP能耗下降目标（%）		年度万元GDP能耗下降率（%）				“十三五”累计完成目标情况（%）	
	累计	年均	2015年	2016年	2017年	2018年	完成目标进度	完成下降率
珠海市	-17.6	-3.80	-2.80	-3.94	-4.20	-1.26	49.45	-9.13
香洲区	-15	-3.20	-4.13	-1.96	-3.69	-2.65	51.81	-8.08
斗门区	-18	-3.89	-3.88	-4.17	-5.06	0.04	47.44	-8.98
金湾区	-19	-4.13	-5.30	-1.94	-6.31	1.26	34.26	-6.97
横琴区	-20.5	-4.48	3.25	-12.82	--	--	--	--
高新区	-19	-4.13	-5.30	-7.60	-4.53	3.12	44.90	-9.03
高栏港区	-20.5	-4.48	-3.55	-4.97	-4.77	-4.27	62.61	-13.37

*横琴“十三五”末年考核

7-7 全市规模以上工业企业能源消费量（2018年）

指　标	计量单位	消费量合计（实物量）	1. 工业生产消费	2. 非工业生产消费
原煤	吨	5677025	5654545	22480
煤制品	吨	23732	23732	0
焦炭	吨	825797	825797	0
高炉煤气	万立方米	383866	383866	0
转炉煤气	万立方米	37753	37753	0
天然气（气态）	万立方米	183684	183648	36
液化天然气（液态）	吨	22084	21996	88
汽油	吨	7209	1172	6037
煤油	吨	1836	1782	54
柴油	吨	49420	43064	6356
燃料油	吨	5047	4987	61
液化石油气	吨	40443	39759	684
其它石油制品	吨	1740931	1740929	3
热力	百万千焦	5796868	5796868	0
电力	万千瓦时	920819	882966	37852
能源合计	吨标准煤	12013682	11930796	82886

7-8 各区规模以上工业企业主要能源消费量（实物量，2018 年）

指　　标	计量单位	香洲区	斗门区	金湾区
原煤	吨	0	93824	5583201
煤制品	吨	0	0	23732
焦炭	吨	0	0	825797
高炉煤气	万立方米	0	0	383866
转炉煤气	万立方米	0	0	37753
天然气（气态）	万立方米	85165	872	97646
液化天然气（液态）	吨	600	2694	18790
汽油	吨	4019	755	2435
煤油	吨	1362	0	474
柴油	吨	22563	4949	21909
燃料油	吨	919	933	3195
液化石油气	吨	10369	3100	26973
其它石油制品	吨	88	10	1740834
热力	百万千焦	1116503	980954	3699411
电力	万千瓦时	224434	221794	474590
能源合计	吨标准煤	1431961	536187	10045534

7-9 全市规模以上工业分行业能源终端消费量（实物量，2018 年）

指标	煤炭合计（吨）	原煤（吨）	煤制品（吨）	焦炭（吨）	石油合计（吨）	汽油（吨）	煤油（吨）
工业企业合计	**577012**	**553280**	**23732**	**825797**	**112598**	**7731**	**1836**
按轻重工业分							
（一）轻工业	**164982**	**141250**	**23732**	**0**	**18981**	**1252**	**0**
（二）重工业	**412031**	**412031**	**0**	**825797**	**93617**	**6479**	**1836**
按工业行业分							
（一）采矿业	**0**	**0**	**0**	**0**	**6063**	**0**	**0**
石油和天然气开采业	0	0	0	0	6063	0	0
（二）制造业	**554532**	**530800**	**23732**	**825797**	**105042**	**7475**	**1836**
农副食品加工业	0	0	0	0	1369	5	0
食品制造业	0	0	0	0	4813	205	0
酒、饮料和精制茶制造业	0	0	0	0	2932	26	0
烟草制品业	0	0	0	0	0	0	0
纺织业	0	0	0	0	239	62	0
纺织服装、服饰业	0	0	0	0	1641	136	0
皮革、毛皮、羽毛及其制品和制鞋业	0	0	0	0	265	90	0
木材加工和木、竹、藤、棕、草制品业	0	0	0	0	0	0	0
家具制造业	0	0	0	0	166	86	0
造纸和纸制品业	141250	141250	0	0	3218	94	0
印刷和记录媒介复制业	0	0	0	0	430	225	0
文教、工美、体育和娱乐用品制造业	0	0	0	0	453	145	0

7-9 续表 1

柴油（吨）	燃料油（吨）	液化石油气（吨）	其他石油制品（吨）	高炉煤气（万立方米）	转炉煤气（万立方米）	天然气（气态）（万立方米）	液化天然气（液态）（吨）	热力（百万千焦）	电力（万千瓦时）
54883	**5047**	**42438**	**662**	**383866**	**37753**	**34618**	**22064**	**7489565**	**1072795**
11141	**3677**	**2908**	**2**	**0**	**0**	**3142**	**16022**	**3662653**	**145193**
43742	**1370**	**39530**	**660**	**383866**	**37753**	**31476**	**6041**	**3826912**	**927601**
6063	**0**	**0**	**0**	**0**	**0**	**13502**	**0**	**0**	**7494**
6063	0	0	0	0	0	13502	0	0	5237
47583	**5047**	**42438**	**662**	**383866**	**37753**	**21116**	**22064**	**7488605**	**895191**
921	0	442	0	0	0	363	0	237489	15800
3862	226	518	1	0	0	286	2114	84339	6977
2897	0	8	0	0	0	173	0	87249	3948
0	0	0	0	0	0	0	0	0	0
83	0	94	0	0	0	75	0	627599	11185
711	716	78	0	0	0	0	0	61938	5321
81	0	94	0	0	0	0	0	25618	2670
0	0	0	0	0	0	0	0	0	2870
65	0	15	0	0	0	109	106	0	4270
1604	0	1520	0	0	0	74	0	1201227	19646
69	0	136	0	0	0	0	0	0	3100
307	0	2	0	0	0	9	0	0	3319

7-9 续表 2

指　　标	煤炭合计（吨）	原煤（吨）	煤制品（吨）	焦炭（吨）	石油合计（吨）	汽油（吨）	煤油（吨）
石油加工、炼焦和核燃料加工业	0	0	0	0	28201	22	0
化学原料和化学制品制造业	0	0	0	0	6802	655	0
医药制造业	0	0	0	0	3420	178	0
化学纤维制造业	23732	0	23732	0	1	0	0
橡胶和塑料制品业	2999	2999	0	0	1448	303	1
非金属矿物制品业	61557	61557	0	0	17195	125	1
黑色金属冶炼和压延加工业	324995	324995	0	825797	0	0	0
有色金属冶炼和压延加工业	0	0	0	0	1431	40	135
金属制品业	0	0	0	0	1376	180	0
通用设备制造业	0	0	0	0	4095	484	3
专用设备制造业	0	0	0	0	3131	707	0
汽车制造业	0	0	0	0	524	159	11
铁路、船舶、航空航天和其他运输设备制造业	0	0	0	0	1919	134	332
电气机械和器材制造业	0	0	0	0	13608	1669	14
计算机、通信和其他电子设备制造业	0	0	0	0	4492	1323	0
仪器仪表制造业	0	0	0	0	440	379	0
其他制造业	0	0	0	0	0	0	0
废弃资源综合利用业	0	0	0	0	33	0	0
金属制品、机械和设备修理业	0	0	0	0	1399	43	1338
（三）电力、热力、燃气及水生产和供应业	**22480**	**22480**	**0**	**0**	**1492**	**256**	**0**
电力、热力生产和供应业	22480	22480	0	0	824	18	0
燃气生产和供应业	0	0	0	0	127	120	0
水的生产和供应业	0	0	0	0	541	118	0

7-9 续表 3

柴油（吨）	燃料油（吨）	液化石油气（吨）	其他石油制品（吨）	高炉煤气（万立方米）	转炉煤气（万立方米）	天然气（气态）（万立方米）	液化天然气(液态)（吨）	热力（百万千焦）	电力（万千瓦时）
1188	0	26991	0	0	0	1416	0	430667	16630
5617	0	44	485	0	0	8164	21	2103143	103084
508	2735	0	0	0	0	1905	18	483145	36356
0	1	0	0	0	0	138	13784	854048	31976
850	0	259	35	0	0	6711	2628	412011	63974
16586	459	13	9	0	0	564	0	19210	26431
0	0	0	0	382692	31272	0	0	860898	50237
1173	70	0	13	0	0	293	0	0	20279
793	0	382	21	1174	6481	585	2694	0	58055
619	14	2956	19	0	0	0	0	0	33787
1085	652	674	13	0	0	14	0	0	24316
191	0	111	51	0	0	107	4	23	10817
1445	0	9	0	0	0	0	201	0	8164
3816	175	7927	7	0	0	104	0	0	99909
3045	0	124	0	0	0	15	494	0	217742
17	0	39	6	0	0	0	0	0	9334
0	0	0	0	0	0	0	0	0	0
33	0	0	0	0	0	9	0	0	626
17	0	0	1	0	0	0	0	0	4370
1237	**0**	**0**	**0**	**0**	**0**	**0**	**0**	**960**	**170109**
806	0	0	0	0	0	0	0	960	133534
8	0	0	0	0	0	0	0	0	18019
423	0	0	0	0	0	0	0	0	18556

7-10 建市以来全市用电情况

单位：万千瓦时

年份	全社会用电量总计	一、各行业用电量总计	1. 农林牧渔水利业	2. 工业	(1) 轻工业	(2) 重工业	3. 地质勘探
1979	--	--	--	--	--	--	--
1980	--	--	--	--	--	--	--
1981	7942	--	--	--	--	--	--
1982	9939	--	--	--	--	--	--
1983	12122	--	--	--	--	--	--
1984	15292	--	--	--	--	--	--
1985	21152	--	--	--	--	--	--
1986	24938	21263	2674	11184	6870	4314	4
1987	32835	28001	2670	15799	9949	5850	6
1988	46946	41189	3120	24934	15693	9241	15
1989	57108	49571	3821	30512	19402	11110	17
1990	69286	60758	4262	35594	20820	14774	18
1991	84586	73637	5821	45506	26628	18878	31
1992	120255	105093	8323	69545	39724	29821	103
1993	159493	139115	9821	91564	50660	40904	35
1994	180246	159225	3390	113875	52589	61286	56
1995	174538	153731	3243	107578	47704	59874	406
1996	196874	174992	5623	119284	71885	47399	181
1997	214879	188318	4247	130781	78282	52499	49
1998	243432	206911	3903	138678	86170	52508	33
1999	265275	226480	3580	152419	93115	59304	28
2000	308209	263409	4809	178182	98895	79287	24
2001	331485	280509	8105	187244	94377	92867	13
2002	381787	330340	12516	220653	95823	124830	6
2003	454650	396248	14964	274135	110205	163930	9
2004	522291	455144	16983	322083	118595	203488	11
2005	615812	534880	21341	382007	134431	247576	10
2006	721434	632476	26240	458669	149775	308894	17
2007	838874	736012	28469	543811	166940	376871	25
2008	895993	783524	29082	580795	170949	409846	30
2009	917187	794556	32455	574507	172342	402165	31
2010	1022561	886367	39997	650805	183187	467618	35
2011	1125587	976782	48148	716461	201278	515183	35
2012	1174724	1013053	57221	725808	185373	540435	10
2013	1217341	1048902	56269	774432	306864	467568	34
2014	1343224	1145663	64016	841790	344300	497490	36
2015	1453705	1251452	68808	882783	286164	596619	39
2016	1529000	1309017	68086	905091	232297	672793	49
2017	1626700	1399730	74030	971234	247487	723747	48
2018	1759926	1514390	83235	1042201	--	--	44

7-10 续表　　　　　　　　　　　　　　　　　　　　　　　　　　单位：万千瓦时

年份	4. 建筑业	5. 交通运输邮电通讯业	6. 商业住宿和餐饮业	7. 其他事业	二、城乡居民生活用电合计	1. 城市	2. 乡村	三、发电装机容量（千瓦）
1979	--	--	--	--	--	--	--	--
1980	--	--	--	--	--	--	--	--
1981	--	--	--	--	--	--	--	--
1982	--	--	--	--	--	--	--	--
1983	--	--	--	--	--	--	--	--
1984	--	--	--	--	--	--	--	--
1985	--	--	--	--	--	--	--	--
1986	1204	317	1763	4117	3675	1564	2111	--
1987	1473	463	3290	4300	4834	3010	1824	--
1988	1611	434	4566	6509	5757	3174	2583	--
1989	2155	722	4701	7643	7537	4097	3440	--
1990	2314	735	5605	12230	8528	5377	3151	72860
1991	2918	786	6155	12420	10949	6885	4064	106880
1992	4376	1334	7403	14009	15162	8629	6533	176880
1993	6838	1620	12587	16650	20378	13726	6652	231240
1994	6741	1791	14934	18438	21021	13805	7216	356040
1995	5666	2094	16678	18066	20807	13712	7095	487270
1996	7929	3235	17675	21065	21882	14307	7575	464870
1997	6051	3501	21198	22491	26561	16274	10287	464870
1998	7020	3940	27416	25921	36521	24337	12184	464870
1999	8620	4165	29797	27871	38795	26593	12202	464870
2000	10381	5324	36796	27893	44800	31623	13177	1170870
2001	9590	5030	41983	28544	50976	34420	16556	1842850
2002	6105	4550	52931	33579	51447	34562	16885	1842850
2003	7332	4682	58189	36937	58402	39256	19146	1842850
2004	9545	5239	62260	39023	67147	43300	23847	1842850
2005	11540	4358	58393	57231	80932	53126	27806	2164490
2006	12263	4788	67506	62993	88958	58837	30121	2164490
2007	13479	5356	74394	70478	102862	68169	34693	3160270
2008	14039	5274	76354	77950	112469	72335	40134	3154106
2009	15529	5679	81249	85106	122631	78491	44140	3042236
2010	18882	6723	81890	88035	136194	85486	50708	3018236
2011	25468	7996	86816	91858	148805	91251	57554	3067736
2012	30160	9563	88963	101328	161671	96823	64848	3040575
2013	26121	14162	70480	107404	168439	99811	68628	2961575
2014	26149	13550	77605	122517	197561	114873	82688	2952575
2015	36402	17645	95677	150098	202253	115208	87045	4771575
2016	46262	23555	104873	161101	219983	123693	96290	4821473
2017	45361	27911	112346	168800	226970	125547	101423	4844299
2018	47214	34543	121925	185227	245537	133444	112093	5013125

八、财政银行保险证券

8-1　地方一般公共预算收支基本情况

指　　标	单　位	2000 年	2005 年	2010 年	2014 年
一、地方一般公共预算收入	**万元**	**242325**	**489706**	**1245280**	**2243064**
税收收入	万元	215990	406157	1030959	1820895
#增值税	万元	54287	130315	255307	492041
营业税	万元	55944	108717	226738	272306
企业所得税	万元	40177	43932	163251	271547
个人所得税	万元	16072	19502	50605	69970
城市维护建设税	万元	11511	22403	61090	190167
房产税	万元	13305	25769	51408	78360
印花税	万元	1990	8308	20304	38866
土地增值税	万元	1546	6026	39880	98403
耕地占用税	万元				291
契税	万元	17807	39400	129815	252791
非税收入	万元	26335	83549	214321	422169
专项收入	万元	6168	15164	30622	85064
行政事业性收费收入	万元	11968	24387	63351	129346
罚没收入	万元	3196	15792	23323	36496
国有资本经营收入	万元	2348	9383	49620	12945
国有资源（资产）有偿使用收入	万元			30952	83947
其他收入	万元	2655	18823	16453	74371
二、地方一般公共预算支出	**万元**	**310758**	**577676**	**1664116**	**2758953**
#一般公共服务	万元			219570	321999
公共安全	万元			168822	243829
教育	万元		83321	259700	490867
科学技术	万元		5553	56984	125185
文化体育与传媒	万元			22373	52273
社会保障和就业	万元			130275	221707
医疗卫生	万元		23901	59936	155407
节能环保	万元			237985	73439
城乡社区事务	万元			131480	505269
农林水事务	万元			76200	127441
住房保障	万元			13491	22264
交通运输	万元			59629	136304
其他支出	万元	64564	12096	110420	121075

8-1 续表

指　　标	单　位	2015 年	2016 年	2017 年	2018 年
一、地方一般公共预算收入	**万元**	**2699634**	**2923683**	**3143761**	**3314702**
税收收入	万元	2106500	2319016	2390559	2602804
#增值税	万元	563032	702588	828894	846414
营业税	万元	317539	203243	4561	885
企业所得税	万元	314802	373949	474219	495019
个人所得税	万元	102787	115551	160509	205319
城市维护建设税	万元	207850	231005	234140	259628
房产税	万元	88959	98037	138476	128881
印花税	万元	42020	51752	61126	70888
土地增值税	万元	130262	215466	152847	226440
耕地占用税	万元	78192	26248	9919	10588
契税	万元	210081	243846	267464	283004
非税收入	万元	593134	604667	753202	711898
专项收入	万元	196050	167507	266403	454541
行政事业性收费收入	万元	177083	101942	65963	46742
罚没收入	万元	58818	61115	118167	86425
国有资本经营收入	万元		368		
国有资源（资产）有偿使用收入	万元	115904	111789	128610	98344
其他收入	万元	45279	161946	167068	20602
二、地方一般公共预算支出	**万元**	**3887661**	**4171576**	**4938852**	**5725211**
#一般公共服务	万元	352083	349802	488799	583116
公共安全	万元	305716	369916	393888	448428
教育	万元	528762	572555	742206	764116
科学技术	万元	286324	352358	453039	455217
文化体育与传媒	万元	73128	62968	77002	95900
社会保障和就业	万元	291969	391363	575867	718813
医疗卫生	万元	181104	223136	278071	318184
节能环保	万元	56226	101333	172610	115662
城乡社区事务	万元	694715	944237	1047669	1260272
农林水事务	万元	116333	168236	176586	206851
住房保障	万元	22518	24249	19858	68117
交通运输	万元	153724	81131	100083	101921
其他支出	万元	72452	56153	37566	32328

8-2 建市以来全市地方一般公共预算收支情况

年份	地方一般公共预算收入（万元）	地方一般公共预算支出（万元）	地方一般公共预算收入占地区生产总值比重（%）	人均地方一般公共预算收入（元/人）
1979	2388	2338	11.4	66
1980	3652	2980	14.0	100
1981	6696	5092	21.0	180
1982	7647	6178	21.6	202
1983	8944	7757	22.0	232
1984	17308	16959	25.5	438
1985	30333	27307	30.9	737
1986	17231	18383	15.5	350
1987	21723	23393	13.6	413
1988	43750	41935	18.4	779
1989	54530	51674	17.7	909
1990	44434	55425	10.7	693
1991	62241	70881	10.0	910
1992	80706	87989	7.8	1105
1993	147781	157753	11.1	1894
1994	131649	145704	8.5	1580
1995	151831	165733	8.3	1706
1996	140941	181783	6.8	1483
1997	153944	212701	6.6	1517
1998	178853	225211	6.8	1651
1999	201607	262352	7.0	1742
2000	242325	310758	7.2	1960
2001	315631	373535	8.5	2457
2002	312326	418030	7.5	2373
2003	348215	453492	7.2	2582
2004	344559	508902	6.2	2481
2005	489706	577676	7.6	3459
2006	602664	704904	8.0	4171
2007	758242	828160	8.4	5143
2008	923168	1056821	9.2	6109
2009	1014106	1213058	9.7	6578
2010	1245280	1664116	10.2	7975
2011	1434072	1903744	10.0	9148
2012	1625997	2122023	10.6	10274
2013	1941981	2520300	11.4	12211
2014	2243064	2758953	11.8	13896
2015	2699634	3887661	13.1	16562
2016	2923683	4171576	12.9	17452
2017	3143761	4938852	11.8	17808
2018	3314702	5725211	11.4	17538

注：1、1983、1985、1990、1991、1994、1996、2002~2005、2011、2014、2015、2016、2017 年的财政收入口径有变化，2014、2015、2016 年财政支出口径有变化，与上年不能直接相比。
2、从 2014 年起，“地方公共财政预算收支”改为“地方一般公共预算收支”。
3、人均地方一般公共预算收入按年末常住人口计算。

8-3 建市以来全市地方一般公共预算收支指数

年份	地方一般公共预算收入指数		地方一般公共预算支出指数	
	以 1979 年为 100	以上年为 100	以 1979 年为 100	以上年为 100
1979	100.00	…	100.00	…
1980	152.93	152.9	127.46	127.5
1981	280.40	183.4	217.79	170.9
1982	320.23	114.2	264.24	121.3
1983	355.39	111.0	331.78	125.6
1984	687.73	193.5	725.36	218.6
1985	1084.55	157.7	1167.96	161.0
1986	616.09	56.8	786.27	67.3
1987	776.70	126.1	1000.56	127.3
1988	1564.27	201.4	1793.63	179.3
1989	1949.70	124.6	2210.18	123.2
1990	2170.21	111.3	2370.62	107.3
1991	2889.86	133.2	3031.69	127.9
1992	3747.19	129.7	3763.43	124.1
1993	6861.49	183.1	6747.35	179.3
1994	8158.31	118.9	6231.99	92.4
1995	9408.99	115.3	7088.67	113.7
1996	11422.52	121.4	7775.15	109.7
1997	12476.34	109.2	9097.56	117.0
1998	14495.08	116.2	9632.63	105.9
1999	16339.17	112.7	11221.21	116.5
2000	19639.15	120.2	13291.62	118.5
2001	25580.21	130.3	15976.69	120.2
2002	28928.66	113.1	17879.81	111.9
2003	33236.14	114.9	19396.58	108.5
2004	39421.39	118.6	21766.55	112.2
2005	47857.56	121.4	24708.13	113.5
2006	58896.62	123.1	30149.87	122.0
2007	74100.82	125.8	35421.73	117.5
2008	90218.56	121.8	45201.92	127.6
2009	99105.67	109.9	51884.43	114.8
2010	121697.64	122.8	71176.90	137.2
2011	149201.31	122.6	81426.18	114.4
2012	169169.25	113.4	90762.32	111.5
2013	202044.32	119.4	107797.26	118.8
2014	249726.78	123.6	124290.24	115.3
2015	292679.79	117.2	173012.02	139.2
2016	328972.09	112.4	185468.88	107.2
2017	363185.18	110.4	219595.16	118.4
2018	382797.18	105.4	254510.79	115.9

注：预算收入和支出指数按照可比口径计算，未剔除价格因素。

8-4 地方一般公共预算收支基本情况（2017-2018 年）

单位：万元

指　　标	2017 年	2018 年	2018 年比 2017 年增长（%）
一、地方一般公共预算收入	**3143761**	**3314702**	**5.4**
1、税收收入	2390559	2602804	8.9
增值税	828894	846414	2.1
企业所得税	474219	495019	4.4
个人所得税	160509	205319	27.9
城市维护建设税	234140	259628	10.9
房产税	138476	128881	-6.9
印花税	61126	70888	16.0
土地增值税	152847	226440	48.1
契税	267464	283004	5.8
2、非税收入	753202	711898	-5.5
二、地方一般公共预算支出	**4938852**	**5725211**	**15.9**
一般公共服务	488799	583116	19.3
公共安全	393888	448428	13.8
教育	742206	764116	3.0
科学技术	453039	455217	0.5
文化体育与传媒	77002	95900	24.5
社会保障和就业	575867	718813	24.8
医疗卫生	278071	318184	14.4
节能环保	172610	115662	-33.0
城乡社区事务	1047669	1260272	20.3
农林水事务	176586	206851	17.1
住房保障	19858	68117	243.0
交通运输	100083	101921	1.8

8-5 中外资金融机构本外币存贷款余额（2003-2010 年）

单位：万元

指　　标	2003 年	2004 年	2005 年	2006 年
一、各项存款余额	**7477611**	**8467689**	**10140799**	**11487131**
1. 企事业单位存款	2784508	3184642	3950369	4286177
2. 储蓄存款	4039713	4502347	5137246	5694056
（1）活期储蓄	1760151	2017612	2272075	2618984
（2）定期储蓄	2279562	2484735	2865171	3075072
3. 信托存款	0	0	0	0
4. 委托存款	-2044	16944	15886	37692
5. 其他存款	655433	763756	1037298	1469206
存款余额比年初增长 (%)	15.3	13.7	19.1	13.3
二、各项贷款余额	**4603255**	**4688906**	**4867218**	**5274236**
1. 短期贷款	2140299	1977793	1919799	1757354
2. 中长期贷款	2134612	2324366	2507991	3062903
3. 信托贷款	5783	0	0	0
4. 委托贷款	0	0	3090	190
5. 其他贷款	31650	53834	79959	36407
6. 票据融资	223403	300226	347104	409876
7. 各项垫款	67507	32687	9275	7506
贷款余额比年初增长 (%)	22.3	9.2	7.5	14.5

注：1、委托存款余额是由委托存贷款相关项目轧差后的余额，因此委托贷款为 0，委托存款数据较小。
2、信托存、贷款数据由于指标不能细分而无法获取数据，余额并不一定为 0。
3、2004、2005、2006 年“贷款余额比年初增长（%）”按可比口径计算，含剥离数。

8-5 续表

单位：万元

指　　标	2007 年	2008 年	2009 年	2010 年
一、各项存款余额	**13880384**	**15753638**	**21052044**	**27486965**
1. 企事业单位存款	5490090	6032163	9396378	11534117
2. 储蓄存款	5918643	7278631	8280421	9825358
（1）活期储蓄	2998227	3166020	3874193	4956110.042
（2）定期储蓄	2920416	4112611	4406228	4869248
3. 信托存款	0	0	0	0
4. 委托存款	150993	176011	57561	99408
5. 其他存款	2320658	2266832	3317684	6028083
存款余额比年初增长（%）	20.8	13.5	33.6	30.6
二、各项贷款余额	**6832344**	**7486257**	**10624370**	**14725362**
1. 短期贷款	2020192	1881027	2279106	2557708
2. 中长期贷款	4293427	4899274	7245538	10240231
3. 信托贷款	0	0	0	0
4. 委托贷款	190	0	0	0
5. 其他贷款	190102	173349	686694	1523881
6. 票据融资	323023	531516	412627	402835
7. 各项垫款	5410	1090	406	707
贷款余额比年初增长（%）	29.5	12.4	42.0	38.6

注：1、委托存款余额是由委托存贷款相关项目轧差后的余额，因此委托贷款为 0，委托存款数据较小。
2、信托存、贷款数据由于指标不能细分而无法获取数据，余额并不一定为 0。
3、2004、2005、2006 年“贷款余额比年初增长（%）”按可比口径计算，含剥离数。

8-6 中外资金融机构本外币存贷款余额（2011–2014 年）

单位：万元

指　　标	2011 年	2012 年	2013 年	2014 年
一、各项存款余额	**29800122**	**34497015**	**41215837**	**45706683**
1. 单位存款	17287390	20552615	24403303	28062338
# 活期存款	5987014	6314256	7700367	7574306
定期存款	5636366	8303259	9061815	12002836
2.个人存款	11352187	12933712	14804573	15350341
# 储蓄存款	11028546	12347224	13602342	14230074
3. 财政性存款	831922	849004	1666004	1962397
4. 临时性存款	83267	64677	140902	40153
5.委托存款	137824	527	60838	66797
6. 其他存款	107533	96480	140218	224657
存款余额比年初增长 (%)	8.4	15.8	18.8	10.9
二、各项贷款余额	**16382079**	**19202975**	**20719014**	**24262368**
（一）境内贷款	16014538	18858039	20354240	23883591
1.短期贷款	4331390	6043526	6215276	7329929
# 个人贷款及透支	424791	677981	926170	1099995
单位贷款及透支	2580185	3559543	4384817	5539100
银团贷款	40000	37550	28650	2000
贸易融资	1286413	1768452	875639	688834
2.中长期贷款	10899351	12007875	13422705	15277183
# 个人贷款	4709158	5055784	5957030	6977096
单位普通贷款	5569147	5925239	6638237	7459048
普通并购贷款	56010	39623	86036	82310
银团贷款	561190	900627	660014	752769
3.融资租赁	0	0	0	0
4.票据融资	775608	788021	703038	1175479
其中：贴现	775579	788021	703038	1175479
5. 各项垫款	8189	18618	13220	101000
（二）境外贷款	367541	344936	364774	378777
贷款余额比年初增长 (%)	11.3	17.2	7.9	17.1

注：1、委托存款余额是由委托存贷款相关项目轧差后的余额，因此委托贷款为 0，委托存款数据较小。
2、信托存、贷款数据由于指标不能细分而无法获取数据，余额并不一定为 0。

8-7 中外资金融机构本外币存贷款余额(2015—2018 年)

单位：万元

指　　标	2015 年	2016 年	2017 年	2018 年
一、各项存款	**53837289**	**61242553**	**69284121**	**75429069**
（一）境内存款	50992510	58709038	63454896	72193846
1. 住户存款	13229713	14574892	15422390	17720056
（1）活期存款	6348799	7431862	8115397	8863878
（2）定期及其他存款	6880914	7143030	7306992	8856178
2. 非金融企业存款	25813058	33599158	34904775	39912897
（1）活期存款 2	6711506	10175471	9527946	9880487
（2）定期及其他存款 2	19101552	23423688	25376829	30032411
3. 广义政府存款	8517214	9092672	11332090	11944163
（1）财政性存款	821010	1178495	1086428	1138392
（2）机关团体存款	7696204	7914176	10245662	10805771
4. 非银行业金融机构存款	3432526	1442316	1795642	2616729
（二）境外存款	2844779	2533515	5829225	3235222
存款余额比年初增长（%）	10.0	13.8	13.1	8.9
二、各项贷款	**29696956**	**40980816**	**48068766**	**52382396**
（一）境内贷款	29010283	38791215	46070240	50842771
1. 住户贷款	10316364	18089148	21501927	22024238
（1）短期贷款	1286663	1293396	1715322	1861544
消费贷款	702006	665710	1098746	1122188
经营贷款	584657	627686	616576	739356
（2）中长期贷款 2	9029701	16795752	19786605	20162694
消费贷款 2	8285800	15957269	18446790	18204016
经营贷款 1	743901	838483	1339815	1958677
2. 非金融企业及机关团体贷款	18693918	20702067	24568313	28818533
（1）短期贷款	6894636	7895367	8590273	9591014
（2）中长期贷款	9147901	11194727	14214016	17189037
（3）票据融资	2544085	1120616	959240	1155885
（4）融资租赁	0	404086	790083	868211
（5）各项垫款	107297	87271	14702	14386
3. 非银行业金融机构贷款	0	0	0	0
（二）境外贷款	686674	2189601	1998526	1539625
贷款余额比年初增长（%，含剥离数）	22.4	38.0	17.3	9.0

8-8 建市以来全市中资金融机构人民币信贷及现金收支

单位：万元

年份	一、各项存款余额	财政存款	城乡储蓄存款	二、各项贷款余额
1979	9341	…	3020	7906
1980	16792	…	4148	15257
1981	23441	…	6489	32129
1982	27506	…	8861	33467
1983	44221	…	12569	63246
1984	122395	…	21638	205799
1985	91462	7445	34868	211323
1986	134192	10497	48628	251991
1987	187489	9667	70945	358254
1988	287179	11137	107558	461245
1989	313031	13131	137531	496593
1990	404391	14052	189231	605926
1991	589680	15355	267258	709065
1992	1333265	30512	449232	1052412
1993	1437322	39270	674132	1351595
1994	1776533	43571	903454	1535923
1995	2248738	42586	1263277	1829342
1996	2940376	47055	1627333	2248118
1997	3321035	20834	1776724	2549020
1998	3742038	21853	2026980	2745617
1999	4059952	38692	2122930	3101384
2000	4452265	28746	2160872	3002618
2001	4942355	76382	2489101	3175997
2002	5753787	71462	2972394	3471654
2003	6732074	69259	3573900	4126715
2004	7697077	141102	4085732	4171818
2005	9254673	196911	4808671	4243337
2006	10637784	251586	5397382	4567088
2007	12900751	573604	5700500	5623670
2008	14723504	514890	7050632	6480392
2009	19623542	584817	8053716	9082019
2010	25425555	1176330	9575805	12038538
2011	27345143	831922	10663949	13960406
2012	29873493	849004	11962702	16518479
2013	38134454	1666004	13311430	19284278
2014	42601621	1962397	13909260	22922755
2015	50585065	820709	12969588	28283458
2016	56252534	1178294	14196719	38759460
2017	64423056	1086428	15064222	46471116
2018	70565788	1138392	17360256	51550393

注：2010 年起贷款的分类项目有调整，2011 年起存款的分类项目口径进行了调整。

8-9 中资金融机构人民币各项存贷款（2017—2018 年）

单位：万元

指　标	2017 年末	2018 年末	2018 年末比年初增长（%）
一、各项存款	**64423056**	**70565788**	**9.5**
（一）境内存款	58993127	68194338	15.6
1. 住户存款	15064222	17360256	15.1
（1）活期存款	7917061	8671626	9.3
（2）定期及其他存款	7147161	8688630	21.6
2. 非金融企业存款	30944403	36453740	17.9
（1）活期存款 2	8590502	8993400	4.9
（2）定期及其他存款 2	22353901	27460340	22.8
3. 广义政府存款	11330417	11940521	5.4
（1）财政性存款	1086428	1138392	4.8
（2）机关团体存款	10243989	10802129	5.5
4. 非银行业金融机构存款	1654084	2439820	47.5
（二）境外存款	5429929	2371450	-56.3
二、各项贷款	**46471116**	**51550393**	**10.9**
（一）境内贷款	45182119	50292732	11.3
1. 住户贷款	21423263	21952987	2.5
（1）短期贷款	1714160	1860390	8.5
消费贷款 1	1097584	1121034	3.5
经营贷款 1	616576	739356	17.1
（2）中长期贷款 1	19709102	20092597	2.0
消费贷款	18370885	18134388	-1.3
经营贷款	1338217	1958208	46.4
2. 非金融企业及机关团体贷款	23758856	28339746	19.3
（1）短期贷款	8183138	9324424	14.0
（2）中长期贷款	13937124	16980831	21.8
（3）票据融资	833810	1155202	38.6
（4）融资租赁	790083	868211	9.9
（5）各项垫款	14702	11078	-24.7
3. 非银行业金融机构贷款	0	0	--
（二）境外贷款	1288997	1257661	-2.4

8-10 保险公司主要指标

单位：万元

指　　标	2010 年	2011 年	2012 年	2013 年	2014 年
保费收入	**518147**	**537849**	**530736**	**580230**	**726055**
1. 财产保险公司	129423	142722	162237	184303	236299
2. 人身保险公司	388724	395127	368499	395926	489756
赔款及给付支出	**78020**	**96561**	**129525**	**208000**	**201075**
1. 财产保险公司	50278	59428	84830	93574	106775
2. 人身保险公司	27742	37134	44695	114426	94300
赔付率（%）	**15.1**	**18.0**	**24.4**	**35.8**	**27.7**

8-10 续表

单位：万元

指　　标	2015年	2016年	2017年	2018年	2018年比2017年增长(%)
保费收入	**786071**	**852035**	**1164401**	**1285400**	**10.4**
1. 财产保险公司	252314	261810	315081	351378	11.5
2. 人身保险公司	533757	590225	849320	934022	10.0
赔款及给付支出	**250116**	**300528**	**386751**	**401668**	**3.9**
1. 财产保险公司	134603	121939	215542	230920	7.1
2. 人身保险公司	115513	178588	171209	170748	-0.3
赔付率（%）	**31.8**	**35.3**	**33.2**	**31.3**	**-5.7**

8-11 人身保险公司主要指标

单位：万元

项　目	2010 年	2011 年	2012 年	2013 年	2014 年
保费收入	**388724**	**395127**	**368499**	**395926**	**489756**
# 普通寿险	47432	4738	9081	16559	147645
分红及投连险	236573	285832	227843	226318	179516
万能险	33099	3364	3000	3148	3876
意外伤害险	6043	7080	8062	10956	13428
健康险	11001	13670	15725	20848	28873
其他	54574	80443	104788	118097	116418
赔款及给付金额	27742	37134	44695	114426	94300

8-11 续表

单位：万元

项　　目	2015 年	2016 年	2017 年	2018 年	2018 年比 2017 年增长 (%)
保费收入	**533757**	**590225**	**849320**	**934022**	**10.0**
# 普通寿险	200077	235024	399556	471039	17.9
分红及投连险	159700	146311	173423	327804	89.0
万能险	6455	9929	9969	4314	-56.7
意外伤害险	16329	19315	23400	26415	12.9
健康险	37768	69542	112538	97897	-13.0
其他	113427	110103	130434	6553	-95.0
赔款及给付金额	115513	178588	171209	170749	-0.3

8-12 财产保险公司主要指标

单位：万元

项　　目	2010年	2011年	2012年	2013年	2014年
合 计	**129423**	**142722**	**162237**	**184303**	**236299**
1. 机动车辆商业险	72535	79836	90540	107606	130181
2. 机动车交强险	21381	23866	26172	30432	33733
3. 企业财产保险	11428	12734	14058	14987	15202
4. 家庭财产保险	-98	95	64	301	762
5. 工程保险	3963	4656	1190	2765	4369
6. 责任保险	2474	2692	3572	4657	19717
7. 信用保险	…	213	185	231	317
8. 保证保险	…	-80	718	142	4188
9. 船舶保险	3003	3459	3376	4418	4385
10. 货物运输保险	2528	2499	2590	2800	2676
11. 特殊风险保险	5148	7016	8930	9169	9074
12. 农业保险	219	331	177	722	334
13. 意外伤害和健康险	4559	5233	4757	5375	6359
14. 其他险种	2283	171	5908	697	5001
赔款支出	**50278**	**59428**	**84832**	**93574**	**106775**
1. 机动车辆商业险	28145	36685	49244	57129	60078
2. 机动车交强险	11117	13439	16375	17878	19295
3. 企业财产保险	3158	2537	8678	6190	11306
4. 家庭财产保险	14	16	48	71	8
5. 工程保险	655	836	2237	2078	2555
6. 责任保险	637	1280	969	1096	2961
7. 保证保险	0	0	0	110	187
8. 船舶保险	1176	732	2994	858	1319
9. 货物运输保险	797	356	320	468	1157
10. 特殊风险保险	1825	862	787	4222	897
11. 农业保险	266	162	265	253	232
12. 意外伤害和健康险	1503	2179	2596	2875	2869
13. 信用保险	0	0	0	0	0
14. 其他险种	984	345	319	344	3911

8-12 续表

单位：万元

项　　目	2015年	2016年	2017年	2018年	2018年比2017年增长(%)
合 计	**252314**	**261810**	**315081**	**351378**	**11.5**
1. 机动车辆商业险	152288	164585	180650	190122	5.2
2. 机动车交强险	38043	41894	46088	51015	10.7
3. 企业财产保险	17277	16469	29416	36830	25.2
4. 家庭财产保险	1518	1454	744	598	-19.7
5. 工程保险	5038	1758	6649	10959	64.8
6. 责任保险	6565	9428	18453	23459	27.1
7. 信用保险	280	664	885	1018	15.0
8. 保证保险	4229	3084	5256	7425	41.3
9. 船舶保险	4125	3220	1892	2053	8.5
10. 货物运输保险	1969	1850	2113	2765	30.8
11. 特殊风险保险	7867	5610	5371	5956	10.9
12. 农业保险	464	1380	507	1369	170.3
13. 意外伤害和健康险	8744	9579	12076	15878	31.5
14. 其他险种	3907	836	4980	1929	-61.3
赔款支出	**134603**	**121939**	**215542**	**230920**	**7.1**
1. 机动车辆商业险	66776	69366	128913	109162	-15.3
2. 机动车交强险	19954	22287	24536	27446	11.9
3. 企业财产保险	10370	6581	28267	51602	82.5
4. 家庭财产保险	11	39	370	600	62.3
5. 工程保险	1274	845	10187	10720	5.2
6. 责任保险	14180	8903	10834	16004	47.7
7. 保证保险	1354	1203	997	2109	111.5
8. 船舶保险	583	2895	1189	1202	1.0
9. 货物运输保险	1203	563	628	508	-19.1
10. 特殊风险保险	2251	2026	2708	3018	11.4
11. 农业保险	193	917	822	856	4.1
12. 意外伤害和健康险	3160	4472	4837	6140	26.9
13. 信用保险	15	1	73	729	895.5
14. 其他险种	13279	1841	1181	824	-30.2

8-13 证券主要指标(2017-2018 年)

指 标	单 位	2017 年	2018 年	2018 年比 2017 年增长 (%)
上市公司总数	家	36	38	5.6
其中：上交所、深交所上市数	家	28	29	3.6
A 股上市股票	只	28	29	3.6
A 股股票总股本	亿股	264.53	270.82	2.4
其中：A 股股票流通股本	亿股	219.56	234.69	6.9
A 股股票市价总值	亿元	4925.81	4006.47	-20.7
珠海地区证券市场情况:				
证券公司	家	36	40	10.0
证券公司营业部(含分公司)	家	57	60	5.0
证券公司手续费收入	万元	46924.76	35100.25	-33.7
期货公司	家	3	3	0
期货公司营业部	家	3	3	0
股票基金权证债券成交额	亿元	13692.34	12580.65	-8.8
客户交易结算资金	亿元	65.87	59.05	-11.5
托管市值	亿元	1539.35	1219.98	-26.2
股票个人开户数	万人	108.54	117.84	7.9
股票机构开户数	家	2254	2269	0.7

8-14 珠海市上市公司情况

按股票上市时间先后排序

序号	公司名称	证券简称	上市地点	曾用简称	证券类别	上市日期
1	珠海市博元投资股份有限公司【已退市】	*ST 博元	上海	博元投资 *ST 博元	上海 A 股	1990 年 12 月 19 日
2	珠海港股份有限公司	珠海港	深圳	ST 粤富华 S 粤富华 粤富华	深圳 A 股	1993 年 3 月 26 日
3	丽珠医药集团股份有限公司	丽珠集团	深圳	丽珠集团 S 丽珠	深圳 A、H 股	1993 年 7 月 A 股 /2014 年 1 月 16 日 B 转 H 股
4	力合股份有限公司	华金资本	深圳	粤华电 A 力合股份 G 力合	深圳 A 股	1994 年 1 月 3 日
5	珠海鑫光集团股份有限公司【已退市】	鑫光 5	深圳	ST 鑫光 鑫光 1 鑫光 2 鑫光 3 有色鑫光	三板股	1996 年 6 月 20 日于深圳 A 股上市，2004 年 5 月 26 日退市转三板。
6	珠海格力电器股份有限公司	格力电器	深圳	格力电器 G 格力	深圳 A 股	1996 年 11 月 18 日
7	珠海中富实业股份有限公司	*ST 中富	深圳	珠海中富 G 中富 *ST 中富	深圳 A 股	1996 年 12 月 3 日
8	珠海控股投资集团有限公司	珠海控股投资	香港			1998 年 5 月 26 日
9	中珠控股股份有限公司	中珠医疗	上海	*ST 潜药 G 潜药 ST 潜药 潜江制药 中珠控股	上海 A 股	2001 年 5 月 18 日
10	珠海华发实业股份有限公司	华发股份	上海	华发股份 G 华发	上海 A 股	2004 年 2 月 25 日
11	广东德豪润达电气股份有限公司	德豪润达	深圳	德豪润达 G 德豪	中小企业板	2004 年 6 月 25 日
12	广东世荣兆业股份有限公司	世荣兆业	深圳	G 威尔 威尔科技	中小企业板	2004 年 7 月 8 日
13	东信和平科技股份有限公司	东信和平	深圳	东信和平 G 东和平	中小企业板	2004 年 7 月 13 日
14	炬力集成电路设计有限公司【已退市】		美国			2005 年 11 月 1 日
15	远光软件股份有限公司	远光软件	深圳		中小企业板	2006 年 8 月 23 日
16	广东蓉胜超微线材股份有限公司【被借壳】	贤丰控股	深圳	蓉胜超微	中小企业板	2007 年 7 月 20 日
17	金山软件有限公司	金山软件	香港			2007 年 10 月 9 日
18	珠海艾派克科技股份有限公司	艾派克	深圳	万力达 艾派克	中小企业板	2007 年 11 月 13 日
19	中国兴业太阳能技术控股有限公司	兴业太阳能	香港			2009 年 1 月 13 日
20	格力地产股份有限公司	格力地产	上海	G 海星 海星科技 *ST 海星	上海 A 股	2009 年 9 月 1 日

8-14 续表

序号	公司名称	证券简称	上市地点	曾用简称	证券类别	上市日期
21	珠海市乐通化工股份有限公司	乐通股份	深圳		中小企业板	2009年12月11日
22	珠海世纪鼎利通信科技股份有限公司	世纪鼎利	深圳		创业板	2010年1月20日
23	珠海欧比特控制工程股份有限公司	欧比特	深圳		创业板	2010年2月11日
24	珠海市可利电气有限公司		多伦多			2010年5月5日
25	中国泰坦能源技术集团有限公司	泰坦能源技术	香港			2010年5月28日
26	金网资本有限公司(百慕大注册)		澳大利亚			2010年9月22日
27	珠海恒基达鑫国际化工仓储股份有限公司	恒基达鑫	深圳		中小企业板	2010年11月2日
28	汤臣倍健股份有限公司	汤臣倍健	深圳		创业板	2010年12月15日
29	广东宝莱特医用科技股份有限公司	宝莱特	深圳		创业板	2011年7月19日
30	珠海和佳医疗设备股份有限公司	和佳股份	深圳		创业板	2011年10月26日
31	金邦达宝嘉控股有限公司		香港			2013年12月4日
32	广东溢多利生物科技股份有限公司	溢多利	深圳		创业板	2014年1月28日
33	珠海全志科技股份有限公司	全志科技	深圳		创业板	2015年5月15日
34	珠海健帆生物科技股份有限公司	健帆生物	深圳		创业板	2016年8月2日
35	珠海汇金科技股份有限公司	汇金科技	深圳		创业板	2016年11月17日
36	珠海光库科技股份有限公司	光库科技	深圳		创业板	2017年3月10日
37	珠海英搏尔电气股份有限公司	英搏尔	深圳		创业板	2017年7月25日
38	珠海赛隆药业股份有限公司	赛隆药业	深圳		中小企业板	2017年9月12日
39	中国兴业新材料控股有限公司	兴业新材料	香港		创业板	2017年7月21日
40	珠海润都制药股份有限公司	润都制药	深圳		中小企业板	2018年1月5日
41	中油洁能控股集团有限公司	中油洁能	香港			2018年12月28日

九、物价指数

9-1 各种物价指数(1986-2018 年)

(以上年价格为 100)

年份	商品零售价格总指数	居民消费价格总指数
1986	103.7	104.1
1987	114.5	114.2
1988	132.7	130.6
1989	123.7	125.1
1990	99.8	101.4
1991	102.5	103.9
1992	108.9	111.7
1993	117.9	121.3
1994	120.0	122.9
1995	110.2	111.8
1996	104.2	106.3
1997	101.0	103.3
1998	96.6	98.4
1999	96.9	98.7
2000	101.6	101.4
2001	98.8	98.6
2002	97.1	97.6
2003	99.1	99.2
2004	103.0	102.9
2005	102.3	102.2
2006	100.8	101.5
2007	103.7	104.0
2008	105.9	104.6
2009	96.1	97.0
2010	103.7	103.0
2011	104.5	105.0
2012	102.2	102.8
2013	100.8	102.3
2014	101.4	103.1
2015	99.0	101.7
2016	100.4	101.9
2017	102.1	100.8
2018	102.4	102.3

9-2 各种物价指数(1986-2018 年)

(以 1985 年价格为 100)

年份	商品零售价格总指数	居民消费价格总指数
1986	103.7	104.1
1987	118.7	118.9
1988	157.5	155.3
1989	194.8	194.3
1990	194.4	197.0
1991	199.3	204.7
1992	217.0	228.6
1993	255.8	277.3
1994	307.0	340.8
1995	338.3	381.0
1996	352.5	405.0
1997	356.0	418.4
1998	343.9	411.7
1999	333.2	406.3
2000	338.5	412.0
2001	334.4	406.2
2002	324.7	396.4
2003	321.8	393.2
2004	331.5	404.6
2005	339.1	413.5
2006	341.8	419.7
2007	354.4	436.5
2008	375.3	456.6
2009	360.7	442.9
2010	374.0	456.2
2011	390.8	479.0
2012	399.9	492.6
2013	403.0	503.9
2014	408.6	519.5
2015	404.5	528.3
2016	406.1	538.3
2017	414.6	542.6
2018	424.6	530.4

9-3 居民消费价格分类指数(2018 年)

(以上年价格为100)

类　别	2018 年	类　别	2018 年
居民消费价格总指数	**102.3**	5. 鞋类	101.3
一、食品烟酒	**102.7**	**三、居住**	**101.3**
1. 食品	101.6	1. 租赁房房租	104.8
(1) 粮食	103.3	2. 住房保养维修及管理	100.8
(2) 薯类	102.9	3. 水电燃料	101.8
(3) 豆类	101.2	4. 自有住房	99.8
(4) 食用油	98.3	**四、生活用品及服务**	**102.9**
(5) 菜	102.3	1. 家具及室内装饰品	101.7
(6) 畜肉类	95.8	2. 家用器具	101.1
(7) 禽肉类	106.7	3. 家用纺织品	100.4
(8) 水产品	104.2	4. 家庭日用杂品	99.2
(9) 蛋类	112.2	5. 个人护理用品	102.0
(10) 奶类	101.5	6. 家庭服务	114.7
(11) 干鲜瓜果类	102.1	**五、交通和通信**	**101.3**
(12) 糖果糕点类	101.2	1. 交通	103.2
(13) 调味品	101.9	2. 通信	97.8
(14) 其他食品类	102.3	**六、教育文化和娱乐**	**102.8**
2. 茶及饮料	104.7	1. 教育	102.7
3. 烟酒	104.3	2. 文化娱乐	102.9
4. 在外餐饮	104.8	**七、医疗保健**	**106.9**
二、衣着	**101.3**	1. 药品及医疗器具	105.6
1. 服装	101.4	2. 医疗服务	107.9
2. 服装材料	100.0	**八、其他用品和服务**	**101.0**
3. 其他衣着及配件	100.2	1. 其他用品类	99.9
4. 衣着加工服务费	101.5	2. 其他服务类	101.8

9-4　居民消费价格分类指数（2018 年）

（以上年同期价格为 100）

类　别	1 月	1-2 月	1-3 月	1-4 月	1-5 月
居民消费价格总指数	**100.3**	**101.9**	**102.0**	**102.0**	**102.0**
一、食品烟酒	**100.1**	**102.4**	**102.6**	**102.6**	**102.5**
1. 食品	98.6	101.5	101.6	101.4	101.3
(1) 粮食	107.0	107.2	107.3	106.4	105.6
(2) 薯类	102.7	102.5	102.9	103.0	102.3
(3) 豆类	101.0	101.3	101.4	101.3	101.4
(4) 食用油	97.6	99.2	98.8	99.3	99.2
(5) 菜	98.1	105.6	105.6	104.1	104.0
(6) 畜肉类	89.6	93.9	93.3	92.5	91.8
(7) 禽肉类	104.8	106.6	107.8	107.7	107.6
(8) 水产品	101.7	105.4	105.5	105.7	105.6
(9) 蛋类	110.1	111.6	111.9	111.6	112.9
(10) 奶类	102.2	102.5	102.5	102.0	102.5
(11) 干鲜瓜果类	99.0	98.9	100.3	101.3	101.6
(12) 糖果糕点类	99.8	99.3	99.7	100.5	101.0
(13) 调味品	103.2	102.6	103.2	103.0	102.9
(14) 其他食品类	102.2	102.0	102.1	102.7	103.1
2. 茶及饮料	102.6	102.3	102.4	103.4	103.6
3. 烟酒	103.9	103.8	103.7	103.8	104.0
4. 在外餐饮	102.7	104.4	104.7	104.9	105.0
二、衣着	**102.5**	**101.6**	**101.8**	**101.7**	**101.8**
1. 服装	103.3	102.4	102.6	102.4	102.4
2. 服装材料	100.0	100.0	100.0	100.0	100.0
3. 其他衣着及配件	100.4	100.3	100.3	100.3	100.3
4. 衣着加工服务费	100.0	100.0	100.0	100.0	100.0

9-4 续表 1　　　　（以上年同期价格为 100）

1-6 月	1-7 月	1-8 月	1-9 月	1-10 月	1-11 月	1-12 月
102. 1	**102. 2**	**102. 2**	**102. 3**	**102. 4**	**102. 4**	**102. 3**
102. 6	**102. 4**	**102. 3**	**102. 4**	**102. 6**	**102. 6**	**102. 7**
101. 3	101. 0	100. 8	101. 0	101. 3	101. 4	101. 6
105. 0	104. 5	104. 2	103. 9	103. 6	103. 4	103. 3
102. 4	102. 9	102. 6	102. 6	102. 6	102. 9	102. 9
101. 2	101. 2	101. 2	101. 3	101. 3	101. 3	101. 2
98. 6	98. 4	98. 3	98. 2	98. 2	98. 3	98. 3
104. 6	102. 6	100. 9	101. 7	102. 8	102. 3	102. 3
92. 0	92. 2	92. 7	93. 2	94. 2	94. 9	95. 8
107. 8	108. 0	107. 7	107. 4	107. 1	106. 9	106. 7
105. 6	105. 3	104. 8	104. 7	104. 6	104. 4	104. 2
113. 6	113. 5	113. 5	112. 7	112. 8	112. 7	112. 2
101. 9	101. 5	101. 3	101. 0	101. 2	101. 3	101. 5
101. 1	101. 1	101. 2	101. 5	101. 8	101. 9	102. 1
101. 0	101. 2	101. 1	101. 0	101. 1	101. 2	101. 2
102. 9	102. 9	102. 7	102. 5	102. 4	102. 2	101. 9
102. 7	102. 7	102. 9	102. 5	102. 1	102. 3	102. 3
104. 2	104. 5	104. 6	104. 7	104. 7	104. 6	104. 7
104. 1	104. 1	104. 3	104. 3	104. 3	104. 3	104. 3
105. 1	105. 1	105. 0	104. 9	104. 9	104. 8	104. 8
101. 7	**101. 7**	**101. 6**	**101. 5**	**101. 3**	**101. 3**	**101. 3**
102. 2	102. 1	102. 0	101. 7	101. 5	101. 4	101. 4
100. 0	100. 0	100. 0	100. 0	100. 0	100. 0	100. 0
100. 3	100. 3	100. 3	100. 2	100. 2	100. 2	100. 2
100. 0	100. 0	100. 5	100. 8	101. 1	101. 3	101. 5

9-4 续表 2　　　　　　（以上年同期价格为 100）

类　　别	1 月	1-2 月	1-3 月	1-4 月	1-5 月
5. 鞋类	100.3	99.4	99.7	99.9	100.3
三、居住	**100.0**	**100.5**	**100.8**	**100.8**	**100.7**
1. 租赁房房租	104.0	105.4	105.8	106.0	106.2
2. 住房保养维修及管理	101.3	101.3	101.3	101.3	101.3
3. 水电燃料	100.5	100.1	100.2	99.7	99.4
4. 自有住房	98.1	99.0	99.4	99.5	99.6
四、生活用品及服务	**102.7**	**103.9**	**103.5**	**103.4**	**103.4**
1. 家具及室内装饰品	102.3	102.2	102.1	102.0	102.0
2. 家用器具	99.1	99.5	99.8	100.0	100.3
3. 家用纺织品	101.6	100.7	100.6	100.6	100.7
4. 家庭日用杂品	102.0	100.1	100.1	100.2	100.5
5. 个人护理用品	102.1	101.9	101.6	101.5	101.4
6. 家庭服务	110.6	121.5	119.1	117.9	117.2
五、交通和通信	**99.0**	**100.3**	**100.2**	**100.3**	**100.7**
1. 交通	99.7	101.6	101.5	101.7	102.2
2. 通信	97.7	97.7	97.7	97.7	97.9
六、教育文化和娱乐	**99.1**	**102.0**	**102.3**	**102.4**	**102.6**
1. 教育	103.8	103.4	103.3	103.2	103.2
2. 文化娱乐	92.6	100.1	100.9	101.2	101.6
七、医疗保健	**103.6**	**105.9**	**106.7**	**106.6**	**106.5**
1. 药品及医疗器具	104.0	104.0	103.9	104.0	104.2
2. 医疗服务	103.4	107.2	108.6	108.3	108.2
八、其他用品和服务	**100.0**	**102.2**	**101.6**	**101.3**	**101.1**
1. 其他用品类	100.4	100.1	99.9	99.8	99.8
2. 其他服务类	99.7	103.7	102.9	102.4	102.0

9-4 续表 3 （以上年同期价格为 100）

1-6 月	1-7 月	1-8 月	1-9 月	1-10 月	1-11 月	1-12 月
100. 5	100. 7	100. 9	101. 0	101. 0	101. 2	101. 3
100. 9	**101. 0**	**101. 1**	**101. 2**	**101. 3**	**101. 3**	**101. 3**
106. 1	106. 0	106. 0	105. 7	105. 6	105. 2	104. 8
101. 3	101. 3	101. 2	101. 1	101. 0	100. 9	100. 8
99. 8	100. 1	100. 6	101. 2	101. 6	101. 8	101. 8
99. 7	99. 7	99. 8	99. 8	99. 8	99. 8	99. 8
103. 4	**103. 4**	**103. 3**	**103. 2**	**103. 1**	**103. 0**	**102. 9**
101. 9	101. 8	101. 7	101. 7	101. 7	101. 7	101. 7
100. 7	101. 0	101. 1	101. 2	101. 2	101. 2	101. 1
100. 7	100. 9	100. 8	100. 9	100. 7	100. 5	100. 4
100. 4	100. 5	100. 1	99. 9	99. 6	99. 3	99. 2
101. 4	101. 6	101. 5	101. 6	101. 7	102. 0	102. 0
116. 7	116. 4	115. 9	115. 5	115. 2	115. 0	114. 7
101. 1	**101. 4**	**101. 7**	**101. 9**	**102. 0**	**101. 9**	**101. 3**
102. 7	103. 3	103. 7	104. 0	104. 1	104. 0	103. 2
97. 9	97. 9	97. 9	97. 9	97. 9	97. 8	97. 8
102. 6	**102. 9**	**103. 1**	**103. 0**	**102. 9**	**102. 8**	**102. 8**
103. 2	103. 2	103. 1	103. 0	102. 9	102. 8	102. 7
101. 6	102. 5	103. 0	103. 0	102. 9	102. 9	102. 9
106. 6	**106. 7**	**106. 7**	**106. 8**	**106. 8**	**106. 9**	**106. 9**
104. 3	104. 7	105. 0	105. 2	105. 3	105. 4	105. 6
108. 1	108. 0	108. 0	107. 9	107. 9	107. 9	107. 9
101. 0	**101. 0**	**101. 0**	**100. 9**	**100. 9**	**101. 0**	**101. 0**
99. 8	99. 8	99. 8	99. 8	99. 8	99. 8	99. 9
101. 9	101. 8	101. 8	101. 7	101. 7	101. 8	101. 8

9-5 居民消费价格分类指数（2018 年）

（以上年同月价格为100）

类 别	1月	2月	3月	4月	5月
居民消费价格总指数	**100.3**	**103.4**	**102.3**	**101.9**	**102.3**
一、食品烟酒	**100.1**	**104.7**	**103.0**	**102.3**	**102.5**
1. 食品	98.6	104.3	102.0	100.6	100.8
(1) 粮食	107.0	107.3	107.6	103.8	102.6
(2) 薯类	102.7	102.3	103.7	103.2	99.6
(3) 豆类	101.0	101.6	101.6	101.2	101.6
(4) 食用油	97.6	100.9	98.1	100.6	99.1
(5) 菜	98.1	113.0	105.4	99.5	103.8
(6) 畜肉类	89.6	98.4	91.8	90.1	88.8
(7) 禽肉类	104.8	108.4	110.2	107.6	107.2
(8) 水产品	101.7	109.0	105.7	106.4	105.4
(9) 蛋类	110.1	113.2	112.5	110.6	118.2
(10) 奶类	102.2	102.9	102.5	100.6	104.2
(11) 干鲜瓜果类	99.0	98.9	103.0	104.3	103.0
(12) 糖果糕点类	99.8	98.7	100.6	102.7	103.4
(13) 调味品	103.2	101.9	104.5	102.6	102.5
(14) 其他食品类	102.2	101.7	102.4	104.4	104.5
2. 茶及饮料	102.6	101.9	102.6	106.4	104.5
3. 烟酒	103.9	103.6	103.7	103.9	105.1
4. 在外餐饮	102.7	106.0	105.2	105.5	105.6
二、衣着	**102.5**	**100.7**	**102.2**	**101.5**	**102.1**
1. 服装	103.3	101.4	103.0	101.9	102.3
2. 服装材料	100.0	100.0	100.0	100.0	100.0
3. 其他衣着及配件	100.4	100.2	100.2	100.2	100.2
4. 衣着加工服务费	100.0	100.0	100.0	100.0	100.0

9-5 续表 1 （以上年同月价格为 100）

6月	7月	8月	9月	10月	11月	12月
102.6	**102.6**	**102.5**	**102.8**	**102.9**	**102.3**	**101.6**
102.9	**101.5**	**101.3**	**103.0**	**104.4**	**102.9**	**103.6**
101.4	99.4	99.4	102.2	104.3	102.2	103.3
102.2	101.5	102.2	101.4	100.8	101.7	101.6
103.3	105.6	100.9	102.7	102.3	105.6	102.7
100.5	100.8	101.6	101.7	101.5	101.0	100.5
95.6	97.0	97.6	97.3	98.4	99.0	99.1
107.3	92.0	90.5	107.9	112.0	97.4	102.0
93.4	93.3	96.1	97.8	102.9	102.6	105.3
108.6	109.3	106.1	105.1	104.2	105.3	104.5
105.4	103.3	102.1	103.5	103.7	102.5	102.0
117.4	112.7	113.5	107.0	114.3	111.9	106.4
99.1	99.4	99.9	98.7	103.0	102.5	103.2
98.6	101.0	102.0	103.6	104.7	103.0	104.3
101.0	102.2	100.1	100.8	102.0	101.3	101.9
102.5	103.4	101.1	101.1	101.1	100.1	99.0
101.2	102.4	104.7	98.9	99.3	103.3	102.9
107.6	105.7	105.7	105.4	104.4	104.4	105.0
104.2	104.5	105.6	104.6	103.8	104.4	104.2
105.6	105.3	104.1	104.3	104.5	104.2	104.2
101.5	**101.4**	**101.4**	**100.0**	**100.1**	**101.2**	**101.1**
101.5	101.3	101.3	99.5	99.5	100.9	100.7
100.0	100.0	100.0	100.0	100.0	100.0	100.0
100.2	100.2	100.2	100.0	100.0	100.3	100.3
100.0	100.0	103.7	103.7	103.7	103.7	103.7

9-5 续表 2　　（以上年同月价格为 100）

类　别	1月	2月	3月	4月	5月
5. 鞋类	**100.3**	**98.4**	**100.4**	**100.3**	**101.9**
三、居住	**100.0**	**101.1**	**101.3**	**100.7**	**100.7**
1. 租赁房房租	104.0	106.7	106.7	106.7	106.7
2. 住房保养维修及管理	101.3	101.3	101.3	101.3	101.3
3. 水电燃料	100.5	99.7	100.3	98.3	98.3
4. 自有住房	98.1	100.0	100.0	100.0	100.0
四、生活用品及服务	**102.7**	**105.1**	**102.7**	**102.9**	**103.5**
1. 家具及室内装饰品	102.3	102.2	101.7	101.9	101.8
2. 家用器具	99.1	100.0	100.3	100.4	101.5
3. 家用纺织品	101.6	99.8	100.5	100.4	101.0
4. 家庭日用杂品	102.0	98.2	100.2	100.3	102.0
5. 个人护理用品	102.1	101.7	100.8	101.4	100.9
6. 家庭服务	110.6	132.4	114.4	114.4	114.4
五、交通和通信	**99.0**	**101.5**	**100.1**	**100.7**	**102.3**
1. 交通	99.7	103.5	101.3	102.3	104.2
2. 通信	97.7	97.8	97.8	97.8	98.6
六、教育文化和娱乐	**99.1**	**105.1**	**102.9**	**102.8**	**103.1**
1. 教育	103.8	103.0	103.1	103.1	103.1
2. 文化娱乐	92.6	108.3	102.5	102.4	103.1
七、医疗保健	**103.6**	**108.2**	**108.2**	**106.3**	**106.5**
1. 药品及医疗器具	104.0	104.1	103.7	104.3	104.8
2. 医疗服务	103.4	111.0	111.3	107.7	107.6
八、其他用品和服务	**100.0**	**104.4**	**100.6**	**100.3**	**100.2**
1. 其他用品类	100.4	99.7	99.7	99.5	99.7
2. 其他服务类	99.7	107.8	101.3	100.9	100.6

9-5 续表 3　　　　　　　　　　（以上年同月价格为 100）

6 月	7 月	8 月	9 月	10 月	11 月	12 月
101.9	**101.9**	**101.9**	**101.6**	**101.6**	**102.5**	**102.5**
101.4	**101.5**	**102.1**	**102.3**	**102.1**	**101.2**	**100.8**
105.7	105.5	105.5	104.1	104.1	101.4	100.8
101.3	100.9	100.4	100.4	100.0	100.0	100.0
101.5	102.0	104.5	106.0	105.3	103.6	102.5
100.0	100.0	100.0	100.0	100.0	100.0	100.0
103.3	**103.8**	**102.1**	**102.7**	**102.4**	**102.2**	**102.0**
101.3	101.1	101.1	101.6	101.6	101.7	101.8
102.7	102.8	102.0	101.9	101.4	100.6	100.9
101.1	101.6	100.5	101.3	99.0	98.9	99.3
99.9	100.8	97.8	98.0	97.5	96.2	97.3
101.6	102.6	100.5	102.7	103.0	104.5	101.8
114.4	114.4	112.4	112.4	112.4	112.4	112.4
102.8	**103.5**	**103.8**	**103.5**	**102.5**	**101.2**	**95.2**
105.4	106.5	107.0	106.6	105.0	103.1	93.9
97.8	97.8	97.8	97.8	97.8	97.7	97.7
102.5	**104.9**	**104.5**	**102.3**	**101.6**	**102.3**	**102.1**
103.1	103.1	102.9	101.7	101.7	101.7	101.7
101.5	107.6	106.8	103.2	101.3	103.0	102.8
106.6	**107.4**	**107.3**	**107.4**	**107.1**	**107.3**	**107.3**
105.1	107.1	106.7	106.9	106.2	106.8	106.8
107.6	107.6	107.7	107.7	107.7	107.7	107.7
100.5	**100.7**	**100.9**	**100.7**	**100.6**	**101.6**	**101.2**
99.7	100.1	99.9	99.6	99.8	100.1	100.2
101.1	101.2	101.6	101.5	101.3	102.7	101.9

9-6　居民消费价格分类指数(2018年)

(以上年同月价格为100)

类　别	1月	2月	3月	4月	5月
居民消费价格总指数	**100.4**	**102.2**	**98.3**	**99.8**	**100.2**
一、食品烟酒	**99.9**	**105.0**	**96.4**	**99.0**	**100.2**
1. 食品	99.7	105.5	95.8	98.3	100.1
(1) 粮食	100.8	100.2	100.5	98.9	101.1
(2) 薯类	104.6	100.0	98.2	100.5	101.4
(3) 豆类	100.9	100.6	99.7	99.8	100.0
(4) 食用油	100.8	99.8	99.4	99.8	100.7
(5) 菜	97.8	118.2	88.6	94.3	103.1
(6) 畜肉类	100.0	106.8	89.9	96.2	97.7
(7) 禽肉类	99.5	103.0	99.1	98.3	99.5
(8) 水产品	101.2	107.6	95.7	100.7	101.7
(9) 蛋类	101.5	99.4	95.2	99.9	103.8
(10) 奶类	100.5	98.2	100.4	100.6	105.0
(11) 干鲜瓜果类	97.6	103.9	103.9	99.1	95.5
(12) 糖果糕点类	99.3	97.0	101.8	101.4	101.3
(13) 调味品	100.2	99.2	100.8	99.8	101.7
(14) 其他食品类	99.8	100.2	100.8	101.9	100.2
2. 茶及饮料	100.3	100.3	100.3	101.2	100.5
3. 烟酒	100.0	100.3	101.0	100.5	101.5
4. 在外餐饮	100.3	105.2	96.7	100.0	100.0
二、衣着	**100.0**	**98.3**	**101.7**	**100.0**	**101.1**
1. 服装	100.1	98.2	101.7	99.9	101.1
2. 服装材料	100.0	100.0	100.0	100.0	100.0
3. 其他衣着及配件	100.0	100.0	100.0	100.0	100.0
4. 衣着加工服务费	100.0	100.0	100.0	100.0	100.0

（以上年同月价格为 100）

6 月	7 月	8 月	9 月	10 月	11 月	12 月
100. 2	**100. 6**	**100. 3**	**100. 4**	**100. 3**	**99. 4**	**99. 6**
100. 2	**99. 7**	**101. 3**	**101. 8**	**100. 8**	**98. 6**	**100. 9**
100. 3	99. 6	101. 4	102. 9	101. 0	97. 8	101. 2
99. 7	99. 5	101. 1	100. 0	98. 8	101. 0	100. 1
99. 1	100. 9	98. 2	102. 7	97. 4	102. 7	97. 3
98. 9	100. 3	100. 3	100. 6	100. 0	99. 7	99. 7
97. 7	101. 1	99. 5	99. 0	100. 2	101. 7	99. 3
104. 5	97. 9	103. 0	118. 3	95. 1	84. 3	102. 4
102. 7	98. 4	104. 1	102. 2	104. 5	99. 9	104. 1
99. 4	99. 6	100. 4	101. 0	101. 9	102. 4	100. 3
100. 6	99. 1	98. 4	98. 4	101. 9	96. 9	100. 2
101. 8	99. 9	109. 2	100. 7	98. 9	98. 5	98. 0
93. 7	104. 1	99. 5	100. 1	101. 2	101. 9	98. 5
96. 9	101. 0	101. 3	102. 2	102. 7	99. 5	101. 1
98. 8	100. 1	100. 8	98. 7	100. 7	101. 3	100. 8
97. 9	102. 1	99. 4	99. 2	101. 9	98. 9	98. 1
98. 1	101. 6	100. 0	97. 6	101. 1	102. 4	99. 2
102. 2	98. 6	100. 5	99. 5	100. 1	100. 3	101. 1
99. 1	100. 9	101. 1	99. 5	99. 5	100. 8	100. 0
100. 2	99. 8	101. 1	100. 1	100. 7	100. 0	100. 3
100. 0	**100. 0**	**100. 1**	**99. 6**	**100. 0**	**100. 4**	**100. 0**
100. 0	100. 0	100. 0	99. 5	100. 0	100. 3	100. 0
100. 0	100. 0	100. 0	100. 0	100. 0	100. 0	100. 0
100. 0	100. 0	100. 0	100. 0	100. 0	100. 3	100. 0
100. 0	100. 0	103. 7	100. 0	100. 0	100. 0	100. 0

9-6 续表 2　　（以上年同月价格为 100）

类　别	1月	2月	3月	4月	5月
5. 鞋类	**100.0**	**98.1**	**102.0**	**100.0**	**101.6**
三、居住	**100.3**	**99.8**	**100.2**	**99.4**	**100.1**
1. 租赁房房租	100.0	100.0	100.0	100.0	100.0
2. 住房保养维修及管理	100.1	100.0	100.0	100.0	100.0
3. 水电燃料	101.0	99.1	100.7	98.0	100.3
4. 自有住房	100.0	100.0	100.0	100.0	100.0
四、生活用品及服务	**101.9**	**102.7**	**97.4**	**100.3**	**100.4**
1. 家具及室内装饰品	100.7	100.0	100.1	100.1	100.0
2. 家用器具	100.2	100.8	100.3	100.2	100.2
3. 家用纺织品	100.0	99.1	100.6	100.1	100.7
4. 家庭日用杂品	100.1	97.2	100.9	100.9	101.0
5. 个人护理用品	100.5	99.9	98.4	100.2	100.4
6. 家庭服务	110.6	119.6	86.4	100.0	100.0
五、交通和通信	**100.0**	**100.7**	**98.9**	**100.9**	**100.2**
1. 交通	100.9	101.2	98.4	101.4	100.2
2. 通信	98.3	99.9	100.0	100.0	100.0
六、教育文化和娱乐	**101.2**	**102.5**	**97.7**	**100.4**	**100.0**
1. 教育	101.6	100.0	100.1	100.0	100.0
2. 文化娱乐	100.7	106.3	94.2	100.9	100.0
七、医疗保健	**99.9**	**104.5**	**100.2**	**100.7**	**100.3**
1. 药品及医疗器具	99.8	100.3	100.1	101.7	100.9
2. 医疗服务	100.0	107.4	100.3	100.0	100.0
八、其他用品和服务	**102.6**	**101.8**	**96.4**	**100.0**	**100.0**
1. 其他用品类	100.4	99.7	100.1	99.9	100.0
2. 其他服务类	104.2	103.3	93.9	100.1	100.0

9-6 续表 3　　　　　　　　　　（以上年同月价格为 100）

6月	7月	8月	9月	10月	11月	12月
100.0	**100.0**	**100.0**	**100.0**	**100.0**	**100.8**	**100.0**
100.3	**100.2**	**100.4**	**100.4**	**100.3**	**99.6**	**99.9**
100.4	101.1	100.0	100.0	100.0	100.0	99.4
100.0	99.9	99.9	100.0	100.0	100.0	100.0
101.1	100.0	101.4	101.3	101.0	98.6	100.0
100.0	100.0	100.0	100.0	100.0	100.0	100.0
99.6	**100.8**	**98.9**	**100.5**	**99.6**	**100.0**	**100.1**
99.6	100.0	100.7	100.1	100.1	100.2	100.1
100.3	100.0	99.2	100.0	100.0	99.6	100.1
100.0	100.3	99.5	100.2	98.7	99.9	100.4
97.8	102.6	97.8	100.2	98.9	99.5	100.5
100.2	100.9	99.0	102.0	99.8	101.2	99.4
100.0	100.0	98.3	100.0	100.0	100.0	100.0
100.1	**100.8**	**100.0**	**99.6**	**100.5**	**98.7**	**94.6**
100.4	101.3	100.1	99.5	100.8	98.1	92.0
99.5	100.0	100.0	100.0	100.0	100.0	100.0
100.0	**103.9**	**99.1**	**98.3**	**99.0**	**100.3**	**99.9**
100.1	100.0	99.8	100.1	100.0	100.0	100.0
99.9	109.9	98.2	95.6	97.6	100.7	99.7
100.2	**100.7**	**100.0**	**100.1**	**100.0**	**100.2**	**100.3**
100.6	101.8	100.0	100.2	100.1	100.6	100.7
100.0	100.0	100.0	100.0	100.0	100.0	100.0
100.0	**100.1**	**100.2**	**99.9**	**100.2**	**100.6**	**99.5**
100.0	100.0	99.9	99.9	100.1	100.3	100.0
100.0	100.3	100.4	99.9	100.3	100.7	99.2

9-7 商品零售价格指数（2018 年）

（以上年价格为 100）

类　别	2018 年
商品零售价格指数	**102.4**
一、食品	102.8
1. 粮食	102.9
2. 薯类	102.9
3. 豆类	101.1
4. 食用油	98.4
5. 菜	102.3
6. 畜肉类	96.3
7. 禽肉类	106.6
8. 水产品	104.2
9. 蛋类	112.5
10. 奶类	101.9
11. 干鲜瓜果类	102.0
12. 糖果糕点类	101.2
13. 调味品	102.1
14. 其他食品类	102.3
15. 在外餐饮	104.8
二、饮料、烟酒	104.3
三、服装、鞋帽	101.1
四、纺织品	100.4
五、家用电器及音像器材	99.3
六、文化办公用品	99.8
七、日用品	98.4
八、体育娱乐用品	99.4
九、交通、通信用品	99.9
十、家具	102.0
十一、化妆品	102.2
十二、金银饰品	99.8
十三、中西药品及医疗保健用品	104.9
十四、书报杂志及电子出版物	102.5
十五、燃料	109.9
十六、建筑材料及五金电料	102.6

9-8 商品零售价格分类指数(2018 年)

(以上年同期价格为 100)

类　别	1 月	1-2 月	1-3 月	1-4 月	1-5 月	1-6 月
商品零售价格总指数	**101.8**	**102.2**	**102.1**	**101.9**	**101.9**	**102.1**
一、食品	100.1	102.7	103.0	102.9	102.8	102.9
二、饮料、烟酒	103.5	103.3	103.3	103.6	103.8	104.0
三、服装、鞋帽	102.6	101.6	101.8	101.7	101.8	101.7
四、纺织品	101.5	100.7	100.6	100.6	100.6	100.7
五、家用电器及音像器材	98.9	99.3	99.3	99.2	99.3	99.4
六、文化办公用品	100.6	100.3	100.2	100.1	100.0	99.8
七、日用品	100.1	99.2	98.9	99.0	99.3	99.1
八、体育娱乐用品	101.4	101.8	101.4	101.2	100.9	100.5
九、交通、通信用品	99.8	100.1	100.0	99.6	99.8	99.8
十、家具	102.8	102.7	102.6	102.5	102.5	102.4
十一、化妆品	102.4	101.9	101.4	101.7	101.6	101.5
十二、金银珠宝	100.9	100.4	100.2	100.0	99.9	99.9
十三、中西药品及医疗保健用品	104.8	104.7	104.6	104.3	104.3	104.3
十四、书报杂志及电子出版物	101.1	100.8	100.9	100.9	100.9	100.9
十五、燃料	106.8	106.0	105.3	104.7	104.9	106.2
十六、建筑材料及五金电料	103.8	103.8	103.9	104.0	103.9	103.9

9-8 续表

（以上年同期价格为 100）

类　别	1-7 月	1-8 月	1-9 月	1-10 月	1-11 月	1-12 月
商品零售价格总指数	**102.2**	**102.3**	**102.4**	**102.5**	**102.5**	**102.4**
一、食品	102.6	102.4	102.5	102.7	102.7	102.8
二、饮料、烟酒	104.1	104.3	104.3	104.3	104.3	104.3
三、服装、鞋帽	101.6	101.6	101.4	101.2	101.2	101.1
四、纺织品	100.7	100.7	100.7	100.5	100.4	100.4
五、家用电器及音像器材	99.5	99.4	99.4	99.4	99.3	99.3
六、文化办公用品	99.8	100.0	99.9	99.9	99.9	99.8
七、日用品	99.2	98.9	98.7	98.6	98.5	98.4
八、体育娱乐用品	100.2	100.0	99.8	99.7	99.5	99.4
九、交通、通信用品	99.8	99.8	99.9	99.9	99.9	99.9
十、家具	102.2	102.1	102.1	102.0	102.0	102.0
十一、化妆品	101.6	101.5	101.6	101.9	102.1	102.2
十二、金银珠宝	99.9	99.8	99.7	99.7	99.7	99.8
十三、中西药品及医疗保健用品	104.5	104.7	104.8	104.8	104.9	104.9
十四、书报杂志及电子出版物	100.9	101.3	101.7	102.0	102.3	102.5
十五、燃料	107.3	108.4	109.6	110.6	110.6	109.9
十六、建筑材料及五金电料	103.7	103.5	103.3	103.1	102.8	102.6

9-9 商品零售价格分类指数(2018 年)

(以上年同月价格为 100)

类　别	1月	2月	3月	4月	5月	6月
商品零售价格总指数	**101.8**	**102.5**	**101.9**	**101.4**	**102.1**	**102.9**
一、食品	100.1	105.2	103.5	102.5	102.8	103.1
二、饮料、烟酒	103.5	103.0	103.4	104.3	104.7	104.8
三、服装、鞋帽	102.6	100.6	102.2	101.4	102.0	101.4
四、纺织品	101.5	99.9	100.5	100.4	101.0	101.0
五、家用电器及音像器材	98.9	99.7	99.3	98.9	99.6	100.1
六、文化办公用品	100.6	100.1	100.0	99.7	99.4	99.2
七、日用品	100.1	98.2	98.3	99.5	100.2	98.6
八、体育娱乐用品	101.4	102.1	100.8	100.6	99.6	98.4
九、交通、通信用品	99.8	100.4	99.6	98.7	100.3	99.8
十、家具	102.8	102.6	102.3	102.3	102.3	101.9
十一、化妆品	102.4	101.4	100.4	102.6	101.4	101.0
十二、金银珠宝	100.9	99.9	99.8	99.4	99.6	99.5
十三、中西药品及医疗保健用品	104.8	104.7	104.2	103.6	104.0	104.3
十四、书报杂志及电子出版物	101.1	100.6	101.0	101.0	101.0	101.1
十五、燃料	106.8	105.2	104.0	103.0	105.5	113.3
十六、建筑材料及五金电料	103.8	103.8	104.0	104.1	103.6	103.8

9-9 续表　　　　　　　　　（以上年同月价格为100）

类　别	7月	8月	9月	10月	11月	12月
商品零售价格总指数	**102.7**	**102.7**	**103.6**	**103.7**	**102.5**	**101.5**
一、食品	101.2	100.7	103.1	104.6	102.7	103.4
二、饮料、烟酒	104.7	105.6	104.9	103.9	104.4	104.4
三、服装、鞋帽	101.3	101.3	99.7	99.7	100.8	100.7
四、纺织品	100.9	100.7	100.6	99.1	99.3	99.8
五、家用电器及音像器材	99.8	99.2	99.4	99.3	98.5	98.8
六、文化办公用品	99.7	100.9	99.7	99.6	99.6	99.6
七、日用品	99.3	97.0	97.5	97.7	97.0	97.9
八、体育娱乐用品	98.8	98.5	98.0	98.4	97.9	98.0
九、交通、通信用品	100.2	99.8	100.3	99.9	100.0	99.7
十、家具	101.4	101.4	101.6	101.6	101.6	101.6
十一、化妆品	102.1	100.5	103.0	103.8	104.6	102.7
十二、金银珠宝	99.9	99.5	99.1	99.4	99.9	100.1
十三、中西药品及医疗保健用品	106.1	105.5	105.7	104.9	105.4	105.7
十四、书报杂志及电子出版物	100.9	104.2	104.7	104.7	104.7	104.7
十五、燃料	113.6	116.6	119.8	119.0	111.2	102.4
十六、建筑材料及五金电料	102.8	102.0	102.0	100.8	100.4	100.3

9-10 商品零售价格分类指数(2018 年)

(以上月价格为 100)

类　别	1月	2月	3月	4月	5月	6月
商品零售价格总指数	**100.4**	**100.8**	**99.1**	**99.6**	**100.5**	**100.2**
一、食品	99.8	105.5	96.3	98.8	100.3	100.2
二、饮料、烟酒	100.1	100.2	100.8	100.6	101.2	99.9
三、服装、鞋帽	100.0	98.2	101.8	99.9	101.0	100.0
四、纺织品	100.0	99.1	100.6	100.0	100.7	100.0
五、家用电器及音像器材	100.3	100.8	99.6	99.6	99.8	99.4
六、文化办公用品	100.7	99.6	99.9	99.6	99.6	99.8
七、日用品	99.6	98.6	100.3	101.0	100.6	98.5
八、体育娱乐用品	100.3	100.0	98.8	100.1	99.2	99.2
九、交通、通信用品	100.0	100.1	100.1	99.9	100.3	99.7
十、家具	101.2	100.0	100.0	100.0	100.0	99.7
十一、化妆品	100.4	99.6	98.4	100.9	100.2	99.9
十二、金银珠宝	100.4	99.7	100.0	100.0	99.9	100.0
十三、中西药品及医疗保健用品	99.7	100.1	100.1	100.9	100.7	100.7
十四、书报杂志及电子出版物	100.1	100.1	100.4	100.0	100.0	100.2
十五、燃料	102.7	98.5	98.5	98.2	102.1	102.6
十六、建筑材料及五金电料	100.4	100.0	100.0	100.3	99.3	100.1

9-10 续表　　　　　　　　　　　（以上月价格为 100）

类　别	7 月	8 月	9 月	10 月	11 月	12 月
商品零售价格总指数	**100.2**	**100.4**	**101.0**	**100.7**	**99.1**	**99.5**
一、食品	99.6	101.1	102.3	100.7	98.1	100.8
二、饮料、烟酒	100.4	101.0	99.6	99.6	100.7	100.2
三、服装、鞋帽	100.0	100.0	99.5	100.0	100.3	100.0
四、纺织品	100.3	99.8	99.9	98.8	100.2	100.5
五、家用电器及音像器材	99.7	99.5	100.3	100.2	99.5	100.2
六、文化办公用品	100.1	101.3	98.7	100.4	100.0	100.0
七、日用品	101.5	97.5	100.4	99.5	100.2	100.3
八、体育娱乐用品	100.1	99.7	100.0	100.3	100.3	100.1
九、交通、通信用品	100.0	99.8	100.2	100.2	100.0	99.6
十、家具	99.8	100.9	100.0	100.0	100.0	100.0
十一、化妆品	101.3	99.6	102.2	99.8	101.0	99.5
十二、金银珠宝	100.1	99.9	99.8	100.1	100.5	100.0
十三、中西药品及医疗保健用品	101.7	100.0	100.2	100.1	100.5	100.8
十四、书报杂志及电子出版物	100.0	103.2	100.6	100.0	100.0	100.0
十五、燃料	100.5	102.2	103.2	103.8	95.9	94.6
十六、建筑材料及五金电料	99.9	100.1	100.1	100.1	99.9	100.0

9-11 广东省各市居民消费价格指数（2018年）

（以上年价格为100）

市别	1月	1-2月	1-3月	1-4月	1-5月	1-6月
广东省	101.1	102.2	102.2	102.1	102.0	102.0
广州市	101.9	102.9	102.8	102.5	102.3	102.3
韶关市	100.1	101.7	101.8	101.5	101.4	101.3
深圳市	101.2	102.4	102.5	102.5	102.5	102.5
珠海市	100.3	101.9	102.0	102.0	102.0	102.1
汕头市	101.7	102.3	102.2	102.0	101.9	101.8
佛山市	100.6	101.7	101.9	101.8	101.8	101.8
江门市	100.3	101.4	101.2	101.0	100.9	100.9
湛江市	100.5	101.5	101.6	101.5	101.3	101.3
茂名市	100.9	102.0	102.2	102.0	101.8	101.7
肇庆市	100.5	101.8	101.8	101.7	101.6	101.5
惠州市	100.4	102.0	102.0	101.9	101.7	101.7
梅州市	101.1	102.6	102.4	102.1	101.9	101.7
汕尾市	99.8	100.9	101.0	101.2	101.3	101.3
河源市	100.3	100.8	101.0	101.2	101.3	101.4
阳江市	100.8	102.2	102.1	101.9	101.8	101.7
清远市	102.2	102.8	102.8	102.7	102.6	102.5
东莞市	101.6	102.8	102.8	102.7	102.5	102.4
中山市	100.4	101.8	101.6	101.3	101.2	101.2
潮州市	101.0	102.1	102.2	102.1	102.1	102.0
揭阳市	101.0	102.0	101.9	101.8	101.7	101.7
云浮市	101.0	101.6	101.6	101.5	101.5	101.5

9-11 续表　　　　　　　　　　　（以上年价格为 100）

市别	1-7 月	1-8 月	1-9 月	1-10 月	1-11 月	1-12 月
广东省	102.0	102.0	102.1	102.1	102.2	102.2
广州市	102.2	102.3	102.3	102.4	102.4	102.4
韶关市	101.3	101.5	101.7	101.9	102.0	102.1
深圳市	102.5	102.5	102.6	102.7	102.8	102.8
珠海市	102.2	102.2	102.3	102.4	102.4	102.3
汕头市	101.8	101.7	101.8	101.7	101.7	101.6
佛山市	101.8	101.8	101.8	101.9	101.9	102.0
江门市	101.0	101.1	101.3	101.5	101.6	101.7
湛江市	101.2	101.3	101.4	101.5	101.5	101.6
茂名市	101.5	101.5	101.6	101.6	101.6	101.6
肇庆市	101.5	101.5	101.5	101.6	101.5	101.5
惠州市	101.6	101.6	101.7	101.8	101.8	101.8
梅州市	101.6	101.6	101.7	101.8	101.7	101.7
汕尾市	101.3	101.5	101.7	101.8	101.9	101.9
河源市	101.6	101.7	101.8	101.9	102.0	102.0
阳江市	101.6	101.6	101.6	101.6	101.6	101.5
清远市	102.3	102.2	102.3	102.3	102.2	102.2
东莞市	102.4	102.4	102.5	102.5	102.5	102.5
中山市	101.2	101.3	101.4	101.4	101.4	101.4
潮州市	102.0	102.1	102.2	102.2	102.2	102.2
揭阳市	101.6	101.6	101.6	101.6	101.6	101.5
云浮市	101.4	101.4	101.4	101.5	101.5	101.4

9-12　工业品出厂价格指数(2002-2018 年)

(以上年同期为 100)

月份	2002 年		2003 年		2004 年		2005 年	
	当月	累计	当月	累计	当月	累计	当月	累计
1	--	--	101.11	101.11	98.99	98.99	101.53	101.53
2	--	--	99.41	99.62	99.51	99.25	101.07	101.30
3	--	--	99.22	99.48	99.42	99.31	102.20	101.60
4	95.55	96.12	99.49	99.49	100.46	99.60	102.00	101.70
5	95.61	96.01	97.19	99.02	100.89	99.85	101.50	101.66
6	96.09	96.03	97.40	99.08	100.41	99.95	100.98	101.54
7	96.04	96.09	97.30	98.82	100.02	99.96	100.67	101.42
8	96.34	96.15	98.05	98.73	100.50	100.02	100.36	101.29
9	96.91	96.28	98.32	98.68	100.79	100.11	99.90	101.13
10	96.89	96.35	98.42	98.65	100.68	100.16	99.88	101.01
11	97.17	96.40	98.74	98.66	100.18	100.17	99.99	100.89
12	96.23	96.37	98.99	98.69	99.83	100.14	100.03	100.82

9-12 续表 1　　　　　　　　　　　（以上年同期为 100）

月份	2006年		2007年		2008年		2009年	
	当月	累计	当月	累计	当月	累计	当月	累计
1	99.72	99.72	101.81	101.81	100.84	100.84	97.45	97.45
2	100.05	99.89	101.12	101.47	100.88	100.86	96.72	97.09
3	98.68	99.48	100.98	101.30	102.06	101.26	96.09	96.75
4	99.66	99.53	101.41	101.33	102.07	101.46	95.50	96.44
5	100.61	99.75	101.69	101.40	102.17	101.60	94.87	96.13
6	100.87	99.93	101.14	101.36	102.48	101.75	94.84	95.92
7	101.17	100.11	100.24	101.20	102.72	101.89	95.11	95.80
8	101.11	100.24	100.21	101.07	101.65	101.86	95.52	95.82
9	101.55	100.38	99.79	100.93	101.73	101.85	95.66	95.75
10	101.98	100.54	100.40	100.88	100.28	101.69	96.28	95.80
11	101.89	100.66	100.53	100.85	98.94	101.44	98.91	96.08
12	101.29	100.72	100.65	100.83	97.89	101.15	100.54	96.45

9-12 续表 2　　　　　　　　　（以上年同期为 100）

月份	2010 年		2011 年		2012 年		2013 年	
	当月	累计	当月	累计	当月	累计	当月	累计
1	101.27	101.27	103.42	103.42	101.26	101.26	98.78	98.78
2	101.63	101.45	103.68	103.55	100.82	101.03	98.86	98.81
3	102.06	101.65	104.08	103.72	100.18	100.74	98.85	98.82
4	102.90	101.97	102.96	103.52	100.11	100.58	98.19	98.66
5	103.01	102.17	103.31	103.47	99.66	100.39	98.13	98.55
6	102.50	102.23	103.67	103.50	99.19	100.19	98.27	98.50
7	102.07	102.21	104.19	103.59	98.61	99.96	98.45	98.49
8	101.50	102.12	104.13	103.66	98.28	99.75	98.61	98.51
9	102.06	102.11	103.97	103.69	98.08	99.56	98.86	98.54
10	102.19	102.12	103.05	103.62	98.47	99.44	98.93	98.58
11	102.72	102.17	102.23	103.48	98.80	99.38	98.71	98.59
12	102.62	102.21	101.54	103.31	99.06	99.35	98.99	98.62

9-12 续表 3 （以上年同期为 100）

月份	20014 年		2015 年		2016 年		2017 年		2018 年	
	当月	累计	当月	累计	当月	累计	当月	累计	当月	累计
1	99.00	99.00	96.96	96.96	97.77	97.77	104.17	104.17	100.93	100.93
2	98.88	98.94	96.78	96.87	97.93	97.84	104.75	104.45	99.89	100.25
3	98.58	98.82	97.03	96.92	97.90	97.86	104.75	104.55	99.33	99.94
4	98.93	98.84	96.90	96.92	98.38	97.99	104.02	104.41	100.02	99.96
5	99.17	98.91	97.04	96.94	98.53	98.09	103.56	104.23	100.42	100.05
6	98.89	98.90	97.20	96.98	98.82	98.21	103.39	104.09	101.01	100.19
7	99.09	98.93	96.82	96.96	99.27	98.36	103.04	103.94	102.64	100.53
8	98.66	98.89	96.65	96.92	99.90	98.55	103.04	103.82	103.49	100.89
9	98.28	98.82	96.67	96.89	100.18	98.72	102.70	103.69	104.20	101.24
10	97.98	98.74	96.73	96.87	100.69	98.91	102.59	103.58	104.29	101.53
11	97.77	98.65	96.89	96.87	101.42	99.13	102.05	103.44	104.19	101.77
12	97.40	98.54	97.07	96.88	102.78	99.42	101.16	103.24	103.36	101.89

十、人民生活

10-1 全体居民家庭基本情况

指　标	单位	2014 年	2015 年	2016 年	2017 年	2018 年
调查户数	户	651	671	671	671	720
平均每户常住人口	人	3.3	3.3	3.3	3.3	3.5
平均每户就业人口	人	1.7	1.8	1.8	1.8	1.7
人均可支配收入	元	33234.90	36157.90	40154.10	44043.12	48107.1
1. 工资性收入	元	25192.05	27248.01	30140.26	32940.96	35471.8
2. 经营净收入	元	3356.72	3621.16	3808.50	3545.37	4140.4
3. 财产净收入	元	3689.07	4128.17	4859.60	5929.19	6444.6
4. 转移净收入	元	997.05	1160.55	1345.74	1627.60	2050.3
可支配收入构成	%	100.0	100.0	100.0	100.0	100.0
1. 工资性收入	%	75.8	75.4	75.1	74.8	73.7
2. 经营净收入	%	10.1	10.0	9.5	8.0	8.6
3. 财产净收入	%	11.1	11.4	12.1	13.5	13.4
4. 转移净收入	%	3.0	3.2	3.3	3.7	4.3
人均消费支出	元	25125.80	27199.00	30479.26	32981.40	35081.4
1. 食品烟酒	元	8944.78	9255.32	9831.28	10432.28	10775.0
2. 衣着	元	1233.67	1306.22	1404.31	1391.85	1435.8
3. 居住	元	4899.53	5196.81	5892.12	7134.58	8767.4
4. 生活用品及服务	元	1313.29	1592.20	1803.14	1937.43	1932.7
5. 交通通信	元	3592.99	4102.63	5352.81	5154.47	4820.4
6. 教育文化娱乐	元	3347.84	3743.68	3831.67	4337.54	4150.2
7. 医疗保健	元	1200.94	1323.28	1535.70	1827.97	2368.3
8. 其他用品和服务	元	592.75	678.85	828.25	765.27	831.6
消费支出构成	%	100.00	100.00	100.00	100.00	100.00
1. 食品烟酒	%	35.6	34.0	32.3	31.6	30.7
2. 衣着	%	4.9	4.8	4.6	4.2	4.1
3. 居住	%	19.5	19.1	19.3	21.6	25.0
4. 生活用品及服务	%	5.2	5.8	5.9	5.9	5.5
5. 交通通信	%	14.3	15.1	17.6	15.6	13.7
6. 教育文化娱乐	%	13.3	13.8	12.6	13.2	11.8
7. 医疗保健	%	4.8	4.9	5.0	5.6	6.8
8. 其他用品和服务	%	2.4	2.5	2.7	2.3	2.4

注：从 2013 年起，珠海市在国家及广东省的统一部署下开展了城乡一体化住户收支与生活状况调查，调查数据从 2014 年起正式公布使用。表 10-1 至 10-16 数据来源于此调查样本，与以往分城镇和农村住户调查的抽样范围、调查方法、指标口径有所不同。

10-2　全体居民收支与生活状况调查基本情况

指　　标	单位	2017 年	2018 年	增长（%/百分点）
一、基本情况				
户均常住人口	人／户	3.3	3.5	3.9
户均常住就业人口	人／户	1.8	1.7	-4.2
平均每户家庭从业人口比重	%	53.8	49.6	-4.2
二、期末常住成员性别				
男性	%	49.8	48.8	-1.0
女性	%	50.2	51.2	1.0
三、6 周岁以上常住成员受教育程度				
未上过学	%	2.2	2.2	0.0
小学	%	16.0	18.5	2.5
初中	%	28.9	23.5	-5.4
高中	%	25.2	25.0	-0.2
大学专科	%	14.9	17.3	2.4
大学本科及以上	%	12.8	13.5	0.7
四、常住从业人员就业类型				
雇主	%	1.5	2.3	0.8
公职人员	%	2.6	3.4	0.8
事业单位人员	%	6.8	7.1	0.3
国有企业雇员	%	7.4	5.6	-1.8
其他雇员	%	71.4	69.7	-1.7
农业自营	%	2.7	3.3	0.6
非农自营	%	7.6	8.6	1.0
五、常住从业人员从事主要行业				
第一产业	%	3.9	6.6	2.7
第二产业	%	31.2	25.4	-5.8
第三产业	%	64.9	68.0	3.1
六、常住户家庭收入与支出				
居民可支配收入	元／人	44043.1	48107.1	9.2
居民消费支出	元／人	32981.4	35081.4	6.4

10-3 全体居民家庭收支情况

指 标	单位	2017 年	2018 年	增速 (%)
一、调查户数	**户**	**671**	**720**	**7.3**
二、可支配收入	**元 / 人年**	**44043.12**	**48107.1**	**9.2**
工资性收入	元 / 人年	32940.96	35471.8	7.7
经营净收入	元 / 人年	3545.37	4140.4	16.8
财产性收入	元 / 人年	5929.19	6444.6	8.7
转移性收入	元 / 人年	1627.60	2050.3	26.0
三、消费性支出	**元**	**32981.40**	**35081.4**	**6.4**
1. 食品烟酒	元	10432.28	10775.0	3.3
2. 衣着	元	1391.85	1435.8	3.2
3. 居住	元	7134.58	8767.4	22.9
4. 生活用品及服务	元	1937.43	1932.7	-0.2
5. 交通通信	元	5154.47	4820.4	-6.5
6. 教育文化娱乐	元	4337.54	4150.2	-4.3
7. 医疗保健	元	1827.97	2368.3	29.6
8. 其它商品和服务	元	765.27	831.6	8.7

注: 消费支出中包含“自有住房折算租金”。

10-4 全体居民家庭收支构成情况

指　　标	单位	2017年	2018年
一、可支配收入构成	**%**	**100**	**100.0**
工资性收入	%	74.8	73.7
经营净收入	%	8.0	8.6
财产性收入	%	13.5	13.4
转移性收入	%	3.7	4.3
二、消费性支出构成	**%**	**100**	**100.00**
1. 食品烟酒	%	31.6	30.7
2. 衣着	%	4.2	4.1
3. 居住	%	21.6	25.0
4. 生活用品及服务	%	5.9	5.5
5. 交通通信	%	15.6	13.7
6. 教育文化娱乐	%	13.2	11.8
7. 医疗保健	%	5.6	6.8
8. 其它商品和服务	%	2.3	2.4

10-5 全体居民家庭平均每百户耐用消费品年末拥有量

指　　标	单位	2014年	2015年	2016年	2017年	2018年
家用汽车	辆	33.8	39.9	47.9	50.9	64.0
摩托车	辆	44.7	45.8	46.0	45.0	37.4
电冰箱（柜）	台	94.1	94.4	98.8	99.7	103.1
洗衣机	台	90.2	91.7	95.7	96.7	99.6
热水器	台	97.9	99.1	102.2	101.9	105.8
其中：太阳能热水器	台	5.7	5.9	5.7	5.9	4.2
空调	台	198.2	209.7	232.3	239.4	275.4
彩色电视机	台	118.8	120.8	123.8	123.9	119.7
摄像机	台	8.0	8.9	7.5	--	--
照相机	台	41.2	39.7	38.4	37.8	31.6
计算机	台	100.8	107.0	108.5	109.6	93.6
其中：接入互联网的计算机	台	84.1	90.4	90.6	92.1	84.0
中高档乐器	架	8.2	9.8	11.9	13.7	18.6
固定电话	部	61.0	48.5	40.4	37.2	32.4
移动电话	部	267.5	276.0	281.7	283.9	280.3
其中：接入互联网的移动电话	部	145.0	167.4	204.5	219.7	246.8

注：2017年起取消摄像机指标。

10-6 城镇常住居民家庭基本情况

指　标	单位	2014年	2015年	2016年	2017年	2018年
调查户数	户	518	537	537	537	620
平均每户常住人口	人	3.2	3.3	3.3	3.3	3.5
平均每户就业人口	人	1.7	1.8	1.8	1.8	1.7
人均可支配收入	元	35287.30	38322.00	42537.40	46826.39	50713.0
1. 工资性收入	元	27030.07	29124.72	32138.87	35141.55	37533.2
2. 经营净收入	元	3387.58	3615.97	3838.16	3663.69	4243.3
3. 财产净收入	元	3881.60	4415.42	5201.69	6392.33	6855.7
4. 转移净收入	元	988.04	1165.89	1358.68	1628.82	2080.8
可支配收入构成	%	100	100	100	100	100
1. 工资性收入	%	76.6	76.0	75.6	75.0	74.0
2. 经营净收入	%	9.6	9.4	9.0	7.8	8.4
3. 财产净收入	%	11.0	11.5	12.2	13.7	13.5
4. 转移净收入	%	2.8	3.1	3.2	3.5	4.1
人均消费支出	元	26637.80	28741.50	32150.53	34734.71	36818.8
1. 食品烟酒	元	9296.59	9643.37	10256.02	10871.38	11192.9
2. 衣着	元	1337.20	1411.24	1509.67	1491.43	1519.7
3. 居住	元	5179.14	5468.44	6211.95	7479.19	9321.3
4. 生活用品及服务	元	1407.40	1697.88	1916.10	2034.47	2031.5
5. 交通通信	元	3862.48	4395.07	5627.16	5431.49	4961.7
6. 教育文化娱乐	元	3729.29	4038.82	4135.41	4710.15	4422.9
7. 医疗保健	元	1179.60	1341.42	1586.89	1883.19	2475.1
8. 其他用品和服务	元	646.10	745.26	907.32	833.42	893.7
消费支出构成	%	100.0	100.0	100.0	100.0	100.0
1. 食品烟酒	%	34.9	33.6	31.9	31.3	30.4
2. 衣着	%	5.0	4.9	4.7	4.3	4.2
3. 居住	%	19.5	19.0	19.3	21.5	25.3
4. 生活用品及服务	%	5.3	5.9	6.0	5.9	5.5
5. 交通通信	%	14.5	15.3	17.5	15.6	13.5
6. 教育文化娱乐	%	14.0	14.0	12.9	13.6	12.0
7. 医疗保健	%	4.4	4.7	4.9	5.4	6.7
8. 其他用品和服务	%	2.4	2.6	2.8	2.4	2.4

10-7 城镇常住居民收支与生活状况调查基本情况

指　标	单位	2017年	2018年	增长（%/百分点）
一、基本情况				
户均常住人口	人／户	3.3	3.5	6.0
户均常住就业人口	人／户	1.8	1.7	-3.2
平均每户家庭从业人口比重	%	53.6	48.9	-4.7
二、期末常住成员性别				**0.0**
男性	%	49.6	48.6	-1.0
女性	%	50.4	51.4	1.0
三、6周岁以上常住成员受教育程度				
未上过学	%	2.1	2.3	0.2
小学	%	14.9	17.4	2.5
初中	%	27.3	21.6	-5.7
高中	%	25.7	25.7	0.0
大学专科	%	15.7	18.2	2.5
大学本科及以上	%	14.3	14.8	0.5
四、常住从业人员就业类型				
雇主	%	1.7	2.6	0.9
公职人员	%	3.0	3.8	0.8
事业单位人员	%	7.2	7.7	0.5
国有企业雇员	%	8.5	6.3	-2.2
其他雇员	%	70.2	68.8	-1.4
农业自营	%	1.5	2.6	1.1
非农自营	%	7.9	8.2	0.3
五、常住从业人员从事主要行业				
第一产业	%	2.5	5.6	3.1
第二产业	%	29.5	24.8	-4.7
第三产业	%	68.0	69.6	1.6
六、常住户家庭收入与支出				
居民可支配收入	元／人	46826.4	50713.0	8.3
居民消费支出	元／人	34734.7	36818.8	6.0

10-8 城镇常住居民家庭收支情况

指　标	单位	2017 年	2018 年	增速（%）
一、调查户数	**户**	**537**	**620**	**15.5**
二、可支配收入	**元/人年**	**46826.39**	**50713.0**	**8.3**
工资性收入	元/人年	35141.55	37533.2	6.8
经营净收入	元/人年	3663.69	4243.3	15.8
财产性收入	元/人年	6392.33	6855.7	7.2
转移性收入	元/人年	1628.82	2080.8	27.8
三、消费性支出	**元**	**34734.71**	**36818.8**	**6.0**
1. 食品烟酒	元	10871.38	11192.9	3.0
2. 衣着	元	1491.43	1519.7	1.9
3. 居住	元	7479.19	9321.3	24.6
4. 生活用品及服务	元	2034.47	2031.5	-0.1
5. 交通通信	元	5431.49	4961.7	-8.6
6. 教育文化娱乐	元	4710.15	4422.9	-6.1
7. 医疗保健	元	1883.19	2475.1	31.4
8. 其它商品和服务	元	833.42	893.7	7.2

注: 消费支出中包含“自有住房折算租金”。

10-9 城镇常住居民家庭收支构成情况

指　标	单位	2017年	2018年	增速（%）
一、调查户数	**户**	**537**	**620**	**15.5**
二、可支配收入	**元／人年**	**46826.39**	**50713.0**	**8.3**
工资性收入	元／人年	35141.55	37533.2	6.8
经营净收入	元／人年	3663.69	4243.3	15.8
财产性收入	元／人年	6392.33	6855.7	7.2
转移性收入	元／人年	1628.82	2080.8	27.8
三、消费性支出	**元**	**34734.71**	**36818.8**	**6.0**
1. 食品烟酒	元	10871.38	11192.9	3.0
2. 衣着	元	1491.43	1519.7	1.9
3. 居住	元	7479.19	9321.3	24.6
4. 生活用品及服务	元	2034.47	2031.5	-0.1
5. 交通通信	元	5431.49	4961.7	-8.6
6. 教育文化娱乐	元	4710.15	4422.9	-6.1
7. 医疗保健	元	1883.19	2475.1	31.4
8. 其它商品和服务	元	833.42	893.7	7.2

10-10 城镇常住居民家庭平均每百户耐用消费品年末拥有量

指　标	单位	2014年	2015年	2016年	2017年	2018年
家用汽车	辆	36.9	42.6	50.1	53.1	66.5
摩托车	辆	34.6	32.2	33.4	32.9	29.0
电冰箱（柜）	台	93.7	93.8	98.3	99.2	102.8
洗衣机	台	91.1	92.3	95.7	96.8	99.6
热水器	台	99.1	99.7	103.2	102.6	105.7
其中：太阳能热水器	台	6.2	6.4	6.0	6.1	4.1
空调	台	206.2	214.3	236.7	243.2	281.6
彩色电视机	台	116.7	119.2	121.5	121.8	119.3
摄像机	台	9.1	10.1	8.3	--	--
照相机	台	43.9	42.3	40.8	40.6	34.5
计算机	台	104.5	110.6	111.8	113.0	97.5
其中：接入互联网的计算机	台	86.9	92.5	92.5	94.9	87.4
中高档乐器	架	9.3	11.1	13.3	14.6	20.5
固定电话	部	62.3	48.8	40.7	37.8	33.4
移动电话	部	265.0	270.5	278.6	281.2	280.1
其中：接入互联网的移动电话	部	145.4	164.1	201.2	213.5	245.8

注: 2017年起取消摄像机指标。

10-11 城镇居民人均可支配收入及消费性支出指数（1986-2018年）

年份	调查样本（户）	人均可支配收入（元）	增长速度（%）			人均消费性支出（元）	增长速度（%）		恩格尔系数（%）
			名义增长（上年为100）	实际增长（上年为100）	实际增长（以1986年为100）		名义增长（上年为100）	实际增长（上年为100）	
1986	50	1484	-	-	-	1273	-	-	61.1
1987	50	1700	15.3	1.0	101.0	1550	21.7	16.9	57.7
1988	50	2522	48.3	13.6	114.7	2100	35.5	3.8	55.9
1989	50	3116	24.7	-0.3	114.3	2520	持平	-20.1	55.1
1990	50	3417	7.9	6.4	121.7	2899	15.0	13.4	53.4
1991	50	4178	20.4	15.9	141.0	3548	22.4	17.8	50.0
1992	50	5009	21.8	9	153.7	4163	17.2	4.9	47.4
1993	50	7643	53.1	26.2	194.0	5985	43.9	18.6	46.1
1994	50	10427	34.5	9.4	212.2	8014	33.9	8.9	44.1
1995	50	10743	16.1	3.8	220.3	8578	17.9	5.5	46.4
1996	100	12867	15.7	8.8	239.6	9800	14.3	7.5	45.0
1997	100	13149	2.1	-1.2	236.8	9627	-1.8	-4.9	46.9
1998	100	13632	3.7	5.4	249.6	10638	10.5	12.3	41.2
1999	100	14432	5.9	7.3	267.8	10397	-2.3		41.2
2000	100	15110	4.6	3.2	276.3	11694	12.3	10.7	39.9
2001	100	15870	5.0	6.5	294.3	11562	-1.1	0.3	40.0
2002	100	15320	5.8	8.4	319.0	11988	14.2	17.0	36.9
2003	100	16602	8.4	9.3	348.7	11708	-2.3	-1.5	34.8
2004	100	18347	10.5	7.4	374.5	12826	9.5	6.4	34.6
2005	100	18908	7.9	5.6	395.5	14324	11.7	9.3	33.2
2006	200	17671	6.4	4.8	414.5	14426	9.1	7.5	32.8
2007	200	19290	9.2	5.0	435.2	17422	20.8	16.2	33.6
2008	200	20949	8.6	3.8	451.7	16517	-5.2	-9.4	38.5
2009	200	22859	9.1	12.5	508.2	17948	8.7	12.1	37.6
2010	200	25382	11.0	7.8	547.8	20370	13.5	10.2	35.0
2011	200	28731	13.2	7.8	590.6	21162	3.9	-1.0	36.7
2012	200	32978	14.8	11.7	659.6	24083	13.8	10.7	36.7
2013	518	36375	10.3	7.8	711.1	26131	8.5	6.1	36.5
2014	518	35287	9.1	5.8	752.3	26638	10.5	7.2	34.9
2015	537	38322	8.6	6.8	803.5	28742	7.9	6.1	33.6
2016	537	42537	11.0	8.9	875.0	32151	11.9	9.8	31.9
2017	537	46826	10.1	9.2	955.5	34735	8.0	7.1	31.3
2018	620	50713	8.3	5.9	1011.9	36819	6.0	3.6	30.4

注：从2013年起，珠海市在国家及广东省的统一部署下开展了城乡一体化住户收支与生活状况调查，调查数据从2014年起正式公布使用。新口径下城镇居民可支配收入指标更名为城镇常住居民可支配收入。由于与以往城镇住户调查的抽样范围、调查方法、指标口径有所不同，新旧指标不完全可比，2014年相对2013年增长速度为广东省住户办根据同质可比的原则评估测算得出。

10-12 农村常住居民家庭基本情况

指　标	单位	2014 年	2015 年	2016 年	2017 年	2018 年
调查户数	户	133	134	134	134	100
平均每户常住人口	人	3.4	3.5	3.6	3.7	3.4
平均每户就业人口	人	1.7	2.0	2.0	2.1	1.9
人均可支配收入	元	18394.80	20510.20	22889.40	23496.37	26198.4
1. 工资性收入	元	12158.96	13678.83	15662.26	16695.67	18141.4
2. 经营净收入	元	3127.12	3658.73	3593.64	2671.87	3275.1
3. 财产净收入	元	2097.00	2051.00	2381.53	2510.23	2988.6
4. 转移净收入	元	1011.71	1121.64	1251.97	1618.61	1793.3
可支配收入构成	%	100	100	100	100	100
1. 工资性收入	%	66.1	66.7	68.4	71.0	69.3
2. 经营净收入	%	17.0	17.8	15.7	11.4	12.5
3. 财产净收入	%	11.4	10.0	10.4	10.7	11.4
4. 转移净收入	%	5.5	5.5	5.5	6.9	6.8
人均消费支出	元	14303.30	16045.90	18372.56	20038.07	20474.7
1. 食品烟酒	元	6193.33	6450.45	6754.42	7190.78	7261.8
2. 衣着	元	492.50	546.78	641.04	656.72	728.9
3. 居住	元	2760.54	3232.59	3575.24	4590.61	4110.9
4. 生活用品及服务	元	639.80	828.01	984.80	1221.10	1102.3
5. 交通通信	元	1265.01	1987.91	3365.38	3109.47	3632.7
6. 教育文化娱乐	元	1387.42	1609.40	1631.38	1586.88	1857.7
7. 医疗保健	元	1353.60	1192.12	1164.85	1420.34	1471.1
8. 其他用品和服务	元	211.10	198.64	255.45	262.17	309.3
消费支出构成	%	100	100	100	100	100
1. 食品烟酒	%	43.3	40.2	36.8	35.9	35.5
2. 衣着	%	3.4	3.4	3.5	3.3	3.5
3. 居住	%	19.3	20.1	19.4	22.9	20.1
4. 生活用品及服务	%	4.5	5.2	5.4	6.1	5.4
5. 交通通信	%	9.7	12.4	18.3	15.5	17.7
6. 教育文化娱乐	%	9.5	10.0	8.9	7.9	9.1
7. 医疗保健	%	8.8	7.5	6.3	7.1	7.2
8. 其他用品和服务	%	1.5	1.2	1.4	1.3	1.5

10-13 农村常住居民收支与生活状况调查基本情况

指　标	单位	2017 年	2018 年	增长(%/百分点)
一、基本情况				
户均常住人口	人／户	3.7	3.4	-10.1
户均常住就业人口	人／户	2.1	1.9	-9.6
平均每户家庭从业人口比重	%	55.1	55.4	0.3
二、期末常住成员性别				
男性	%	51.1	50.9	-0.2
女性	%	48.9	49.1	0.2
三、6 周岁以上常住成员受教育程度				
未上过学	%	2.4	1.7	-0.7
小学	%	24.2	27.9	3.7
初中	%	40.8	39.5	-1.3
高中	%	21.2	18.8	-2.4
大学专科	%	8.9	9.2	0.3
大学本科及以上	%	2.5	2.9	0.4
四、常住从业人员就业类型				
雇主	%	0	0	0
公职人员	%	0	0	0
事业单位人员	%	4.6	2.1	-2.5
国有企业雇员	%	1.2	0.0	-1.2
其他雇员	%	78.7	76.9	-1.8
农业自营	%	9.8	9.4	-0.4
非农自营	%	5.7	11.6	5.9
五、常住从业人员从事主要行业				
第一产业	%	12.2	14.5	2.3
第二产业	%	41.3	30.0	-11.3
第三产业	%	46.5	55.5	9.0
六、常住户家庭收入与支出				
居民可支配收入	元／人	23496.4	26198.4	11.5
居民消费支出	元／人	20038.1	20474.7	2.2

10-14 农村常住居民家庭收支情况

指　标	单位	2017年	2018年	增速（%）
一、调查户数	**户**	**134**	**100**	**-25.4**
二、可支配收入	**元/人年**	**23496.37**	**26198.4**	**11.5**
工资性收入	元/人年	16695.67	18141.4	8.7
经营净收入	元/人年	2671.87	3275.1	22.6
财产性收入	元/人年	2510.23	2988.6	19.1
转移性收入	元/人年	1618.61	1793.3	10.8
三、消费性支出	**元**	**20038.07**	**20474.7**	**2.2**
1. 食品烟酒	元	7190.78	7261.8	1.0
2. 衣着	元	656.72	728.9	11.0
3. 居住	元	4590.61	4110.9	-10.4
4. 生活用品及服务	元	1221.10	1102.3	-9.7
5. 交通通信	元	3109.47	3632.7	16.8
6. 教育文化娱乐	元	1586.88	1857.7	17.1
7. 医疗保健	元	1420.34	1471.1	3.6
8. 其它商品和服务	元	262.17	309.3	18.0

注：消费支出中包含“自有住房折算租金”。

10-15 农村常住居民家庭收支构成情况

指　　标	单位	2017年	2018年
一、可支配收入构成	**%**	**100**	**100**
工资性收入	%	71.0	69.3
经营净收入	%	11.4	12.5
财产性收入	%	10.7	11.4
转移性收入	%	6.9	6.8
二、消费性支出构成	**%**	**100**	**100**
1. 食品烟酒	%	35.9	35.5
2. 衣着	%	3.3	3.5
3. 居住	%	22.9	20.1
4. 生活用品及服务	%	6.1	5.4
5. 交通通信	%	15.5	17.7
6. 教育文化娱乐	%	7.9	9.1
7. 医疗保健	%	7.1	7.2
8. 其它商品和服务	%	1.3	1.5

10-16 农村常住居民家庭平均每百户耐用消费品年末拥有量

指　标	单位	2014年	2015年	2016年	2017年	2018年
家用汽车	辆	11.3	19.6	31.2	34.5	42.0
摩托车	辆	119.8	147.1	139.6	134.7	110.8
电冰箱（柜）	台	97.1	98.4	102.1	103.3	105.2
洗衣机	台	82.8	87.3	96.0	96.0	99.5
热水器	台	88.8	95.0	94.9	96.5	106.6
其中：太阳能热水器	台	1.8	2.6	3.4	4.6	4.8
空调	台	138.6	175.6	199.2	210.9	221.4
彩色电视机	台	134.3	133.0	140.9	139.4	123.1
照相机	台	20.5	20.4	20.4	16.7	6.9
计算机	台	73.2	80.3	84.5	84.7	59.7
其中：接入互联网的计算机	台	63.0	74.9	76.7	71.9	54.0
中高档乐器	架	0.1	0.1	1.9	7.6	2.0
固定电话	部	51.3	46.0	37.7	32.8	24.4
移动电话	部	285.8	316.4	304.8	304.0	282.3
其中：接入互联网的移动电话	部	142.4	191.8	228.8	265.4	255.6

10-17 农村人均纯收入与人均总支出（2010-2013 年）

指　标	2010 年	2011 年	2012 年	2013 年
一、农民人均纯收入（元/人．年）	**10187**	**11858**	**13399.29**	**14940.21**
其中：工资性收入	5122	6158	6874.95	7792.10
家庭经营纯收入	2297	2080	2711.00	3329.80
财产性收入	1730	2503	2142.16	1792.21
转移性收入	1038	1117	1671.19	2026.09
二、农民人均总支出（元/人．年）	**10887**	**12131**	**13188.02**	**14638.88**
其中：家庭经营支出	1804	2514	2424.57	2581.31
生活消费支出	8071	8897	10099.20	11415.76
其中：食品	3631	4030	4504.24	5055.69
衣着	294	241	285.72	312.27
居住	1873	2374	2565.54	2736.24
设备用品	184	246	478.45	440.08
医疗保健	488	517	681.48	971.55
交通通讯	1049	936	889.15	1083.16
文教娱乐	279	407	509.55	582.26
其他	272	145	185.06	234.52

10-18 农渔村总收入与纯收入（1979-2009 年）

年份	1. 农渔村总收入（万元）	农村总收入	渔村总收入	2. 农渔民纯收入（万元）	农民纯收入	渔民纯收入	3. 农渔民人均纯收入（元）	农民人均纯收入	渔民人均纯收入
1979	13382	12055	1327	5752	5407	345	229	223	392
1980	17509	15319	2190	6882	6449	433	299	292	482
1981	24875	22329	2546	9806	9058	748	415	398	845
1982	24030	21630	2400	11002	10423	579	458	449	715
1983	28940	23912	5028	12650	11924	726	522	511	775
1984	44127	36279	7848	16401	15350	1051	657	638	1177
1985	48035	39038	8998	16790	15582	1226	716	686	1454
1986	48977	40629	8348	18622	16974	1648	771	734	1601
1987	81035	59628	21407	21613	19722	1891	876	829	2109
1988	56672	40066	16606	24869	22877	1992	1043	990	2733
1989	50774	43310	7464	25654	23541	2113	1096	1088	2895
1990	61558	53366	8192	30147	27912	2235	1230	1174	3032
1991	67102	58279	8823	32283	29892	2391	1289	1230	3232
1992	118522	108883	9639	40672	38075	2597	1551	1498	3393
1993	167901	157645	10255	45630	42964	2766	1766	1710	3570
1994	232299	221745	10554	57490	53822	3668	2255	2179	4657
1995	401736	391943	9793	69937	66522	3415	2740	2673	5362
1996	860213	848422	11791	88409	86312	2097	3180	3115	6193
1997	427015	394519	32496	102994	98145	4849	3665	3605	6223
1998	418405	383744	34611	111784	106300	5484	3795	3736	6403
1999	441716	406211	35505	117510	113458	4052	4008	3953	6580
2000	377845	333227	44818	129951	125637	4314	4417	4361	7047
2001	414591	365196	49395	128018	122686	5332	4800	4748	7181
2002	840554	790969	49585	149558	144346	5212	5097	5051	7298
2003	950276	935019	15257	159494	154956	4538	5517	5471	7683
2004	1083065	1053445	29620	170916	166151	4765	6048	6003	8095
2005	1159199	1148278	10921	169443	167664	1779	6550	6511	9580
2006	1264983	1254015	10968	165842	164002	1840	7006	6984	9897
2007	1343441	1332004	11437	172433	170382	2051	7622	7598	10301
2008	1375665	1367307	8358	183354	181170	2184	8048	8024	10807
2009	1455936	1444532	11404	196319	194055	2265	8575	8552	11166

注: 2009 年以前农渔村收入资料由市农业局提供；2010 年起改由统计局进行抽样调查。

十一、农业

11-1 农业主要指标

指　　标	单位	2000年	2005年	2010年	2014年	2015年	2016年	2017年	2018年
乡镇户数	户	106660	147638	172183	132312	122637	125166	119529	118026
乡镇人口	人	390682	678375	570920	503191	521110	524650	435466	433277
乡镇就业人员	人	181457	382555	361966	304960	274074	279198	231550	218894
#农、林、牧、渔业	人	99324	88414	93263	73308	61553	61477	61771	59446
按性别分									
男	人	93251	186342	191112	163045	144042	146014	121466	115760
女	人	88206	196213	170854	141915	130032	133184	110084	103134
化肥施用量（折纯）	吨		318	9527	6473	6684	6410	6920	5937
#氮肥	吨		78	4472	3403	3443	3227	3314	2999
磷肥	吨		79	664	459	574	552	686	505
钾肥	吨		80	1655	731	795	744	783	700
农药施用量	吨		85	1432	731	738	654	569	217
农村用电量	万千瓦时		350	24255	161460	143707	157116	167572	185593
农业总产值	万元	241549	402120	572177	831080	893971	855713	916347	1002544
农业增加值	万元	143004	192719	324772	475335	516501	487135	525121	576174
主要产品产量									
粮食	吨	88284	57318	37410	28809	27114	24745	21535	24989
糖蔗	吨	909075	366081	67973	1773	825	795	216	979
花生	吨	1060	961	759	900	1206	747	725	1047
烟叶	吨	0	0	0	0	0	0	0	0
蔬菜	吨	164411	165019	131747	142135	134562	132667	141899	166668
水果	吨	34402	111466	119968	71631	76722	64807	62261	78455
水产品	吨	107021	158964	197213	281493	291544	299034	309635	313635
猪肉	吨	19700	19203	23187	31626	27778	26341	25402	36126
荒山造林面积	亩		166	0	842	893	3270	7140	845
农村基层组织									
镇政府	个	22	15	15	15	15	15	15	15
村民委员会	个	194	121	206	158	203	203	203	203

11-2 建市以来农业主要指标

年份	乡镇户数（户）	乡镇劳动力（人）	耕地面积（亩）	农林牧渔业增加值（万元）	农林牧渔业总产值指数（1979=100）
1979	57871	119663	591070	…	100
1980	56993	114348	578820	…	110.29
1981	59295	110978	573486	…	115.21
1982	31733	112578	568214	…	128.58
1983	60832	114538	567377	…	133.59
1984	62609	114987	565224	20241	143.32
1985	64777	120102	565811	21782	147.77
1986	68457	118835	563241	26009	153.69
1987	67412	121066	559018	35137	165.50
1988	71705	125272	576361	50160	189.74
1989	73399	123559	569202	50107	200.39
1990	81274	135282	564827	57436	214.67
1991	86369	137810	565375	57719	224.75
1992	89798	149563	561190	57264	233.84
1993	101688	150283	476960	65173	197.51
1994	115655	163644	433056	90397	220.29
1995	110954	160420	413455	105788	229.46
1996	103652	155731	409408	117522	241.50
1997	87194	164740	381638	122016	253.40
1998	88309	181023	380638	129260	266.79
1999	83031	168662	379226	135484	287.32
2000	106660	181457	344145	152657	313.84
2001	82981	148184	328260	168601	336.27
2002	99905	160490	320994	194315	359.62
2003	106417	211638	283692	211349	406.63
2004	129829	289598	268786	207324	435.72
2005	147638	382555	260183	226850	458.64
2006	135670	359567	221850	252323	479.92
2007	107687	259349	221865	262763	478.10
2008	135662	362117	221866	286529	485.75
2009	120178	306363	221866	288495	504.21
2010	172183	385169	221866	324772	530.93
2011	164923	401758	221866	367023	541.01
2012	156393	319208	271550	394625	566.43
2013	164431	353568	271550	451980	586.82
2014	132312	336205	271550	475335	608.53
2015	122637	354142	271550	516501	607.50
2016	125166	361945	271550	487135	577.13
2017	119529	264052	271550	525121	619.26
2018	118026	258836	266596	576174	650.84

注: 1、从 2003 年开始农林牧渔总产值包含农林牧渔服务业产值。
2、农林牧渔业增加值数据根据农业普查结果进行了修订。
3、耕地面积从 2006 年起采用国土局提供的 2008 年的调查数。

11-2 续表

年份	粮食总产量（吨）	糖蔗总产量（吨）	水果总产量（吨）	蔬菜总产量（吨）	肉类总产量（吨）	禽蛋总产量（吨）	水产品产量（吨）
1979	170095	472875	1640	…	…	…	16615
1980	178979	609344	1495	…	…	…	16803
1981	127580	1004281	2192	27414	…	…	16585
1982	144228	1010695	1981	29777	…	…	18294
1983	165904	1024026	3753	31805	…	…	20615
1984	176277	1308703	4091	43756	11076	1471	20491
1985	130731	1534713	8090	36408	11480	1339	22876
1986	141997	1517121	16722	36861	11565	1247	25520
1987	153253	1471441	30026	52022	15409	1919	30895
1988	150046	1604954	29893	53458	18173	3467	43164
1989	162887	1371487	26323	57222	19219	3495	45920
1990	172079	1578479	36174	78276	21328	6352	50820
1991	160848	1717131	39125	100358	24746	9723	53115
1992	139788	1678626	37984	102976	25084	5867	58767
1993	77885	1076182	14231	98379	22192	9401	59255
1994	84562	1127701	23787	101705	20808	3795	62747
1995	92687	1088557	25315	120062	22778	5049	68903
1996	95666	1161845	19458	127270	22393	4165	72155
1997	96042	1266952	17939	131628	23230	4320	95048
1998	96650	1331769	19325	136945	19573	4110	97364
1999	96771	1233269	19495	148014	26436	4817	99051
2000	88284	909075	34402	164411	24196	4386	107021
2001	82886	867608	43851	160793	29202	3640	115319
2002	69394	843460	39975	144191	31142	2738	123060
2003	55723	639354	64672	161676	25773	3636	146384
2004	57913	539568	80972	140605	23775	6257	153742
2005	57318	366081	111466	165019	26046	5589	158964
2006	33552	295302	85964	132715	31874	4620	181802
2007	32006	224887	110912	130196	23960	7341	183017
2008	31888	121519	144304	135762	26093	8034	182398
2009	37706	81304	116923	125356	28036	7133	190894
2010	37410	67973	119968	131747	31042	6902	197213
2011	38306	53468	76750	138550	31514	8970	205035
2012	32320	44008	61693	126060	33094	8484	240025
2013	29332	45213	67822	126494	34960	9392	274635
2014	28809	1773	71631	142135	38883	10627	281493
2015	27114	825	76722	134562	35956	9912	291544
2016	24745	795	64807	132667	36025	9843	299034
2017	21535	216	62261	141899	35431	10485	309635
2018	24989	0	78455	166668	47169	8980	313635

11-3 各区农村基本情况(2018年)

指　标	全 市	香洲区	斗门区	金湾区
一、农村基层组织				
1. 镇政府（个）	15	6	5	4
2. 村（居）民委员会	203	38	126	39
二、镇户数（户）	**118026**	**15728**	**58833**	**43465**
三、镇人口（人）	**433277**	**58249**	**223167**	**151861**
五、乡镇从业人员合计（人）	**218894**	**31181**	**120601**	**67112**
其中：男劳动力	115760	15704	63474	36582
女劳动力	103134	15477	57127	30530
其中：农林牧渔业	59446	1046	42345	16055
六、年末常用耕地面积（亩）	**266597**	**53667**	**142540**	**70390**
#水　田	174673	1743	105838	67092

11-4 建市以来全市农业总产值

单位：万元

年份	农林牧渔业总产值（现价）	1、农业	2、林业	3、畜牧业	4、渔业	5、农林牧渔服务业
1979	19504	…	…	…	…	…
1980	22374	…	…	…	…	…
1981	23158	…	…	…	…	…
1982	25010	…	…	…	…	…
1983	26054	14190	218	3942	4479	…
1984	33923	20608	308	4272	5924	…
1985	36303	23709	319	4982	6057	…
1986	41319	25830	335	5972	7819	…
1987	56347	33245	658	8423	12414	…
1988	80411	49351	1337	12135	15732	…
1989	83336	47539	1349	13968	17268	…
1990	99039	53796	1544	16254	24451	…
1991	101865	53524	1587	17502	26015	…
1992	109289	51436	1592	20161	30870	…
1993	126468	46137	1756	22988	48887	…
1994	157148	57076	1306	26753	62324	…
1995	173597	66454	1368	25147	70880	…
1996	185338	71539	1697	27325	75023	9754
1997	195866	74436	1652	27513	80361	11904
1998	205607	77433	1453	27064	86119	13538
1999	219436	72063	1110	29707	101565	14992
2000	241549	71078	764	27388	128226	14093
2001	277412	67020	446	27509	161148	21289
2002	314904	62542	426	37135	186934	27867
2003	337169	60902	335	37981	204996	32955
2004	367728	59025	280	43867	228434	36123
2005	402120	66671	292	46336	247394	41427
2006	448593	69584	240	54156	273942	50671
2007	464253	72335	245	65934	270393	55346
2008	510001	81660	209	86833	280830	60469
2009	511668	83476	712	86077	284162	57241
2010	572177	95861	802	89144	326470	59900
2011	650152	95009	1049	110585	379579	63930
2012	694496	101547	1115	102723	420951	68160
2013	790629	110554	1437	103602	502643	72393
2014	831080	116448	1978	107229	528527	76898
2015	893971	146234	3375	98366	564824	81172
2016	855713	109078	456	108769	551128	86282
2017	916347	112131	1410	97246	616221	89339
2018	1002544	132929	2086	115381	665900	86248

注：1996-2006 年数据根据第二次农业普查结果进行了修订。
2007-2017 年数据根据第三次农业普查结果进行了修订。

11-5 农业总产值、农业增加值（2017-2018 年）

单位：万元

项　　目	2017 年	2018 年	2018 年比 2017 年增长（%）
一、农林牧渔业总产值（现价）	**916347**	**1002544**	**5.1**
其中：农　业	112131	132929	15.5
林　业	1410	2086	47.8
畜 牧 业	97246	115381	23.8
渔　业	616221	665900	1.7
农林牧渔服务业	89339	86248	-5.6
二、农林牧渔业增加值（现价）	**525120**	**576174**	**5.1**
其中：农　业	77121	91425	15.5
林　业	1081	1600	47.8
畜 牧 业	42034	49873	23.8
渔　业	368005	397673	1.7
农林牧渔服务业	36879	35603	-5.6

注：本表增速按可比价格计算。

11-6 各区农业总产值、农业增加值(2018 年)

单位：万元

指 标	香洲区	斗门区	金湾区
一、农林牧渔业总产值（现价）	**83604**	**792938**	**126000**
其中：农 业	5313	78175	49441
林 业	15	1768	304
畜 牧 业	201	105964	9217
渔 业	72921	535616	57363
农林牧渔服务业	5155	71416	9675
农林牧渔业总产值增长（%）	1.5	7.5	-15.0
二、农林牧渔业增加值（现价）	**49427**	**450289**	**76474**
其中：农 业	3653	53766	34005
林 业	12	1355	231
畜 牧 业	87	45820	3987
渔 业	43549	319868	34256
农林牧渔服务业	2128	29481	3994
农林牧渔业增加值增长（%）	3.7	7.4	-12.0

11-7 建市以来全市农作物播种面积

单位：亩

年份	总播种面积	1. 粮食	(1) 稻谷	(2) 旱粮	(3) 薯类	番薯	(4) 大豆	2. 经济作物	(1) 花生
1979	1044121	812757	765176	2568	29857	21747	7232	181194	28366
1980	1024511	756911	731311	2727	22064	19599	7232	189452	25757
1981	906478	607433	590179	3026	14228	1373	4249	249614	29391
1982	881558	573641	554533	3021	16087	15063	5585	260105	27718
1983	887327	593723	574855	350	18518	16635	6403	244521	25833
1984	889620	564614	544493	752	19369	17010	8076	273450	28828
1985	810057	435793	418208	1040	16545	13976	4808	335725	26743
1986	813499	449851	432391	1015	16445	14445	3307	317437	22951
1987	823434	466892	448048	1042	17802	15577	3073	305688	23114
1988	811691	463647	446294	1460	15893	13060	3538	293748	18742
1989	831376	474891	453960	1404	19527	15407	5566	296306	18548
1990	840587	468691	448557	1194	18940	16856	6849	294880	18911
1991	851292	442308	423231	1067	18010	14758	5400	296688	15604
1992	791066	382640	364885	1473	16282	12845	5994	288450	14388
1993	622583	282936	269033	1128	12775	10027	166	238087	7690
1994	562130	261696	246450	1481	13765	11220	3686	209309	7438
1995	582810	264585	243537	6724	14324	12057	3241	200574	6518
1996	591558	264713	245696	5217	13800	11764	4392	210570	7280
1997	591354	260213	245517	4456	10240	8614	3528	205707	6880
1998	602627	260280	239319	6826	14135	11827	3088	204807	6010
1999	604279	261113	240300	8003	12810	10768	2962	196040	5697
2000	520687	231078	215964	5891	9223	8194	3547	138280	7258
2001	503949	223437	205502	6145	11790	10080	2805	134600	7184
2002	444930	194532	180732	4608	9192	7903	2038	127505	3787
2003	383180	156091	142535	3691	9865	7768	1374	102029	4468
2004	352267	160884	130408	13844	15501	11355	1131	81258	4142
2005	340238	154097	122797	15023	14816	10853	1461	57534	4389
2006	296735	101443	78005	8685	14429	14199	323	55487	2874
2007	262282	94582	75998	7544	10311	9768	312	45549	2259
2008	231498	96961	80867	8170	6038	5631	1274	35933	3798
2009	252427	109710	83257	20443	5789	5075	177	34605	4278
2010	241306	108463	82128	21254	4322	1212	552	22201	4446
2011	237987	106570	80355	22445	3268	2745	429	22337	5204
2012	234528	81281	68570	7450	3601	2486	1231	46183	4659
2013	232215	74523	65527	5642	2607	1587	658	49501	3340
2014	203020	69859	60484	4803	2412	1364	1615	25942	3985
2015	220280	64705	56734	4265	2059	827	1322	28731	3776
2016	225320	61857	56177	3341	1569	320	612	24345	3412
2017	228078	58751	53677	3290	1054	211	605	37857	3105
2018	254704	64417	59523	2410	1780	1575	506	40168	3529

注：1、从 2004 年起大豆包含在粮食中。

2、1996-2006 年数据根据第二次农业普查结果进行了修订。

2007-2017 年数据根据第三次农业普查结果进行了修订。

单位：亩

年份	(2) 木薯	(3) 甘蔗	糖蔗	3. 其他农作物	(1) 蔬菜	(2) 果用瓜	(3) 青饲料
1979	6906	135471	133502	42938	20870	2293	132
1980	5898	145857	144854	70916	30273	2446	518
1981	4675	208841	207908	45182	30410	3881	385
1982	6217	221860	221426	42227	29458	1176	140
1983	6377	212048	209688	42680	34651	1137	504
1984	4999	237302	236860	43480	40491	1875	725
1985	4507	295062	294312	33731	28873	0	0
1986	5833	280639	279935	42909	39123	3151	213
1987	7722	269013	268402	47781	45796	1777	208
1988	8537	264125	263532	50758	46778	2120	334
1989	8508	264609	264046	54613	48618	3033	489
1990	9192	262332	261540	70167	59223	2173	318
1991	8529	268909	268212	106896	72667	1819	774
1992	7613	262637	261988	113982	76304	2979	1425
1993	5038	221367	220979	101394	75823	3359	357
1994	2337	198178	197830	87439	78537	6156	820
1995	2257	188847	188375	114410	90671	6874	2085
1996	1225	199125	198504	111883	96451	8657	3448
1997	2020	194183	193752	121906	97341	7983	8852
1998	1264	194629	193645	134452	99216	16765	8405
1999	988	187279	186930	144164	107290	18546	4794
2000	1431	126884	126813	147782	115801	7723	11822
2001	813	124630	124471	143107	109062	8457	10391
2002	580	120422	120132	120855	98523	4665	13070
2003	734	96279	96070	123686	109191	3316	6517
2004	512	74332	74017	110125	94978	7627	6320
2005	515	51914	51759	128607	110557	11312	5808
2006	300	45848	45543	139805	87562	10802	6180
2007	293	34661	34330	122151	87559	8250	5208
2008	171	18962	17890	98604	86274	6103	5847
2009	179	12394	11937	108112	91420	12332	4080
2010	129	9430	9394	110642	95232	11580	3715
2011	82	8290	8115	109080	98119	7296	3547
2012	136	7278	7182	107064	91751	8649	5859
2013	604	6697	6589	108191	92846	8246	6761
2014	363	699	378	107219	95117	5709	5722
2015	432	535	241	126844	93630	9526	7151
2016	15	392	221	139118	108640	6320	7315
2017	16	224	43	131470	112104	9513	7097
2018	26	297	0	150119	127828	14065	6287

11-8 农作物播种面积（2017-2018 年）

单位：亩

指　　标	2017 年	2018 年	2018 年比 2017 年增长 (%)
总播种面积	**228078**	**254704**	**11.7**
一、粮食	**58751**	**64417**	**9.6**
其中：稻谷	53677	59523	10.9
旱粮	3290	2410	-26.7
薯类	1054	1780	68.9
其中：番薯	211	1575	646.4
大豆	605	506	-16.4
二、经济作物	**37857**	**40168**	**6.1**
其中：甘蔗	224	297	32.6
其中：糖蔗	43	0	-100.0
花生	3105	3529	13.7
木薯	16	26	62.5
三、其他农作物	**131470**	**150119**	**14.2**
其中：蔬菜	112104	127828	14.0
果用瓜	9513	14065	47.9
青饲料	7097	6287	-11.4

11-9 各区农作物播种面积(2018 年)

单位：亩

指　　标	香洲区	斗门区	金湾区
总播种面积	**7974**	**165226**	**81504**
一、粮食	**409**	**62523**	**1485**
其中：稻谷	241	59024	258
旱粮	57	1401	952
薯类	111	1434	235
其中：番薯	0	1340	235
大豆	0	506	0
二、经济作物	**3**	**23710**	**16455**
其中：甘蔗	0	297	0
其中：糖蔗	0	0	0
花生	3	1971	1555
木薯	0	26	0
三、其他农作物	**7562**	**78993**	**63564**
其中：蔬菜	7512	68628	51688
果用瓜	50	4153	9862
青饲料	0	5765	522

11-10 建市以来全市农作物总产量

单位：吨

年份	1. 粮食	(1) 稻谷	(2) 旱粮	(3) 薯类	番薯	(4) 大豆
1979	170095	165415	172	3758	2941	377
1980	178979	175856	213	2870	2587	377
1981	127580	125629	208	1743	1826	269
1982	144228	141923	183	2122	2009	373
1983	165904	163324	67	2513	2607	385
1984	176277	173393	130	2754	2454	482
1985	130731	127622	245	2864	2572	415
1986	141997	138311	338	3410	2846	315
1987	153253	149950	273	3030	2640	271
1988	150046	146241	482	3323	2726	446
1989	162887	158507	426	3954	3238	547
1990	172079	166861	503	4715	4294	771
1991	160848	154987	389	5472	4764	545
1992	139788	134738	319	4731	3943	924
1993	77885	73981	394	3510	2959	12
1994	84562	78511	453	5598	4946	558
1995	92687	86329	1882	4476	3972	668
1996	95666	89686	1595	4385	3938	691
1997	96042	91393	1343	3306	2953	682
1998	96650	30331	1710	4609	4063	608
1999	96771	90437	2321	4013	3447	593
2000	88284	83322	1912	3050	2740	770
2001	82886	76930	1692	4264	3705	624
2002	69394	65029	1505	2860	2496	482
2003	55723	51569	1299	2855	2248	371
2004	57913	49765	4062	3787	3481	299
2005	57318	47029	5278	4576	4206	435
2006	33552	26136	3056	4295	3998	65
2007	32006	26960	2640	3263	3121	65
2008	31888	26707	2936	1875	1700	246
2009	37706	28415	7360	1889	1644	36
2010	37410	28528	7246	1388	913	108
2011	38306	29564	7610	1034	942	86
2012	32320	28087	2755	1197	827	210
2013	29332	26267	2031	882	404	138
2014	28809	25930	1705	783	264	283
2015	27114	24719	1519	570	229	245
2016	24745	22275	1882	445	44	112
2017	21535	19441	1677	281	59	117
2018	24989	21720	1434	1687	1507	124

注: 1996-2006 年数据根据第二次农业普查结果进行了修订。
2007-2017 年数据根据第三次农业普查结果进行了修订。

单位：吨

年份	2. 经济作物				3. 其他农作物	
	(1) 花生	(2) 木薯	(3) 甘蔗	糖蔗	(1) 蔬菜	(2) 果用瓜
1979	1791	3843	475317	472875	…	…
1980	2028	3971	613672	609344	…	…
1981	2254	3501	1023714	1004281	27414	…
1982	2504	4574	1027508	1010695	29777	…
1983	2277	4942	1026016	1024026	31805	…
1984	2660	4141	1310485	1308703	43756	2705
1985	2616	4946	1537391	1534713	36408	…
1986	2269	6465	1520407	1517121	36861	3585
1987	2081	8398	1474396	1471441	52022	1409
1988	1809	10274	1608170	1604954	53458	2851
1989	1802	8870	1374205	1371487	57222	5333
1990	1942	11523	1582861	1578479	78276	…
1991	1554	9540	1721032	1717131	100358	2980
1992	1492	6498	1982066	1678626	102976	4442
1993	1167	4049	1077912	1076182	98379	3591
1994	861	2799	1129476	1127701	101705	8849
1995	984	2142	1090270	1088557	120062	10840
1996	1041	1528	1164148	1161845	127270	11184
1997	930	2389	1268764	1266952	131628	11917
1998	816	1289	1336226	1331769	136945	29166
1999	819	992	1234711	1233269	148014	26964
2000	1060	1064	909428	909075	164411	7883
2001	1134	782	868340	867608	160793	9859
2002	927	503	844741	843460	144191	8463
2003	798	609	642658	639354	161676	4858
2004	917	329	541250	539568	140605	10303
2005	961	683	367045	366081	165019	16963
2006	542	225	296197	295302	132715	14271
2007	434	320	226048	224887	130196	9844
2008	709	169	123573	121519	135762	7301
2009	816	223	84336	81304	125356	16135
2010	759	117	68216	67973	131747	15016
2011	1061	51	54621	53468	138550	9453
2012	971	40	44557	44008	126060	11046
2013	695	72	45876	45213	126494	11193
2014	900	12	3714	1773	142135	6365
2015	1206	806	2603	825	134562	11679
2016	747	210	1828	795	132667	8981
2017	725	10	1151	216	141899	10652
2018	1047	37	979	0	166668	11774

11-11 农作物总产量（2017-2018 年）

单位：吨

项　　目	2017 年	2018 年	2018 年比 2017 年增长 (%)
一、粮食	**21535**	**24989**	**16.0**
其中：稻谷	19441	21720	11.7
旱粮	1677	1434	-14.5
薯类	281	1687	500.4
其中：番薯	59	1507	2454.2
大豆	117	124	6.0
二、经济作物	**1904**	**2068**	**8.6**
其中：甘蔗	1151	979	-14.9
其中：糖蔗	216	0	-100.0
花生	725	1047	44.4
木薯	10	37	270.0
三、其他农作物	**160173**	**191437**	**19.5**
其中：蔬菜	141899	166668	17.5
果用瓜	10652	11774	10.5
青饲料	7622	12995	70.5

11-12 各区农作物总产量（2018 年）

单位：吨

指　标	香洲区	斗门区	金湾区
一、粮食	**181**	**23956**	**852**
其中：稻谷	112	21557	51
旱粮	31	732	671
薯类	69	1523	95
其中：番薯	0	1412	95
大豆	0	124	0
二、经济作物	**1**	**1725**	**342**
其中：甘蔗	0	979	0
其中：糖蔗	0	0	0
花生	1	368	678
木薯	0	37	0
三、其他农作物	**8316**	**109850**	**73271**
其中：蔬菜	8263	98173	60232
果用瓜	53	3902	7819
青饲料	0	7775	5220

11-13 建市以来全市农作物单位面积产量

单位：公斤／亩

年份	1. 粮食	(1) 稻谷	(2) 旱粮	(3) 薯类	番薯	(4) 大豆
1979	209	216	67	126	135	52
1980	326	240	78	130	132	52
1981	210	213	69	123	133	62
1982	251	256	61	132	133	67
1983	279	284	192	135	156	60
1984	312	318	173	142	144	59
1985	300	305	235	173	184	87
1986	316	320	272	207	197	95
1987	328	335	262	170	169	88
1988	324	327	330	209	209	126
1989	343	349	303	203	274	98
1990	376	372	421	249	255	113
1991	364	366	365	304	323	101
1992	365	369	217	291	307	154
1993	275	275	349	275	295	72
1994	323	319	306	407	447	151
1995	350	354	280	312	329	206
1996	361	365	306	318	335	157
1997	369	372	301	323	343	193
1998	371	377	251	326	344	202
1999	371	376	290	313	320	200
2000	382	386	325	331	334	217
2001	371	374	275	362	368	222
2002	357	360	327	311	316	237
2003	357	362	352	289	289	270
2004	360	382	293	244	300	264
2005	372	383	351	308	300	298
2006	331	335	352	298	282	200
2007	338	342	350	316	322	189
2008	329	330	359	311	308	192
2009	344	341	360	326	327	317
2010	345	347	341	321	429	308
2011	359	368	339	316	340	321
2012	398	410	370	332	345	281
2013	394	41	360	338	338	342
2014	412	429	355	325	320	343
2015	419	436	356	277	291	362
2016	400	396	563	284	296	295
2017	367	362	510	267	286	179
2018	388	365	595	263	265	245

注：1996-2006 年数据根据第二次农业普查结果进行了修订。
2007-2017 年数据根据第三次农业普查结果进行了修订。

单位：公斤／亩

年份	2. 经济作物				3. 其他农作物	
	(1) 花生	(2) 木薯	(3) 甘蔗	糖蔗	(1) 蔬菜	(2) 果用瓜
1979	63	616	3509	3452	…	…
1980	79	673	4207	4207	…	…
1981	77	698	4902	4830	901	…
1982	90	736	4631	4564	1011	…
1983	88	775	4842	4884	918	…
1984	92	828	5522	5525	1081	…
1985	98	1098	5209	5214	1261	…
1986	99	1108	5418	5420	942	1137
1987	90	1087	5480	5482	1135	838
1988	96	1203	6088	6090	1143	1345
1989	97	1043	5193	5194	1177	1758
1990	103	1254	6034	6035	1322	…
1991	100	1119	6400	6402	1381	1638
1992	104	854	6405	6407	1350	1491
1993	152	804	4869	4870	1297	1069
1994	116	1198	5699	5700	1295	1437
1995	151	949	5773	5779	1324	1577
1996	105	1247	5846	5853	1320	1292
1997	135	1183	6534	6539	1350	1493
1998	136	1020	6866	6877	1380	1348
1999	144	1004	6593	6597	1380	1454
2000	146	744	7167	7169	1420	1021
2001	158	962	6967	6970	1474	1167
2002	160	867	7015	7021	1464	1814
2003	179	830	6675	6655	1487	1465
2004	221	643	7282	7290	1480	1351
2005	219	1326	7070	7073	1493	1499
2006	189	750	6460	6484	1516	1321
2007	192	1091	6522	6551	1487	1193
2008	187	985	6517	6793	1574	1196
2009	191	1243	685	6811	1371	1308
2010	171	905	7234	7236	1383	1297
2011	204	624	6589	6589	1412	1296
2012	208	295	6122	6127	1374	1277
2013	208	119	6850	6861	1362	1357
2014	226	33	5311	4687	1494	1115
2015	319	1867	4863	3425	1437	1226
2016	219	901	4663	3597	1221	1421
2017	233	625	5138	5023	1266	1119
2018	297	1423	3296	0	1304	837

11-14 农作物单位面积产量(2017-2018 年)

单位：公斤 / 亩

指 标	2017 年	2018 年	2018 年比 2017 年增长 (%)
一、粮食	**367**	**388**	**5.7**
其中：稻谷	362	365	0.8
旱粮	510	595	16.7
薯类	267	948	-1.5
其中：番薯	286	957	-7.3
大豆	179	245	36.9
二、经济作物			
其中：甘蔗	5138	3296	-35.9
其中：糖蔗	5023	0	-100.0
花生	233	297	27.5
木薯	625	1423	127.7
三、其他农作物			
其中：蔬菜	1266	1304	3.0
果用瓜	1119	837	-25.2

11-15 建市以来全市水果、茶叶、畜牧业及水产品生产情况

年份	1. 水果年末实有面积（亩）	2. 水果总产量（吨）	3. 茶叶年末实有面积（亩）	4. 茶叶产量（吨）	5. 大牲畜年末存栏量（头）	6. 全年生猪饲养量（头）		
							(1) 年末生猪存栏量（头）	(2) 全年生猪出栏量（头）
1979	10510	1640	…	…	14292	321917	184962	136955
1980	10818	1495	…	…	13190	283777	151142	132635
1981	11095	2192	…	…	12649	246016	136268	109748
1982	9170	1981	…	…	11699	249299	145004	104295
1983	15893	3753	…	…	11436	280376	144653	135723
1984	18136	4091	2271	59	11225	240388	126717	119671
1985	26935	8090	2152	58	9604	248084	126976	121108
1986	45523	16722	1856	65	9425	291328	169989	121339
1987	91423	30026	1755	57	9151	325401	160736	164665
1988	137924	29893	1666	53	8629	341961	161559	180402
1989	107547	26323	1429	43	7844	372895	166848	206047
1990	100444	36174	1514	53	7874	404187	190002	214185
1991	90481	39125	1417	55	6861	429304	179836	249468
1992	83170	37984	1012	54	5511	428790	187091	241699
1993	80407	14231	570	16	3991	368633	153026	215607
1994	71542	23787	339	19	2908	309875	121102	188773
1995	59128	25315	218	11	2974	327370	127138	200232
1996	58204	19458	137	9	2977	316909	118238	198671
1997	62900	17939	72	4	3023	334423	130326	204097
1998	66051	19325	…	…	2910	366245	150146	216099
1999	67609	19495	72	4	3380	429485	167921	261564
2000	77138	34402	72	5	3542	426741	161655	265086
2001	77543	43851	72	6	3587	507888	203079	304809
2002	75474	39975	38	3	3571	540951	209606	331345
2003	85245	64672	25	1	4601	530917	188209	342708
2004	83991	80972	25	1	4965	466644	190073	276571
2005	105547	111466	25	1	4963	551292	245399	305893
2006	89937	85964	25	0	4727	566382	221795	344587
2007	99925	110912	0	0	3640	430503	202417	228086
2008	136858	144304	775	0	3541	461865	213624	248241
2009	123714	116923	0	0	3324	492667	219191	273476
2010	110865	119968	0	0	3226	519150	209168	309982
2011	91877	76750	0	0	2961	530551	217636	312915
2012	84976	61693	0	0	2710	556346	225556	330790
2013	81005	67822	0	0	1719	642387	283607	358780
2014	79838	71631	0	0	1685	721481	287003	434478
2015	80112	76722	0	0	895	620815	260736	360079
2016	74231	64807	273	273	1113	579889	253935	325954
2017	79778	62261	273	273	1118	553510	239289	314221
2018	130395	78455	1	1	396	611275	173188	438087

注：1996-2006 年数据根据第二次农业普查结果进行了修订。
2007-2017 年数据根据第三次农业普查结果进行了修订。

11-15 续表 1

年份	7. 三鸟饲养量（万只）	(1) 鸡（万只）	(2) 鸭（万只）	(3) 鹅（万只）	8. 畜产品产量 (1) 猪肉（吨）	(2) 牛肉（吨）	(3) 禽肉（吨）	禽蛋（吨）
1979	…	…	…	…	…	…	…	…
1980	…	…	…	…	…	…	…	…
1981	…	…	…	…	…	…	…	…
1982	…	…	…	…	…	…	…	…
1983	…	…	…	…	…	…	…	…
1984	168.50	89.30	59.20	21.10	10266	12	798	1471
1985	233.00	111.00	98.00	24.00	9357	24	2099	1339
1986	254.00	147.00	77.00	30.00	9143	158	2264	1247
1987	339.00	221.00	58.00	60.00	12522	81	2806	1919
1988	348.00	200.00	23.00	125.00	14626	55	3492	3467
1989	217.90	148.60	31.50	37.80	15817	76	3326	3495
1990	432.60	272.30	129.20	31.10	17097	120	4111	6352
1991	567.90	352.10	98.40	117.40	21290	126	3330	9723
1992	704.20	393.50	295.40	15.30	21097	132	3855	5867
1993	733.70	402.20	311.50	20.00	16540	146	5506	9401
1994	495.20	357.10	119.90	18.20	16235	34	4539	3795
1995	273.23	202.46	65.77	5.00	17013	40	5725	5049
1996	503.87	370.74	122.22	10.19	16472	22	5899	4165
1997	446.25	300.95	130.54	14.76	17371	174	5519	4320
1998	399.77	232.94	133.05	33.78	14817	29	4683	4110
1999	461.69	300.13	147.92	13.64	19822	74	4941	4817
2000	470.02	322.66	129.95	17.41	19700	25	4434	4386
2001	449.13	306.48	122.76	19.89	24006	30	4266	3640
2002	452.50	319.04	102.95	30.51	26507	34	4427	2738
2003	493.00	351.77	104.35	36.88	19338	48	4378	3636
2004	767.29	567.99	137.04	62.26	16384	33	7113	6257
2005	774.33	569.27	158.07	46.99	19203	39	6375	5589
2006	723.06	580.84	125.88	16.34	25086	26	6538	4620
2007	784.39	575.44	164.55	33.32	16635	29	7005	7341
2008	949.60	616.94	221.67	39.91	18104	30	7523	8034
2009	1025.03	664.80	239.42	43.20	19671	29	7910	7133
2010	1026.35	678.90	240.55	44.56	23187	31	7375	6902
2011	1013.37	673.63	238.44	47.40	23420	39	7433	8970
2012	846.82	584.44	192.84	41.43	24701	28	7788	8484
2013	769.06	504.15	174.88	45.76	26839	40	7497	9392
2014	711.41	520.40	176.91	46.17	31626	11	6726	10627
2015	746.48	478.01	150.77	42.33	27778	5	8126	9912
2016	902.23	515.08	172.11	46.85	26341	10	9621	9843
2017	918.18	518.49	193.85	43.07	25402	10	9965	10485
2018	706.56	379.56	150.91	30.63	36126	22	10003	8980

11-15 续表 2

年份	9. 水产养殖面积（亩）	10. 水产品产量（吨）	1. 海洋捕捞（吨）	2. 海水养殖（吨）	3. 淡水捕捞（吨）	4. 淡水养殖（吨）
1979	43896	16615	14183	625	…	1807
1980	33853	16803	14154	595	…	2054
1981	49864	16585	12942	559	…	3084
1982	60523	18294	13550	643	…	4101
1983	67918	20615	13396	817	…	6402
1984	73565	20491	11469	954	…	8068
1985	86940	22876	11361	1270	1182	9063
1986	107295	25520	11472	3382	844	9822
1987	119921	30895	12713	4786	1054	12342
1988	132124	43164	19979	5934	1141	16110
1989	153757	45920	20725	6252	1255	17688
1990	152370	50820	23039	6939	1382	19460
1991	146115	53115	23565	7227	1561	20762
1992	146745	58767	24358	5402	1762	27245
1993	169470	59255	19592	6699	1736	31228
1994	178275	62747	21420	6378	1875	33074
1995	207405	68903	17138	11508	2038	38219
1996	220785	72155	17139	12748	2250	40018
1997	229327	95048	17360	29787	2300	45601
1998	241350	97364	16382	31528	2176	47278
1999	246270	99051	16172	29045	2058	51776
2000	286647	107021	16125	32337	2037	56522
2001	308441	115319	15384	32161	1957	65817
2002	320940	123060	13661	20732	1905	86762
2003	326918	146384	13699	21533	1700	109452
2004	365901	153742	13211	19102	1595	119834
2005	391535	158964	13046	19632	1600	124686
2006	478338	181802	12746	26540	1670	140846
2007	492225	183017	11752	24360	1670	145235
2008	490590	182398	11704	23984	1660	145050
2009	460605	190894	11690	22739	1660	154805
2010	516120	197213	11596	26812	2220	156585
2011	531345	205035	11371	27849	1987	163828
2012	521640	240025	11287	28852	1964	197922
2013	446835	274635	11045	31782	1864	229944
2014	399390	281493	10917	32045	1790	236741
2015	408870	291544	10950	60720	1810	218064
2016	406110	299034	10725	80924	1786	205599
2017	393735	309635	21194	83292	1781	203368
2018	385457	313635	20278	84477	1755	207125

11-16 水果、茶叶实有面积和产量（2017-2018 年）

指 标	2017 年	2018 年	2018 年比 2017 年增长 (%)
一、水果年末实有面积（亩）	**79778**	**130395**	**63.4**
1. 柑桔橙	2192	2253	2.8
2. 香（大）蕉	13572	11075	-18.4
3. 菠萝	75	35	-53.3
4. 荔枝	26938	54751	103.2
5. 龙眼	8519	9661	13.4
6. 其它水果	28482	52620	84.7
二、水果总产量（吨）	**62261**	**78455**	**26.0**
1. 柑桔橙	1756	1324	-24.6
2. 香（大）蕉	19456	16910	-13.1
3. 菠萝	67	2	-97.0
4. 荔枝	4278	7325	71.2
5. 龙眼	2501	2772	10.8
6. 其它水果	34203	50122	46.5
三、茶叶年末实有面积（亩）	**273**	**1**	**-100**
四、茶叶产量（吨）	**273**	**1**	**-100**

11-17 各区水果、茶叶实有面积和产量(2018 年)

指　　标	香洲区	斗门区	金湾区
一、水果年末实有面积（亩）	**8329**	**34273**	**87793**
1. 柑桔橙	50	448	1755
2. 香（大）蕉	307	4783	5985
3. 菠萝	35	0	0
4. 荔枝	4885	21672	28194
5. 龙眼	1969	2665	5027
6. 其它水果	1083	4705	46832
二、水果总产量（吨）	**2713**	**23918**	**51824**
1. 柑桔橙	45	557	722
2. 香（大）蕉	215	10064	6631
3. 菠萝	2	0	0
4. 荔枝	751	5601	973
5. 龙眼	932	1424	416
6. 其它水果	768	6272	43082
三、茶叶年末实有面积（亩）	**0**	**1**	**0**
四、茶叶产量（吨）	**0**	**1**	**0**

11-18 畜牧业生产情况（2017-2018 年）

指　标	2017 年	2018 年	2018 年比 2017 年增长（%）
一、大牲畜年末存栏量（头）	**1118**	**396**	**-64.6**
1. 奶牛	799	326	-59.2
2. 肉用牛	223	0	-100.0
二、全年生猪饲养量（头）	**553510**	**611275**	**10.4**
1. 年末生猪存栏量	239289	173188	-27.6
2. 全年生猪出栏量	314221	438087	39.4
三、三鸟饲养量（万只）	**918.18**	**706.56**	**-23.0**
其中：鸡	518.49	379.56	-26.8
鸭	193.85	150.91	-22.2
鹅	43.07	30.63	-28.9
四、肉类总产量（吨）	**35431**	**47169**	**33.1**
其中：猪肉	25402	36126	42.2
牛肉	10	22	120.0
禽肉	9965	10003	0.4
五、禽蛋产量（吨）	**10485**	**8980**	**-14.4**

11-19 各区畜牧业生产情况（2018 年）

指　　标	香洲区	斗门区	金湾区
一、大牲畜年末存栏量（头）	**0**	**396**	**0**
1. 奶牛	0	326	0
2. 肉用牛	0	0	0
二、全年生猪饲养量（头）	**757**	**557268**	**53250**
1. 年末生猪存栏量	0	152268	20920
2. 全年生猪出栏量	757	405000	32330
三、三鸟饲养量（万只）	**2.56**	**648.07**	**55.93**
其中：鸡	2.56	366.85	10.15
鸭	0	143.96	6.95
鹅	0	24.80	5.83
四、肉类总产量（吨）	**85**	**42847**	**4237**
1. 猪肉	59	32400	3667
2. 牛肉	0	22	0
3. 禽肉	26	9413	564
五、禽蛋产量（吨）	**0**	**8978**	**2**

11-20 水产品生产情况（2017-2018 年）

指　标	2017 年	2018 年	2018 年比 2017 年增长（%）
一、水产养殖面积（亩）	**393735**	**385457**	**-2.1**
其中：海水养殖	219690	213658	-2.7
淡水养殖	174045	171799	-1.3
二、水产品产量（吨）	**309635**	**313635**	**1.3**
其中：海洋捕捞	21194	20278	-4.3
海水养殖	83292	84477	1.4
淡水捕捞	1781	1755	-1.5
淡水养殖	203368	207125	1.8

11-21 各区水产品生产情况(2018 年)

指 标	香洲区	斗门区	金湾区
一、水产养殖面积(亩)	**86700**	**190149**	**108608**
其中:海水养殖	84600	61843	67215
淡水养殖	2100	128306	41393
二、水产品产量(吨)	**37222**	**236918**	**39495**
其中:海洋捕捞	18715	956	607
海水养殖	17450	51885	15142
淡水捕捞	0	1675	80
淡水养殖	1057	182402	23666

十二、工业

12-1　工业主要指标

指　　标	单位	2000年	2005年	2010年	2014年
全部工业					
企业单位数	个	2963	4475	5075	5884
工业总产值	万元	6989775	16179942	30436824	38578760
规模以上工业					
企业单位数	个	769	993	1347	1008
亏损企业数	个	189	303	390	223
工业总产值	万元	6457849	15695613	29761820	37022580
工业增加值	万元	1561624	3287415	6839800	8810435
工业销售产值	万元	6093050	15289431	27614513	35199175
出口交货值	万元	2588769	8077049	12079923	12421212
主营业务收入	万元	5723870	14850663	30588679	41766999
资产总计	万元		13121453	26951851	47653924
流动资产合计	万元		7337894	17365120	29730500
固定资产合计	万元		4628956	6874059	11709586
负债总计	万元		8108344	16481051	31235497
所有者权益合计	万元		5013210	10459605	16406867
利润总额	万元	338372	533760	1912408	2939595
亏损企业亏损额	万元	57940	138870	124728	443732
利税总额	万元	501419	820476	2616224	4368394
应交增值税	万元	152192	265655	642365	1177181
所得税费用	万元		83085	356018	356122
本年应付工资总额	万元			1701579	2961855
就业人员平均人数	人		343303	485750	441398

12-1 续表

指　　标	单位	2015 年	2016 年	2017 年	2018 年
全部工业					
企业单位数	个	6281	6881	7377	9014
工业总产值	万元	41250718	45384704	41150278	46586396
规模以上工业					
企业单位数	个	1023	1048	1163	1170
亏损企业数	个	230	183	223	226
工业总产值	万元	39660233	43533772	39435608	44596763
工业增加值	万元	9169356	10228583	11393680	10837442
工业销售产值	万元	37421396	40195499	39313529	43495879
出口交货值	万元	12513811	12035666	11485052	13216057
主营业务收入	万元	39511229	42135949	47536033	54036442
资产总计	万元	50875339	58592145	63055774	69644749
流动资产合计	万元	31710895	38162557	42242350	47162970
固定资产合计	万元	12427797	12810649	12675655	
负债总计	万元	32766599	36515573	39930437	42063295
所有者权益合计	万元	17952764	21507593	23145066	
利润总额	万元	2795406	4205794	4100456	4287360
亏损企业亏损额	万元	428537	377196	338830	514781
利税总额	万元	4015568	5659327	5631062	6012044
应交增值税	万元	955440	1173043	1175068	1321653
所得税费用	万元	425503	539065	685682	
本年应付工资总额	万元	3371806	3423528	3635322	
就业人员平均人数	人	438436	427610	442177	432042

12-2 建市以来全市工业企业单位数

单位：个

年份	工业企业单位数	1. 规模以上工业企业	(1) 国有经济	(2) 集体经济	(3) 其他经济	"三资"企业	2. 规模以下工业企业
1988	1836	607	155	325	127	111	1229
1989	2141	765	170	412	183	171	1376
1990	1874	855	187	414	254	237	1019
1991	2704	964	204	395	365	349	1740
1992	2839	1007	172	390	445	417	1832
1993	3048	1121	130	390	601	536	1927
1994	2842	1152	122	371	659	601	1690
1995	2953	1464	165	390	909	861	1489
1996	3189	1685	187	452	1046	955	1504
1997	3124	1573	172	401	1000	912	1551
1998	2932	809	92	117	600	548	2123
1999	2918	763	74	106	583	513	2155
2000	2963	769	30	94	645	526	2194
2001	3586	798	16	72	710	545	2788
2002	3616	790	13	72	705	528	2826
2003	3624	798	8	59	731	554	2826
2004	3769	1020	8	59	780	593	2749
2005	4475	993	5	26	962	687	3482
2006	4929	987	5	22	960	691	3942
2007	5389	1106	6	20	1080	757	4283
2008	4600	1395	9	18	1368	852	3205
2009	4900	1386	9	14	1363	810	3514
2010	5075	1347	7	11	1329	784	3728
2011	5167	893	3	6	884	553	4274
2012	5536	927	2	6	919	552	4609
2013	5839	1054	1	5	1048	583	4785
2014	5884	1008	0	4	1004	533	4876
2015	6281	1023	1	4	1018	513	5258
2016	6881	1048	1	2	1045	486	5833
2017	7377	1163	2	1	1160	491	6214
2018	9014	1170	2	1	1167	494	7844

注：1、规模以上工业企业 2011 年以前指年主营业务收入 500 万元及以上的工业企业，2011 年开始指年主营业务收入 2000 万元以上的工业企业，1998-2005 年含全部国有工业，1997 年以前为乡及乡以上工业，下同。
2、规模以下工业企业 2011 年以前指年主营业务收入 500 万元以下的工业企业及全部个体工业和全部工业生产活动单位，1998-2005 年不含国有工业，1997 年以前数据为城镇个体、合作经营、村及村以下工业，2011 年开始指年主营业务收入 2000 万元以下的工业企业及全部个体工业和全部工业生产活动单位，下同。

12-3 建市以来全市工业总产值和销售产值

单位：万元

年份	工业总产值	1. 规模以上企业工业总产值	2. 规模以下企业工业总产值	规模以上工业企业销售产值	# 出口产品交货值
1979	18626	8691	…	…	…
1980	23178	10559	…	…	…
1981	24038	14179	…	…	…
1982	26730	15632	…	…	…
1983	37151	18653	…	…	…
1984	51302	34301	…	…	…
1985	64205	57740	…	…	…
1986	80647	71282	…	…	…
1987	142321	126107	…	…	…
1988	308437	268969	…	…	…
1989	420135	353193	…	…	…
1990	546798	507418	39380	…	…
1991	868161	804082	64079	…	…
1992	1200840	1082862	117978	995609	…
1993	1800437	1582992	217445	1468733	…
1994	2413119	2089201	323918	2068251	…
1995	3172822	2792955	379867	2659710	…
1996	3922701	3450709	471992	3338473	…
1997	4609565	3983178	626387	3856788	…
1998	4978441	4369801	608640	4148309	1284550
1999	5505296	4871420	633876	4512098	1893826
2000	6989775	6457849	531926	6093050	2588769
2001	7340760	6872684	468076	6518960	2926101
2002	8375298	7984178	391120	7440610	3915424
2003	11136694	10762327	374367	9777924	5595369
2004	14028549	13637645	390904	13568954	7159870
2005	16179942	15695613	484329	15289431	8077049
2006	19550697	19008202	542495	18910116	10750297
2007	24186972	23573712	613260	23072268	12503390
2008	25493556	24966832	526724	24345810	12604293
2009	24672148	24050448	621700	22268533	9779421
2010	30436824	29761820	675004	27614513	12079923
2011	35031510	33772489	1259021	31607032	11247379
2012	32140803	30725614	1415189	30113207	11116644
2013	36026029	34608578	1417451	33584562	11737132
2014	38578760	37022580	1556180	35199175	12421212
2015	41250718	39660233	1590485	37421396	12513811
2016	45384704	43533772	1850932	40195499	12035666
2017	41150278	39435608	1714670	39313529	11485052
2018	46586396	44596763	1989633	43495879	13216057

12-4 建市以来全市工业总产值指数

年份	全部工业		规模以上工业		规模以下工业	
	以1979年基数为100	以上年基数为100	以1979年基数为100	以上年基数为100	以1979年基数为100	以上年基数为100
1979	100.00	—	100.00	—	100.00	—
1980	126.40	126.40	126.40	126.40	126.50	126.50
1981	154.90	122.55	154.79	122.46	158.29	125.14
1982	164.61	106.27	164.48	106.26	168.66	106.55
1983	211.70	128.60	211.53	128.60	216.82	128.55
1984	371.51	175.49	371.23	175.50	380.41	175.45
1985	440.87	118.67	440.23	118.59	460.83	121.14
1986	516.21	117.09	503.54	114.38	907.83	197.00
1987	941.34	182.36	917.31	182.17	1684.10	185.51
1988	1834.49	194.88	1797.41	195.94	2980.88	177.00
1989	2382.77	129.89	2250.72	125.22	6465.44	216.90
1990	3274.91	137.44	3089.43	137.26	9009.22	139.34
1991	5525.01	168.71	5224.41	169.11	14689.61	163.05
1992	7717.13	139.68	7241.81	138.61	22814.64	155.31
1993	10577.78	137.07	9477.85	130.88	49846.18	218.48
1994	14283.66	135.03	12755.48	134.58	69086.48	138.60
1995	18398.10	128.81	16799.34	131.70	73676.14	106.64
1996	21175.71	115.10	18959.68	112.86	100370.24	136.23
1997	26623.73	125.73	23643.89	124.71	134215.78	133.72
1998	31648.03	118.87	28681.20	121.30	135711.81	101.11
1999	37869.15	119.66	34547.30	120.45	152937.30	112.69
2000	45896.17	121.20	43387.39	125.59	122509.07	80.10
2001	53283.93	116.10	51056.74	117.68	113837.07	92.92
2002	60182.50	112.95	58497.66	114.57	94165.57	82.72
2003	78566.19	130.55	77198.14	131.97	88488.85	93.97
2004	98322.81	125.15	97068.10	125.74	91795.89	103.74
2005	112263.91	114.18	110638.22	113.98	112809.83	122.89
2006	135636.30	120.82	133933.88	121.06	125454.37	111.21
2007	166319.44	122.62	164633.56	122.92	140651.75	112.11
2008	179275.72	107.79	177359.73	107.73	155110.75	110.28
2009	176676.22	98.55	174451.03	98.36	165037.84	106.40
2010	205421.44	116.27	202921.44	116.32	188473.21	114.20
2011	230893.70	112.40	228489.54	112.60	201854.81	107.10
2012	240129.45	104.00	237400.64	103.90	216792.07	107.40
2013	269905.50	112.40	267787.92	112.80	229366.00	105.80
2014	293927.09	108.90	292156.62	109.10	239916.84	104.60
2015	325377.29	110.70	324001.69	110.90	250233.26	104.30
2016	356613.51	109.60	355753.85	109.80	259742.12	103.80
2017	402988.59	113.00	401610.53	112.89	299891.44	115.46
2018	454168.15	112.70	454904.24	113.27	305289.49	101.80

注：1979-2003年采用不变价法计算发展速度，2004年起采用价格指数缩减法计算发展速度。

12-5 全市工业企业单位数（2017-2018 年）

单位：个

指　　标	2017 年	2018 年	2018 年比 2017 年增长（%）
全部工业总计	**7377**	**9014**	**22.2**
（一）规模以上工业企业	1163	1170	0.6
1. 按轻重工业分			
轻工业	435	436	0.2
重工业	728	734	0.8
2. 按经济类型分			
国有企业	2	2	0
集体企业	1	1	0
股份合作企业	0	0	--
股份制企业	355	358	0.8
港澳台投资企业	294	296	0.7
外商投资企业	197	198	0.5
在总计中：国有控股企业	52	52	0
3. 按企业规模分			
大型企业	66	66	0
中型企业	256	257	0.4
小微型企业	841	847	0.7
4. 按行业分			
石油和天然气开采业	1	1	0
农副食品加工业	16	17	6.3
食品制造业	21	21	0
酒、饮料和精制茶制造业	5	5	0
纺织业	12	12	0
纺织服装、服饰业	40	40	0
皮革、毛皮、羽毛及其制品和制鞋业	7	7	0

12-5 续表

指　　标	2017年	2018年	2018年比2017年增长（%）
木材加工和木、竹、藤、棕、草制品业	8	8	0
家具制造业	10	10	0
造纸和纸制品业	23	24	4.3
印刷和记录媒介复制业	24	24	0
文教、工美、体育和娱乐用品制造业	14	14	0
石油加工、炼焦和核燃料加工业	9	9	0
化学原料和化学制品制造业	99	101	2.0
医药制造业	22	22	0
化学纤维制造业	3	3	0
橡胶和塑料制品业	96	92	-4.2
非金属矿物制品业	50	50	0
黑色金属冶炼和压延加工业	1	2	100.0
有色金属冶炼和压延加工业	10	12	20.0
金属制品业	59	59	0
通用设备制造业	75	72	-4.0
专用设备制造业	70	77	10.0
汽车制造业	25	25	0
铁路、船舶、航空航天和其他运输设备制造业	19	17	-10.5
电气机械和器材制造业	153	154	0.7
计算机、通信和其他电子设备制造业	222	224	0.9
仪器仪表制造业	39	38	-2.6
其他制造业	0	0	--
废弃资源综合利用业	2	2	0
金属制品、机械和设备修理业	4	4	0
电力、热力生产和供应业	11	11	0
燃气生产和供应业	8	8	0
水的生产和供应业	4	4	0
（二）规模以下工业企业	6214	7844	26.2

12-6 全市工业总产值（2017-2018 年）

单位：万元

指　　标	2017 年	2018 年	2018 年比 2017 年增长（%）
全部工业总计	**41150278**	**46586396**	**12.7**
（一）规模以上工业企业	39435608	44596763	13.3
1. 按轻重工业分			
轻工业	12662024	15007469	21.8
重工业	26773584	29589294	9.9
2. 按经济类型分			
国有企业	6062	3018	-49.4
集体企业	14017	12999	-9.6
股份合作企业	0	0	--
股份制企业	20569779	23447629	18.3
港澳台投资企业	7117900	7944660	9.8
外商投资企业	12152471	13168035	7.1
在合计中：国有控股企业	9283984	11717031	27.5
3. 按企业规模分			
大型企业	17453103	20198805	16.0
中型企业	10350894	10944215	7.2
小微型企业	11631611	13453743	14.4
4. 按行业分			
石油和天然气开采业	1091880	1595383	51.0
农副食品加工业	872162	848678	-0.3
食品制造业	531415	550679	11.9
酒、饮料和精制茶制造业	146518	141496	1.2
纺织业	180058	187906	2.2
纺织服装、服饰业	336882	300778	-10.3
皮革、毛皮、羽毛及其制品和制鞋业	115473	68302	-21.0

注：本表工业总产值增长速度按快报可比价格计算

12-6 续表

指　　标	2017 年	2018 年	2018 年比 2017 年增长（%）
木材加工和木、竹、藤、棕、草制品业	156673	118400	-26.0
家具制造业	140439	171882	16.9
造纸和纸制品业	476669	564522	9.5
印刷和记录媒介复制业	125541	136976	8.4
文教、工美、体育和娱乐用品制造业	157660	195645	3.1
石油加工、炼焦和核燃料加工业	926823	1090919	0.5
化学原料和化学制品制造业	2929484	3876304	13.8
医药制造业	1464036	1839674	25.2
化学纤维制造业	339035	412479	14.0
橡胶和塑料制品业	1156209	881162	3.5
非金属矿物制品业	568670	855856	35.8
黑色金属冶炼和压延加工业	1093032	1013927	-7.5
有色金属冶炼和压延加工业	209604	652368	66.8
金属制品业	809224	890744	-5.1
通用设备制造业	1565240	2760161	13.5
专用设备制造业	1251616	1015937	-11.9
汽车制造业	967883	1200271	15.9
铁路、船舶、航空航天和其他运输设备制造业	378486	491419	8.8
电气机械和器材制造业	7646413	8270627	26.9
计算机、通信和其他电子设备制造业	8978194	9056132	4.3
仪器仪表制造业	793331	983259	52.1
其他制造业	0	0	-100.0
废弃资源综合利用业	19295	32044	72.4
金属制品、机械和设备修理业	695456	821582	16.8
电力、热力生产和供应业	2486956	2580446	6.9
燃气生产和供应业	694434	852308	24.0
水的生产和供应业	126541	131446	2.7
（二）规模以下工业企业	1714670	1989633	1.8

注：本表工业总产值增长速度按快报可比价格计算

12-7　全市规模以上工业企业增加值（2017-2018 年）

单位：万元

指　　标	2017 年	2018 年	2018 年比 2017 年增长 (%)
合　　计	**11393680**	**10837442**	**14.1**
1. 按轻重工业分			
轻工业	4602187	3513796	19.4
重工业	6791493	7323647	11.8
2. 按经济类型分			
国有企业	1967	1121	-36.3
集体企业	4253	4400	-8.4
股份合作企业	0	0	-100.0
股份制企业	5662245	6077388	24.0
港澳台投资企业	1943399	1885140	8.9
外商投资企业	2896576	2643723	4.8
在合计中：国有控股企业	3823370	3395446	25.2
3. 按企业规模分			
大型企业	5314948	4858125	18.0
中型企业	2579123	2607425	6.8
小微型企业	3499610	3371893	14.8
4. 按行业分			
石油和天然气开采业	574657	746480	51.0
农副食品加工业	61887	64065	-20.7
食品制造业	201832	205555	14.5
酒、饮料和精制茶制造业	35862	36667	2.7
纺织业	50620	45450	4.7
纺织服装、服饰业	109734	104279	-10.3
皮革、毛皮、羽毛及其制品和制鞋业	31549	25286	-21.4

注：1、本表增加值按“收入法”计算。
　　2、本表行业按《国民经济行业分类 2011》标准划分。
　　3、本表增长速度按快报可比价格计算。

12-7 续表

单位：万元

指　　标	2017 年	2018 年	2018 年比 2017 年增长 (%)
木材加工和木、竹、藤、棕、草制品业	21635	17860	-24.1
家具制造业	44997	60213	17.5
造纸和纸制品业	66105	89704	9.5
印刷和记录媒介复制业	45118	57935	9.1
文教、工美、体育和娱乐用品制造业	53318	64769	2.2
石油加工、炼焦和核燃料加工业	883633	170620	0.5
化学原料和化学制品制造业	563572	750935	13.0
医药制造业	449516	524822	26.8
化学纤维制造业	96030	124100	17.0
橡胶和塑料制品业	192838	176947	3.5
非金属矿物制品业	110588	153008	26.1
黑色金属冶炼和压延加工业	186767	175815	-7.5
有色金属冶炼和压延加工业	52902	163846	65.8
金属制品业	208631	198849	-0.8
通用设备制造业	337960	695717	21.5
专用设备制造业	402913	311181	-8.4
汽车制造业	225914	282637	16.0
铁路、船舶、航空航天和其他运输设备制造业	37564	79650	8.3
电气机械和器材制造业	3208447	2110927	28.3
计算机、通信和其他电子设备制造业	2023008	2036529	8.2
仪器仪表制造业	138820	255455	48.2
其他制造业	0	0	-100.0
废弃资源综合利用业	3550	6237	75.5
金属制品、机械和设备修理业	95894	121867	15.4
电力、热力生产和供应业	639341	723446	5.0
燃气生产和供应业	165067	178985	24.0
水的生产和供应业	72362	75811	1.9

12-8 全市规模以上工业企业主要产品产量（2017-2018年）

产品名称	计量单位	2017年	2018年	2018年比2017年增长（%）
饲料	吨	407174	420131	3.2
精制食用植物油	吨	0	0	0.0
方便面	吨	53872	43868	-18.6
乳制品	吨	10852	9597	-11.6
酱油	吨	2460	2655	7.9
饮料酒	千升	192854	205753	6.7
饮料	吨	647675	543109	-16.1
布	万米	1214	1287	6.0
服装	万件	5692	4908	-13.8
家具	件	504095	590710	17.2
机制纸及纸板（外购原纸加工除外）	吨	523806	599466	14.4
纸制品	吨	66995	82060	22.5
初级形态塑料	吨	126075	188411	49.4
合成纤维单体	吨	2269813	2346927	3.4
合成纤维聚合物	吨	50073	39762	-20.6
合成洗涤剂	吨	8409	5667	-32.6
化学药品原药	吨	1317	1510	14.6
化学纤维	吨	94340	114839	21.7
塑料制品	吨	97122	110768	14.1
水泥	吨	983990	1003203	2.0
生铁	吨	2354006	2302260	-2.2
粗钢	吨	2515851	2526163	0.4
钢材	吨	2466076	2474485	0.3
铜材	吨	119190	120304	0.9
铝材	吨	1953	2707	38.6
气体压缩机	台	15668237	16152419	3.1
模具	套	34973	34373	-1.7
通信及电子网络用电缆	对千米	328670	278116	-15.4
电力电缆	千米	105991	110196	4.0
锂离子电池	只（自然只）	348153514	375195936	7.8
房间空气调节器	台	19083509	25243180	32.3
家用电热烘烤器具	个	14663853	13440948	-8.3
灯具及照明装置	套（台、个）	8252352	7777851	-5.7
打印机	台	2636672	3199438	21.3
程控交换机	线	813951	225261	-72.3
电话单机	部	0	0	0.0
移动通信手持机（手机）	台	22312230	7122931	-68.1
彩色电视机	台	3315971	3415172	3.0
组合音响	台	677520	739551	9.2
半导体分立器件	万只	3518	3368	-4.3
集成电路	万块	66061	49288	-25.4
印制电路板	平方米	4915356	4956229	0.8
表	只	3044936	2946380	-3.2
自来水生产量	万立方米	50839	53517	5.3

12-9 建市以来规模以上工业主要经济指标

单位：万元

年份	1. 企业单位数（个）	亏损企业	2. 主营业务收入	3. 主营业务税金及附加	4. 利润总额	5. 亏损企业亏损总额	6. 利税总额	7. 本年应交增值税
1979	234	27	5376	554	366	180	920	…
1980	234	34	7086	698	641	259	1339	…
1981	234	39	9676	923	1190	70	2113	…
1982	248	47	12328	973	1053	192	2026	…
1983	226	48	15338	1557	730	336	2287	…
1984	237	55	26286	2053	2120	243	4173	…
1985	276	55	53583	3950	4859	303	8809	…
1986	318	80	71658	5442	4589	1424	10031	…
1987	383	78	130912	8506	7181	2654	15687	…
1988	440	76	261025	12132	21523	2731	33655	…
1989	596	205	340761	15438	6991	11234	22429	…
1990	704	250	438899	21413	5729	20835	27142	…
1991	843	264	691407	31329	30392	22840	61721	…
1992	922	248	961118	36358	55932	19529	92290	…
1993	1121	315	1569523	53799	85852	40726	139651	…
1994	1132	434	1934532	25660	77475	52358	154707	51572
1995	1420	669	2624326	14634	29747	110398	102679	58298
1996	1610	681	3210509	15392	43045	131250	140945	82508
1997	1517	544	3664836	19044	70695	122874	184016	94278
1998	809	260	3828694	18557	58100	142383	170224	93567
1999	763	238	4410732	17741	146551	78690	257150	92857
2000	769	189	5723870	10854	338372	57940	501419	152192
2001	798	247	6341936	13088	309569	95552	459311	136654
2002	790	268	7548429	14582	342920	104917	565520	208018
2003	798	255	9807129	26011	387506	117937	617263	203746
2004	1020	327	12940012	21453	507316	144351	751141	222372
2005	993	303	14850663	21060	533760	138870	820476	265655
2006	987	284	18345243	33128	778736	105294	1091230	279365
2007	1106	348	22384480	42799	1272397	146087	1669827	354632
2008	1395	544	25095726	50441	1025502	242528	1492957	417014
2009	1386	517	23281127	48772	1292731	194578	1807388	465885
2010	1347	390	30588679	61451	1912408	124728	2616224	642365
2011	893	204	34640016	139453	1656215	151779	2538603	737383
2012	927	218	34673367	168706	1643758	178982	2523198	704315
2013	1054	249	38780778	215361	2498882	250264	3764194	1043900
2014	1008	223	41766999	250614	2939595	443732	4368394	1177181
2015	1023	230	39511229	263532	2795406	428537	4015568	955440
2016	1048	183	42135949	278028	4205794	377196	5659327	1173043
2017	1163	223	47536033	352953	4100456	338830	5631062	1175068
2018	1170	226	54036442	403031	4287360	514781	6012044	1321653

12-10　建市以来规模以上国有工业主要经济指标

单位：万元

年份	1. 企业单位数（个）	亏损企业	2. 主营业务收入	3. 主营业务税金及附加	4. 利润总额	5. 亏损企业亏损总额	6. 利税总额	7. 本年应交增值税
1979	40	10	3172	455	15	164	470	…
1980	41	10	4211	596	80	214	676	…
1981	43	8	6353	805	753	35	1558	…
1982	44	9	7103	737	521	114	1258	…
1983	46	7	9857	1320	390	193	1710	…
1984	57	8	19102	1793	1405	63	3198	…
1985	57	12	33496	3391	3273	68	6664	…
1986	62	13	39358	4367	3025	629	7392	…
1987	68	11	69823	6338	5260	491	11598	…
1988	85	13	130245	7552	11319	1211	18871	…
1989	99	42	139489	9719	1674	4446	11393	…
1990	135	53	185754	15515	1520	7453	17035	…
1991	169	51	256641	17940	13079	4570	31019	…
1992	144	40	274919	17359	21076	4176	38435	…
1993	130	35	271664	15817	13383	6360	29200	…
1994	121	48	251874	6670	4409	7154	24987	13908
1995	148	75	230722	1895	-13096	26028	-703	10498
1996	163	88	261161	1310	-5524	18957	16713	20926
1997	150	76	311739	1336	-5115	19562	8227	12006
1998	92	55	249052	1406	-17307	28344	-7708	8194
1999	74	50	277363	1215	1245	10255	12728	10267
2000	30	10	259885	815	9654	2856	18402	7933
2001	16	6	245872	603	14342	4867	20486	5542
2002	13	5	250809	616	21284	2632	28049	6149
2003	8	4	246621	522	3119	1287	10182	6542
2004	12	5	326750	1372	13042	763	26261	11847
2005	5	2	6845	32	-1574	1667	-1232	310
2006	5	2	13389	74	339	633	1256	842
2007	6	3	505946	2767	37273	1646	66391	26351
2008	9	2	656766	3633	28427	535	65111	33050
2009	9	1	715820	3277	21821	688	48751	23654
2010	7	2	790392	3072	24909	1249	58902	30920
2011	3	0	943305	215	26155	0	75114	43793
2012	2	0	1249344	81	19028	0	75867	51474
2013	1	1	2404	27	-312	312	-62	223
2014	0	0	0	0	0	0	0	0
2015	1	1	2402	26	-610	610	-387	198
2016	1	1	2484	38	-539	539	-187	315
2017	2	2	5653	50	-1624	1624	-1166	408
2018	2	2	2852	26	-842	842	-355	231

注: 2013 年“广东电网珠海供电局”的经济类型由“国有企业”改为“有限责任公司”。

12-11 建市以来规模以上集体工业企业主要经济指标

单位：万元

年份	1. 企业单位数（个）	亏损企业	2. 主营业务收入	3. 主营业务税金及附加	4. 利润总额	5. 亏损企业亏损总额	6. 利税总额	7. 本年应交增值税
1979	194	17	2204	99	351	16	450	…
1980	193	24	2875	102	561	45	663	…
1981	191	31	3323	118	437	35	555	…
1982	204	38	5225	236	532	78	768	…
1983	180	41	5481	237	340	143	577	…
1984	180	47	7184	260	715	180	975	…
1985	193	36	13302	460	1150	87	1610	…
1986	204	55	19430	810	530	478	1340	…
1987	239	45	27455	1013	1267	421	2280	…
1988	253	37	58701	1681	2813	847	4494	…
1989	335	89	67171	2280	1156	1999	3436	…
1990	346	105	69719	2092	1087	2156	3179	…
1991	345	82	92560	3415	6623	1165	10038	…
1992	357	74	138969	6200	12387	1529	18587	…
1993	390	75	174413	10107	13789	2799	23896	…
1994	358	125	163234	4827	4210	7695	12850	3813
1995	373	162	208166	1870	6879	12022	13917	5169
1996	424	143	241884	2196	3313	12380	12087	6577
1997	384	99	202269	3104	4591	4608	12974	5279
1998	117	17	218111	1271	8401	2179	12913	3241
1999	106	13	246260	1496	11995	2428	16232	2742
2000	94	16	246121	1390	9936	1763	14146	2820
2001	72	8	221603	1247	9141	1502	14026	3638
2002	72	9	251642	641	12171	1051	17082	4269
2003	59	13	209714	751	10833	817	15325	3741
2004	37	5	125825	517	6600	1000	3127	2610
2005	26	4	125054	541	7857	187	11177	2779
2006	22	7	148525	461	7041	1646	10896	3393
2007	20	6	152951	1212	5606	1094	10063	3245
2008	18	4	179954	658	5787	288	10190	3745
2009	14	3	70466	149	1951	130	2694	595
2010	11	2	57727	133	970	158	1802	700
2011	6	1	44684	68	817	137	1331	446
2012	6	0	50949	86	1139	0	1705	480
2013	5	2	45913	64	971	181	1799	764
2014	4	1	48220	48	923	46	1670	689
2015	4	3	12232	72	−1744	1751	−1532	140
2016	2	1	12052	76	−1130	1179	−591	462
2017	1	0	13980	50	170	…	604	383
2018	1	0	11951	57	492	…	1454	453

12-12 建市以来规模以上其他经济类型工业企业主要经济指标

单位：万元

年份	1. 企业单位数（个）	亏损企业	2. 主营业务收入	3. 主营业务税金及附加	4. 利润总额	5. 亏损企业亏损总额	6. 利税总额	7. 本年应交增值税
1979	…	…	…	…	…	…	…	…
1980	…	…	…	…	…	…	…	…
1981	…	…	…	…	…	…	…	…
1982	…	…	…	…	…	…	…	…
1983	…	…	…	…	…	…	…	…
1984	…	…	…	…	…	…	…	…
1985	26	7	6785	99	436	148	535	…
1986	52	12	12870	265	1034	317	1299	…
1987	76	22	33634	1156	654	1742	1810	…
1988	102	26	72079	2899	7390	674	10289	…
1989	162	74	134101	3439	4161	4789	7600	…
1990	223	92	183425	3806	3127	11221	6933	…
1991	329	131	342206	9974	10689	17106	20663	…
1992	421	134	547230	12799	22468	13822	35267	…
1993	601	205	1123446	27875	58680	31567	86555	…
1994	653	261	1519424	14163	68856	37508	116870	33851
1995	899	432	2185438	10869	35964	72348	89464	42631
1996	1023	450	2707464	11886	45256	99913	112145	55003
1997	983	369	3150828	14604	71219	98704	162815	76993
1998	600	188	3361531	15880	67006	111860	165019	82132
1999	583	175	3887109	15030	133311	66007	228190	79848
2000	645	163	5217864	8649	318782	53321	468871	141439
2001	710	233	5874461	11238	286086	89183	424799	127474
2002	705	254	7045978	13325	309465	101234	520389	197600
2003	731	238	9350794	24738	373555	115833	591756	193463
2004	971	317	12487437	19564	487674	142588	721753	207915
2005	962	297	14718764	20487	527477	137016	810531	262566
2006	960	275	18183329	32593	771356	103015	1079078	275130
2007	1080	339	21725584	38820	1229518	143347	1593373	325035
2008	1368	538	24259006	46150	991288	241705	1417657	380219
2009	1363	513	22494840	45347	1268960	193760	1755943	441636
2010	1329	386	29740560	58246	1886529	123321	2555519	610745
2011	884	203	33652028	139170	1629243	151643	2462158	693144
2012	919	218	33373074	168539	1623590	178982	2445627	652361
2013	1048	246	38732460	215270	2498223	249771	3762458	1042913
2014	1004	222	41718779	250566	2938672	443686	4366724	1176492
2015	1018	226	39496596	263435	2797760	426176	4017487	955102
2016	1045	181	42121413	277915	4207463	375477	5660105	1172266
2017	1160	221	47516399	352853	4101909	337207	5631625	1174277
2018	1167	224	54021639	402949	4287710	513939	7332597	1320969

12-13　规模以上工业主要经济效益指标（2017-2018 年）

指　　标	单位	2017 年	2018 年
经济效益综合指数	%	248.90	254.65
亏损企业亏损面	%	19.17	19.32
总资产贡献率	%	9.92	9.75
资本保值增值率	%	104.75	113.19
资产负债率	%	63.33	60.4
流动资产周转次数	次	1.18	1.20
成本费用利润率	%	9.29	8.58
全员劳动生产率	元 / 人·年	257672	250842
产品销售率	%	99.69	97.53

注: 1、本表统计范围为年主营业务收入 2000 万元及以上的工业企业。
　　2、产值为现价工业总产值。
　　3、全员劳动生产率用“收入法”工业增加值计算。

12-14 规模以上工业企业分行业全员劳动生产率（2018 年）

指 标	工业增加值（万元）	职工平均人数（人）	劳动生产率（元/人．年）
总计	10837442	432042	250842
石油和天然气开采业	746480	258	28933328
农副食品加工业	64065	2859	224083
食品制造业	205555	5260	390789
酒、饮料和精制茶制造业	36667	1693	216583
纺织业	45450	3317	137023
纺织服装、服饰业	104279	11062	94268
皮革、毛皮、羽毛及其制品和制鞋业	25286	2894	87373
木材加工和木、竹、藤、棕、草制品业	17860	1626	109837
家具制造业	60213	3756	160310
造纸和纸制品业	89704	3883	231017
印刷和记录媒介复制业	57935	2785	208027
文教、工美、体育和娱乐用品制造业	64769	5090	127247
石油加工、炼焦和核燃料加工业	170620	1644	1037833
化学原料和化学制品制造业	750935	14848	505748
医药制造业	524822	13191	397864
化学纤维制造业	124100	1432	866618
橡胶和塑料制品业	176947	18267	96867
非金属矿物制品业	153008	8361	183002
黑色金属冶炼和压延加工业	175815	2887	608989
有色金属冶炼和压延加工业	163846	1570	1043605
金属制品业	198849	14696	135308
通用设备制造业	695717	20904	332815
专用设备制造业	311181	23445	132728
汽车制造业	282637	12018	235178
铁路、船舶、航空航天和其他运输设备制造业	79650	3153	252617
电气机械和器材制造业	2110927	91547	230584
计算机、通信和其他电子设备制造业	2036529	140861	144577
仪器仪表制造业	255455	8005	319119
其他制造业	0	0	--
废弃资源综合利用业	6237	133	468934
金属制品、机械和设备修理业	121867	1577	772775
电力、热力生产和供应业	723446	6429	1125286
燃气生产和供应业	178985	764	2342732
水的生产和供应业	75811	1816	417461

注：1、本表增加值按“收入法”计算。
2、本表行业按《国民经济行业分类 2011》标准划分。

十三、运输邮电

13-1 运输邮电主要指标

指　　标	计算单位	2000 年	2005 年	2010 年	2014 年
铁路营业里程	公里				77.7
公路通车里程	公里	877.6	1074.3	1394.76	1446.71
港口码头泊位	个	99	105	127	160
#万吨级泊位	个	9	9	16	27
码头泊位长度	米	7562	8684	12893	17768
公路桥梁	座	228	251	373	466
#永久式	座	228	249	372	465
民用汽车	辆	55204	105938	209671	345636
机动船艘数	艘	810	678	519	662
吨位数	万净载重吨	127237	286515	179373	283184
民用运输飞机	架			5	9
本地电话用户	万户	32.09	79.45	86	78.45
移动电话用户	万户	32.5	225.27	241.3	363.96
客运量	万人	3209	4939	19173	5094
旅客周转量	万人公里	273314	489620	837038	933848
货运量	万吨	2712	2226	7039	11175.19
货物周转量	万吨公里	164420	850385	1682973	1615898
港口货物吞吐量	万吨	1239	3557	6056	10703.1
港口旅客吞吐量	万人	450.49	503.84	510.35	748.23
邮电业务总量	万元	199431	644781	405478	721420
邮政	万元	6917	19045	19576	113083
通信	万元	192541	625736	385901	608337

13-1 续表

指　　标	计算单位	2015年	2016年	2017年	2018年	2018年比2017年增长(%)
铁路营业里程	公里	77.7	77.7	77.7	77.7	0
公路通车里程	公里	1446.71	1461.66	1452.93	1560.54	7.4
港口码头泊位	个	152	158	162	165	1.9
#万吨级泊位	个	27	27	28	28	0.0
码头泊位长度	米	17769	18927	19747	20418	3.4
公路桥梁	座	466	477	475	496	4.4
#永久式	座	465	476	474	496	4.7
民用汽车	辆	408138	473746	549458	624168	13.6
机动船艘数	艘	248	251	235	195	-17.0
吨位数	万净载重吨	358275	334931	323989	293391	-9.4
民用运输飞机	架	10	10	11	13	18.2
本地电话用户	万户	74.09	74.08	61.79	58.42	-5.4
移动电话用户	万户	369.89	337.27	332.46	367.90	10.7
客运量	万人	5128	5240.46	5379.22	5725.73	6.4
旅客周转量	万人公里	934659.63	945478.93	912814.58	929410.13	1.8
货运量	万吨	10826.24	11395.18	12109.66	13447.45	11.0
货物周转量	万吨公里	1647740.19	1591349.05	1674801.35	2223110.19	32.7
港口货物吞吐量	万吨	11208.78	11778.74	13585.66	13798.69	1.6
港口旅客吞吐量	万人	765.9	719.55	736.29	828.72	12.6
邮电业务总量	万元	912213	1396870	1084784	1985782	83.1
邮政	万元	148385	157095	191069	225457	18.0
通信	万元	763828	1239775	893715	1760325	97.0

13-2 建市以来全市运输工具拥有量

年份	1. 汽车（辆）	客车	货车	其他汽车	2. 其他机动车（辆）	3. 机动船（艘）	4. 驳船（艘）
1979	741	280	406	55	1821	755	319
1980	1375	552	698	125	2276	867	300
1981	2282	1332	786	164	2929	938	317
1982	2402	1402	891	109	3776	860	342
1983	2714	1569	983	162	4410	964	393
1984	4646	2957	1101	588	5554	984	449
1985	7929	4635	1895	1399	9325	1086	372
1986	8335	4906	2950	479	10263	1387	337
1987	9815	5951	3726	138	10307	1287	337
1988	11726	6997	4569	160	11892	1105	223
1989	13106	7519	5398	189	13283	1168	204
1990	15740	9012	6539	189	19595	1005	231
1991	16534	8920	7420	194	19280	997	115
1992	20232	9811	10198	223	27019	971	235
1993	27992	12745	15111	136	29939	822	187
1994	33667	14972	18064	631	34291	869	190
1995	35817	16691	18071	1055	34845	869	73
1996	40571	23494	16509	568	24203	1232	104
1997	44573	26319	17591	663	25455	1006	104
1998	49359	29463	19161	735	27649	…	…
1999	49863	28577	20504	782	30043	875	61
2000	55204	31746	22555	903	32026	810	35
2001	61694	36514	24158	1022	31613	564	27
2002	59280	38044	20184	1052	62017	568	20
2003	69860	46057	22536	1267	62293	601	132
2004	82313	55864	26267	182	61125	723	24
2005	105938	70933	32914	2091	61158	678	15
2006	121439	86979	32067	2393	49560	643	17
2007	142800	106756	33197	2847	45444	401	28
2008	159745	124974	31756	3015	44101	523	23
2009	180226	145929	32457	1840	42842	502	29
2010	209671	172888	34976	1807	40172	519	27
2011	241022	201640	37509	1873	41211	583	19
2012	273365	231628	39777	1960	38692	545	21
2013	312196	268300	41932	1964	35816	492	21
2014	345636	302803	41013	1820	45554	662	26
2015	408138	368046	38320	1772	47485	248	10
2016	473746	432187	39862	1697	74251	251	9
2017	549458	504921	42808	1729	75121	235	7
2018	624168	573568	48329	2271	75162	195	4

注：2016 年起，机动船、驳船采用市交通局数据，2015 年做同口径调整。

13-3　建市以来全市交通运输邮电情况

年份	1. 货运量（万吨）	公路	2. 货物周转量（万吨公里）	公路	3. 客运量（万人）	公路
1979	87	…	2305	…	231	…
1980	113	…	3144	…	273	…
1981	106	…	3497	…	428	…
1982	118	…	1013	…	364	…
1983	113	…	1806	…	404	319
1984	169	…	4838	…	1012	979
1985	1568	…	38762	…	1203	1154
1986	936	…	35390	…	1411	1361
1987	1241	…	28488	…	1684	1633
1988	1674	…	45801	…	1982	1922
1989	1431	609	46047	18104	1964	1893
1990	1719	664	63775	21618	1940	1862
1991	2102	861	74387	51505	2286	2171
1992	2534	1193	102803	70119	2448	2158
1993	2553	1685	108952	75878	2581	1197
1994	2878	1362	123403	85666	2464	2217
1995	1783	1389	195087	86210	2421	2188
1996	1871	1450	185921	99210	2661	2341
1997	1996	1474	208046	100410	2927	2397
1998	1965	1502	167754	104149	3073	2516
1999	1851	1648	118985	111839	3119	2569
2000	2712	1734	164420	118986	3209	2653
2001	2694	1826	180914	125300	3302	2749
2002	2937	1951	532444	133643	3387	2900
2003	3018	2033	684850	147154	3299	2870
2004	3225	2100	902065	156719	4397	3942
2005	2226	1078	850385	84850	4939	4500
2006	2829	1514	1134918	115420	5478	5020
2007	3375	1840	1176496	130343	6110	5591
2008	3231	1735	1216463	131621	6281	5820
2009	6683	4892	1486760	286763	16944	16492
2010	7039	5591	1682973	302872	19173	18603
2011	6888	5839	1012077	333343	22652	22044
2012	7582	6418	1153364	371129	27208	26126
2013	9973	8454	1375446	440330	4416	2806
2014	11175	9241	1615898	504974	5094	3104
2015	10826	8883	1647740	489059	5128	3015
2016	11395	9244	1591349	508176	5240	3018
2017	12110	9599	1674801	525747	5379	2760
2018	13447	9760	2223110	536184	5726	2541

注：公路、水路客货运输量资料，包括在广东公路水路运输管理部门注册登记或审批备案的、从事营业性公路、水路客、货运输的营业性运输工具（包括个体联户）所完成的运输量。此部分数据 2004 年之前由统计局收集整理，2005 年起改由省交通厅通过抽样调查方法负责收集整理。2008 年起，按交通运输部统一部署改用新调查方法收集整理，由于新调查方法对统计对象、城乡地域等重新明确和界定，导致数据与以往不可比，使用时敬请注意。2015 年 7 月交通部进行了小样本专项调查，根据当时对全省各地市的调查结果，调整了各个地市 2015 年的数据，与以往不可比。

13-3 续表

年份	4. 旅客周转量（万人公里）	公路	5. 港口货物吞吐量（万吨）	6. 邮电业务总量（不变价，万元）	7. 电话用户（万户）	城市	农村
1979	6170	…	95	95	…	…	…
1980	8282	…	74	108	…	…	…
1981	13497	…	82	184	…	…	…
1982	16005	…	81	205	…	…	…
1983	11103	10557	93	239	…	…	…
1984	31741	29761	94	338	…	…	…
1985	54976	51938	102	527	…	…	…
1986	64861	62061	161	736	1.00	1.00	…
1987	81255	78384	159	1081	1.00	1.00	…
1988	108810	105710	212	3662	2.00	2.00	…
1989	98200	94650	230	5739	2.00	2.00	…
1990	95528	91238	260	12959	4.00	3.00	…
1991	114925	109405	346	18942	4.00	4.00	…
1992	131740	118690	406	27924	6.10	5.70	…
1993	134541	121741	421	41950	8.40	7.90	0.50
1994	121965	110850	420	57039	11.70	11.10	0.60
1995	120065	109580	447	73390	16.00	14.49	1.51
1996	142195	128755	579	87625	18.12	16.27	1.85
1997	158409	131624	714	103753	20.32	18.21	2.11
1998	266085	141983	638	132880	22.54	20.12	2.42
1999	270043	163518	960	144975	25.80	22.96	2.84
2000	273314	169241	1239	199431	32.09	28.05	4.04
2001	282102	172854	1982	299300	40.63	36.09	4.54
2002	291975	179283	2308	321740	49.00	43.00	6.00
2003	312997	201094	2470	344040	60.44	55.14	5.30
2004	397500	282265	3203	503802	68.34	62.45	5.89
2005	489620	399820	3557	644781	79.45	73.57	5.88
2006	673966	529379	3561	732307	83.77	79.74	4.03
2007	752614	598417	3713	855149	91.44	87.48	3.96
2008	786923	640396	4086	975089	91.78	84.22	7.56
2009	711699	560510	4407	1079932	79.90	75.20	4.70
2010	837038	670803	6056	405478	86.00	77.60	8.40
2011	879248	711784	7170	455261	87.73	77.62	8.71
2012	993095	793608	7745	491096	82.94	73.98	8.97
2013	823682	558871	10023	612927	82.23	63.46	18.83
2014	933848	610636	10703	721420	78.45	60.42	18.03
2015	934660	590327	11209	912213	74.09	57.64	16.45
2016	945479	581957	11779	1396870	74.08	…	…
2017	912815	511798	13586	1084784	61.79	…	…
2018	929410	457966	13799	1985782	58.42	…	…

注：从2014年1月起，工信部对数据通信不变价作出调整，邮电业务总量按调整后的2010年不变价计算，2013年数据已作相应调整。2016年起城市电话和农村电话不再有分市数据。

13-4 交通运输基础设施情况(2017-2018 年)

指　　标	计算单位	2017 年	2018 年	2018 年比 2017 年增长 (%)
一、铁路				
铁路营业里程	公里	77.7	77.7	0
二、公路				
公路通车里程	公里	1452.93	1560.54	7.4
按等级分				
1. 等级路	公里	1452.93	1560.54	7.4
高速公路	公里	136.29	171.81	26.1
一级	公里	332.22	327.53	-1.4
二级	公里	149.14	117.55	-21.2
三级	公里	464.16	432.50	-6.8
四级	公里	345.43	491.43	42.3
2. 等外公路	公里	25.69	19.71	-23.3
按路面分				
有路面里程	公里	1452.93	1560.54	7.4
高级、次高级	公里	1301.32	1555.24	19.5
中级	公里	0	0	
低级	公里	127.93	5.30	-95.9
三、桥梁	**座**	**475**	**496**	**4.4**
	米	122514.23	127728.69	4.3
# 永久式	座	474	496	4.6
	米	122484.23	127728.69	4.3
半永久式	座	1	0	-100.0
	米	30	0	-100.0
四、港口				
港口码头泊位	个	162	165	1.9
# 万吨级泊位	个	28	28	0.0
码头泊位长度	米	19747	20418	3.4
五、民航				
机场	个	1	1	0.0
民用航空航线条数	条	22	23	4.5
# 国内航线	条	22	23	4.5

注:2014 年起匝道不再纳入桥梁统计范围。

13-5 运输工具拥有量(2017-2018 年)

指　标	计算单位	2017 年	2018 年	2018 年比 2017 年增长 (%)
一、民用汽车	辆	549458	624168	13.6
客车	辆	504921	573568	13.6
其中：大型	辆	7935	9399	18.4
小型	辆	495224	562553	13.6
货车	辆	42808	48329	12.9
其中：重型	辆	7635	9743	27.6
中型	辆	1417	1394	-1.6
轻型	辆	33750	37186	10.2
微型	辆	6	6	0.0
总计中：私人汽车	辆	484092	547128	13.0
二、其他机动车	辆	75121	75162	0.1
# 手扶拖拉机	辆	0	0	--
摩托车	辆	72797	72602	-0.3
三、机动船	艘	235	195	-17.0
	吨位	323989	293391	-9.4
	客位	7323	7363	0.5
四、运输车辆数	辆	7018	8181	16.6
1. 货运汽车	辆	4196	4891	16.6
2. 载货挂车	辆	1628	1831	12.5
五、驳船	艘	7	4	-42.9
	吨位	8570	4306	-49.8
六、民用飞机	架	11	13	18.2
# 大型运输飞机	架	11	13	18.2

注: 机动船和驳船吨位数是按净载重吨位填报。2016 年起，机动船、驳船采用市交通运输局数据，2015 年做了同口径调整。

13-6 全社会客货运输及港口吞吐量(2017-2018年)

指　标	计量单位	2017年	2018年	2018年比2017年增长(%)
货运量	万吨	12109.66	13447.45	11.0
1. 铁路	万吨	637.67	868.73	36.2
2. 公路	万吨	9599.33	9760.34	1.7
3. 水路	万吨	1871.25	2816.99	50.5
4. 民航	万吨	1.50	1.39	-7.6
货物周转量	万吨公里	1674801.35	2223110.19	32.7
1. 铁路	万吨公里	116577.00	155997.00	33.8
2. 公路	万吨公里	525747.35	536184.21	2.0
3. 水路	万吨公里	1029968.93	1528606.35	48.4
4. 民航	万吨公里	2508.07	2322.63	-7.4
客运量	万人次	5379.22	5725.73	6.4
1. 铁路	万人次	1792.87	2315.16	29.1
2. 公路	万人次	2760.40	2540.57	-8.0
3. 水路	万人次	632.70	650.06	2.7
4. 民航	万人次	193.25	219.94	13.8
旅客周转量	万人公里	912814.58	929410.13	1.8
1. 铁路	万人公里	73278.74	94625.94	29.1
2. 公路	万人公里	511798.30	457965.57	-10.5
3. 水路	万人公里	25945.89	27974.08	7.8
4. 民航	万人公里	301791.65	348844.54	15.6
港口吞吐量				
1. 货物进出港量	万吨	13585.66	13798.69	1.6
2. 旅客进出港量	万人次	736.29	828.72	12.6
3. 集装箱吞吐量	万标箱	227.04	230.77	1.6

注:交通部规定2016年月报起更换新调查方法,对比用的2015年数据按同口径调整。

13-7 港口码头泊位数(2017-2018年)

指　标	计量单位	2017年	2018年
码头长度	**米**	**19747**	**20418**
泊　位	**个**	162	166
#万吨级	个	28	28
泊位年通过能力			
#货　物	万吨	15966	16006
集装箱	万标箱	198	198
旅　客	万人	965	965
1. 生产用			
码头长度	米	19194	19323
泊　位	个	156	157
#万吨级	个	28	28
2. 非生产用			
码头长度	米	553	1095
泊　位	个	6	8

13-8 港口吞吐量及货物分类(2018 年)

指　标	计量单位	合计	进港	出港
旅客吞吐量	**万人次**	**828.72**	**414.16**	**414.56**
国内航线	万人次	604.63	302.41	302.22
货物吞吐量	**万吨**	**13798.69**	**8527.75**	**5270.94**
外　贸	万吨	2922.37	2408.18	514.19
内　贸	万吨	10876.32	6119.57	4756.75
沿　海	万吨	13798.69	8527.75	5270.94
货物分类				
煤类及制品	万吨	5360.50	3378.54	1981.96
石油、天然气及制品	万吨	1356.27	915.66	440.61
金属矿石	万吨	1249.60	1035.81	213.79
钢　铁	万吨	140.87	81.91	58.96
矿物性建筑材料	万吨	527.02	310.76	216.26
水　泥	万吨	155.42	141.14	14.28
木　材	万吨	0.00	0	0
非金属	万吨	300.65	300.47	0.18
化学肥料及农药	万吨	0.00	0	0
盐	万吨	0.00	0	0
粮　食	万吨	5.72	1.89	3.83
机械、设备、电器	万吨	17.77	7.11	10.66
化工原料及制品	万吨	379.43	304.58	74.85
轻工、医药产品	万吨	119.79	77.23	42.56
农林牧渔业产品	万吨	0.28	0.00	0
其他货类	万吨	4185.37	1972.65	2212.72

13-9 港口标准集装箱吞吐量（2018 年）

指　标	计量单位	合计	进港	出港
箱数合计	**万标箱**	**230.77**	**115.42**	**115.35**
重量合计	**万吨**	**4182.09**	**1975.80**	**2206.29**
国内小计				
1. 箱　数	万标箱	174.84	90.39	84.45
2. 重　量	万吨	3602.22	1792.75	1809.47
国际小计				
1. 箱　数	万标箱	55.93	25.03	30.90
# 中国香港	万标箱	44.11	20.34	23.77
2. 重　量	万吨	579.87	183.05	396.82
# 中国香港	万吨	482.56	170.86	311.70

13-10 民航运输主要指标（2017-2018 年）

指　标	计量单位	2017 年	2018 年
客运量	**人次**	**1932513**	**2192529**
国内航线	人次	1931162	2192246
旅客周转量	**万人公里**	**301792**	**349222**
国内航线	万人公里	301534	349163
货邮运量	**吨**	**15045**	**13968**
国内航线	吨	15036	13968
货邮周转量	**万吨公里**	**2508**	**2322**
国内航线	万吨公里	2506	2322
总周转量	**万吨公里**	**28915**	**32831**
国内航线	万吨公里	28890	32826
飞行班次	**班 次**	**15881**	**17642**
国内航线	班 次	15871	17640
飞行时间	**小 时**	**36653**	**41363**
运输飞行	小 时	36653	41363
飞机生产率	**吨公里／小时**	**7889**	**7937**
客座率	**%**	**82.84**	**81.89**
载运率	**%**	**75.46**	**72.78**

13-11 全市邮电业务情况（2017-2018 年）

指　标	计算单位	2017 年	2018 年	2018 年比 2017 年增长 (%)
邮政局、所	**处**	**69**	**69**	**0**
邮电业务总量	**万元**	**1084783.57**	**1985782.33**	**83.1**
（一）邮政业务总量	**万元**	**191068.57**	**225457.10**	**18.0**
函件	万件	5387.05	4361.64	-19.0
包件	万件	6.55	3.78	-42.3
快递业务量	万件	7271.52	9774.74	34.4
订销报纸累计份数	万份	1980.14	1858.34	-6.2
订销杂志累计份数	万份	181.47	175.56	-3.3
（二）电信业务总量	**万元**	**893715**	**1760325**	**97.0**
电话用户	万户	61.79	58.42	-5.4
移动电话用户（含智能卡）	万户	332.46	367.90	10.7
#3G 移动电话	万户	24.63	25.40	3.1
4G 移动电话	万户	281.59	311.15	10.5
互联网宽带接入用户数	万户	96.37	107.27	11.3

注：1、从 2014 年 1 月起，工信部对数据通信不变价作出调整，邮电业务总量按调整后的 2010 年不变价计算。

十四、贸易餐饮业

14-1　社会消费品零售主要情况

指　　标	单位	2000 年	2005 年	2010 年	2014 年
社会消费品零售总额	万元	1211701	2201939	4860271	8157145
按行业分					
#批发零售业	万元	897560	1853256	4259449	7270620
限额以上	万元			1920050	2987392
限额以下	万元			2339399	4283228
住宿餐饮业	万元	200993	348683	600822	886525
限额以上	万元			202280	335889
限额以下	万元			398542	550637
按城乡分					
城镇	万元			4554968	7955048
乡村	万元			305303	202097
批发零售业商品销售总额	万元	2455952	6581735	13502762	35310861
批发额	万元	1607875	4728942	9569886	28902176
零售额	万元	848077	1852793	3932876	6408685
按行业分					
批发业销售额	万元			9569886	28902176
批发额	万元			8910813	27644789
零售额	万元			659073	1257387
零售业销售额	万元			3932876	6408685
批发额	万元			388647	392426
零售额	万元			3544229	6016259
按规模分					
限额以上销售额	万元	592337	3161460	8450105	27537685.9
批发额	万元	461024	2473834	6586202	24554791.1
零售额	万元	131313	687626	1863903	2982894.8
限额以下销售额	万元			5052657	7773175
批发额	万元			2713258	3482424
零售额	万元			2339399	4290751
限额以上连锁总店数	个			13	11
限额以上连锁门店数	个			277	264
限额以上连锁店销售总额	万元			416262	469458
#零售额	万元			310605	397816
亿元以上商品交易市场成交额	万元			1669233	1673009
限额以上住宿餐饮业营业额	万元			312796	542493
#客房收入	万元			92051	166513
餐费收入	万元			190290	213990
商品销售收入	万元			10303	19139

注：1、2003 年以前的“其他”项包含“工业商品零售额”，2004 年起“工业商品零售额”不作为“社会商品零售额”的其中数。
2、2014 年 -2018 年限额以上住宿餐饮业营业额修改为年报口径，仅包括限额以上住宿餐饮业法人营业额。
3、2017 年社会消费品零售总额根据相关制度规定进行了修改。

14-1 续表

指　　标	单位	2015年	2016年	2017年	2018年
社会消费品零售总额	万元	9132008	10161281	10802229	11606397
按行业分					
#批发零售业	万元	8093818	9014551	9509067	10161869
限额以上	万元	3753012	2889254	3387044	3505895
限额以下	万元	4340806	6125297	6122022	6655974
住宿餐饮业	万元	1038190	1146730	1293162	1444528
限额以上	万元	446494	323930	539871	609090
限额以下	万元	591696	822800	753291	835438
按城乡分					
城镇	万元	8926581	9898549	10503007	11284900
乡村	万元	205427	262732	299222	321497
批发零售业商品销售总额	万元	41800655	49158166	49056830	56116889
批发额	万元	35266626	41859917	41183051	47663356
零售额	万元	6534029	7298249	7873780	8453533
按行业分					
批发业销售额	万元	35266626	41859917	41183051	47663356
批发额	万元	33486329	39608845	38953633	45302904
零售额	万元	1780297	2251072	2229418	2360452
零售业销售额	万元	6534029	7298249	7873780	8453533
批发额	万元	1047157	530356	594131	652115
零售额	万元	5486871	6767893	7279649	7801417
按规模分					
限额以上销售额	万元	27188949	25976763	28125198	33390667
批发额	万元	23791252	22377557	24614983	29769842
零售额	万元	3397697	3599206	3510215	3620825
限额以下销售额	万元	14611706	23181403	20931633	22726222
批发额	万元	10742234	17761644	16568068	17893514
零售额	万元	3869472	5419759	4363564	4832708
限额以上连锁总店数	个	11	11	10	11
限额以上连锁门店数	个	250	247	239	269
限额以上连锁店销售总额	万元	435509	431996	412898	534941
#零售额	万元	397087	392684	410045	464963
亿元以上商品交易市场成交额	万元	1749515	1533007	1606868	1507292
限额以上住宿餐饮业营业额	万元	661376	716375	801393	911169
#客房收入	万元	200029	230360	266431	296371
餐费收入	万元	243846	262927	293683	346248
商品销售收入	万元	29849	34663	42145	47338

14-2 建市以来全市社会消费品零售总额

单位：万元

年份	社会消费品零售总额	批发零售贸易业	住宿和餐饮业	其 他
1979	13573	11917	737	919
1980	20239	16668	1304	2267
1981	25236	20697	1718	2821
1982	30403	22286	1699	6418
1983	37172	25040	2571	9561
1984	78539	35308	6233	36998
1985	104593	46742	12231	45620
1986	93505	50996	13928	28581
1987	113857	64384	15516	33957
1988	170679	106021	16945	47713
1989	192456	102187	25192	65077
1990	217570	131773	20751	65046
1991	295881	197837	31114	66930
1992	385656	255194	49731	80731
1993	543769	372941	73753	97075
1994	747088	548824	90638	107625
1995	848848	623120	121076	104652
1996	901588	654220	131722	115647
1997	986896	713591	146353	126951
1998	1055140	763186	178667	113288
1999	1112223	808119	192469	111634
2000	1211701	897560	200993	113148
2001	1351046	1016999	215658	118389
2002	1509118	1157937	233992	117189
2003	1674366	1369380	245944	59042
2004	1892218	1597525	294693	0
2005	2201939	1853256	348683	0
2006	2556430	2152869	403561	0
2007	3017008	2546126	470882	0
2008	3601021	3100267	500754	0
2009	4044564	3535569	508995	0
2010	4860271	4259449	600822	0
2011	5678565	4974362	704203	0
2012	6351964	5591637	760327	0
2013	7205234	6392681	812553	0
2014	8157145	7270620	886525	0
2015	9132008	8093818	1038190	0
2016	10161281	9014551	1146730	0
2017	10802229	9509067	1293162	0
2018	11606397	10161869	1444528	0

注：1、2003 年以前的“其他”项包含“工业商品零售额”，2004 年起“工业商品零售额”不作为“社会商品零售额”的其中数。

2、根据第二次经济普查结果修订了 2005 至 2008 年的数据。

14-3 社会消费品零售总额（2017-2018 年）

单位：万元

指　　标	2017 年（新）	2018 年	2018 年比 2017 年增长（%）
社会消费品零售总额	**10802229**	**11606397**	**7.4**
一、按销售单位所在地分			
1. 城镇	10503007	11284900	7.4
2. 乡村	299222	321497	7.4
二、按行业分组			
1. 批发业	2229418	2360452	5.9
限额以上企业	386304	436606	13.0
限额以下企业及个体户	1843113	1923846	4.4
2. 零售业	7279649	7801417	7.2
限额以上企业	3000740	3069290	2.3
限额以下企业及个体户	4278909	4732128	10.6
3. 住宿业	263141	312240	18.7
限额以上企业	200763	222124	10.6
限额以下企业及个体户	62379	90116	44.5
4. 餐饮业	1030021	1132288	9.9
限额以上企业	339108	386966	14.1
限额以下企业和个体户	690912	745322	7.9

注：2018 年比 2017 年增长是用 2018 年月度统计口径范围可比的 2017 年社会消费品零售总额计算所得。

14-4 各区社会消费品零售总额(2018 年)

单位：万元

区　域	总量	同比增长（%）
社会消费品零售总额	**11606397**	**7.4**
横琴新区	242345	10.0
#保税区	55101	3.3
香洲区	8454702	7.4
金湾区	574218	8.8
斗门区	1396062	7.3
高新区	747691	7.0
万山区	130924	3.1
高栏港区	60455	10.0

14-5 批发零售贸易业商品销售总额(2017-2018 年)

单位：万元

指　　标	2017 年调整后	2018 年	2018 年比 2017 年增长（%）
商品销售总额	**49056830**	**56116889**	**14.3**
1. 批发	41183051	47663356	15.7
2. 零售	7873780	8453533	7.4

14-6 各区限额以上批发零售贸易业商品购销存(2018年)

单位:万元

指　　标	全市	香洲区	斗门区	金湾区
商品购进总额	**33555304**	**28961899**	**833021**	**3760384**
进口	8788915	8417271	5716	365928
商品销售总额	**35987773**	**30675488**	**1001230**	**4311055**
1. 批发额	32508833	27458477	827092	4223264
2. 零售额	3478940	3217011	174138	87791
商品库存总额	**2123939**	**1657765**	**135999**	**330175**

14-7 限额以上企业批发零售贸易商品销售总额和分类销售额（2018 年）

单位：万元

指　　标	销售额	批发额	零售额
限额以上企业（单位）类值合计	**332659276**	**299727131**	**32932145**
1、食品、饮料、烟酒类	29767404	25299990	4467414
2、服装、鞋帽、针纺织品类	4019113	2449113	1570000
3、化妆品类	428507	303642	124865
4、金银珠宝类	137589	21340	116249
5、日用品类	1888593	1214189	674404
6、五金、电料类	2832983	2721157	111826
7、体育、娱乐用品类	47336	6759	40577
8、书报杂志类	208118	45877	162241
9、电子出版物及音像制品类	2671	2	2669
10、家用电器和音像器材类	13466810	11460073	2006737
11、中西药品类	12482482	11792243	690239
12、文化办公用品类	3644301	3075311	568990
13、家具类	457912	180355	277557
14、通讯器材类	31323680	28793066	2530614
15、煤炭及制品类	13912844	13912844	0
16、木材及制品类	79	79	0
17、石油及制品类	121865284	115201211	6664073
18、化工材料及制品类	19410329	19410329	0
19、金属材料类	43481842	43481842	0
20、建筑及装潢材料类	3993442	3880441	113001
21、机电产品及设备类	3400422	3382629	17793
22、汽车类	12954094	379673	12574421
23、种子饲料类	284671	284671	0
24、其他类	12648770	12430295	218475

注：该表数据是用 2018 年月度统计口径计算所得。

14-8 亿元以上商品交易市场成交额（2017-2018 年）

单位：万元

指　　标	2017 年	2018 年
总　计	**1606868**	**1507292**
食品、饮料、烟酒类	1586586	1490167
服装、鞋帽、针纺织品类	9922	7231
化妆品类	413	373
日用品类	3880	3706
金银珠宝类	0	0
五金、电料类	782	758
体育、娱乐用品类	584	566
书报杂志类	0	0
电子出版物及音像制品类	0	0
家用电器和音像器材类	0	0
中西药品类	590	590
文化办公用品类	378	331
家具类	0	0
通讯器材类	245	245
木材及制品类	0	0
其他类	3488	3325

14-9　限额以上批发业法人单位商品购销存（2018年）

单位：万元

指　　标	法人企业数（个）	年末从业人员数（个）	商品购进总额	进口额
批发业	**679**	**24751**	**31035722**	**8579639**
1. 按批发行业小类分组（2017）				
农、林、牧、渔产品批发	15	582	89512	41195
谷物、豆及薯类批发	2	63	5073	2420
种子批发	1	67	16333	15924
畜牧渔业饲料批发	3	50	16500	0
棉、麻批发	0	0	0	0
林业产品批发	1	91	7436	0
牲畜批发	3	95	6595	0
渔业产品批发	1	18	2715	0
其他农牧产品批发	4	198	34861	22851
食品、饮料及烟草制品批发	68	5197	2076812	44876
米、面制品及食用油批发	6	209	32477	1880
糕点、糖果及糖批发	3	71	21502	253
果品、蔬菜批发	6	346	28407	3426
肉、禽、蛋、奶及水产品批发	18	732	88435	0
盐及调味品批发	2	57	6892	0
营养和保健品批发	5	1271	336835	8500
酒、饮料及茶叶批发	18	1551	1041210	24636
烟草制品批发	1	261	217178	0
其他食品批发	9	699	303876	6182

14-9 续表 1

单位：万元

指　标	商品销售总额	批 发 额	出口额	零售额	年末商品库存总额
批发业	**32642069**	**32167120**	**3571718**	**474948**	**1753540**
1. 按批发行业小类分组（2017）					
农、林、牧、渔产品批发	102817	100297	7129	2520	25715
谷物、豆及薯类批发	6019	5976	0	43	7990
种子批发	20478	20478	0	0	7057
畜牧渔业饲料批发	20848	20848	0	0	833
棉、麻批发	0	0	0	0	0
林业产品批发	6964	6227	0	737	3226
牲畜批发	7678	5938	1810	1740	253
渔业产品批发	2688	2688	0	0	2323
其他农牧产品批发	38143	38143	5319	0	4034
食品、饮料及烟草制品批发	2578209	2538337	19463	39872	151181
米、面制品及食用油批发	36114	36114	0	0	5991
糕点、糖果及糖批发	23904	23904	7920	0	1296
果品、蔬菜批发	31475	29957	11544	1519	18
肉、禽、蛋、奶及水产品批发	136182	132788	0	3394	14226
盐及调味品批发	10731	10731	0	0	964
营养和保健品批发	463763	457319	0	6444	9795
酒、饮料及茶叶批发	1267226	1262495	0	4731	84569
烟草制品批发	306320	306320	0	0	13503
其他食品批发	302494	278710	0	23784	20819

14-9 续表 2

单位：万元

指　　标	法人企业数（个）	年末从业人员数（个）	商品购进总额	进口额
纺织、服装及家庭用品批发	70	4066	1109166	25652
纺织品、针织品及原料批发	9	84	43425	3236
服装批发	11	1585	232174	5638
鞋帽批发	4	108	15776	1541
化妆品及卫生用品批发	7	450	41099	7919
厨具卫具及日用杂品批发	6	108	22319	0
灯具、装饰物品批发	4	195	72541	0
家用视听设备批发	2	25	10851	3593
日用家电批发	20	1341	635555	3600
其他家庭用品批发	7	170	35426	125
文化、体育用品及器材批发	14	560	218471	5998
文具用品批发	9	482	183625	0
体育用品及器材批发	1	42	2445	1937
图书批发	0	0	0	0
报刊批发	0	0	0	0
音像制品、电子和数字出版物批发	0	0	0	0
首饰、工艺品及收藏品批发	1	4	13594	0
乐器批发	0	0	0	0
其他文化用品批发	3	32	18807	4061
医药及医疗器材批发	64	5290	1438088	107401
西药批发	32	4168	1178116	50824
中药批发	9	424	84622	17227
动物用药品批发	0	0	0	0
医疗用品及器材批发	23	698	175350	39350
矿产品、建材及化工产品批发	296	4581	21178893	8196930
煤炭及制品批发	26	405	1293275	4777
石油及制品批发	67	1286	11361678	7244001
非金属矿及制品批发	3	21	10272	57
金属及金属矿批发	50	500	5984762	631317
建材批发	57	945	732359	6924
化肥批发	1	17	1325	0
农药批发	0	0	0	0
农用薄膜批发	0	0	0	0
其他化工产品批发	92	1407	1795222	309853

14-9 续表 3

单位：万元

指　标	商品销售总额	批发额	出口额	零售额	年末商品库存总额
纺织、服装及家庭用品批发	1281684	1244758	115678	36926	257716
纺织品、针织品及原料批发	60053	59448	30572	605	1956
服装批发	273626	247989	10426	25636	58987
鞋帽批发	17907	16436	9904	1471	3983
化妆品及卫生用品批发	54796	54796	19841	0	12045
厨具卫具及日用杂品批发	24160	24160	15898	0	815
灯具、装饰物品批发	77637	77637	9662	0	4154
家用视听设备批发	11593	11593	0	0	0
日用家电批发	718609	709395	200	9214	174152
其他家庭用品批发	43303	43303	19175	0	1624
文化、体育用品及器材批发	222468	218915	0	3553	18923
文具用品批发	189442	185922	0	3520	9944
体育用品及器材批发	3074	3074	0	0	574
图书批发	0	0	0	0	0
报刊批发	0	0	0	0	0
音像制品、电子和数字出版物批发	0	0	0	0	0
首饰、工艺品及收藏品批发	10093	10061	0	33	8133
乐器批发	0	0	0	0	0
其他文化用品批发	19859	19859	0	0	271
医药及医疗器材批发	1904517	1899581	222939	4936	326052
西药批发	1586126	1581191	222939	4936	277583
中药批发	102867	102867	0	0	13176
动物用药品批发	0	0	0	0	0
医疗用品及器材批发	215523	215523	0	0	35293
矿产品、建材及化工产品批发	21103662	21093573	93908	10090	796753
煤炭及制品批发	1457519	1457519	0	0	29020
石油及制品批发	12764846	12757762	0	7084	401229
非金属矿及制品批发	12006	12006	2084	0	2092
金属及金属矿批发	4244438	4244438	26538	0	288599
建材批发	783707	781109	25552	2597	39230
化肥批发	1564	1564	0	0	586
农药批发	0	0	0	0	0
农用薄膜批发	0	0	0	0	0
其他化工产品批发	1839582	1839174	39734	408	35998

14-9 续表 4

单位：万元

指　标	法人企业数（个）	年末从业人员数（个）	商品购进总额	进口额
机械设备、五金产品及电子产品批发	131	4108	4834314	150975
农业机械批发	0	0	0	0
汽车及零配件批发	8	202	33111	12427
摩托车及零配件批发	1	17	2262	0
五金产品批发	16	359	178130	34172
电气设备批发	5	323	281505	2288
计算机、软件及辅助设备批发	25	1241	218548	18830
通讯设备批发	5	236	3342492	0
广播影视设备批发	3	43	22428	0
其他机械设备及电子产品批发	68	1687	755839	83258
贸易经纪与代理	0	0	0	0
贸易代理	0	0	0	0
一般物品拍卖	0	0	0	0
艺术品、收藏品拍卖	0	0	0	0
艺术品代理	0	0	0	0
其他贸易经纪与代理	0	0	0	0
其他批发业	21	367	90466	6614
再生物资回收与批发	9	130	36296	0
宠物食品用品批发	1	33	12677	0
互联网批发	0	0	0	0
其他未列明批发业	11	204	41493	6614
2. 按登记注册类型分组				
国有企业	4	152	30042	0
集体企业	4	36	19690	0
股份合作企业	0	0	0	0
联营企业	0	0	0	0
有限责任公司	341	11111	22165329	7871612
股份有限公司	9	412	480760	36532
私营企业	256	7982	5300271	177805
其他企业	0	0	0	0
港、澳、台商投资企业	45	4465	2602593	387734
外商投资企业	20	593	437039	105955
3. 按控股情况分组				
国有控股	45	2294	11903615	7239418
集体控股	7	65	257953	0
私人控股	403	13535	7762169	231774
港澳台商控股	43	2875	2127649	388441
外商控股	18	477	464284	100347
其他	163	5505	8520053	619660

14-9 续表 5

单位：万元

指　标	商品销售总额	批发额	出口额	零售额	年末商品库存总额
机械设备、五金产品及电子产品批发	5344829	4976602	3088149	368227	167755
农业机械批发	0	0	0	0	0
汽车及零配件批发	49254	45442	2194	3812	5368
摩托车及零配件批发	3811	3811	0	0	43
五金产品批发	201852	201852	90266	0	11183
电气设备批发	306878	306878	93	0	5450
计算机、软件及辅助设备批发	269208	263791	57145	5417	37310
通讯设备批发	3581651	3230146	2905631	351505	30967
广播影视设备批发	28364	28364	1721	0	3501
其他机械设备及电子产品批发	903812	896319	31100	7494	73934
贸易经纪与代理	0	0	0	0	0
贸易代理	0	0	0	0	0
一般物品拍卖	0	0	0	0	0
艺术品、收藏品拍卖	0	0	0	0	0
艺术品代理	0	0	0	0	0
其他贸易经纪与代理	0	0	0	0	0
其他批发业	103883	95058	24452	8825	9446
再生物资回收与批发	39367	38930	0	437	4304
宠物食品用品批发	12055	11856	11597	199	33
互联网批发	0	0	0	0	0
其他未列明批发业	52461	44272	12855	8190	5110
2. 按登记注册类型分组					
国有企业	28946	28903	0	43	13034
集体企业	21503	21503	0	0	11736
股份合作企业	0	0	0	0	0
联营企业	0	0	0	0	0
有限责任公司	24552633	24126456	3314405	426177	1177943
股份有限公司	538720	538720	0	0	5608
私营企业	3925444	3902152	207226	23292	204231
其他企业	0	0	0	0	0
港、澳、台商投资企业	3068801	3045533	38245	23268	311038
外商投资企业	506022	503854	11842	2168	29950
3. 按控股情况分组					
国有控股	13493620	13491417	130289	2203	470788
集体控股	267277	267277	0	0	11812
私人控股	6841235	6792745	491619	48490	546693
港澳台商控股	2390784	2373470	34055	17314	255548
外商控股	527895	526857	11842	1038	29286
其他	9121258	8715354	2903913	405904	439413

14-10 限额以上零售业法人单位商品购销存综合表(2018 年)

单位：万元

指　标	法人企业数（个）	年末从业人员数（个）	商品购进总额	进口额
零售业	**284**	**18317**	**2519582**	**209276**
1. 按零售行业小类分组				
综合零售	33	4749	489353	149714
百货零售	16	3391	424045	147781
超级市场零售	17	1358	65308	1933
便利店零售	0	0	0	0
其他综合零售	0	0	0	0
食品、饮料及烟草制品专门零售	17	474	38182	0
粮油零售	2	47	3880	0
糕点、面包零售	1	18	1931	0
果品、蔬菜零售	0	0	0	0
肉、禽、蛋、奶及水产品零售	5	224	9561	0
营养和保健品零售	1	23	804	0
酒、饮料及茶叶零售	5	33	10327	0
烟草制品零售	3	129	11680	0
其他食品零售	0	0	0	0
纺织、服装及日用品专门零售	14	419	18516	2418
纺织品及针织品零售	0	0	0	0
服装零售	8	321	9801	2418
鞋帽零售	0	0	0	0
化妆品及卫生用品零售	0	0	0	0
厨具卫具及日用杂品零售	1	10	0	0
钟表、眼镜零售	2	41	5135	0
箱包零售	0	0	0	0
自行车等代步设备零售	0	0	0	0
其他日用品零售	3	47	3580	0

14-10 续表 1

单位：万元

指　标	商品销售总额	批发额	零售额	年末商品库存总额
零售业	**3345705**	**341713**	**3003992**	**370399**
1. 按零售行业小类分组				
综合零售	642831	5916	636915	73009
百货零售	564198	5067	559131	63696
超级市场零售	78633	849	77784	9313
便利店零售	0	0	0	0
其他综合零售	0	0	0	0
食品、饮料及烟草制品专门零售	52262	6717	45545	10798
粮油零售	4317	0	4317	569
糕点、面包零售	1582	0	1582	469
果品、蔬菜零售	0	0	0	0
肉、禽、蛋、奶及水产品零售	12309	1845	10464	394
营养和保健品零售	1016	0	1016	199
酒、饮料及茶叶零售	14240	4873	9368	2159
烟草制品零售	18799	0	18799	7008
其他食品零售	0	0	0	0
纺织、服装及日用品专门零售	39944	7808	32135	14298
纺织品及针织品零售	0	0	0	0
服装零售	28833	635	28198	11832
鞋帽零售	0	0	0	0
化妆品及卫生用品零售	0	0	0	0
厨具卫具及日用杂品零售	1293	0	1293	1091
钟表、眼镜零售	5774	5774	0	449
箱包零售	0	0	0	0
自行车等代步设备零售	0	0	0	0
其他日用品零售	4043	1399	2644	926

单位：万元

指　标	法人企业数（个）	年末从业人员数（个）	商品购进总额	进口额
文化、体育用品及器材专门零售	8	584	18628	0
文具用品零售	0	0	0	0
体育用品及器材零售	1	67	102	0
图书、报刊零售	4	452	15166	0
音像制品、电子和数字出版物零售	0	0	0	0
珠宝首饰零售	1	25	1219	0
工艺美术品及收藏品零售	1	9	322	0
乐器零售	1	31	1819	0
照相器材零售	0	0	0	0
其他文化用品零售	0	0	0	0
医药及医疗器材专门零售	11	2097	53661	0
西药零售	7	1746	38559	0
中药零售	3	149	5305	0
动物用药品零售	0	0	0	0
医疗用品及器材零售	1	202	9797	0
保健辅助治疗器材零售	0	0	0	0
汽车、摩托车、零配件和燃料及其他动力销售	133	7433	1708046	53279
汽车新车零售	103	5959	1351415	53279
汽车旧车零售	1	5	4392	0
汽车零配件零售	4	107	6610	0
摩托车及零配件零售	0	0	0	0
机动车燃油零售	24	1228	328506	0
机动车燃气零售	1	134	17123	0
机动车充电销售	0	0	0	0
家用电器及电子产品专门零售	36	1368	110054	2439
家用视听设备零售	1	475	52036	0
日用家电零售	15	301	22550	0
计算机、软件及辅助设备零售	8	198	18265	0
通信设备零售	4	264	7332	0
其他电子产品零售	8	130	9872	2439

14-10 续表 3

单位：万元

指　标	商品销售总额	批发额	零售额	年末商品库存总额
文化、体育用品及器材专门零售	27216	12073	15144	12993
文具用品零售	0	0	0	0
体育用品及器材零售	1828	1463	366	352
图书、报刊零售	21742	10384	11358	8460
音像制品、电子和数字出版物零售	0	0	0	0
珠宝首饰零售	1056	226	830	2969
工艺美术品及收藏品零售	332	0	332	585
乐器零售	2258	0	2258	627
照相器材零售	0	0	0	0
其他文化用品零售	0	0	0	0
医药及医疗器材专门零售	69656	0	69656	18829
西药零售	51066	0	51066	15058
中药零售	7298	0	7298	2676
动物用药品零售	0	0	0	0
医疗用品及器材零售	11292	0	11292	1096
保健辅助治疗器材零售	0	0	0	0
汽车、摩托车、零配件和燃料及其他动力销售	2256496	272148	1984348	208479
汽车新车零售	1385416	22788	1362628	175319
汽车旧车零售	4283	0	4283	233
汽车零配件零售	7331	2331	5000	1086
摩托车及零配件零售	0	0	0	0
机动车燃油零售	832520	247029	585490	31729
机动车燃气零售	26946	0	26946	113
机动车充电销售	0	0	0	0
家用电器及电子产品专门零售	130854	14746	116107	25757
家用视听设备零售	62646	0	62646	10482
日用家电零售	27047	1516	25531	10384
计算机、软件及辅助设备零售	20392	5508	14883	890
通信设备零售	8252	236	8016	2529
其他电子产品零售	12517	7487	5031	1472

14-10 续表 4

单位：万元

指　　标	法人企业数（个）	年末从业人员数（个）	商品购进总额	进口额
五金、家具及室内装饰材料专门零售	16	252	35829	1426
五金零售	5	51	5190	0
灯具零售	1	21	1955	0
家具零售	2	47	20470	0
涂料零售	1	7	676	0
卫生洁具零售	1	13	1036	0
木质装饰材料零售	0	0	0	0
陶瓷、石材装饰材料零售	4	77	4539	1426
其他室内装饰材料零售	2	36	1964	0
货摊、无店铺及其他零售业	16	941	47313	0
流动货摊零售	0	0	0	0
互联网零售	4	146	7022	0
邮购及电视、电话零售	0	0	0	0
自动售货机零售	0	0	0	0
旧货零售	0	0	0	0
生活用燃料零售	9	752	38760	0
宠物食品用品零售	0	0	0	0
其他未列明零售业	3	43	1531	0
2. 按登记注册类型分组				
国有企业	1	47	8249	0
集体企业	0	0	0	0
股份合作企业	0	0	0	0
联营企业	0	0	0	0
有限责任公司	135	7544	1256934	171405
股份有限公司	6	1710	64649	0
私营企业	127	5873	749522	11062
其他企业	0	0	0	0
港、澳、台商投资企业	6	406	97279	26809
外商投资企业	9	2737	342948	0
3. 按控股情况分组				
国有控股	21	1794	295282	147588
集体控股	3	198	41875	0
私人控股	185	8900	1301480	21044
港澳台商控股	5	385	95854	25384
外商控股	9	2737	342948	0
其他	61	4303	442143	15260

14-10 续表 5

单位：万元

指　标	商品销售总额	批发额	零售额	年末商品库存总额
五金、家具及室内装饰材料专门零售	49996	12389	37607	5504
五金零售	5833	3564	2269	1353
灯具零售	2820	0	2820	0
家具零售	30263	1177	29087	556
涂料零售	722	0	722	53
卫生洁具零售	1981	1586	395	996
木质装饰材料零售	0	0	0	0
陶瓷、石材装饰材料零售	6126	4465	1661	1755
其他室内装饰材料零售	2251	1598	653	792
货摊、无店铺及其他零售业	76451	9915	66536	733
流动货摊零售	0	0	0	0
互联网零售	10122	0	10122	15
邮购及电视、电话零售	0	0	0	0
自动售货机零售	0	0	0	0
旧货零售	0	0	0	0
生活用燃料零售	61816	7193	54623	588
宠物食品用品零售	0	0	0	0
其他未列明零售业	4512	2721	1791	130
2. 按登记注册类型分组				
国有企业	9617	0	9617	122
集体企业	0	0	0	0
股份合作企业	0	0	0	0
联营企业	0	0	0	0
有限责任公司	1436770	114002	1322768	186555
股份有限公司	539076	94506	444570	15333
私营企业	825726	131064	694662	107948
其他企业	0	0	0	0
港、澳、台商投资企业	126955	2141	124814	18576
外商投资企业	407562	0	407562	41864
3. 按控股情况分组				
国有控股	804675	75246	729429	50084
集体控股	36244	0	36244	5997
私人控股	1396867	199318	1197550	183956
港澳台商控股	124133	1841	122292	16777
外商控股	405848	0	405848	41829
其他	577938	65308	512630	71755

14-11 限额以上住宿业和餐饮业法人单位经营情况（2018 年）

单位：万元

指　　标	法人企业数（个）	年末从业人员数（人）	营业额	客房收入	餐费收入	商品销售收入	其他收入
总　　计	**247**	**31014**	**911169**	**296371**	**346248**	**47338**	**221212**
一、住宿业	**129**	**22157**	**737534**	**295909**	**182131**	**39400**	**220094**
1. 按住宿行业小类分组							
旅游饭店	108	21424	722313	284489	180563	39375	217887
经济型连锁酒店	11	435	9078	6953	971	20	1135
其他一般旅馆	10	298	6143	4468	597	6	1072
民宿服务	0	0	0	0	0	0	0
露营地服务	0	0	0	0	0	0	0
其他住宿服务	0	0	0	0	0	0	0
2. 按登记注册类型分组							
国有企业	1	141	1103	514	554	0	35
集体企业	0	0	0	0	0	0	0
股份合作企业	0	0	0	0	0	0	0
联营企业	0	0	0	0	0	0	0
有限责任公司	61	14627	593914	213255	148450	23858	208351
股份有限公司	0	0	0	0	0	0	0
私营企业	49	2846	52305	40370	9229	110	2596
其他企业	0	0	0	0	0	0	0
港、澳、台商投资企业	14	3959	76207	35389	20885	12484	7449
外商投资企业	4	584	14006	6382	3012	2949	1663
3. 按控股情况分组							
国有控股	13	3247	63651	38839	22796	257	1760
集体控股	0	0	0	0	0	0	0
私人控股	69	11457	521737	179285	118487	22742	201224
港澳台商控股	10	3083	56539	24318	16541	11295	4385
外商控股	4	436	9317	6274	1187	12	1845
其他	33	3934	86290	47194	23120	5095	10882

14-11 续表 单位：万元

指　标	法人企业数（个）	年末从业人员数（人）	营业额	客房收入	餐费收入	商品销售收入	其他收入
二、餐饮业	**118**	**8857**	**173634**	**462**	**164118**	**7938**	**1118**
1. 按餐饮行业小类分组							
正餐服务	93	5897	112908	462	111812	34	601
快餐服务	3	1553	34594	0	32744	1333	517
饮料及冷饮服务	5	374	5295	0	3745	1550	0
餐饮配送及外卖送餐服务	15	591	13812	0	8791	5021	0
其他餐饮服务	2	442	7026	0	7026	0	0
2. 按登记注册类型分组							
国有企业	0	0	0	0	0	0	0
集体企业	1	19	249	0	249	0	0
股份合作企业	0	0	0	0	0	0	0
联营企业	0	0	0	0	0	0	0
有限责任公司	47	2978	50842	94	45481	5050	218
股份有限公司	2	105	3306	0	3306	0	0
私营企业	50	2721	50601	367	46963	2888	383
其他企业	0	0	0	0	0	0	0
港、澳、台商投资企业	16	2968	67403	0	66886	0	517
外商投资企业	2	66	1233	0	1233	0	0
3. 按控股情况分组							
国有控股	1	120	840	0	840	0	0
集体控股	1	19	249	0	249	0	0
私人控股	79	4682	87369	462	81252	5055	601
港澳台商控股	13	2768	63520	0	63003	0	517
外商控股	2	66	1233	0	1233	0	0
其他	22	1202	20423	0	17540	2883	0

14-12 批发和零售业连锁经营情况（2017-2018 年）

指　标	计量单位	2017 年	2018 年
连锁总店数	个	10	11
一、门店总数	个	239	269
二、年末从业人员数	人	2567	2709
三、年末零售营业面积	万平方米	13.8	14.1
四、连锁门店商品购进额	万元	390092	508674
五、连锁门店商品销售额	万元	412898	534941
其中：零售额	万元	410045	464963

14-13 限额以上批发业法人单位主要财务状况(2018年)

单位：万元

指　标	法人企业数(个)	流动资产合计	固定资产合计	本年折旧	资产总计	所有者权益合计	实收资本
批发业	**682**	**15096307**	**277852**	**35139**	**17637753**	**5329006**	**2118683**
1. 按批发行业小类分组							
农、林、牧产品批发	15	126619	2339	411	135550	35150	8620
食品、饮料及烟草制品批发	68	796977	24322	3755	862984	253984	78033
纺织、服装及日用品批发	70	1017061	31199	3591	2005776	914881	372481
文化、体育用品及器材批发	14	73967	7236	672	82380	26248	16182
医药及医疗器材批发	64	1943347	21596	3061	2260824	1008915	161162
矿产品、建材及化工产品批发	298	8701669	161833	16167	9690355	2470383	1282174
机械设备、五金交电及电子产品批发	132	2401331	28463	6813	2562863	603974	194442
贸易经纪与代理	0	0	0	0	0	0	0
其他批发业	21	35337	863	668	37023	15472	5591
2. 按登记注册类型分组							
国有企业	4	33550	2175	1796	102600	40960	21533
集体企业	4	12507	0	27	16237	6738	611
股份合作企业	0	0	0	0	0	0	0
联营企业	0	0	0	0	0	0	0
有限责任公司	344	10396706	152349	16465	11275426	2856601	1147784
股份有限公司	9	535858	25290	1354	1527688	926927	301162
私营企业	256	1337792	44337	7272	1471226	351894	257928
其他企业	0	0	0	0	0	0	0
港、澳、台商投资企业	45	2486945	48629	6688	2827455	920900	193513
外商投资企业	20	292949	2374	1537	417122	224986	196153
3. 按控股情况分组							
国有控股	45	4206682	77219	5442	4661109	2025775	801694
集体控股	7	26607	3856	73	31674	11700	2865
私人控股	405	4182397	70150	11441	5495689	1952039	665665
港澳台商控股	43	1376470	31778	2415	1469916	148273	124370
外商控股	18	220269	2338	1536	342791	215446	183337
其他	164	5083883	92511	14233	5636574	975774	340753

14-13 续表

单位：万元

指　标	主营业务收入	主营业务税金及附加	营业利润	利润总额	本年应交增值税	应付职工薪酬
批发业	**28796627**	**75555**	**691936**	**807961**	**207356**	**282574**
1. 按批发行业小类分组						
农、林、牧产品批发	97630	133	4981	6874	985	4326
食品、饮料及烟草制品批发	2234660	44834	137189	147692	56175	78128
纺织、服装及日用品批发	1111418	2259	34953	35066	7538	41370
文化、体育用品及器材批发	192832	277	3337	3493	1929	3254
医药及医疗器材批发	1696549	7376	159436	175489	51710	50685
矿产品、建材及化工产品批发	18302524	15388	249594	332220	64966	55716
机械设备、五金交电及电子产品批发	5066686	5135	101911	106491	22873	45745
贸易经纪与代理	0	0	0	0	0	0
其他批发业	94328	153	535	636	1179	3350
2. 按登记注册类型分组						
国有企业	26018	346	80	1822	663	2128
集体企业	18961	30	298	326	135	245
股份合作企业	0	0	0	0	0	0
联营企业	0	0	0	0	0	0
有限责任公司	21749890	56998	457469	478298	94545	128663
股份有限公司	487094	992	37945	38859	5737	8150
私营企业	3426801	7331	35310	39700	49340	77758
其他企业	0	0	0	0	0	0
港、澳、台商投资企业	2638807	7870	147730	235706	49455	55831
外商投资企业	449055	1990	13105	13251	7481	9799
3. 按控股情况分组						
国有控股	11724883	46859	248043	265269	48168	47569
集体控股	233280	80	331	379	178	519
私人控股	6013700	13701	167009	188561	88322	135687
港澳台商控股	2046468	4941	67734	140663	31666	42568
外商控股	473039	1988	12596	12776	7397	9125
其他	8305258	7986	196223	200313	31625	47106

14-14 限额以上零售业法人单位主要财务状况（2018 年）

单位：万元

指　　标	法人企业数（个）	流动资产合计	固定资产合计	本年折旧	资产总计	所有者权益合计	实收资本
零售业	**284**	**2114186**	**127378**	**24052**	**2675347**	**1200449**	**323902**
1. 按零售行业小类分组							
综合零售	33	364012	12043	5774	551321	351998	104141
食品、饮料及烟草制品专门零售	17	57062	2342	355	80202	55318	10793
纺织、服装及日用品专门零售	14	35816	336	209	41090	10302	15036
文化、体育用品及器材专门零售	8	28095	10881	226	70652	28845	28539
医药及医疗器材专门零售	11	37396	2712	554	55915	21217	1038
汽车、摩托车、燃料及零配件专门零售	133	1438175	89851	13659	1699861	694024	146037
家用电器及电子产品专门零售	36	99196	4558	803	114666	15946	6553
五金、家具及室内装修材料专门零售	16	22351	454	80	22853	4843	1134
货摊、无店铺及其他零售业	16	32083	4200	2393	38787	17956	10632
流动货摊零售	0	0	0	0	0	0	0
2. 按登记注册类型分组							
国有企业	1	801	0	26	1369	1128	524
集体企业	0	0	0	0	0	0	0
股份合作企业	0	0	0	0	0	0	0
联营企业	0	0	0	0	0	0	0
有限责任公司	135	752028	64571	9720	1089860	562429	212105
股份有限公司	6	780723	19326	1543	889040	476542	2238
私营企业	127	384548	26883	5905	464441	82884	73359
其他企业	0	0	0	0	0	0	0
港、澳、台商投资企业	6	63030	1831	506	68357	27710	15830
外商投资企业	9	133056	14663	6353	162282	49755	19846
3. 按控股情况分组							
国有控股	21	1057791	33792	2846	1337326	854101	126032
集体控股	3	12196	4907	2691	23238	17050	2200
私人控股	185	584676	52011	8053	738362	155683	112881
港澳台商控股	5	57670	1822	500	62829	23832	6289
外商控股	9	132728	14663	6353	162064	52671	19946
其他	61	269125	20184	3609	351529	97111	56552

14-14 续表

单位：万元

指　　标	主营业务收入	主营业务税金及附加	营业利润	利润总额	本年应交增值税	应付职工薪酬
零售业	**2970979**	**7867**	**152509**	**156333**	**38726**	**131031**
1. 按零售行业小类分组						
综合零售	585272	1514	93603	94163	6077	32245
食品、饮料及烟草制品专门零售	49052	271	12250	12537	250	3519
纺织、服装及日用品专门零售	35198	183	-1499	-1719	653	2411
文化、体育用品及器材专门零售	25576	60	998	1019	463	3769
医药及医疗器材专门零售	63937	232	-39	-39	1643	12325
汽车、摩托车、燃料及零配件专门零售	1975296	4144	44982	47527	25381	61271
家用电器及电子产品专门零售	119586	347	-441	-264	2070	6713
五金、家具及室内装修材料专门零售	47435	918	-253	-298	369	1478
货摊、无店铺及其他零售业	69627	198	2908	3406	1819	7301
流动货摊零售	0	0	0	0	0	0
2. 按登记注册类型分组						
国有企业	8268	23	254	244	185	300
集体企业	0	0	0	0	0	0
股份合作企业	0	0	0	0	0	0
联营企业	0	0	0	0	0	0
有限责任公司	1305171	4282	114396	117080	16824	60961
股份有限公司	447419	936	13294	13156	4599	13807
私营企业	748196	1117	3668	4921	8421	34803
其他企业	0	0	0	0	0	0
港、澳、台商投资企业	109088	465	4284	4150	2951	4345
外商投资企业	352837	1045	16612	16782	5746	16814
3. 按控股情况分组						
国有控股	709580	1951	110056	109088	6150	23147
集体控股	32916	61	1972	1588	512	1358
私人控股	1253651	2196	9132	11017	15305	54587
港澳台商控股	106755	464	4879	4814	2951	3998
外商控股	351458	1047	16840	17010	5768	16803
其他	516618	2147	9631	12816	8040	31137

14–15 限额以上住宿和餐饮业法人单位主要财务状况(2018 年)

单位：万元

指　标	法人企业数（个）	流动资产合计	固定资产合计	本年折旧	资产总计	所有者权益合计
总　计	**247**	**1059162**	**1114001**	**85782**	**3052822**	**64802**
一、住宿业	**129**	**993882**	**1103929**	**83611**	**2937048**	**48316**
1. 按住宿行业小类分组						
旅游饭店	108	966702	1100929	83232	2899383	51457
经济型连锁酒店	11	16931	2357	203	23443	-2748
其他一般旅馆	10	10250	643	176	14222	-393
民宿服务	0	0	0	0	0	0
露营地服务	0	0	0	0	0	0
其他住宿服务	0	0	0	0	0	0
2. 按登记注册类型分组						
国有企业	1	105	0	65	5022	3571
集体企业	0	0	0	0	0	0
股份合作企业	0	0	0	0	0	0
联营企业	0	0	0	0	0	0
有限责任公司	61	635845	953524	74184	2197612	-3020
股份有限公司	0	0	0	0	0	0
私营企业	49	97664	22185	2029	179675	3167
其他企业	0	0	0	0	0	0
港、澳、台商投资企业	14	249165	112228	5582	526856	101849
外商投资企业	4	11102	14159	1752	27882	-57251
3. 按控股情况分组						
国有控股	13	69636	95194	2825	216785	18565
集体控股	0	0	0	0	0	0
私人控股	69	374001	839096	68725	1818030	77672
港澳台商控股	10	224372	109094	4666	464373	97750
外商控股	4	13448	0	1690	30103	-1664
其他	33	312425	49512	5704	407756	-144007
二、餐饮业	**118**	**65280**	**10072**	**2171**	**115775**	**16486**
1. 按餐饮行业小类分组						
正餐服务	93	48815	7037	1653	67003	3601
快餐服务	3	7770	2096	394	38772	10020
饮料及冷饮服务	5	2705	632	71	3559	718
餐饮配送及外卖送餐服务	15	4573	165	39	4881	1571
其他餐饮业	2	1418	0	15	1560	576
2. 按登记注册类型分组						
国有企业	0	0	0	0	0	0
集体企业	1	47	0	2	77	75
股份合作企业	0	0	0	0	0	0
联营企业	0	0	0	0	0	0
有限责任公司	47	21403	2273	433	27528	2600
股份有限公司	2	250	23	59	280	48
私营企业	50	22767	4551	726	32747	1550
其他企业	0	0	0	0	0	0
港、澳、台商投资企业	16	20652	3159	939	54930	13642
外商投资企业	2	161	0	12	213	-1429
3. 按控股情况分组						
国有控股	1	486	38	15	992	-1492
集体控股	1	47	0	2	77	75
私人控股	79	34633	6104	1120	48856	3941
港澳台商控股	13	19638	3051	861	53388	14934
外商控股	2	161	0	12	213	-1429
其他	22	10316	814	161	12250	458

14-15 续表

单位：万元

指　　标	实收资本	主营业务收入	主营业务税金及附加	营业利润	利润总额	应付职工薪酬
总　　计	**626946**	**867603**	**10649**	**-6112**	**4508**	**239051**
一、住宿业	**599335**	**701484**	**9430**	**-7601**	**2732**	**200420**
1. 按住宿行业小类分组						
旅游饭店	591616	686947	9348	-5883	4434	196391
经济型连锁酒店	3396	8727	70	-597	-586	2010
其他一般旅馆	4323	5810	12	-1121	-1116	2019
民宿服务	0	0	0	0	0	0
露营地服务	0	0	0	0	0	0
其他住宿服务	0	0	0	0	0	0
2. 按登记注册类型分组						
国有企业	1000	1041	4	-430	-430	667
集体企业	0	0	0	0	0	0
股份合作企业	0	0	0	0	0	0
联营企业	0	0	0	0	0	0
有限责任公司	250862	562739	7600	1594	10581	157454
股份有限公司	0	0	0	0	0	0
私营企业	112580	49784	495	134	340	12470
其他企业	0	0	0	0	0	0
港、澳、台商投资企业	213723	74531	1155	-9119	-7983	26370
外商投资企业	21170	13389	176	220	224	3459
3. 按控股情况分组						
国有控股	54106	59900	354	-10189	-9885	21207
集体控股	0	0	0	0	0	0
私人控股	280751	495857	7265	9914	18687	135776
港澳台商控股	177102	55788	969	-6957	-5898	19482
外商控股	27388	8824	83	-863	-836	2434
其他	59988	81115	759	495	663	21521
二、餐饮业	**27611**	**166119**	**1219**	**1490**	**1776**	**38631**
1. 按餐饮行业小类分组						
正餐服务	19061	108967	1149	-1067	-959	27611
快餐服务	6428	32213	4	2295	2477	5915
饮料及冷饮服务	792	5218	22	-170	-151	1294
餐饮配送及外卖送餐服务	1230	12978	23	208	202	2059
其他餐饮业	100	6744	23	223	207	1752
2. 按登记注册类型分组						
国有企业	0	0	0	0	0	0
集体企业	40	249	8	7	7	61
股份合作企业	0	0	0	0	0	0
联营企业	0	0	0	0	0	0
有限责任公司	6692	49397	281	-1263	-1190	12745
股份有限公司	46	3367	104	464	464	281
私营企业	7061	48877	197	-491	-504	11826
其他企业	0	0	0	0	0	0
港、澳、台商投资企业	12190	62996	94	3339	3547	13152
外商投资企业	1583	1233	536	-567	-549	566
3. 按控股情况分组						
国有控股	100	840	4	-768	-766	1038
集体控股	40	249	8	7	7	61
私人控股	11876	84508	516	-331	-292	19719
港澳台商控股	10811	59447	87	3172	3333	12093
外商控股	1583	1233	536	-567	-549	566
其他	3202	19843	68	-25	42	5156

十五、服务业

15-1　规模以上服务业企业财务指标

单位：万元

指　标	2017 年	2018 年	2018 年比 2017 年增长（%）
一、损益及分配			
营业收入	6963676	7490121	12.7
营业成本	4457246	4855675	13.5
税金及附加	65398	53581	-18.3
销售费用	371055	352189	2.0
管理费用	1162177	1351592	21.8
财务费用	297697	272623	-7.7
投资收益（损失以“-”号记）	701781	457910	-29.5
营业利润	1350395	1266535	3.3
营业外收入	218299	83125	-52.0
营业外支出	57598	21065	-17.7
利润总额	1511098	1327326	-5.3
所得税费用	221797	199770	77.7
二、人工成本及增值税			
应付职工薪酬（本年贷方累计发生额）	1437771	1610179	12.9
应交增值税	198771	211398	7.7

注：本表按 2018 年 12 月快报数取数汇总；增速按可比口径计算。

15-2　规模以上服务业企业分行业主要指标（2018年）

指　标	单位数（家）	营业收入		营业成本		税金及附加	
		总量（万元）	2018年比2017年增长(%)	总量（万元）	2018年比2017年增长(%)	总量（万元）	2018年比2017年增长(%)
总计	**823**	**7490121**	**12.7**	**4855675**	**13.5**	**53581**	**-18.3**
按经济类型分							
内资企业	741	6656396	12.4	4372903	13.4	44326	-18.9
国有企业	14	264653	68.3	217494	80.9	1074	7.4
集体企业	10	15040	5.4	7328	6.8	377	-21.3
有限责任公司	488	4216789	15.5	2660263	9.5	31443	-24.5
私营企业	162	1076870	15.1	784957	17.4	5447	10.5
港、澳、台商投资企业	50	454626	15.9	237992	11.0	4027	-22.5
外商投资企业	32	379099	14.4	244781	17.4	5228	-8.8
按行业分							
交通运输、仓储和邮政业	160	1449049	5.5	1300273	2.0	5159	-10.6
铁路运输业	2	95799	39.5	119241	13.6	14	-89.8
道路运输业	71	320889	4.2	358008	5.1	1952	1.3
水上运输业	23	281265	16.4	230006	12.0	540	-13.5
航空运输业	6	275053	9.7	232483	9.9	474	-24.4
管道运输业	1	41499	-8.2	22705	-36.7	100	-41.4
多式联运和运输代理业	27	116974	6.0	101432	7.4	320	-6.0
装卸搬运和仓储业	23	227387	-13.4	173912	-22.0	1223	-11.5
邮政业	7	90184	4.1	62486	4.8	536	-3.9
信息传输、软件和信息技术服务业	143	1975919	6.0	1016368	1.8	10941	-6.3
电信、广播电视和卫星传输服务	4	425629	3.0	267586	6.1	1116	-34.1
互联网和相关服务	12	162825	-24.4	52641	-30.7	1571	-21.0

注：本表按2018年12月快报数取数汇总

15-2 续表 1

指　标	销售费用		管理费用	
	总量（万元）	2018 年比 2017 年增长（%）	总量（万元）	2018 年比 2017 年增长（%）
总计	**352189**	**2.0**	**1351592**	**21.8**
按经济类型分				
内资企业	289430	1.8	1185175	23.9
国有企业	928	513.0	26277	8.7
集体企业	1069	48.1	7540	5.7
有限责任公司	194221	-2.2	803604	32.0
私营企业	35734	10.3	144676	3.8
港、澳、台商投资企业	34082	-4.0	106806	6.5
外商投资企业	28678	13.3	59610	13.3
按行业分				
交通运输、仓储和邮政业	30003	2.5	126560	1.7
铁路运输业	2	0.0	2842	-4.4
道路运输业	10260	1.2	43084	-0.4
水上运输业	2514	9.6	14477	-0.5
航空运输业	12371	6.9	22805	6.4
管道运输业	0	--	17	-38.4
多式联运和运输代理业	1935	-17.3	9433	2.1
装卸搬运和仓储业	1144	-26.3	24815	7.3
邮政业	1778	30.4	9088	-6.9
信息传输、软件和信息技术服务业	165822	8.6	576642	34.1
电信、广播电视和卫星传输服务	58352	-3.5	20013	1.0
互联网和相关服务	27554	30.7	99384	43.5

15-2 续表 2

指　标	财务费用		利润总额	
	总量（万元）	2018 年比 2017 年增长（%）	总量（万元）	2018 年比 2017 年增长（%）
总计	**272623**	**-7.7**	**1327326**	**-5.3**
按经济类型分				
内资企业	257737	3.0	1076523	-16.8
国有企业	480	--	18981	49.7
集体企业	-181	--	1022	353.2
有限责任公司	214333	3.5	814324	-5.5
私营企业	21863	2.2	94762	19.9
港、澳、台商投资企业	-328	--	113553	79.9
外商投资企业	15213	-66.9	137250	200.9
按行业分				
交通运输、仓储和邮政业	114482	7.7	25005	--
铁路运输业	47665	-1.7	-70306	--
道路运输业	15956	0.7	13767	--
水上运输业	2764	-9.6	34311	17.5
航空运输业	-91	--	15832	12.8
管道运输业	2007	118.4	16772	102.2
多式联运和运输代理业	81	-74.6	4047	-6.4
装卸搬运和仓储业	46028	22.9	-5799	--
邮政业	71	1639.0	16381	4.8
信息传输、软件和信息技术服务业	-8718	--	267882	-19.8
电信、广播电视和卫星传输服务	-16	--	75329	9.1
互联网和相关服务	-1886	--	-4683	--

15-2 续表 3

指　标	单位数（家）	所得税费用		应付职工薪酬（本年贷方累计发生额）	
		总量（万元）	2018 年比 2017 年增长（%）	总量（万元）	2018 年比 2017 年增长（%）
总计	**823**	**199770**	**77.7**	**1610179**	**12.9**
按经济类型分					
内资企业	741	167479	84.6	1425112	13.6
国有企业	14	859	-26.5	57361	18.7
集体企业	10	475	22.9	5501	13.0
有限责任公司	488	124035	57.3	881966	12.6
私营企业	162	14959	215.5	166613	12.3
港、澳、台商投资企业	50	13497	11.3	113509	10.4
外商投资企业	32	18793	96.1	71558	4.2
按行业分					
交通运输、仓储和邮政业	160	24686	68.7	298642	2.6
铁路运输业	2	0	--	4572	13.8
道路运输业	71	3028	106.3	144345	3.7
水上运输业	23	9518	41.2	23434	0.1
航空运输业	6	4215	44.9	66083	6.4
管道运输业	1	4193	--	0	--
多式联运和运输代理业	27	1015	18.3	11857	-0.9
装卸搬运和仓储业	23	1527	4.3	29305	5.3
邮政业	7	1191	-0.3	19045	-15.5
信息传输、软件和信息技术服务业	143	33994	60.2	423681	8.2
电信、广播电视和卫星传输服务	4	9807	-4.1	47913	10.9
互联网和相关服务	12	6223	91.7	51787	38.8

15-2 续表 4

指　标	单位数（家）	应交增值税		平均用工人数	
		总量（万元）	2018 年比 2017 年增长（%）	人数（人）	2018 年比 2017 年增长（%）
总计	**823**	**211398**	**7.7**	**148300**	**3.6**
按经济类型分					
内资企业	741	195110	14.5	134713	4.1
国有企业	14	14636	213.2	4293	11.1
集体企业	10	470	19.9	672	-3.9
有限责任公司	488	128143	15.2	77354	0.7
私营企业	162	30101	-0.4	26768	6.2
港、澳、台商投资企业	50	10671	-27.3	8549	-1.5
外商投资企业	32	5617	-49.2	5038	0.0
按行业分					
交通运输、仓储和邮政业	160	19089	-6.6	26073	-3.0
铁路运输业	2	0	--	224	17.3
道路运输业	71	5604	-3.0	15267	-4.5
水上运输业	23	4453	-11.2	1844	-9.7
航空运输业	6	2963	-17.1	3409	10.0
管道运输业	1	2326	1101.9	0	--
多式联运和运输代理业	27	1147	-21.0	1323	-11.5
装卸搬运和仓储业	23	2116	-45.7	2315	-2.1
邮政业	7	480	-9.0	1691	-0.5
信息传输、软件和信息技术服务业	143	76638	-14.7	30674	-2.9
电信、广播电视和卫星传输服务	4	5162	-64.3	2550	-2.0
互联网和相关服务	12	12693	-20.7	2003	12.3

15-2 续表 5

指　标	单位数（家）	营业收入		营业成本		税金及附加	
		总量（万元）	2018年比2017年增长（%）	总量（万元）	2018年比2017年增长（%）	总量（万元）	2018年比2017年增长（%）
软件和信息技术服务业	127	1387465	12.3	696141	3.8	8255	3.2
房地产业	109	580786	-8.1	310044	7.9	5844	19.9
物业管理	61	264196	28.4	165673	14.1	3006	50.0
房地产中介服务	23	116133	-9.4	69082	1.2	837	-16.9
房地产租赁经营	24	48795	5.0	22549	8.3	1898	5.4
其他房地产业	1	151661	-39.7	52740	-0.6	104	59.9
租赁和商务服务业	214	1712398	21.3	1160825	27.0	17911	-40.1
租赁业	12	44979	6.0	21536	-0.5	127	4.2
商务服务业	202	1667419	21.8	1139289	27.6	17784	-40.3
科学研究和技术服务业	74	1040171	52.0	579799	56.5	5806	-0.6
研究和试验发展	12	541146	67.0	263844	84.3	3060	9.0
专业技术服务业	56	466733	32.8	295871	33.9	2617	-12.3
科技推广和应用服务业	6	32291	272.6	20084	213.5	130	154.5
水利、环境和公共设施管理业	26	277365	18.7	151914	3.0	4110	70.8
生态保护和环境治理业	6	11550	-9.1	9876	-10.8	109	37.8
公共设施管理业	19	115134	39.6	93112	32.9	1048	19.9
土地管理业	1	150681	8.8	48926	-26.3	2953	103.1
居民服务、修理和其他服务业	30	54276	8.0	34827	12.4	273	-16.7
居民服务业	7	18088	10.8	8690	29.4	80	9.8
机动车、电子产品和日用产品修理业	12	14276	-1.5	9048	-2.6	90	-20.9
其他服务业	11	21912	12.8	17089	14.1	103	-27.0
教育	20	242335	-10.7	183736	10.8	30	-97.8
教育	20	242335	-10.7	183736	10.8	30	-97.8
卫生和社会工作	15	50625	22.5	39861	45.2	10	966.7
卫生	15	50625	22.5	39861	45.2	10	966.7
文化、体育和娱乐业	32	107197	27.8	78028	29.0	3498	2.1
新闻和出版业	2	14454	195.9	7255	460.5	415	201.5
广播、电视、电影和录音制作业	11	42513	47.3	32754	56.5	649	-11.6
文化艺术业	4	17516	6.5	12575	12.8	49	21.6
体育	9	24322	-3.5	17731	-9.7	2269	-5.6
娱乐业	6	8393	-0.9	7713	3.3	117	4.6

15-2 续表 6

指　标	销售费用		管理费用	
	总量（万元）	2018 年比 2017 年增长（%）	总量（万元）	2018 年比 2017 年增长（%）
软件和信息技术服务业	79916	12.4	457246	34.1
房地产业	17067	-28.0	93288	-2.5
物业管理	485	-61.0	49653	4.8
房地产中介服务	14025	-28.2	25751	-8.9
房地产租赁经营	2429	9.7	14416	0.2
其他房地产业	129	-82.0	3468	-38.4
租赁和商务服务业	72076	-7.1	276194	19.0
租赁业	2502	6.8	4917	27.9
商务服务业	69574	-7.5	271277	18.9
科学研究和技术服务业	40413	16.4	120648	16.7
研究和试验发展	3486	44.2	44500	22.7
专业技术服务业	36524	14.9	71032	14.6
科技推广和应用服务业	403	-21.8	5116	-1.0
水利、环境和公共设施管理业	2800	22.5	31031	21.9
生态保护和环境治理业	165	104.7	1667	3.0
公共设施管理业	123	-3.8	10129	18.8
土地管理业	2513	20.9	19235	25.5
居民服务、修理和其他服务业	4676	-5.6	9611	15.3
居民服务业	1652	-16.9	2418	4.8
机动车、电子产品和日用产品修理业	2489	3.1	2621	13.7
其他服务业	535	-2.7	4572	22.7
教育	1478	15.9	71496	34.1
教育	1478	15.9	71496	34.1
卫生和社会工作	9380	4.0	17959	13.8
卫生	9380	4.0	17959	13.8
文化、体育和娱乐业	8474	-12.7	28164	34.3
新闻和出版业	0	-100.0	6483	3446.4
广播、电视、电影和录音制作业	1336	-23.0	5534	12.8
文化艺术业	2875	35.9	4032	5.1
体育	4030	-19.7	10446	-1.3
娱乐业	233	-2.8	1670	14.0

15-2 续表 7

指　标	财务费用		利润总额	
	总量（万元）	2018 年比 2017 年增长（%）	总量（万元）	2018 年比 2017 年增长（%）
软件和信息技术服务业	-6815	--	197236	-2.7
房地产业	2223	-84.3	275527	-19.8
物业管理	3599	-74.5	156367	26.0
房地产中介服务	-1	--	11594	-40.5
房地产租赁经营	3166	-0.1	6089	19.0
其他房地产业	-4542	--	101477	-47.9
租赁和商务服务业	100747	0.2	323642	-34.0
租赁业	1785	114.0	13008	-5.2
商务服务业	98962	-0.7	310633	-34.8
科学研究和技术服务业	-1675	--	417734	117.3
研究和试验发展	-2570	--	340524	122.6
专业技术服务业	495	322.5	68165	69.4
科技推广和应用服务业	401	8.6	9045	--
水利、环境和公共设施管理业	60535	10.1	33217	476.5
生态保护和环境治理业	94	--	283	-54.1
公共设施管理业	4162	-3.6	8826	--
土地管理业	56279	10.9	24108	341.4
居民服务、修理和其他服务业	196	-42.8	5367	-5.5
居民服务业	168	145.6	5199	-1.3
机动车、电子产品和日用产品修理业	23	-90.9	244	-37.5
其他服务业	5	-78.2	-76	--
教育	3065	--	1917	-97.3
教育	3065	--	1917	-97.3
卫生和社会工作	247	30.7	-16686	--
卫生	247	30.7	-16686	--
文化、体育和娱乐业	1522	86.0	-6279	--
新闻和出版业	-48	--	1525	-42.9
广播、电视、电影和录音制作业	1352	-18.2	1019	-56.5
文化艺术业	-30	--	455	-75.7
体育	793	--	-9308	--
娱乐业	-546	--	31	-72.8

15-2 续表 8

指　标	单位数（家）	所得税费用		应付职工薪酬（本年贷方累计发生额）	
		总量（万元）	2018 年比 2017 年增长（%）	总量（万元）	2018 年比 2017 年增长（%）
软件和信息技术服务业	127	17964	131.9	323982	4.2
房地产业	109	32727	511.0	181374	4.0
物业管理	61	7491	248.3	116647	13.2
房地产中介服务	23	1840	-28.0	53201	-11.5
房地产租赁经营	24	1145	75.4	6312	8.1
其他房地产业	1	22251	--	5214	-3.2
租赁和商务服务业	214	45438	-19.0	315757	24.3
租赁业	12	4206	39.6	4188	-13.8
商务服务业	202	41232	-22.3	311569	25.1
科学研究和技术服务业	74	52083	432.9	166738	30.8
研究和试验发展	12	42473	1096.7	34506	11.9
专业技术服务业	56	8101	30.3	128652	38.1
科技推广和应用服务业	6	1509	15785.3	3579	5.1
水利、环境和公共设施管理业	26	4360	595.7	40322	29.6
生态保护和环境治理业	6	60	-1.9	1909	8.9
公共设施管理业	19	2687	375.4	27745	24.4
土地管理业	1	1613	--	10668	51.1
居民服务、修理和其他服务业	30	1221	36.4	19859	15.5
居民服务业	7	1051	30.8	5086	16.1
机动车、电子产品和日用产品修理业	12	137	100.9	3683	9.3
其他服务业	11	32	38.6	11089	17.5
教育	20	4862	83.3	109114	13.5
教育	20	4862	83.3	109114	13.5
卫生和社会工作	15	34	-14.7	29936	42.5
卫生	15	34	-14.7	29936	42.5
文化、体育和娱乐业	32	366	-68.5	24758	13.5
新闻和出版业	2	0	--	4485	116.9
广播、电视、电影和录音制作业	11	386	-15.6	2113	3.4
文化艺术业	4	153	-55.0	4784	2.3
体育	9	-244	--	9959	3.5
娱乐业	6	70	-45.2	3416	0.7

15-2 续表 9

指　标	单位数（家）	应交增值税		平均用工人数	
		总量（万元）	2018 年比 2017 年增长（%）	人数（人）	2018 年比 2017 年增长（%）
软件和信息技术服务业	127	58783	-1.0	26121	-4.0
房地产业	109	27583	51.1	27146	3.6
物业管理	61	19538	203.2	20779	8.0
房地产中介服务	23	6071	2.5	5430	-9.2
房地产租赁经营	24	1974	-4.2	697	-8.0
其他房地产业	1	0	-100.0	240	4.3
租赁和商务服务业	214	42652	42.3	34842	14.7
租赁业	12	712	-75.6	549	-20.4
商务服务业	202	41940	55.1	34293	15.5
科学研究和技术服务业	74	32582	30.9	10675	4.8
研究和试验发展	12	17448	46.8	1602	0.8
专业技术服务业	56	14249	11.4	8779	5.4
科技推广和应用服务业	6	885	307.3	294	10.9
水利、环境和公共设施管理业	26	6862	2.4	3287	17.4
生态保护和环境治理业	6	660	30.9	244	7.0
公共设施管理业	19	5203	-8.8	2751	12.3
土地管理业	1	1000	103.7	292	135.5
居民服务、修理和其他服务业	30	1793	-9.4	3924	2.5
居民服务业	7	369	0.0	656	6.8
机动车、电子产品和日用产品修理业	12	705	-23.7	603	-3.1
其他服务业	11	719	4.7	2665	2.7
教育	20	2488	-1.9	6858	5.7
教育	20	2488	-1.9	6858	5.7
卫生和社会工作	15	5	5000.0	2218	8.1
卫生	15	5	5000.0	2218	8.1
文化、体育和娱乐业	32	1708	6.0	2603	-3.0
新闻和出版业	2	381	214.4	604	-3.0
广播、电视、电影和录音制作业	11	593	5.5	339	-15.7
文化艺术业	4	88	-59.1	284	35.9
体育	9	327	-23.1	996	-3.8
娱乐业	6	320	10.4	380	-8.4

15-3 各行政区规模以上服务业企业主要指标（2018年）

地区	单位数（家）	营业收入		营业成本		税金及附加	
		总量（万元）	2018年比2017年增长（%）	总量（万元）	2018年比2017年增长（%）	总量（万元）	2018年比2017年增长（%）
总计	**823**	**7490121**	**12.7**	**4855675**	**13.5**	**53581**	**-18.3**
香洲区	703	6482848	12.1	4040138	12.5	49796	-19.9
斗门区	32	156732	19.9	146355	27.2	564	5.8
金湾区	88	850541	16.5	669182	17.0	3221	11.2

注: 本表按2018年12月快报数取数汇总

15-3 续表1

地区	销售费用		管理费用		财务费用	
	总量（万元）	2018年比2017年增长（%）	总量（万元）	2018年比2017年增长（%）	总量（万元）	2018年比2017年增长（%）
总计	**352189**	**2.0**	**1351592**	**21.8**	**272623**	**-7.7**
香洲区	318956	5.8	1242005	23.1	210855	-12.7
斗门区	4340	17.3	21307	7.5	13162	2.3
金湾区	28894	-28.0	88280	9.3	48606	18.8

15-3 续表 2

地　区	利润总额		所得税费用		应付职工薪酬（本年贷方累计发生额）	
	总量（万元）	2018 年比 2017 年增长（%）	总量（万元）	2018 年比 2017 年增长（%）	总量（万元）	2018 年比 2017 年增长（%）
总计	**1327326**	**-5.3**	**199770**	**77.7**	**1610179**	**12.9**
香洲区	1297419	-6.4	181078	85.5	1383879	12.6
斗门区	-7267	--	3408	9.6	45321	5.2
金湾区	37174	10.8	15284	30.5	180980	17.7

15-3 续表 3

地　区	应交增值税		平均用工人数	
	总量（万元）	2018 年比 2017 年增长（%）	总量（人）	2018 年比 2017 年增长（%）
总计	**211398**	**7.7**	**148300**	**3.6**
香洲区	185000	3.0	124326	2.9
斗门区	2612	-1.3	5936	2.5
金湾区	23786	71.5	18038	9.0

十六、科技

16−1 科技主要指标

指 标	单 位	2000年	2010年	2014年	2015年	2016年	2017年	2018年
研究与实验发展（R&D）人员	人		10357	19507	18503	21198	27759	36310
研究与实验发展（R&D）经费内部支出	亿元	5.21	21.05	47.32	53.42	55.23	67.15	92.15
占全市GDP比重	%	1.55	1.72	2.49	2.59	2.44	2.51	3.16
研究与实验发展（R&D）课题（项目）数	个		763	1665	1596	1890	3040	3479
省级及以上科技奖励成果	项	7	5	16	10	14	4	8
技术合同成交额	万元			224524	168255	147294	81683	427800
专利申请受理量	件	594	3554	8998	11334	17651	20737	31167
专利申请批准量	件	504	2768	6258	6790	9287	12544	17090

16-2 专业技术人员情况（1989-2018 年）

单位：人

年份	专业技术人员（人）	国有企业、事业单位专业技术人员	工程技术人员	农业技术人员	科学技术人员	卫生技术人员	教学人员
1989	12556	…	…	…	…	…	…
1990	16248	…	…	…	…	…	…
1991	19497	…	…	…	…	…	…
1992	22740	…	…	…	…	…	…
1993	25825	…	…	…	…	…	…
1994	29658	…	…	…	…	…	…
1995	33783	…	…	…	…	…	…
1996	39443	…	…	…	…	…	…
1997	46412	…	…	…	…	…	…
1998	53470	…	…	…	…	…	…
1999	57976	…	…	…	…	…	…
2000	63058	…	…	…	…	…	…
2001	68562	…	…	…	…	…	…
2002	73777	19230	3155	208	7	3168	9328
2003	78998	18830	2650	209	9	3324	9343
2004	84176	20728	3430	209	26	3963	9791
2005	90280	22077	3781	185	47	4282	10154
2006	95143	22374	3917	213	29	4347	10371
2007	99500	22633	3937	204	10	4407	10637
2008	104210	24120	4668	188	13	4497	11202
2009	110576	24777	5695	170	12	3997	11592
2010	116682	25012	6551	154	29	3339	11751
2011	122682	26684	6727	156	46	3207	11904
2012	126884	26812	7432	126	33	3093	11781
2013	129492	27537	7179	136	57	3210	13170
2014	132082	28896	8412	164	28	3078	13043
2015	135644	30539	8796	181	46	3603	13494
2016	141262	31601	9355	187	38	3865	13360
2017	166221	32685	10074	200	37	4141	13322
2018	181133	37309	12716	238	38	4492	9066

注：1、专业技术人员为截至年末在珠海取得专业技术资格的历年累计人数。

2、2012 起，国有企业和事业单位专技人才数量以此为准（《人社部 SMIS 统计软件》统计的当年度最终复核数据）。

16-3 按职称和按专业分类的国有企业及事业单位专业技术人员

单位：人

项 目	2014年	2015年	2016年	2017年	2018年
合计	**28896**	**30539**	**31601**	**32685**	**37309**
按职称分					
1. 高级	3680	4029	4085	4412	4807
2. 中级	10522	11297	11615	12749	12834
3. 初级	8242	8468	9055	8167	7887
4. 其他	6452	6745	6846	7357	10783
按专业分					
1. 工程技术人员	8412	8796	9355	10074	12716
2. 农业技术人员	164	181	187	200	238
3. 科学研究人员	28	46	38	37	38
4. 卫生技术人员	3078	3603	3865	4141	4492
5. 教学人员	13043	13494	13360	13322	9066
6. 经济人员	1690	1807	1974	2116	2200
7. 会计人员	1121	1179	1212	1234	865
8. 统计人员	134	149	143	153	107
9. 翻译人员	25	26	35	35	4
10. 图书档案、文博人员	217	219	235	241	473
11. 新闻、出版人员	321	316	334	304	291
12. 律师、公证人员	33	34	37	38	50
13. 播音人员	25	33	40	37	36
14. 工艺美术人员	43	42	48	47	117
15. 体育人员	66	55	84	86	235
16. 艺术人员	95	108	131	126	69
17. 政工人员	401	451	523	494	619

注：2012起，国有企业和事业单位专技人才数量以此为准（《人社部SMIS统计软件》统计的当年度最终复核数据）。

16-4 科技投入和获奖情况(1985-2018 年)

年份	财政科技投入（万元）	占财政支出的比重(%)	其中		科技进步奖(项)		
			科技研究与开发专项资金(万元)	占财政支出的比重(%)	国家级	省级	市级
1985	…	…	82	…	…	…	…
1986	…	…	86	…	…	…	31
1987	…	…	143	…	…	2	31
1988	…	…	205	…	…	1	30
1989	…	…	415	…	…	2	35
1990	…	…	409	…	…	3	46
1991	…	…	424	…	…	4	52
1992	…	…	462	…	…	2	42
1993	…	…	614	…	…	2	17
1994	…	…	665	…	…	…	16
1995	…	…	2551	…	…	5	24
1996	…	…	2379	…	1	…	21
1997	…	…	3429	…	…	4	17
1998	…	…	2903	…	…	1	13
1999	2422	0.92	1070	0.66	3	11	20
2000	25410	8.20	6741	2.17	3	4	23
2001	22763	6.09	9066	2.43	2	6	18
2002	21696	5.19	11162	2.67	1	3	…
2003	19025	4.20	13884	3.06	1	4	12
2004	18165	3.57	13385	2.63	1	8	14
2005	20384	3.53	14693	2.54	1	9	15
2006	22134	3.14	16134	2.29	0	5	15
2007	20801	2.51	14490	1.75	1	7	32
2008	30007	2.84	23380	2.12	0	7	25
2009	39803	3.28	24490	2.02	3	12	43
2010	56984	3.93	30680	2.11	2	3	45
2011	73453	3.86	48031	2.52	2	8	37
2012	88312	4.16	58588	2.76	0	6	40
2013	121303	4.81	64126	2.54	1	11	36
2014	125185	4.54	74406	2.70	3	13	44
2015	286324	7.36	206982	5.32	1	9	…
2016	352358	8.40	223861	5.37	0	14	…
2017	453039	9.17	266865	5.40	0	4	47
2018	455218	7.95	242236	4.23	3	5	…

注：1、从 2007 年开始，财政科技投入、科技研究与开发专项资金均按科技厅统一口径为财政一般预算支出决算数。
2、根据国务院办公厅印发《关于深化科技奖励制度改革方案的通知》（国办函〔2017〕55 号），明确规定“省级以下各级人民政府及其所属部门，其他列入公务员法实施范围的机关，以及参照公务员法管理的机关（单位），不得设立由财政出资的科学技术奖”。经市政府同意明确不再设立珠海市科学技术奖。

16-5 专利申请授权概况（2001—2018 年）

单位：项

年 份	申请总量	其中：发明专利	授权总量	其中：发明专利
2001	759	97	458	10
2002	825	102	599	12
2003	989	137	703	21
2004	1370	140	696	43
2005	1680	255	931	42
2006	2118	401	1251	63
2007	2217	458	1657	50
2008	2244	437	1797	143
2009	2778	644	2008	203
2010	3554	847	2768	201
2011	5594	1484	3690	323
2012	7097	2287	4936	503
2013	8017	2729	4805	482
2014	8998	3172	6258	608
2015	11334	4420	6790	1240
2016	17651	7596	9287	1796
2017	20737	7769	12544	2479
2018	31167	13139	17090	3452

16-6 三种专利申请量与授权量

单位：项

项　　目	2000 年	2010 年	2014 年	2015 年	2016 年	2017 年	2018 年
申请量	**594**	**3554**	**8998**	**11334**	**17651**	**20737**	**31167**
发明专利	67	847	3172	4420	7596	7769	13139
实用新型	225	1765	4162	5377	7948	10765	15133
外观设计	302	942	1664	1537	2107	2203	2895
授权量	**504**	**2768**	**6258**	**6790**	**9287**	**12544**	**17090**
发明专利	7	201	608	1240	1796	2479	3452
实用新型	242	1597	4230	4021	5953	8021	11174
外观设计	255	970	1420	1529	1538	2044	2464

16-7 全市高新技术企业情况

指　　标	单位	2010 年	2014 年	2015 年	2016 年	2017 年	2018 年
高新技术企业							
企业数	家	196	346	397	787	1478	2055
工业总产值	万元	10103958	17015009	21440061	24969161	23245726	27575358
软件企业							
软件产业总收入	亿元	188.26	435.45	519.4	622.75	755.72	848.77
其中：出口额	亿美元	7.68	10.87	11.25	11.54	12.34	12.75

16-8 高新技术产品产值（2000-2018 年）

年 份	高新技术产品产值（万元）	高新技术产品增加值（万元）	高技术产品出口额（万美元）
2000	1589813	537900	97590
2001	1871075	610571	143520
2002	2183509	506781	151622
2003	3425857	565777	263453
2004	4684530	755373	377803
2005	6009010	803740	382181
2006	7732921	1139724	500127
2007	9839367	1565069	500280
2008	10313902	1583824	609209
2009	9788268	1665218	517860
2010	12788127	…	801858
2011	15453726	…	776343
2012	15976025	…	1092800
2013	18117400	…	1215700
2014	20225990	…	1182496
2015	22384546	…	625847
2016	24465575	…	710499
2017	23245805	…	6380127
2018	27120112	…	6623373

注：高技术产品出口额 2017 年起为万元数据。

16-9 规模以上工业企业R&D人员情况（2018年）

	R&D人员（人）	其中：女性	1. 参加项目人员	2. 管理和服务人员
总计	**30808**	**6445**	**28881**	**1927**
一、按企业规模分组				
大型	13264	2942	12478	786
中型	10434	2159	9753	681
小型	7045	1338	6593	452
微型	65	6	57	8
二、按登记注册类型分组				
内资企业	22352	4394	21093	1259
国有企业	0	0	0	0
集体企业	0	0	0	0
有限责任公司	6943	1117	6553	390
股份有限公司	9768	2164	9214	554
私营企业	5641	1113	5326	315
港、澳、台商投资企业	4825	1181	4518	307
外商投资企业	3631	870	3270	361
三、按国民经济行业大类分组				
采矿业	175	23	172	3
石油和天然气开采业	175	23	172	3
制造业	30612	6421	28690	1922
农副食品加工业	207	15	199	8
食品制造业	264	128	251	13
酒、饮料和精制茶制造业	56	16	49	7
纺织业	77	28	72	5
纺织服装、服饰业	173	85	158	15
皮革、毛皮、羽毛及其制品和制鞋业	0	0	0	0
木材加工和木、竹、藤、棕、草制品业	40	10	38	2
家具制造业	229	55	213	16
造纸和纸制品业	224	23	215	9
印刷和记录媒介复制业	114	26	109	5
文教、工美、体育和娱乐用品制造业	258	56	240	18
石油加工、炼焦和核燃料加工业	88	18	80	8
化学原料和化学制品制造业	1471	292	1375	96
医药制造业	934	413	877	57
化学纤维制造业	6	2	4	2
橡胶和塑料制品业	905	194	855	50
非金属矿物制品业	381	41	367	14
黑色金属冶炼和压延加工业	44	2	41	3
有色金属冶炼和压延加工业	267	22	257	10
金属制品业	677	131	625	52
通用设备制造业	1062	116	967	95
专用设备制造业	2751	558	2660	91
汽车制造业	763	130	722	41
铁路、船舶、航空航天和其他运输设备制造业	291	42	265	26
电气机械和器材制造业	9969	1930	9268	701
计算机、通信和其他电子设备制造业	7867	1922	7344	523
仪器仪表制造业	1342	142	1298	44
废弃资源综合利用业	0	0	0	0
金属制品、机械和设备修理业	152	24	141	11
电力、热力、燃气及水生产和供应业	21	1	19	2
电力、热力生产和供应业	21	1	19	2

16-9 续表

	R&D人员折合全时当量合计（人年）	1. 基础研究人员	2. 应用研究人员	3. 试验发展人员
总计	**23009**	**4**	**173**	**22832**
一、按企业规模分组				
大型	10274	0	127	10147
中型	7700	0	12	7689
小型	4987	4	35	4948
微型	48	0	0	48
二、按登记注册类型分组				
内资企业	16660	0	135	16525
国有企业	0	0	0	0
集体企业	0	0	0	0
有限责任公司	4708	0	98	4610
股份有限公司	7893	0	19	7874
私营企业	4059	0	18	4041
港、澳、台商投资企业	3676	0	19	3657
外商投资企业	2674	4	20	2650
三、按国民经济行业大类分组				
采矿业	31	0	0	31
石油和天然气开采业	31	0	0	31
制造业	22965	4	173	22788
农副食品加工业	141	0	0	141
食品制造业	244	0	1	243
酒、饮料和精制茶制造业	27	0	0	27
纺织业	77	0	0	77
纺织服装、服饰业	127	0	0	127
皮革、毛皮、羽毛及其制品和制鞋业	0	0	0	0
木材加工和木、竹、藤、棕、草制品业	27	0	0	27
家具制造业	143	0	0	143
造纸和纸制品业	167	0	0	167
印刷和记录媒介复制业	89	0	4	85
文教、工美、体育和娱乐用品制造业	105	0	0	105
石油加工、炼焦和核燃料加工业	52	0	0	52
化学原料和化学制品制造业	1074	4	22	1049
医药制造业	666	0	0	666
化学纤维制造业	5	0	0	5
橡胶和塑料制品业	683	0	0	683
非金属矿物制品业	244	0	0	244
黑色金属冶炼和压延加工业	10	0	0	10
有色金属冶炼和压延加工业	216	0	0	216
金属制品业	317	0	10	307
通用设备制造业	732	0	0	732
专用设备制造业	1918	0	5	1913
汽车制造业	528	0	4	524
铁路、船舶、航空航天和其他运输设备制造业	222	0	4	218
电气机械和器材制造业	8269	0	50	8218
计算机、通信和其他电子设备制造业	5649	0	72	5577
仪器仪表制造业	1122	0	0	1122
废弃资源综合利用业	0	0	0	0
金属制品、机械和设备修理业	111	0	0	111
电力、热力、燃气及水生产和供应业	13	0	0	13
电力、热力生产和供应业	13	0	0	13

16-10 非工企业 R&D 人员情况（2018 年）

	R&D 人员（人）	其中：女性	1. 参加项目人员	2. 管理和服务人员
总计	**3490**	**818**	**3253**	**237**
一、按企业规模分组				
大型	2332	567	2175	157
中型	1158	251	1078	80
二、按登记注册类型分组				
内资企业	3154	771	2935	219
国有企业	115	18	111	4
有限责任公司	1814	439	1658	156
股份有限公司	938	253	890	48
私营企业	287	61	276	11
港、澳、台商投资企业	256	44	248	8
外商投资企业	80	3	70	10
三、按国民经济行业大类分组				
建筑业	261	31	249	12
房屋建筑业	33	3	32	1
土木工程建筑业	135	5	128	7
建筑装饰、装修和其他建筑业	93	23	89	4
交通运输、仓储和邮政业	33	2	27	6
装卸搬运和仓储业	33	2	27	6
信息传输、软件和信息技术服务业	2271	563	2166	105
互联网和相关服务	463	137	441	22
软件和信息技术服务业	1808	426	1725	83
科学研究和技术服务业	925	222	811	114
研究和试验发展	799	203	689	110
专业技术服务业	126	19	122	4

16-10 续表

	R&D人员折合全时当量合计（人年）	1. 基础研究人员	2. 应用研究人员	3. 试验发展人员
总计	**3194**	**0**	**174**	**3020**
一、按企业规模分组				
大型	2172	0	174	1998
中型	1023	0	1	1022
二、按登记注册类型分组				
内资企业	2915	0	174	2740
国有企业	54	0	0	54
有限责任公司	1720	0	174	1546
股份有限公司	893	0	0	893
私营企业	248	0	0	248
港、澳、台商投资企业	216	0	0	216
外商投资企业	64	0	0	64
三、按国民经济行业大类分组				
建筑业	220	0	40	180
房屋建筑业	27	0	0	27
土木工程建筑业	106	0	40	66
建筑装饰、装修和其他建筑业	87	0	0	87
交通运输、仓储和邮政业	26	0	0	26
装卸搬运和仓储业	26	0	0	26
信息传输、软件和信息技术服务业	2097	0	1	2096
互联网和相关服务	450	0	0	450
软件和信息技术服务业	1647	0	1	1646
科学研究和技术服务业	851	0	133	718
研究和试验发展	787	0	133	654
专业技术服务业	64	0	0	64

16-11　规模以上工业企业 R&D 经费支出情况（2018 年）

单位：万元

项　目	R&D 经费内部支出	按活动类型分组			按资金来源分组			
		1. 基础研究支出	2. 应用研究支出	3. 试验发展支出	1. 政府资金	2. 企业资金	3. 境外资金	4. 其他资金
总计	**827740**	**99**	**4934**	**822706**	**54961**	**770804**	**658**	**1317**
一、按企业规模分组								
大型	506031	0	3879	502152	25357	480251	422	0
中型	204014	0	546	203468	15536	187422	130	926
小型	115945	99	509	115337	13988	101461	106	391
微型	1749	0	0	1749	80	1669	0	0
二、按登记注册类型分组								
内资企业	676860	0	2806	674054	43826	631443	609	983
国有企业	0	0	0	0	0	0	0	0
集体企业	0	0	0	0	0	0	0	0
有限责任公司	140913	0	2117	138796	18862	120595	530	926
股份有限公司	437677	0	14	437663	17479	420175	23	0
私营企业	98270	0	675	97595	7485	90674	55	57
港、澳、台商投资企业	75307	0	1901	73406	9285	65676	13	334
外商投资企业	75572	99	227	75247	1851	73685	37	0
三、按国民经济行业大类分组								
采矿业	2082	0	0	2082	1895	187	0	0
石油和天然气开采业	2082	0	0	2082	1895	187	0	0
制造业	825242	99	4934	820208	53058	770209	658	1317
农副食品加工业	9229	0	0	9229	2	9227	0	0
食品制造业	7423	0	33	7390	6568	855	0	0
酒、饮料和精制茶制造业	2956	0	0	2956	234	2722	0	0
纺织业	1284	0	0	1284	82	1203	0	0
纺织服装、服饰业	1727	0	0	1727	476	1252	0	0

16-11 续表 1

单位：万元

项　目	R&D经费外部支出	对境内研究机构支出	对境内高等学校支出	对境内企业支出	对境外支出
总计	**8772**	**238**	**1022**	**6081**	**1431**
一、按企业规模分组					
大型	5540	5	287	3976	1272
中型	974	90	124	627	133
小型	2258	143	612	1478	26
微型	0	0	0	0	0
二、按登记注册类型分组					
内资企业	3615	156	714	2587	159
国有企业	0	0	0	0	0
集体企业	0	0	0	0	0
有限责任公司	1596	129	438	1014	16
股份有限公司	387	16	142	215	14
私营企业	1633	11	134	1358	129
港、澳、台商投资企业	3216	82	262	2873	0
外商投资企业	1940	0	47	621	1272
三、按国民经济行业大类分组					
采矿业	128	0	5	122	0
石油和天然气开采业	128	0	5	122	0
制造业	8624	218	1017	5959	1431
农副食品加工业	0	0	0	0	0
食品制造业	104	16	88	0	0
酒、饮料和精制茶制造业	0	0	0	0	0
纺织业	0	0	0	0	0
纺织服装、服饰业	0	0	0	0	0

16-11 续表 2

单位：万元

项目	R&D 经费内部支出	按活动类型分组			按资金来源分组			
		1. 基础研究支出	2. 应用研究支出	3. 试验发展支出	1. 政府资金	2. 企业资金	3. 境外资金	4. 其他资金
皮革、毛皮、羽毛及其制品和制鞋业	0	0	0	0	0	0	0	0
木材加工和木、竹、藤、棕、草制品业	370	0	0	370	206	163	0	0
家具制造业	2856	0	0	2856	73	2783	0	0
造纸和纸制品业	3983	0	0	3983	137	3846	0	0
印刷和记录媒介复制业	1666	0	43	1624	116	1550	0	0
文教、工美、体育和娱乐用品制造业	1673	0	0	1673	40	1626	7	0
石油加工、炼焦和核燃料加工业	2150	0	0	2150	0	2150	0	0
化学原料和化学制品制造业	24828	99	271	24458	1248	23536	45	0
医药制造业	26089	0	0	26089	3920	22169	0	0
化学纤维制造业	74	0	0	74	0	74	0	0
橡胶和塑料制品业	12888	0	0	12888	997	11886	5	0
非金属矿物制品业	4935	0	0	4935	311	4624	0	0
黑色金属冶炼和压延加工业	1626	0	0	1626	0	1626	0	0
有色金属冶炼和压延加工业	4988	0	0	4988	77	4909	2	0
金属制品业	10101	0	1748	8353	474	9035	0	592
通用设备制造业	17952	0	0	17952	714	16905	0	334
专用设备制造业	44864	0	75	44789	3786	41055	23	0
汽车制造业	15106	0	80	15026	3190	11904	12	0
铁路、船舶、航空航天和其他运输设备制造业	4715	0	120	4596	1309	3407	0	0
电气机械和器材制造业	427914	0	938	426975	16849	410599	410	57
计算机、通信和其他电子设备制造业	154184	0	1626	152558	10606	143089	156	334
仪器仪表制造业	23452	0	0	23452	1645	21807	0	0
废弃资源综合利用业	0	0	0	0	0	0	0	0
金属制品、机械和设备修理业	16209	0	0	16209	0	16209	0	0
电力、热力、燃气及水生产和供应业	416	0	0	416	9	407	0	0
电力、热力生产和供应业	416	0	0	416	9	407	0	0

单位：万元

项　目	R&D 经费外部支出	对境内研究机构支出	对境内高等学校支出	对境内企业支出	对境外支出
皮革、毛皮、羽毛及其制品和制鞋业	0	0	0	0	0
木材加工和木、竹、藤、棕、草制品业	0	0	0	0	0
家具制造业	0	0	0	0	0
造纸和纸制品业	0	0	0	0	0
印刷和记录媒介复制业	0	0	0	0	0
文教、工美、体育和娱乐用品制造业	22	0	22	0	0
石油加工、炼焦和核燃料加工业	0	0	0	0	0
化学原料和化学制品制造业	424	0	76	337	11
医药制造业	3252	112	221	2919	0
化学纤维制造业	0	0	0	0	0
橡胶和塑料制品业	3	0	3	0	0
非金属矿物制品业	16	0	16	0	0
黑色金属冶炼和压延加工业	618	0	0	618	0
有色金属冶炼和压延加工业	307	0	307	0	0
金属制品业	11	9	1	0	0
通用设备制造业	178	0	0	178	0
专用设备制造业	51	0	42	9	0
汽车制造业	77	0	77	0	0
铁路、船舶、航空航天和其他运输设备制造业	0	0	0	0	0
电气机械和器材制造业	217	49	54	115	0
计算机、通信和其他电子设备制造业	3111	32	82	1592	1405
仪器仪表制造业	237	0	30	191	16
废弃资源综合利用业	0	0	0	0	0
金属制品、机械和设备修理业	0	0	0	0	0
电力、热力、燃气及水生产和供应业	20	20	0	0	0
电力、热力生产和供应业	20	20	0	0	0

16-12 非工业企业R&D经费支出情况（2018年）

单位：万元

项目	R&D经费内部支出	按活动类型分组			按资金来源分组			
		1. 基础研究支出	2. 应用研究支出	3. 试验发展支出	1. 政府资金	2. 企业资金	3. 境外资金	4. 其他资金
总计	**77816**	**0**	**3080**	**74737**	**4661**	**73152**	**0**	**4**
一、按企业规模分组								
大型	52119	0	3074	49045	2076	50040	0	4
中型	25698	0	6	25692	2585	23113	0	0
二、按登记注册类型分组								
内资企业	72215	0	3080	69135	4541	67671	0	4
国有企业	2742	0	0	2742	172	2570	0	0
有限责任公司	48119	0	3080	45039	2566	45549	0	4
股份有限公司	13941	0	0	13941	313	13629	0	0
私营企业	7413	0	0	7413	1490	5923	0	0
港、澳、台商投资企业	2758	0	0	2758	100	2658	0	0
外商投资企业	2844	0	0	2844	20	2824	0	0
三、按国民经济行业大类分组								
建筑业	10253	0	2167	8087	643	9607	0	4
房屋建筑业	2416	0	0	2416	220	2196	0	0
土木工程建筑业	6258	0	2167	4091	0	6255	0	4
建筑装饰、装修和其他建筑业	1579	0	0	1579	423	1156	0	0
交通运输、仓储和邮政业	393	0	0	393	51	342	0	0
装卸搬运和仓储业	393	0	0	393	51	342	0	0
信息传输、软件和信息技术服务业	43050	0	6	43044	3326	39724	0	0
互联网和相关服务	12925	0	0	12925	813	12112	0	0
软件和信息技术服务业	30124	0	6	30119	2513	27612	0	0
科学研究和技术服务业	24120	0	907	23213	640	23480	0	0
研究和试验发展	21101	0	907	20193	463	20638	0	0
专业技术服务业	3020	0	0	3020	177	2842	0	0

16-12 续表 1

单位：万元

项　目	R&D 经费外部支出	对境内研究机构支出	对境内高等学校支出	对境内企业支出	对境外支出
总计	**9935**	**0**	**71**	**9864**	**0**
一、按企业规模分组					
大型	3928	0	70	3859	0
中型	6007	0	1	6006	0
二、按登记注册类型分组					
内资企业	9906	0	42	9864	0
国有企业	1	0	1	0	0
有限责任公司	9758	0	41	9717	0
股份有限公司	147	0	0	147	0
私营企业	0	0	0	0	0
港、澳、台商投资企业	29	0	29	0	0
外商投资企业	0	0	0	0	0
三、按国民经济行业大类分组					
建筑业	30	0	29	1	0
房屋建筑业	0	0	0	0	0
土木工程建筑业	1	0	0	1	0
建筑装饰、装修和其他建筑业	29	0	29	0	0
交通运输、仓储和邮政业	0	0	0	0	0
装卸搬运和仓储业	0	0	0	0	0
信息传输、软件和信息技术服务业	6234	0	41	6194	0
互联网和相关服务	6000	0	0	6000	0
软件和信息技术服务业	234	0	41	194	0
科学研究和技术服务业	3671	0	1	3670	0
研究和试验发展	3670	0	0	3670	0
专业技术服务业	1	0	1	0	0

16-13 珠海全社会 R&D 占 GDP 比重情况表

区 域	R&D 人员（人）		R&D（亿元）		GDP（亿元）		R&D 占 GDP 比重（%）		R&D2018 年比 2017 年增长（%）
	2017 年	2018 年	2017 年	2018 年	2017 年	2018 年	2017 年	2018 年	
合计	**27759**	**36310**	**67.15**	**92.15**	**2675.18**	**2914.74**	**2.51**	**3.16**	**37.2**
香洲	18134	23260	46.40	69.00	1756.42	1902.06	2.64	3.63	48.7
斗门	3145	5419	5.72	9.21	356.05	388.39	1.61	2.37	61.1
金湾	6480	7631	15.03	13.94	562.70	624.29	2.67	2.23	-7.3

16-14 珠三角全社会 R&D 情况表

区 域	2017 年（亿元）		2018 年（亿元）		R&D2018 年比 2017 年增长（%）	R&D 占 GDP 比重提升的百分点
	合计	R&D 占 GDP 比重（%）	合计	R&D 占 GDP 比重（%）		
全省	**2343.63**	**2.61**	**2704.70**	**2.78**	**15.4**	**0.17**
珠三角	2226.60	2.94	2586.01	3.19	16.1	0.25
广州	532.41	2.48	600.17	2.63	12.7	0.15
深圳	976.94	4.34	1161.93	4.80	18.9	0.46
佛山	223.16	2.37	254.77	2.56	14.2	0.19
珠海	67.15	2.51	92.15	3.16	37.2	0.65
中山	79.17	2.31	61.12	1.68	-22.8	-0.63
江门	51.43	1.91	62.63	2.16	21.8	0.25
东莞	188.14	2.48	236.32	2.85	25.6	0.37
惠州	83.98	2.19	94.19	2.30	12.2	0.11
肇庆	24.23	1.15	22.72	1.03	-6.2	-0.12

十七、教育文化卫生体育

17-1 教育、文化、卫生和体育主要指标

指　标	单 位	2000 年	2010 年	2014 年	2015 年	2016 年	2017 年	2018 年
在校学生数	人	189236	413266	459602	482506	494724	512469	528489
普通高等学校	人		108190	132000	132000	133626	136829	138957
成人高等学校	人		9275	8576	18354	17717	16528	15762
中等职业学校	人	3685	19944	21756	21326	21597	20117	18962
#普通中学	人	48701	95302	90546	87559	86928	90237	94983
小学毕业生升学率	%		100.00	97.70	97.40	97.05	97.18	97.31
学龄儿童入学率	%	100.00	100.00	99.98	99.87	99.99	99.63	100.00
电影放映单位	个	26	14	32	34	24	25	40
艺术表演团体	个	7	8	8	8	6	7	6
群众艺术馆、文化馆	个	3	4	4	4	4	4	4
公共图书馆	个	2	3	3	3	3	3	4
公共图书馆藏量	万册、件	35.00	86.56	341.90	145.83	153.45	169.88	183.86
博物馆（含美术馆）	个	2	2	2	2	2	2	3
博物馆藏品数（含美术馆）	万件	0.38	0.44	1.52	1.58	1.52	1.54	2.19
档案馆	个			2	2	2	2	2
利用档案	人次		23	23	15	40	22	10
广播电台	座	2	2	2	2	2	2	2
电视台	座	2	2	2	2	2	2	2
广播综合人口覆盖率	%		100.0	100.0	100.0	100.0	100.0	100.0
电视综合人口覆盖率	%		100.0	100.0	100.0	100.0	100.0	100.0
市级全民健身活动次数	次	58	76	83	92	100	105	105
医疗卫生机构数	个	62	684	673	692	721	742	838
#医院、卫生院	个		49	50	54	53	55	57
医疗卫生机构床位数	张	3137	6569	7993	8558	8806	9394	9899
#医院、卫生院床位	张		6092	7463	7978	8217	8688	9197
卫生机构在岗职工数	人	5321	14545	16702	17584	18673	20128	22168
#执业（助理）医生	人		4756	5185	5470	5806	6427	7090
平均每千人口有卫生机构床位数	张		4.21	4.95	5.23	5.26	5.32	5.23
平均每千人口有卫生技术人员数	人		7.71	8.72	9.11	9.40	9.61	9.75
#执业（助理）医生	人		3.05	3.21	3.35	3.47	3.64	3.75

17-2 建市以来各级各类学校情况

年份	各种学校数（所）	普通中学（所）	小学（所）	在校学生数（人）	普通中学（人）	小学（人）	毕业生数（人）	普通中学（人）	小学（人）
1979	247	22	203	71249	19553	49413	13284	6306	6978
1980	259	25	206	72919	19268	50870	11583	4551	7032
1981	243	26	198	70036	17365	51449	12625	5457	7168
1982	347	27	209	71055	17499	51011	11798	4022	7776
1983	370	29	202	89361	18759	49127	17748	4313	8508
1984	299	33	197	83550	22279	46951	18954	4358	9439
1985	359	36	193	87740	25871	47512	19653	6950	9328
1986	360	37	191	94048	28502	50958	19796	6896	6786
1987	373	36	190	103079	26677	54859	20419	8347	5791
1988	377	38	191	107523	26654	58273	26977	9015	7758
1989	351	37	190	114877	26586	62083	28509	7337	8432
1990	406	37	194	121028	28110	65789	27572	7122	8317
1991	397	38	197	126279	27834	66916	34648	8481	8803
1992	415	31	200	134880	28894	71525	37608	8603	10182
1993	424	35	202	140866	30827	76329	35998	8477	10046
1994	385	33	201	149901	32897	81445	37556	8746	10577
1995	393	36	199	158967	34913	85558	41340	10590	11649
1996	391	38	199	163746	36548	89958	39530	10105	11584
1997	430	38	199	169052	38234	93353	37713	10455	12256
1998	423	40	200	175336	39989	95907	40651	11030	13535
1999	426	37	196	179199	43007	97545	40631	11065	14255
2000	432	42	199	189236	48701	103156	41839	11904	15132
2001	428	53	192	199305	55506	104422	44294	13851	16465
2002	405	52	181	214303	62352	110472	46556	15361	16991
2003	392	53	154	228844	67781	116605	50159	17734	18092
2004	417	52	140	244312	74426	120823	56454	20152	18418
2005	419	58	135	258450	80597	127362	59407	22752	19610
2006	425	58	136	271892	84161	132429	62788	24362	20722
2007	422	56	133	281369	87638	132783	66185	26072	21606
2008	420	58	132	288023	90901	131478	70010	27378	23156
2009	410	58	130	288322	93861	125643	71635	28269	23183
2010	419	58	124	295801	95302	126274	70346	28996	22132
2011	400	59	119	297530	95379	126878	70036	30034	21818
2012	417	63	114	302928	94961	128546	76462	31397	22513
2013	437	65	114	309302	93886	131577	70243	29759	21209
2014	452	67	115	319026	90546	140593	68584	31211	19848
2015	480	71	116	332152	87559	148795	69480	30587	19505
2016	503	73	118	343381	86928	155269	73451	29388	21275
2017	529	74	122	359112	90237	162238	73838	27283	22605
2018	549	75	124	373770	94983	172071	87703	27388	23449

注: 各级各类学校历年数据不包含高等学校。

17-3 各级各类学校情况

指　　标	2000 年	2005 年	2010 年	2014 年	2015 年	2016 年	2017 年	2018 年
一、各级学校数（所）	**432**	**419**	**430**	**463**	**491**	**514**	**540**	**560**
普通高等学校			10	10	10	10	10	10
成人高等学校			1	1	1	1	1	1
中等职业学校	5	6	8	6	7	9	9	9
技工学校		1	1	3	3	3	4	4
普通中学	42	58	58	67	71	73	74	75
其中：十二年一贯制学校					4	4	4	4
完全中学			10	12	5	5	5	4
普通高中	14	13	7	8	10	11	11	11
九年一贯制学校					18	18	18	18
初　　中	28	45	41	47	34	35	36	38
小　学	199	135	124	115	116	118	122	124
幼儿园	176	217	227	259	281	298	318	335
特殊教育	1	1	1	2	2	2	2	2
二、在校学生数（人）	**189236**	**258450**	**413266**	**459602**	**482506**	**494724**	**512469**	**528489**
普通高等学校			108190	132000	132000	133626	136829	138957
成人高等学校			9275	8576	18354	17717	16528	15762
中等职业学校	3685	12964	19944	21756	21326	21597	20117	18962
技工学校		1140	7302	7405	7406	7430	8194	8202
普通中学	48701	80597	95302	90546	87559	86928	90237	94983
其中：普通高中	9430	24248	31003	30008	29609	29285	29991	30588
初　　中	39271	56349	64299	60538	57950	57643	60246	64395
小　学	103156	127362	126274	140593	148795	155269	162238	172071
幼儿园	29110	34555	46713	58346	66666	71727	77854	79055
特殊教育	70	141	266	380	400	430	472	497

注：1、2000 年学校合计数包括了农业、职业中学 9 所。
2、2000 年在校学生合计数包括了农业、职业中学 4514 人。
3、在校学生数中普通高中包含完全中学、十二年一贯制学校，初中包含九年一贯制学校。

17-3 续表

指　　标	2000年	2005年	2010年	2014年	2015年	2016年	2017年	2018年
三、专任教师数（人）	**13394**	**16465**	**20873**	**24115**	**26080**	**27837**	**29097**	**30308**
普通高等学校			5305	5500	5500	6333	6528	6596
成人高等学校			39	67	81	80	76	74
中等职业学校	457	788	789	908	1013	906	952	932
技工学校		74	180	349	365	341	404	418
普通中学	4019	5211	5742	6374	7957	8187	8359	8699
小　学	5400	6124	5749	6613	6199	6534	6900	7334
幼儿园	2949	4138	3028	4233	4884	5357	5768	6137
特殊教育		20	41	71	81	99	110	118
四、招生数（人）			**122109**	**130803**	**121224**	**122686**	**123305**	**140412**
普通高等学校			34812	34991	38000	38949	36436	35777
成人高等学校			4713	5195	--	--	--	——
中等职业学校			7945	7837	7556	7795	5906	6217
技工学校			3200	2910	3850	2397	2548	2609
普通中学			32202	29206	29141	30550	32461	33206
小　学			21550	28020	27963	27872	29876	32644
幼儿园			17634	22577	14658	15019	15980	29861
特殊教育			53	67	56	104	98	98
五、毕业生数（人）	**41839**	**59407**	**92570**	**102286**	**102480**	**106264**	**104635**	**122869**
普通高等学校			20723	30073	33000	32813	30797	35166
成人高等学校			1501	3629	--	--	--	——
中等职业学校	919	3962	5085	6995	7289	6262	6907	6803
技工学校		366	825	1774	1659	1720	1961	2272
普通中学	11904	22752	28996	31211	30587	29388	27283	27388
其中：普通高中	2258	6140	9401	10718	10185	9652	9204	9651
初　中	9646	16612	19595	20493	20402	19736	18079	17737
小　学	15132	19610	22132	19848	19505	21275	22605	23449
幼儿园	12349	12563	13301	8750	10408	14726	15025	27734
特殊教育			7	6	32	80	57	57
六、学龄儿童总数（人）（本市户口人数）			**61655**	**55876**	**32717**	**34450**	**75446**	**84261**
七、学龄儿童净入学率（%）	**100**	**100**	**100**	**99.98**	**99.87**	**99.99**	**99.63**	**100**
八、小学毕业生升学率（%）			**100**	**97.7**	**97.4**	**97.05**	**97.18**	**97.31**
九、初中毕业生升学率（%）			**97.78**	**94.26**	**93.81**	**93.6**	**93.57**	**93.31**
十、普高毕业生升学率（%）			**92.67**	**94.03**	**93.48**	**93.33**	**94.15**	**93.57**

注：1、2000年专任教师合计数包括了农业、职业中学569人。
2、2000年毕业生合计数包括了农业、职业中学1535人。
3、毕业生数中普通高中包含完全中学、十二年一贯制学校，初中包含九年一贯制学校。

17-4 各区中小学校情况（2018 年）

指　　标	合计	市直属	横琴新区	香洲区	金湾区
一、各级普通学校数（所）	**549**	**24**	**5**	**241**	**56**
中等职业学校	9	7	0	0	0
技工学校	4	1	0	0	0
普通中学	75	15	2	24	6
其中：完全中学	4	3	0	0	1
高级中学	11	11	0	0	0
初级中学	38	0	1	16	3
九年一贯制学校	18	0	0	7	2
十二年一贯制学校	4	1	1	1	0
小　学	124	0	2	56	12
幼儿园	335	0	1	161	38
特殊教育	2	1	0	0	0
二、在校学生数（人）	**373770**	**51879**	**3357**	**167233**	**31451**
中等职业学校	18962	16730	0	0	0
技工学校	8202	4589	0	0	0
普通中学	94983	29718	962	34035	6398
其中：高中	30588	27978	464	355	708
初中	64395	1740	498	33680	5690
小　学	172071	453	1853	93598	16327
幼儿园	79055	0	542	39600	8726
特殊教育	497	389	0	0	0
三、教职工人数（人）	**31953**	**4147**	**374**	**14408**	**2870**
中等职业学校	1135	1028	0	0	0
技工学校	561	311	0	0	0
普通中学	10069	2678	168	3792	692
其中：高中	3504	2678	126	172	218
初中	6565	0	42	3620	474
小　学	7828	0	110	4192	802
幼儿园	12201	0	96	6424	1376
特殊教育	159	130	0	0	0
四、毕业生数（人）	**87703**	**16249**	**648**	**36336**	**6976**
中等职业学校	6803	6528	0	0	0
技工学校	2272	687	0	0	0
普通中学	27388	8928	287	9588	2038
其中：高中	9651	8467	165	105	513
初中	17737	461	122	9483	1525
小　学	23449	65	229	13027	2030
幼儿园	27734	0	132	13721	2908
特殊教育	57	41	0	0	0
五、学龄儿童入学率（%）	**100**	**100**	**100**	**100**	**100**

17-4 续表

指　　标	斗门区	万山区	高新区	高栏港区
一、各级普通学校数（所）	**149**	**6**	**35**	**33**
中等职业学校	2	0	0	0
技工学校	0	0	2	1
普通中学	19	0	5	4
其中：完全中学	0	0	0	0
高级中学	0	0	0	0
初级中学	11	0	3	4
九年一贯制学校	8	0	1	0
十二年一贯制学校	0	0	1	0
小　学	39	3	6	6
幼儿园	88	3	22	22
特殊教育	1	0	0	0
二、在校学生数（人）	**81055**	**160**	**22124**	**16511**
中等职业学校	2232	0	0	0
技工学校	0	0	3481	132
普通中学	16410	0	4495	2965
其中：高中	0	0	1083	0
初中	16410	0	3412	2965
小　学	41714	106	9476	8544
幼儿园	20591	54	4672	4870
特殊教育	108	0	0	0
三、教职工人数（人）	**6491**	**41**	**2059**	**1563**
中等职业学校	107	0	0	0
技工学校	0	0	238	12
普通中学	1772	0	671	296
其中：高中	0	0	310	0
初中	1772	0	361	296
小　学	1762	33	379	550
幼儿园	2821	8	771	705
特殊教育	29	0	0	0
四、毕业生数（人）	**18052**	**57**	**5844**	**3541**
中等职业学校	275	0	0	0
技工学校	0	0	1585	0
普通中学	4253	0	1421	873
其中：高中	0	0	401	0
初中	4253	0	1020	873
小　学	5811	27	1152	1108
幼儿园	7697	30	1686	1560
特殊教育	16	0	0	0
五、学龄儿童入学率（%）	**100**	**100**	**100**	**100**

17-5 文化事业情况

项　目	计量单位	2000 年	2005 年	2010 年	2014 年
一、电影事业					
剧场、影剧院数	个				22
电影放映单位	个	26	15	14	32
电影映出场次	场	3133	5863	29570	178664
电影观众人数	万人次	17.00	56.80	131.00	329.40
放映收入	万元	47.00	420.00	2535.00	9148.00
二、艺术事业					
艺术表演团体	个	7	10	8	8
艺术表演场所	间	6	6	4	4
演出场次	场	226	350	5870	3579
观众人次	万人次	15	83	145.525	240
三、广播电视事业					
广播电视台	座	2	2	2	2
广播电视发射台	座	2	2	2	2
1. 广播					
节目套数	套	3	3	3	3
平均日播音时间	时：分	49:20	54:00	57:00	87:30
# 自办节目时间	时：分	47:00	51:35	51:30	81:00
广播覆盖率	%			100	100
2. 电视					
节目套数	套	4	2	3	2
平均周播放时间	时：分	613:00	54:00	270:36	281:00
# 自办节目时间	时：分	342:17	36:00	102:36	160:00
播出电视剧	集	5920	2300	6232	3300
电视覆盖率	%			100	100
有线电视入户数	万户			47.67	73.60
# 数字电视入户数	万户			26.85	73.60
四、图书馆、群众文化事业					
公共图书馆	间	2	3	3	3
图书馆图书总藏量（纸质）	万册（件）	35.00	37.00	86.56	341.90
订销期刊杂志种类（纸质）	千份				51707
群众艺术馆、文化馆	间	3	4	4	4
文化站	间	23	23	23	24
五、文物事业					
博物馆	个	2	2	2	2
藏品件套	件套	3831	6212	4442	15195
六、出版事业					
全年出版报纸	种	3	3	3	3
全年出版杂志	种	6	3	3	3

17-5 续表

项　目	计量单位	2015 年	2016 年	2017 年	2018 年
一、电影事业					
剧场、影剧院数	个	24	34	27	39
电影放映单位	个	34	24	25	40
电影映出场次	场	273953	306871	250438	374867
电影观众人数	万人次	597.00	669.43	523.74	3950.05
放映收入	万元	18323.00	20476.00	15016.40	24183.44
二、艺术事业					
艺术表演团体	个	8	6	7	6
艺术表演场所	间	4	12	3	3
演出场次	场	3600	8300	664	784
观众人次	万人次	320	430	34.3	115.2
三、广播电视事业					
广播电视台	座	2	2	2	2
广播电视发射台	座	2	2	2	2
1. 广播					
节目套数	套	4	4	4	5
平均日播音时间	时：分	81:00	84:00	89:30:00	87:30:00
#自办节目时间	时：分	79:00	82:00	85:30:00	60:26:00
广播覆盖率	%	100	100	100	100
2. 电视					
节目套数	套	2	2	2	2
平均周播放时间	时：分	301:00	252:00	266:00:00	245:00:00
#自办节目时间	时：分	121:00	74:00	135:00:00	107:00:00
播出电视剧	集	8840	8920	6400	7665
电视覆盖率	%	100	100	100	100
有线电视入户数	万户	65.99	63.63	61.15	57.14
#数字电视入户数	万户	50.87	63.63	61.15	57.14
四、图书馆、群众文化事业					
公共图书馆	间	3	3	3	4
图书馆图书总藏量（纸质）	万册（件）	145.83	153.45	169.88	183.86
订销期刊杂志种类（纸质）	千份	1827	1753	1776	1488
群众艺术馆、文化馆	间	4	4	4	4
文化站	间	24	24	24	24
五、文物事业					
博物馆	个	2	2	2	2
藏品件套	件套	15799	15201	15420	19643
六、出版事业					
全年出版报纸	种	3	3	3	3
全年出版杂志	种	3	3	3	3

17-6 卫生事业情况

项目	计量单位	2005年	2010年	2014年	2015年	2016年	2017年	2018年
一、卫生机构合计	**个**	**636**	**684**	**673**	**692**	**721**	**742**	**838**
1. 医院	个	27	31	38	42	41	43	45
其中：综合医院	个	19	17	19	21	19	20	20
中医医院	个	3	3	3	3	3	3	3
中西医结合医院	个	0	1	1	1	1	1	2
专科医院	个	5	9	14	16	16	16	18
2. 基层医疗卫生机构	个	593	641	599	614	645	672	761
其中：社区卫生服务中心（站）	个	60	114	125	121	123	118	118
卫生院	个	17	18	12	12	12	12	12
村卫生室	个	206	174	151	151	149	140	137
门诊部	个	70	83	89	89	93	105	129
诊所、卫生所及医务室	个	240	252	222	241	268	297	365
3. 专业公共卫生机构数	个	13	11	34	34	33	25	26
其中：疾病预防控制中心（防疫站）	个	3	2	1	1	1	1	1
专科疾病防治院（所．站）	个	3	3	2	2	1	1	1
妇幼保健院（所．站）	个	2	2	2	2	2	2	2
卫生监督所（中心）	个	1	2	3	3	3	3	3
二、卫生机构在岗职工数	**人**	**8757**	**14545**	**16702**	**17584**	**18673**	**20128**	**22168**
1. 卫生技术人员数	人	7612	12044	14077	14891	15741	16962	18430
其中：执业（助理）医师	人	3136	4756	5185	5470	5806	6427	7090
#执业医师	人	2673	4067	4593	4928	5278	5875	6509
注册护士	人	2529	4476	5854	6302	6877	7479	8152
药师	人	651	776	805	822	886	882	897
技师	人	373	656	666	694	782	786	868
#检验师	人	373	475	495	524	576	577	646
其他卫生技术人员	人	0	1380	1567	1603	1390	1388	1423
#见习医师	人	0	272	298	317	299	256	245
2. 其他技术人员	人	306	759	784	840	775	744	704
3. 管理人员	人	463	842	728	750	909	1029	1281
4. 工勤技能人员	人	376	900	1113	1103	1248	1393	1753
三、卫生机构床位数	**张**	**4900**	**6569**	**7993**	**8558**	**8806**	**9394**	**9899**
其中：医院	张	3745	5075	7004	7526	7864	8335	8849
妇幼保健院	张	239	451	530	580	589	586	582
专科疾病防治院（所．站）	张	26	26	0	0	0	120	120
卫生院	张	567	1017	459	452	353	353	348
社区卫生服务中心	张	2	0	0	0	0	0	0
计划生育技术服务机构	张	22	0	0	0	0	0	0
其他	张	299	0	0	0	0	0	0

注：数据来源于《国家卫生统计信息网络直报系统》。

17-7 医疗机构业务工作情况

指　　标	单位	2005年	2010年	2014年	2015年	2016年	2017年	2018年
医疗机构	个	620	673	632	649	680	712	774
诊疗人次	人次	8435240	12128182	17519771	16776969	16595721	16780419	17490432
#门 诊	人次	5394947	9029152	11980046	11652923	11564765	11564180	12121544
急 诊	人次	567341	866580	1415006	1389156	1429661	1601779	1556427
观察室留观病例数	人次	189481	236604	144464	132015	110902	61778	55299
健康检查人次	人次	427220	809379	1101391	1248755	1241135	1428949	1576515
入院人数	人	106404	181744	225290	241152	271242	303793	331892
出院人数	人	105876	181050	224945	240407	269972	304133	331251
年末实有病床数	张	4900	6569	7993	8558	8806	9394	9899
平均开放床日数	张	4124.21	6429.16	7666.05	8178.45	8601.32	9010.48	9710.52
病床使用率	%	62.65	71.63	73.48	72.74	76.26	79.86	79.57
病床周转率	次/年	25.67	28.16	29.34	29.4	31.39	33.75	34.11
出院者平均住院日	日	8.79	8.82	8.43	8.33	8.22	8.27	8.18

注:本表不包括采供血机构、疾病预防控制中心、卫生监督所（中心）、其他卫生机构。

17-8 防病及妇幼工作等其他卫生指标

项　　目	单位	2005年	2010年	2014年	2015年	2016年	2017年	2018年
防病工作								
甲、乙类传染病发病率	1/10万	235.45	263.16	362.17	366.76	417.11	458.66	360.71
甲、乙类传染病死亡率	1/10万	0.27	1.23	1.77	1.38	0.98	1.07	1.93
儿童计划免疫接种率								
卡介苗接种率	%		99.53	99.67	99.86	99.86	99.80	99.52
脊髓灰质炎接种率	%		98.93	98.96	99.20	98.46	99.23	99.21
百白破接种率	%		99.11	98.89	99.05	98.94	99.27	98.62
麻疹接种率	%		99.27	99.07	99.31	99.23	99.28	99.11
乙肝基础免疫	%		99.42	99.38	99.55	99.49	99.42	99.52
妇幼工作								
婴儿死亡率	‰		4.09	2.74	1.86	2.42	2.81	2.45
五岁以下儿童死亡率	‰		5.22	3.76	2.61	3.21	3.29	2.84
三岁以下儿童系统管理率	%		94.9	91.72	92.88	90.27	92.41	93.98
七岁以下儿童保健管理率	%		97.69	95.18	95.55	95.14	95.31	95.34
五岁以下儿童低体重率	%		1.95	3.45	4.60	2.27	1.28	0.99
出生缺陷发生率	‰		15.90	13.73	16.29	17.71	20.03	16.40
孕产妇保健管理覆盖率	%		96	96.70	98.27	98.13	97.30	97.57
孕产妇保健系统管理率	%		92.02	90.35	91.72	89.82	90.18	90.35
低出生体重百分比	%		3.01	4.41	4.23	5.48	3.97	5.34
孕产妇死亡率	1/10万		7.57	5.70	10.66	15.77	3.70	9.79
婚前医学检查率	%		32.14	55.21	52.66	51.82	55.73	61.05
人均卫生资源								
每千人口病床数	张	3.46	4.21	4.95	5.23	5.26	5.32	5.23
每千人口卫生技术人员数	人	4.58	7.71	8.72	9.11	9.40	9.61	9.75
每千人口执业（助理）医师数	人	2.22	3.05	3.21	3.35	3.47	3.64	3.75
每千人口注册护士数	人	1.79	2.86	3.61	3.85	4.10	4.24	4.31

注：人均卫生资源按常住人口计算。

17-9 体育事业情况

项　　目	单位	2000年	2005年	2010年	2013年	2014年
一、体育场馆数	**个**			**8**	**77**	**122**
二、专职教练员	**人**	**35**	**32**	**0**	**42**	**35**
三、等级运动员						
一级	人	5	23	26	24	38
二级	人	13	23	116	62	63
四、等级裁判员	**人**	**538**	**23**	**78**	**52**	**159**
五、运动员破纪录情况						
破世界纪录	项	0		0	0	0
破（超）全国纪录	项	1		0	0	1
破全省纪录	项	7	1	0	1	0
六、在各类比赛中获金牌数						
国际比赛	枚	8	4	8	3	2
全国比赛	枚	16	41	15	24	17
全省比赛	枚	39	45	39	24	19
七、体育外事活动						
来我市的体育团体						
次数	次	36		15	16	14
人数	人	328		1400	1380	840
我市派出的体育团体						
次数	次	23	4	4	10	15
人数	人	223	10	580	860	977

注:专职教练员、等级运动员和等级裁判员为当年获得资格的人数。

17-9 续表

项　目	单位	2015 年	2016 年	2017 年	2018 年
一、体育场馆数	**个**	**123**	**175**	**228**	**234**
二、专职教练员	**人**	**36**	**32**	**37**	**38**
三、等级运动员					
一级	人	40	25	9	60
二级	人	70	53	70	143
四、等级裁判员	**人**	**181**	**25**	**0**	**105**
五、运动员破纪录情况					
破世界纪录	项	0	0	0	0
破（超）全国纪录	项	0	0	0	0
破全省纪录	项	0	0	0	3
六、在各类比赛中获金牌数					
国际比赛	枚	5	4	6	4
全国比赛	枚	11	18	9	1
全省比赛	枚	25	45	11	5
七、体育外事活动					
来我市的体育团体					
次数	次	7	7	8	9
人数	人	490	421	280	333
我市派出的体育团体					
次数	次	4	4	5	6
人数	人	200	180	310	31

注: 专职教练员、等级运动员和等级裁判员为当年获得资格的人数。

十八、城市建设 环境保护

18-1 公共市政设施

指　标	计量单位	2010年	2014年	2015年	2016年	2017年	2018年
道路长度＊	公里	1484.60	2320.32	2335.23	2362.50	1528.58	1407.87
道路面积＊	万平方米	3385.00	5100.77	6098.93	6122.82	3733.33	3630.16
＃人行道＊	万平方米	967.00	634.40	877.33	693.67	1028.67	1062.80
人均城市道路面积＊	平方米	23.26	28.64	33.10	33.47	14.59	13.06
桥梁数＊	座	343	461	480	386	472	484
＃立交桥＊	座	2	3	4	2	2	4
道路照明灯盏数＊	千盏	103.18	109.77	151.14	148.70	196.62	222.95
公共汽车运营车辆数	辆	1377	1824	1887	1986	2081	2498
公共汽车标准运营车辆数	标台	1557	2266	2349	2486	2580	3133
公共汽车运营线路条数	条	111	147	163	174	177	188
公共汽车运营线路总长度	公里	2736.00	3531.95	3676.10	3932.60	3880.80	4067.25
全年公共汽车客运总量	万人次	27088	34780	36150	34642	32212	32316
每万人拥有公交车辆	标台	9.97	14.25	14.42	15.21	14.60	16.57
出租汽车运营车辆数	辆	1852	2565	3187	3187	3627	3687
轨道交通线路长度	公里		77.7	77.7	77.7	86.5	86.5
轨道交通客运总量	万人次		1211	1277	1357	1897	2445
排水管道总长度＊	公里	1281	1430	1495	2490	2831	5374
建成区排水管道密度＊	公里／平方公里	10.36	11.57	12.09	20.14	14.01	29.70

注：1、每万人拥有公交车辆根据人口普查修订的年末常住人口数计算。
2、带＊号指标数据取自《珠海市2018年城市（县城）建设统计报表》。

18-2 城市供水

指　　标	单　位	2010年	2014年	2015年	2016年	2017年	2018年
公共供水综合生产能力	万立方米/日	107.44	101.89	107	119	119	119
公共供水管道总长度	公里	2745.00	3058.24	3179.75	3237.97	3278.24	3926.2
供水总量	万立方米	31581	33819	34164	39178	41072.06	43220
#售水量	万立方米	26389	30935	32380	33464	35086.75	36614
生产经营用水	万立方米	11691	13486	14069	14153	14810.34	15004
公共服务用水	万立方米	5136	6277	6475	6970	7250.49	8686
居民家庭用水	万立方米	8961	10524	11189	11610	12201.42	12877
其他用水	万立方米	601	648	647	731	824.5	47
用水户数	户	493872	624847	648356	683206	739903	742482
#家庭用户	户	436249	556829	577449	609490	649197	704600
用水人口*	万人		179.00	184.20	182.96	255.88	277.98
用水普及率	%	99.70	99.92	99.96	99.96	99.96	99.98

注：1、“用水人口”包含流动人口。
2、带*号指标数据取自《珠海市2018年城市（县城）建设统计报表》。

18-3 城市供气

指　　标	单 位	2010 年	2014 年	2015 年	2016 年	2017 年	2018 年
天然气供气情况							
天然气供气总量	万立方米		8023.25	12275.00	12711.00	15135.00	16668.12
储气能力	万立方米		71.70	76.92	77.00	81.12	0.34
销售气量	万立方米		8023.25	12275.00	12711.00	15135.00	16668.12
居民家庭用量	万立方米		1171	5895	2644	2297	3385
供气管道长度	公里		240.63	575.15	633.6	713.07	755.00
用气户数	户		127909	180500	216615	258792	322534
#家庭用户	户		127718	180000	216341	258387	322017
用气人口	万人		30.00	52.00	64.00	93.88	125.92
普及率	%		20.0	25.7	32.0	36.7	44
液化石油气供气情况							
液化石油气供气总量	吨		125000	120000	103000	106000	104000
储气能力	万吨	22.10	22.43	22.43	22.43	2.43	2.43
供气管道长度	公里	110.00	19.19	21.35	3.45	3.45	2.05
终端消费量	万吨	26.69	21.38	21.09	17.38	15.80	15.72
#生活	万吨	11.54	11.70	10.00	9.50	8.30	7.67
用气户数	万户	61.00	55.50	52.00	50.00	44.00	40.00
#家庭用户	万户	55.80	55.50	51.00	49.00	43.00	40.00
普及率	%	99.64	99.92	98.7	99	98.9	55

注:液化石油气终端消费量数据取自能源平衡表。

18-4 建设用地及园林绿化

指　　标	单 位	2010年	2014年	2015年	2016年	2017年	2018年
行政区域土地面积	平方公里		1724.32	1732.33	1732.33	1736.46	1736.46
其中：建成区面积	平方公里	123.64	123.64	123.64	141.31	141.31	141.31
城镇建设用地面积	平方公里		347.91	361.44	364.18	369.65	377.04
其中：居住用地面积	平方公里		90.4	94.28	95.1	103.36	107.49
公共管理与公共服务用地	平方公里		48.05	49.81	50.22	50.66	53.73
商服用地	平方公里		25.11	26.6	26.49	26.71	26.71
工业用地面积	平方公里		99.44	102.7	103.57	104.84	106.58
仓储用地	平方公里		4.72	4.89	4.93	4.98	4.98
交通运输用地	平方公里		16.96	17.74	17.88	17.98	17.98
公共设施用地	平方公里		9.81	10.22	10.32	10.45	13.44
绿化覆盖面积	公顷	32456.00	33047.5	33662.24	33995.5	38048.93	44630.82
#建成区	公顷	6213.00	7071.32	7185.32	6732.21	6811.99	7023.16
建成区绿化覆盖率	%	50.25	57.19	58.11	47.64	48.21	49.7
园林绿地面积	公顷	5772.00	8533.18	10238.48	11534.7	13442.89	14145.79
#公园绿地	公顷	1989.00	3359	3593.61	3604.12	5067.57	5532.15
人均公园绿地面积	平方米	13.67	18.9	19.5	19.7	19.8	19.9
建成区绿地率	%	43.94	52.61	54.5	46.2	46.76	48.47
公园个数	个	40	164	197	221	323	370

18-5 城市环境卫生

项　　目	单　位	2010年	2014年	2015年	2016年	2017年	2018年
道路清扫保洁面积	万平方米	2542	3719	4602	4950	5178	5995
#机械化清扫	万平方米	1005	2551	2142	2491	2896	3797
生活垃圾清运量	万吨	62.54	80.16	81.50	87.58	93.13	98.59
生活垃圾无害化处理量	万吨	57.75	80.16	81.5	87.58	93.13	98.59
生活垃圾无害化处理厂	座	2	2	3	4	3	3
生活垃圾无害化处理率	%	92.34	100.0	100.0	100.0	100.0	100.0
公厕数	座	150	152	195	273	280	305
市容环卫专用车辆设备总数	台	291	345	436	601	668	872

18-6 城市市政公用设施建设固定资产投资

单位：万元

指　　标	2014年	2015年	2016年	2017年	2018年
本年完成投资	**270969**	**309242**	**266755**	**1060777**	**1641708**
供　　水	5070	17075	25584	73173	45600
燃　　气	23680	11194	11004	38889	18776
道路桥梁	59046	213593	115507	681806	295974
排　　水	32673	49952	59870	68341	4390
#污水处理及其再生利用	23864	10500	20550	43500	2453
园林绿化	19933	8934	35525	30182	12385
市容环境卫生	3162	7958	9010	48277	2359
#垃圾处理	3050	6402	8528		3744
其　　他	127405	536	10255	120109	1262225
本年新增固定资产	**48526**	**158105**	**79214**	**716581**	**1413914**

注: 本表数据取自《珠海市2018年城市（县城）建设统计报表》。

18-7 环境保护基本情况

指　　标	单　位	2010年	2014年	2015年	2016年	2017年	2018年
水环境							
废水排放总量	万吨	20193	23687	25110	29329	26552	
其中：工业废水排放量	万吨	6125	4936	5934	4379	4382	4297
化学需氧量（COD）排放量	吨	27800	31529	30631	15407	20328	
其中：工业废水中COD排放量	吨		6137	5523	2666	1707	1547
氨氮排放量	吨		4422	4281	3113	2454	
其中：工业废水中氨氮排放量	吨	2645	516	554	201	101	104
大气环境							
空气质量达标（AQI<100）天数	天	365	321	323	346	322	325
工业废气排放总量	亿标立方米	1337	1693	2046	2333	2357	2745
二氧化硫（SO2）排放量	吨	35587	20684	21949	3735	3963	
其中：工业SO2排放量	吨	34787	20681	21946	3734	3962	4266
氮氧化物排放量	吨		60031	39877	22163	6704	
其中：工业氮氧化物排放量	吨		43095	26000	8525	6662	7196
工业烟（粉）尘排放量	吨	8041	12972	10446	9946	6158	4506
生态环境							
森林面积	公顷	48880	50727	50821	50231	50231	50235
森林覆盖率	%	28.8	29.96	30.01	32.15	32.15	32.16
活立木蓄积量	立方米	2413016	3092129	3217674	2145941	2145941	2292771
自然保护区数	个	9	9	9	9	9	9
自然保护区面积	公顷	61730	62356	62356	62366	62366	61591.47
城市环境							
城区面积 *	平方公里	851.96	745.38	745.38	790.19	790.19	790.19
# 建成区面积 *	平方公里	123.64	123.64	123.64	141.31	141.31	141.31
城市污水排放量	万吨	14068	23748	23966.2	26773.11	27103.33	28420.98
城市污水处理量	万吨	11912	21404	22935.66	25779.47	26115.91	27397.41
城镇污水处理率	%		90.13	95.7	96.29	96.36	96.4
城市生活垃圾无害化处理率	%	92.34	100.0	100.0	100.0	100.0	100.0
工业固体废物							
一般工业固体废物产生量	万吨	274.95	284.63	292.45	245.55	281.39	338.80
危险废物产生量	吨		105191	125503	128900	175946	214612

注：1、2018年数据为初步数。
　　2、带 * 号指标数据取自《珠海市2018年城市（县城）建设统计报表》。

十九、社会保障 社会福利及其他

19-1　社会福利及其他主要指标

指　标	单位	2000 年	2010 年	2014 年	2015 年	2016 年	2017 年	2018 年
优抚收养性单位收养人数	人次	13	16	15	15	13	14	8
社会救济总人数	人		14555	9882	8712	7913	8188	7009
登记结婚件数	对		10645	13380	12860	12183	12216	12168
离婚总数	对		2758	3753	4188	4596	4578	5341
执业律师人数	人		625	787	787	1007	1119	1529
公证人员数	人	28	63	102	99	98	96	95
人民调解委员会调解人员数	人		2180	2425	2523	2607	2505	2585
亿元生产总值生产安全事故死亡率	人／亿元		0.108	0.066	0.057	0.035	0.027	0.022
交通事故发生数	起		725	430	425	405	401	400
交通事故损失折款	万元		162.94	126.83	94.79	89.03	88.44	53.67
火灾事故发生数	起	118	64	691	573	352	236	104
火灾事故损失折款	万元	208.20	239.76	1236.50	1426.05	148.13	396.82	717.78

19-2 各项社会保险参保人数(1986-2018 年)

单位：人

年份	企业职工基本养老保险退休人数	企业职工基本养老保险参保人数	机关事业单位养老保险参保人数	城乡居民养老保险参保人数	失业保险参保人数	基本医疗保险参保人数	工伤保险参保人数	生育保险参保人数	城乡居民医疗保险参保人数
1986	2747	39914	…	…	…	…	…	…	…
1987	3803	49926	…	…	…	…	…	…	…
1988	4827	60282	…	…	…	…	…	…	…
1989	9146	86954	…	…	…	…	…	…	…
1990	10401	103043	…	…	…	…	…	…	…
1991	11266	106520	…	…	…	…	…	…	…
1992	11902	121745	…	…	…	…	95086	…	…
1993	12784	131475	…	…	…	…	134835	…	…
1994	13474	141543	…	…	103122	…	180870	…	…
1995	14724	156379	…	…	109427	…	202485	…	…
1996	16316	167079	…	…	109916	…	213221	…	…
1997	19751	171124	…	…	108910	…	227166	…	…
1998	24084	178658	…	…	108208	69136	229450	60043	…
1999	26371	190072	…	…	105316	95711	280363	82818	…
2000	28996	270883	…	…	291698	107465	297162	106530	…
2001	31879	305445	…	…	290702	196353	290798	119248	…
2002	35240	324887	…	…	315444	254827	318971	143761	…
2003	37616	367212	…	…	347730	398792	351582	188888	…
2004	40460	421966	…	…	393218	466815	397714	214517	…
2005	41971	490894	…	…	450944	542429	459475	242019	…
2006	45033	580741	…	23669	519271	637021	533897	271570	32133
2007	47750	668435	…	36098	588631	728789	604514	304666	152150
2008	51113	765781	…	35154	672455	829562	688898	350387	375416
2009	54697	780724	…	40568	669637	846791	690440	366776	414943
2010	58133	884617	…	76876	767568	956429	787442	419508	413438
2011	70901	943771	…	71183	823449	1016380	842151	477576	424337
2012	78863	985580	…	66193	862784	1073276	877577	550695	427575
2013	86380	991587	…	62019	874204	1078995	883880	878156	440813
2014	94216	1003956	…	55047	892406	1100613	903897	897094	453492
2015	113009	1006727	…	54032	895909	1105038	908714	902786	477551
2016	127335	1022538	…	53435	921908	1125515	943526	939103	516059
2017	131408	1063953	16453	52136	981782	1751105	997980	999181	…
2018	130779	1111196	39059	52498	1046865	1900661	1065589	1067679	…

注：1、基本医疗保险参保人数 2001 年起含退休人数。

2、2012 年 7 月未成年人医疗保险与城乡居民医疗保险合并为“城乡居民医疗保险”。

3、2006-2010 年为农民与被征地农民养老保险，2011-2013 年增加了城镇居民养老保险，2014 年 10 月农保和城镇居民养老保险保合并为“城乡居民养老保险”。

4、2017 年职工基本医疗保险、城乡居民医疗保险和生育保险三大险种合并，统称“珠海市基本医疗保险”，基本医疗保险参保人数由原职工医保和居民医保合并统计，生育保险只统计参保人数不单独统计基金收支。

5、2017 年机关事业单位养老保险正式开始上线，新增机关事业单位养老保险险种。

19-3 各项社会保险基金征集额（1986-2018年）

单位：万元

年份	企业职工基本养老保险基金征集额	机关事业单位养老保险基金征缴额	城乡居民养老保险基金征集额	失业保险基金征集额	基本医疗保险基金征集额	工伤保险基金征集额	生育保险基金征集额	城乡居民医疗保险基金征集额
1986	1060	…	…	…	…	…	…	…
1987	1543	…	…	…	…	…	…	…
1988	1754	…	…	…	…	…	…	…
1989	2768	…	…	…	…	…	…	…
1990	3242	…	…	…	…	…	…	…
1991	3657	…	…	…	…	…	…	…
1992	3942	…	…	…	…	182	…	…
1993	4569	…	…	…	…	557	…	…
1994	4863	…	…	256	…	856	…	…
1995	10438	…	…	733	…	1257	…	…
1996	13395	…	…	935	…	1680	…	…
1997	17454	…	…	1073	…	2082	…	…
1998	24683	…	…	1209	7602	2342	287	…
1999	31820	…	…	2662	11009	2784	514	…
2000	45701	…	…	5068	16235	3018	873	…
2001	60245	…	…	7189	21342	2881	1084	…
2002	76152	…	…	8573	26535	3523	1342	…
2003	95575	…	…	13141	35061	4000	1801	…
2004	118605	…	…	15930	43590	4887	2187	…
2005	141563	…	…	18699	51824	5669	2543	…
2006	172248	…	980	22203	62570	5839	2935	475
2007	213509	…	2884	26840	78097	7220	3473	2257
2008	279835	…	3637	29486	96592	9435	5267	8680
2009	294718	…	3576	11970	107652	6576	6925	6771
2010	352221	…	17317	7859	125854	7677	8117	8034
2011	486554	…	14856	32219	156602	14234	10091	11804
2012	514574	…	12320	37676	190103	15263	12588	14788
2013	601071	…	22837	46043	224518	18660	16792	17458
2014	625518	…	30320	52633	258011	19261	22278	21136
2015	857145	…	35034	43105	298570	17838	21993	26955
2016	936863	…	26833	33648	345380	13492	18466	34310
2017	1027101	12416	29010	36386	436092	14724	…	…
2018	1051741	264053	30145	35910	458041	19554	…	…

注：1、2012年7月未成年人医疗保险与城乡居民医疗保险合并为“城乡居民医疗保险”。
2、2006-2010年为农民与被征地农民养老保险，2011-2013年增加了城镇居民养老保险，2014年10月农保和城镇居民养老保险保合并为“城乡居民养老保险”，城乡居民养老保险征集额含财政补贴。
3、2017年职工基本医疗保险、城乡居民医疗保险和生育保险三大险种合并，统称“珠海市基本医疗保险”，基本医疗保险基金包含原职工基本医保基金、城乡居民医疗保险基金和生育保险基金的收支情况。
4、2017年机关事业单位养老保险正式开始上线，新增机关事业单位养老保险基金征缴额。

19-4 各项社会保险支付额(1986-2018 年)

单位：万元

年份	企业职工基本养老保险待遇支付额	#统筹基金支付额	机关事业单位养老保险待遇支付额	城乡居民养老保险待遇支付额	失业保险待遇支付额	基本医疗保险待遇支付额	#统筹基金支付额	工伤保险待遇支付额	生育保险待遇支付额	城乡居民医疗保险待遇支付额
1986	290	…	…	…	…	…	…	…	…	…
1987	461	…	…	…	…	…	…	…	…	…
1988	648	…	…	…	…	…	…	…	…	…
1989	1289	…	…	…	…	…	…	…	…	…
1990	1872	…	…	…	…	…	…	…	…	…
1991	1991	…	…	…	…	…	…	…	…	…
1992	2508	…	…	…	…	…	…	24	…	…
1993	3234	…	…	…	…	…	…	69	…	…
1994	3606	…	…	…	53	…	…	240	…	…
1995	5497	5461	…	…	237	…	…	296	…	…
1996	8013	7977	…	…	517	…	…	327	…	…
1997	11469	11298	…	…	626	…	…	430	…	…
1998	19254	18845	…	…	1026	6496	1560	617	181	…
1999	25474	24857	…	…	1837	8800	2321	726	337	…
2000	29139	27497	…	…	2991	10026	3456	954	679	…
2001	35342	31371	…	…	6915	12515	4628	1393	669	…
2002	40751	34993	…	…	7757	16226	5994	1118	771	…
2003	46060	40123	…	…	5679	24201	9773	1389	908	…
2004	51762	43219	…	…	3922	34429	15646	1897	1532	…
2005	59625	47750	…	…	3838	46453	18599	2389	1998	…
2006	66722	50794	…	935	3589	55547	22816	2746	2785	248
2007	87939	64716	…	3313	3821	60633	24301	3467	4054	489
2008	105730	78458	…	3966	3890	78388	31526	4525	5403	3609
2009	127092	98610	…	5541	4792	106403	49371	5637	5640	8326
2010	120301	114586	…	7537	5047	117405	52241	6433	6096	7385
2011	144130	136588	…	11813	8189	134350	61100	7251	7176	11086
2012	174987	165291	…	9835	11255	157841	67638	9604	9272	12422
2013	256213	244638	…	15744	11096	188343	79800	11062	8666	18599
2014	292178	278582	…	18783	14678	219479	90251	12473	16507	19976
2015	337096	320085	…	34911	18280	252656	101817	14946	25309	24127
2016	435192	377914	…	24781	33987	293319	115787	17241	31881	36332
2017	625745	421229	9793	21867	30879	440911	234987	18979	…	…
2018	476309	425345	212629	24351	29031	458890	263130	21818	…	…

注：1、2012 年 7 月未成年人医疗保险与城乡居民医疗保险合并为“城乡居民医疗保险”。

2、2006-2010 年为农民与被征地农民养老保险，2011-2013 年增加了城镇居民养老保险，2014 年 10 月农保和城镇居民养老保险合并为“城乡居民养老保险”，城乡居民养老保险待遇支付额含其它支出等全口径。

3、2017 年职工基本医疗保险、城乡居民医疗保险和生育保险三大险种合并，统称“珠海市基本医疗保险”，基本医疗保险基金包含原职工基本医保基金、城乡居民医疗保险基金和生育保险基金的收支情况。

4、2017 年机关事业单位养老保险正式开始上线，新增机关事业单位养老保险待遇支付额。

19-5 优抚、社会救济和福利事业情况

指　　标	单位	2010 年	2014 年	2015 年	2016 年	2017 年	2018 年
一、优抚事业							
优抚事业单位数	个	3	2	2	2	2	2
1. 国家办	个	3	2	2	2	2	2
2. 集体办	个	0	0	0	0	0	0
优抚单位收养人数	人次	16	15	15	13	14	8
1. 国家办	人次	16	15	15	13	14	8
2. 集体办	人次	0	0	0	0	0	0
优抚事业费用	万元	1492	3218	2781	2819	3280	3718
二、社会救济							
社会救济总计	万元	3657	4992	5925	5999	8507	8911
社会救济总人数	人	14555	9882	8712	7913	8188	7009
1. 农村传统救济对象人数	人	961	985	967	978	976	888
2. 城乡居民最低生活保障人数	人	13594	8897	8712	7913	8188	7009
（1）城镇	人	4905	3406	3558	3339	3536	2950
（2）农村	人	8689	5491	5154	4574	4652	4059
城乡居民最低生活保障家庭户数	户	6636	5593	5741	5406	5622	4944
1. 城镇	户	2373	2057	2301	2258	2409	2098
2. 农村	户	4263	3536	3440	3148	3213	2846
城乡居民最低生活保障金支出	万元	3349	4992	5925	5999	8507	8911
1. 城镇	万元	1248	1808	2331	2518	3611	3671
2. 农村	万元	2101	3184	3594	3481	4896	5240
自然灾害救济费	万元	308	154	50	0	1104	893

19-5 续表

指　标	单位	2010年	2014年	2015年	2016年	2017年	2018年
三、社会福利							
社会福利机构收养性单位数（含敬老院）	个	26	27	26	25	22	23
#市级	个	1	2	2	1	1	1
区级	个	2	2	2	1	1	1
镇街办	个	15	14	12	13	10	11
民办	个	8	9	10	10	10	10
社会福利机构收养性单位收养人数（含敬老院）	人	1254	1795	1917	1796	1712	1697
#市级	人	150	340	298	152	188	184
区级	人	57	40	36	36	26	23
镇街办	人	592	607	592	603	599	567
民办	人	455	808	991	845	899	923
社会福利机构数	个	26	26	26	25	22	23
其中：敬老院	个	6	8	7	7	7	7
社会福利机构床位数	张	2260	3171	3076	3050	3652	4098
其中：敬老院	张	467	1230	1141	1158	1596	1656
社区服务设施数	个	2906	5615	6012	6966	7999	8411
其中：多功能活动室	个	136	281	302	322	363	336
警务室	个	167	220	241	261	277	275
人民调解工作室	个	162	302	323	311	313	315
文化站	个	95	140	163	156	211	205
图书室	个	159	271	292	316	336	326
档案室	个	161	273	294	289	288	293
社区卫生站	个	138	220	240	244	251	252
计生服务室	个	144	269	280	271	276	277
星光老年之家	个	101	186	192	160	160	169
残疾人活动场所	个	76	168	186	160	134	133
户外文体小广场	个	197	356	382	460	573	582
社区居委会办公用房配备电脑	个	850	1855	1994	2694	3282	3501
社区宣传栏	个	520	1074	1123	1322	1535	1747

19-6 最低生活保障发放情况统计（1997-2018 年）

年份	户数（户）	人数（人）	金额（万元）
1997	1238	2313	109
1998	1636	3386	180
1999	1811	3839	291
2000	2080	4361	377
2001	2346	5190	408
2002	4952	12920	1025
2003	6329	15934	1887
2004	6246	15386	1853
2005	6870	16588	2002
2006	6401	14795	1950
2007	6140	13838	1880
2008	6166	13782	2220
2009	6407	14096	2600
2010	6636	13594	3349
2011	6628	12734	3667
2012	5985	10639	3864
2013	5763	9665	4224
2014	5593	8897	4992
2015	5741	8712	5925
2016	5406	7913	5999
2017	5622	8188	8507
2018	4944	7009	8911

19-7 最低生活保障标准调整表(1997-2018 年)

单位:元/人.月

年份	香洲区		斗门区		金湾区	
	城镇	农村	城镇	农村	城镇	农村
1997	220	180	200	100	…	…
1998	220	180	200	100	120	120
1999	220	180	200	100	120	120
2000	286	234	260	130	156	156
2001	286	234	260	130	156	156
2002	300	250	260	160	200	160
2003	300	250	260	160	200	160
2004	300	250	260	160	200	160
2005	300	250	260	160	200	160
2006	300	--	260	160	200	200
2007	300	--	260	160	200	200
2008	330	--	300	200	230	230
2009.1.1-2009.6.30	330	--	300	200	230	230
2009.7.1-2010.3.31	330	--	300	200	300	300
2010.4.1-2012.3.31	350	--	350	280	350	350
2012.4.1-2013.6.30	400	--	400	350	400	400
2013.7.1-2013.12.31	480	--	480	450	480	480
2014.1.1 至 2014.12.31	520	--	520	520	520	520
2015.1.1 至 2015.12.31	580	--	580	580	580	580
2016.1.1 至 2016.12.31	630	--	630	630	630	630
2017.1.1 至 2017.12.31	896	--	896	896	896	896
2018.1.1 至 2018.12.31	980	--	980	980	980	980

19-8 婚姻登记情况

项　　目	单位	2010 年	2014 年	2015 年	2016 年	2017 年	2018 年
一、国内结婚登记							
准予登记结婚	对	10146	12878	12419	11783	11888	11831
#恢复结婚	对	192	630	867	1246	1082	1278
初婚人数	人	17475	21444	20058	18029	18106	17448
再婚人数	人	2817	4312	4780	5537	5670	6214
1. 男性	人	1661	2431	2598	2971	2985	3186
2. 女性	人	1156	1881	2482	2566	2685	3028
二、涉外结婚登记							
准予登记结婚	对	499	502	441	400	328	337
准予登记结婚人数	人	998	1004	882	800	656	664
#国内公民	人	498	500	441	400	328	336
1. 男性	人	90	122	113	117	108	114
2. 女性	人	408	378	328	283	220	222
港澳同胞	人	303	344	192	274	123	205
台湾同胞	人	55	39	37	23	20	24
华侨	人	15	17	2	17	9	10
外国人	人	127	104	81	86	49	99
三、离婚							
民政部门办理离婚	对	2758	3753	4188	4596	4578	5341
#涉外、华侨、港澳台婚姻	对	84	108	114	92	101	118

19-9 律师、公证、基层司法基本情况

指 标	单 位	2000年	2010年	2014年	2015年	2016年	2017年	2018年
律师工作								
律师事务所	个		45	61	61	79	87	91
执业律师	人		625	787	787	1007	1119	1529
担任常年法律顾问	家	659	131	136	136	6755	5801	2583
民事代理	件	1705	4804	7265	7035	8857	9423	11797
非诉讼法律事务	件	1269	2766	6428	5249	5318	4416	4954
刑事辩护	件	834	1043	841	1770	1522	1752	2298
公证工作								
公证处	个	3	4	4	5	5	5	5
公证人员	人	28	63	102	99	98	96	95
办结公证总数	件	18638	37595	50103	54143	64364	47787	44110
国内公证	件	5497	20681	33700	36932	46732	33039	30102
涉外及港澳台民事经济公证	件	13141	16914	16403	17211	17632	14748	14008
基层司法工作								
法律服务所	个	26	14	8	8	0	0	0
法律服务所人员	人	94	47	14	0	0	0	0
担任法律顾问	家	130	122	0	0	0	0	0
民事诉讼代理	件	187	61	0	0	0	0	0
非诉讼代理	件	187	310	0	0	0	0	0
避免、挽回经济损失	万元	3546	0	0	0	0	0	0
人民调解委员会	个	381	336	392	396	388	394	405
调解人员	人		2180	2425	2523	2607	2505	2585
调解纠纷总数	件	1391	8075	10884	11624	10451	10586	11294
立案数	件	13277	26516	33868	40288	47648	51713	54650
刑事	件	1265	2818	5248	5884	3720	3610	4113
民事	件	6485	15408	20039	22500	22702	24182	27304
行政	件	54	289	391	459	414	585	766
结案	件	13257	26611	33191	36768	46306	51953	54954
刑事	件	1255	2814	5166	5820	3889	3577	4139
民事	件	6068	15230	19630	21242	22260	24334	27720
行政	件	47	293	381	441	455	600	752

19-10 交通事故发生情况

指标	发生数（起）		死亡人数（人）		受伤人数（人）	
	2017 年	2018 年	2017 年	2018 年	2017 年	2018 年
交通事故合计	401	400	97	96	363	307
按事故发生程度分						
1、特大	0	0	0	0	0	0
2、重大	0	0	0	0	0	0
3、较大	0	1	0	3	0	0
4、一般	401	399	97	93	363	307
按事故发生道路类型分						
1、高速公路	3	8	3	4	0	3
2、等级公路	19	12	4	1	19	15
3、城市道路	288	349	67	84	227	260
4、其他道路	91	31	23	7	117	29
火灾事故合计	236	104	0	0	0	0
1、特大	0	0	0	0	0	0
2、重大	0	0	0	0	0	0
3、一般	236	104	0	0	0	0

19-10 续表

指　　标	损失折款（万元）		平均每起事故损失（元）	
	2017 年	2018 年	2017 年	2018 年
交通事故合计	88.44	53.67	2205	1342
按事故发生程度分				
1、特大	0	0	0	0
2、重大	0	0	0	0
3、较大	0	0.02	0	200
4、一般	88.44	53.65	2205	1345
按事故发生道路类型分				
1、高速公路	1.20	0.90	4000	1125
2、等级公路	1.22	1.40	639	1167
3、城市道路	70.86	46.47	2461	1332
4、其他道路	15.16	4.90	1667	1581
火灾事故合计	396.82	717.78	16814	69017
1、特大	0	0	0	0
2、重大	0	0	0	0
3、一般	396.82	717.78	16814	69017

19-11 生产安全事故情况（2017-2018）

区 域	2017 年		2018 年	
	死亡人数（人）	亿元生产总值死亡率（人 / 亿元）	死亡人数（人）	亿元生产总值死亡率（人 / 亿元）
全 市	**73**	**0.027**	**63**	**0.022**
香洲区	**31**	**0.018**	**27**	**0.014**
横琴新区	2	0.010	9	0.029
香洲直属	22	0.018	14	0.011
高新区	5	0.022	4	0.017
万山区	0	0	0	0
保税区	2	0.038	0	0
金湾区	**24**	**0.043**	**15**	**0.024**
金湾直属	7	0.025	8	0.027
高栏港区	17	0.059	7	0.022
斗门区	**17**	**0.048**	**17**	**0.044**

注: 部分高速公路交通事故和火灾事故死亡人数不列入表中各区范围；2. 2017 年全市死亡人数中包含水上交通死亡人数 1 人，2018 年全市死亡人数中包含水上交通死亡人数 4 人。

第四部分　附　录

附 1　广东省国民经济主要指标（2017-2018 年）

项　目	单　位	2017 年	2018 年
年末常住人口	万人	11169	11346
年末从业人数	万人	6340.79	6508.95
地区生产总值	亿元	89705.23	97277.77
人均地区生产总值	元	80932	86412
全社会固定资产投资额	亿元	37477.96	
社会消费品零售总额	亿元	38200.07	39501.12
货物周转量	亿吨公里	28192.23	28644.77
旅客周转量	亿人公里	4140.29	4501.97
港口货物吞吐量	万吨	198015	211037
邮电业务总量（2015 年不变价）	亿元	6107.19	11010.28
海关进口总额	亿元	25976.00	28901.67
海关出口总额	亿元	42192.86	42744.06
实际利用外商直接投资	亿美元	229.07	1450.88
地方一般公共预算收入	亿元	11320.35	12105.26
地方一般公共预算支出	亿元	15037.48	15729.26
居民消费价格指数（上年 =100）	%	101.5	102.2
商品零售价格指数（上年 =100）	%	101.6	102.1
城镇单位就业人员平均工资	元	79183	88636
城镇常住居民人均可支配收入	元	40975	44341
农村常住居民人均可支配收入	元	15780	17168
在校学生数			
普通高等学校	万人	192.58	196.32
中等学校	万人	700.14	697.18
小　学	万人	941.96	988.37
医院及卫生院床位	万张	49.21	47.75
卫生技术人员	万人	70.99	75.78
#职业（助理）医生	万人	25.89	27.74

注：2018 年实际利用外商直接投资使用商务部反馈人民币数据，计量单位为亿元。

附 2 全国国民经济主要指标（2017-2018 年）

项　目	单　位	2017 年	2018 年
年末常住人口	万人	139008	139538
地区生产总值	亿元	820754.3	900309.5
第三产业增加值	亿元	425912.1	469574.6
人均地区生产总值	元	59201	64644
农林牧渔业总产值	亿元	109331.7	113579.5
粮食产量	万吨	66160.7	65789.2
发电量	亿千瓦小时	66044.5	71117.7
城镇固定资产投资额	亿元	631684.0	635636.0
社会消费品零售总额	亿元	366261.6	380986.9
外贸进出口总额	亿美元	41045.0	46230.4
外贸出口总额	亿美元	22635.2	24874.0
地方一般公共预算收入	亿元	91469.4	97904.5
居民消费价格总指数（上年 =100）	%	101.6	102.1
城镇常住居民年人均可支配收入	元	36396	39251
农村常住居民年人均可支配收入	元	13432	14617

注：2017 年地区生产总值为初步核算数。

附3 中国香港特别行政区主要社会经济指标（2017-2018年）

指　　标	单　位	2017年	2018年
本地生产总值			
按2016年环比物量计算①			
本地生产总值年增长率	%	3.8	3.0
本地生产总值	亿港元	25862	26644
人均本地生产总值	港元	349881	357584
按当年价格计算			
本地生产总值年增长率	%	6.9	6.9
本地生产总值	亿港元	26625	28453
人均本地生产总值	港元	360206	381870
人口及生命统计			
年中人口	万人	739.2	745.1
粗出生率	‰	7.7	7.2@
粗死亡率	‰	6.3	6.3@
劳动、就业⑥			
劳动人口	万人	394.7	397.9
劳动人口参与率	%	61.1	61.2
失业率	%	3.1	2.8
政府收支、货币、金融			
政府收入总额②	亿港元	6198	5964
政府支出总额②	亿港元	4709	5378
货币供应量M3	亿港元	138038	144037
居民消费物价指数（2014年10月至2015年9月=100）			
综合消费物价指数		104.5	107.0
工业生产			
工业生产指数③（2008年=100）		93.1	94.3
工业电力消费量	万亿焦耳	11196	11081
工业煤气消费量	万亿焦耳	1569	1717
运输、旅游			
进出香港的货物			
总卸下	万吨	19108	17581
总装上	万吨	11772	10958
集装箱吞吐量④	万标准集装箱	2077	1960
访港旅客⑤	万人次	5847	6515
酒店入住率	%	89	91@
对外商品贸易			
港产品出口	亿港元	435	463
转口	亿港元	38324	41118
进口	亿港元	43570	47214
教育			
小学学生人数⑦	人	365732	376310
中学学生人数⑦⑧	人	349086	344564

注：本表数据由香港特别行政区政府统计处提供，国家统计局整理编辑。
@数字将于日后进行修订。
①以环比物量计算的本地生产总值及其组成部分的参照年为2016年。
②财政年度数字。指当年4月1日至第二年3月31日。
③自2005年统计年度开始，所有工业生产指数均按《香港标准行业分类2.0版》编制。
④1998年起，采用一系列新的集装箱吞吐量数字，与1998年以前的数字不可比。
⑤1996年及以后的数字包括澳门访港的非澳门居民旅客人数。
⑥统计数字在编制过程中涉及应用人口数字。数字已就2016年中期人口统计的结果而作出了修订。2016年中期人口统计的结果提供了一个基准，用作修订自2011年人口普查以来编制的人口数字。
⑦数字包括特殊学校的学生人数。
⑧数字亦包括夜校、技工级课程及毅进文凭课程的学生人数。

附 4　中国澳门特别行政区主要社会经济指标（2017-2018 年）

指　　标	单　位	2017 年	2018 年
本地生产总值①			
以 2016 年环比物量计算			
本地生产总值实际增长率（支出法）	%	9.1	4.7
本地生产总值	亿澳门元	3975.2	4162.4
人均本地生产总值	万澳门元	61.3	63.0
按当年价格计算			
本地生产总值名义增长率（支出法）	%	12.0	8.5
本地生产总值	亿澳门元	4057.9	4403.2
人均本地生产总值	万澳门元	62.5	66.7
人口及生命统计			
年中人口	万人	64.8	65.9
出生率	‰	10.1	9.0
死亡率	‰	3.3	3.1
劳动、就业②			
劳动人口	万人	38.7	39.2
失业率	%	2.0	1.8
对外贸易			
出口	亿澳门元	112.8	121.9
本地产品出口	亿澳门元	17.9	15.3
再出口	亿澳门元	95.0	106.6
进口	亿澳门元	758.5	901.0
工业生产			
工业电力消耗量	亿千瓦小时	1.6	1.6
运输、旅游			
进出澳门货运车辆数目②	万辆	34.5	34.8
访澳旅客③	万人次	3261.1	3580.4
酒店入住率	%	87	91
政府收支、货币、金融			
政府总收入①	亿澳门元	1263.7	1342.0
政府总开支①	亿澳门元	813.0	803.3
货币供应（广义货币供应量 M2）	亿澳门元	5914.7	6514.4
消费价格指数（2013 年 10 月至 2014 年 9 月 =100）			
综合消费价格指数		109.56	112.85
教育④			
小学生	人	30169	32530
中学生	人	26608	26022
高等教育学生	人	33098	34279

注：本表数据由澳门特别行政区政府统计暨普查局提供，国家统计局整理编辑。
①数字在日后得到更多资料时会作出修订。
②自 2000 年开始包括进出关闸及路（氹）城边检站的数字。而自 2007 年开始亦包括进出跨境工业区边检站的数字。
③自 2008 年开始，访澳旅客不包括外地雇员及学生等。
④不包括特殊教育学生。第 n 年的学生人数是指 n/n+1 学年年底学生人数。2007/2008 学年起不包括回归教育学生人数；2010/2011 学年起为注册学生人数。

附录5　中国台湾省主要社会经济指标（2017–2018年）

指　　标	单位	2017年	2018年
国民经济核算			
本地居民生产总值	新台币亿元	179653	180959
本地生产总值	新台币亿元	175012	177770
经济增长率	%	3.1	2.6
人均本地居民总收入	新台币元	762681	767555
	美元	25055	25456
居民储蓄总额	新台币亿元	61611	59558
储蓄率	%	34.3	32.9
人口			
户籍登记人口数①	万人	2357	2359
人口自然增加率	‰	0.96	0.37
人口密度	人/平方公里	651	652
劳动、就业			
劳动力人口	万人	1180	1187
失业率	%	3.8	3.7
工业			
工业生产指数（2016年＝100）		105.0	108.8
制造业生产指数（2016年＝100）		105.3	109.4
对外贸易			
贸易额			
出口	亿美元	3172	3359
进口	亿美元	2593	2863
运输、旅游			
航空	万人	3667	3793
高速公路通行车辆数③	万辆次	591902	592668
每百人机动车辆数①	辆	92.1	92.7
港埠货物装卸量	万收费吨	72550	74085
观光			
出岛旅客	万人次	1565	1664
来台湾旅客	万人次	1074	1107
财政、金融			
赋税实征净额②	新台币亿元	22512	23869
货币供应量M2①	新台币亿元	427702	439052
年增长率	%	3.6	2.7
存款①	新台币亿元	420940	431958
物价年增率			
批发	%	0.90	3.64
消费者	%	0.62	1.35

注：①年底数。
②为年度资料。
③从2013年12月30日起，国道高速公路由计次收费改为计程电子收费。

中国统计出版社有限公司最新图书简目

(仅供参考,以实际出版为准)

统计资料

中国统计年鉴 中国统计摘要 中国第三产业统计年鉴
中国第三次全国农业普查综合资料 国际统计年鉴 金砖国家联合统计手册
中国-东盟国家统计手册 中国农村统计年鉴 中国县域统计年鉴
中国农产品价格调查年鉴 中国城市统计年鉴 中国价格统计年鉴
中国贸易外经统计年鉴 中国零售和餐饮连锁企业统计年鉴 中国商品交易市场统计年鉴
大中型批发零售和住宿餐饮企业统计年鉴 中国住户调查年鉴 中国工业统计年鉴
中国环境统计年鉴 中国能源统计年鉴 中国建筑业统计年鉴
中国房地产统计年鉴 中国固定资产投资统计年鉴 中国对外直接投资统计公报
中国人口和就业统计年鉴 中国劳动统计年鉴 中国社会统计年鉴
中国科技统计年鉴 中国高技术产业统计年鉴 全国企业创新调查年鉴
中国文化及相关产业统计年鉴 2018年时间利用调查资料 中国妇女儿童状况统计资料
中国基本单位统计年鉴 中国教育统计年鉴 中国教育经费统计年鉴
中国民族统计年鉴 中国残疾人事业统计年鉴 长江经济带发展统计年鉴

省级综合统计年鉴系列

北京 天津 河北 山西 内蒙古 辽宁 吉林 黑龙江 上海 江苏 浙江 安徽 福建 江西 山东 河南 湖北 湖南
广东 广西 海南 重庆 四川 贵州 云南 西藏 陕西 甘肃 青海 宁夏 新疆 新疆生产建设兵团

市(县)级综合统计年鉴系列

滨海新区 石家庄 唐山 邯郸 保定 沧州 邢台 廊坊 承德 衡水 秦皇岛 张家口 太原 大同 阳泉 长治 晋城
朔州 晋中 运城 忻州 临汾 吕梁 呼和浩特 鄂尔多斯 包头 沈阳 大连 长春 延吉 四平 白山 通化 哈尔滨
齐齐哈尔 黑龙江垦区 上海浦东新区 南京 无锡 徐州 常州 苏州 南通 连云港 淮安 盐城 扬州 镇江 泰州
宿迁 江阴 丹阳 海门 张家港 杭州 宁波 温州 嘉兴 湖州 绍兴 金华 衢州 舟山 台州 丽水 合肥 安庆 福州
厦门 宁德 漳州 龙岩 莆田 泉州 三明 南平 南昌 九江 上饶 新余 抚州 赣州 景德镇 济南 青岛 潍坊 枣庄
潍坊 聊城 郑州 洛阳 平顶山 三门峡 南阳 商丘 信阳 济源 汝州 武汉 十堰 荆州 宜昌 荆门 咸宁 黄冈
长沙 鹰潭 广州 深圳 惠州 东莞 汕尾 湛江 肇庆 南宁 柳州 桂林 贵港 梧州 来宾 河池 防城港 海口 三亚
儋州 成都 内江 贵阳 黔南 毕节 昆明 文山 德宏 西安 延安 安康 铜川 汉中 商洛 银川 兰州 庆阳 乌鲁木齐
昌吉 阿勒泰 兵团一师、二师、三师、四师、六师、七师、八师、十师、十三师、十四师

调查年鉴系列

天津 内蒙古 上海 河南 湖北 湖南 广东 广西 重庆 四川 云南 甘肃 宁夏 南宁 贵港 昆明

统计方法应用/实用手册

Python数据分析基础(第二版) 医用多元统计分析(第三版) 中华生物统计用表
中国国民经济核算体系(2016)基础知识 国民经济核算初级教程 医学统计学手册
全国统计专业技术资格考试系列考试用书:统计业务知识(第四版修订版) 统计业务知识学习指导与习题
全国统计专业技术资格考试系列考试用书:统计相关知识(第四版) 统计相关知识学习指导与习题

统计通俗读物/统计科普图书

领导干部统计知识问答 《防范和惩治统计造假、弄虚作假督察工作规定》辅导读本
统计新媒体运营指南 统计公文知识问答 理解国民账户 中国古代统计史简编

重点图书

新中国70年 第三次全国农业普查农作物面积遥感测量图集 中国第四次经济普查年鉴
新编英汉汉英统计大词典 中国国民经济核算体系2016 国民经济行业分类注释
挑大学选专业2019—考研择校指南 挑大学选专业2019—高考志愿填报指南 中华医学统计百科全书